prometeo
l i b r o s

PULSIÓN Y SÍMBOLO

Néstor A. Corona

Pulsión y símbolo

Freud y Ricoeur

prometeo
libros

Diseño: R&S
Armado: María Victoria Ramírez
Corrección: María Inés Howlin

© De esta edición, Prometeo Libros, 2021
Pringles 521 (C11183AEJ), Buenos Aires, Argentina
Tel.: (54-11) 4862-6794/Fax: (54-11) 4864-3297
info@prometeolibros.com
www.prometeolibros.com
www.prometeoeditorial.com

Índice

Varias personas, de distintas maneras, han contribuido para que este libro vea la luz. En esta obra está presente el Prof. Dr. Héctor D. Mandrioni como amigo y maestro de muchos años, que alentó en el trabajo e inspiró como modelo de pensamiento. El Prof. Dr. Jürgen Werbick de la Universidad de Siegen, con su afectuosa hospitalidad y con su amplia colaboración intelectual facilitó grandemente un importante tramo de los estudios. La generosidad de la Prof. Lic. Marie-France Begué de Gilotaux permitió también otros fructíferos pasos del estudio e hizo posible el encuentro personal con Paul Ricoeur. Los estudios que culminaron en este libro contaron, en determinados momentos, con el apoyo económico del Katholischer Akademischer Ausländer Dienst y, en esta institución, con la permanente actitud de ayuda de su presidente, el Prof. Dr. Peter Hünermann, de la Universidad de Tübingen.

Quede aquí el testimonio de profundo agradecimiento para todos los nombrados.

Néstor A. Corona

El autor deja expresa constancia de que la presente versión reproduce fielmente, sin modificaciones ni agregados, el texto de la primera edición de este libro (Almagesto, Buenos Aires, 1992).

Presentación

El psicoanálisis es hoy un elemento insoslayable de nuestra cultura. Y es elemento de nuestra cultura precisamente como reflexión crítica sobre la cultura en totalidad. Con Freud y luego de Freud no hay ámbito de la realización humana que no haya sido "alcanzado" por el psicoanálisis: la psicología, la psiquiatría, la moral, la economía, la política, el arte en todas sus manifestaciones, la lingüística, la sociología, la filosofía misma, la religión... Todo puede ser considerado y ha sido de hecho considerado y valorado desde el punto de vista psicoanalítico.

La filosofía, según su intención de ser un discurso reflexivo ontológico abarcador y último de la existencia, no podía dejar de encontrarse con el proyecto psicoanalítico. Y tal encuentro debía ser doblemente importante para una filosofía que se despliega como una autocomprensión de la existencia desarrollada en la consciente proximidad de la fe cristiana.

Ese es precisamente el lugar en que se sitúa el pensamiento de Paul Ricoeur. Su filosofía, como discurso racional ligado y libre a la vez respecto de la fe cristiana, asume el desafío de la crítica freudiana a la cultura y en especial a la religión.

Pero desde esa lúcida proximidad auténticamente filosófica a la fe, Ricoeur ha sabido entablar su diálogo discernidor no sólo con el psicoanálisis. Kant, Hegel, Kierkegaard, Marx, Nietzsche, Husserl, pensadores más cercanos como Heidegger, Gadamer, Habermas, Horkheimer, Adorno, Marcuse se cuentan entre sus interlocutores; las corrientes contemporáneas del estudio del lenguaje en todas sus variantes, entre ellas singularmente el estructuralismo, han sido también lugares de su crítica y de su inspiración; y no se ha de olvidar su penetración hasta en los mismos estudios exegéticos bíblicos contemporáneos y en el pensamiento de teólogos actuales, para discutir allí los elementos filosóficos discernibles –sin soslayar tampoco las cuestiones estrictamente de fe–. La fenomenología de la religión –en especial las obras de Eliade, Leenhardt y van der Leeuw– y la filosofía de la religión también constituyen elementos decisivos en la configuración del pensamiento de Ricoeur. Y su reflexión ha tenido también en cuenta las investigaciones contemporáneas en los campos de la ciencia, de la epistemología, de la psicología.

En todas esas vastas regiones se ha desplegado el pensamiento filosófico de Ricoeur como un discurso que busca discernir los aportes para una mejor comprensión del ser del hombre y del lugar del hombre en el ser.

En particular el encuentro con Freud aporta a Ricoeur, articuladamente, una cierta comprensión del hombre, una cierta noticia de alcance ontológico y una cierta comprensión del fenómeno de cultura, en especial de la religión. La tarea de Ricoeur consistirá en advertir los límites de esa explicación articulada de Freud, dentro de ellos su verdad, y finalmente en continuar el discurso psicoanalítico –en especial en su comprensión del hombre y de su cultura– a partir, precisamente, de los impulsos que en él mismo se encuentran y que él mismo no desarrolla. Estos impulsos se pueden desarrollar, según Ricoeur, si se asume la perspectiva de una filosofía que, como la de Hegel, se hace cargo del ascenso progresivo y novedoso de las figuras de la conciencia, a partir de la vida y el deseo –esa vida y ese deseo que Freud pretende denodadamente no abandonar nunca–.

Así, dialécticamente, de la aceptación de la vida y del deseo, del reconocimiento del espíritu y su novedad y de la atención filosófica a la palabra de la fe, resultará la profunda visión antropológica, ontológica y de aproximación a la fe de Ricoeur.

* * *

En su raíz más profunda y abarcadora, este trabajo nace de la preocupación por la situación de la fe en nuestro tiempo –y por la situación de la propia fe personal–, y junto con ello, de la convicción de que en nuestro tiempo esa fe ya no puede engendrar una existencia creyente sólo con el cuidado de su propia identidad, por el exclusivo recurso a su pasado de vida y de pensamiento. Según esta convicción, la fe hoy sólo puede hacerse una existencia integral madura, en la medida en que sea capaz de ahondar en su propia identidad, recuperándola una y otra vez desde su origen y tradición y desde las cuestiones que el tiempo presente plantea, y desde las verdades que el pensamiento de ese mismo tiempo propone.

Al margen de la fe, y muchas veces en una abierta oposición a ella, el pensamiento moderno y contemporáneo tiene su propia madurez y solidez y así exige respeto y atención. También pertenece a aquella convicción la certeza de que sólo desde tal respeto y tal atención puede darse un encuentro que haga posible una fe no nostálgica sino serenamente contemporánea.

La preocupación y la convicción señaladas no podían sino sentirse seriamente alcanzadas por el pensamiento de Freud. La crítica freudiana es un lugar insoslayable del encuentro de la fe con el pensamiento contemporáneo, y ese lugar de encuentro es un lugar privilegiado. El carácter ampliamente abarcador y la radicalidad de la crítica freudiana ponen a la fe y a la filosofía que se deja motivar por esa fe ante la necesidad de retroceder hasta sus más puros y auténticos orígenes y hasta lo más radicalmente esencial de sí mismas. De allí no puede surgir sino una fe pura y simple, liberada de adherencias con las que a menudo se la confunde, pero a la vez claramente consciente de sí misma y lúcida frente a los peligros de sus propias humanas debilidades, al mismo tiempo que agradecida por lo que en ella es don del que no dispone. Y la filosofía también ha de salir "nueva" de tal encuentro, por la clara distinción de sí misma respecto de aquella fe y por la agilidad y disponibilidad que desde allí alcanzará para el encuentro y enriquecimiento con todo pensamiento, sin renunciar ni a su autonomía ni a su libre y siempre renovada cercanía con la fe.

En este marco espiritual, el encuentro con el pensamiento de Ricoeur, por su parte, tuvo en primer lugar el carácter de una confirmación en la propia actitud, y luego y sobre todo significó la posibilidad de una guía para el despliegue de las exigencias positivas de esa actitud. Así, el seguimiento de la filosofía de Ricoeur, ya en particular en su diálogo con Freud, permite avanzar en la configuración de un pensamiento autónomamente ligado a la fe y dispuesto a someterse a todas las exigencias que plantea una crítica tan radical como la del psicoanálisis. Si el psicoanálisis exige la conversión a una fe pura y esencial y a un pensamiento radical sin concesiones, la filosofía de Ricoeur es un paso seguro en el camino hacia esa fe y ese pensamiento.

Sobre tal trasfondo surge este estudio. Su objetivo esencial es la presentación de los momentos decisivos del encuentro Freud-Ricoeur sobre la cuestión de la religión. Allí, en el diálogo, Ricoeur se deja alcanzar por Freud, se acerca él mismo luego a Freud, para, desde él y con él, ir más allá de su aguda crítica. Pero para ubicar y comprender en todo su alcance tal encuentro y superación era necesario dar un largo rodeo por el mismo pensamiento de Ricoeur en toda su amplitud y también por el mismo psicoanálisis. Y también era necesario, con Ricoeur, preparar el estudio de la cuestión de la religión con la mediación de otras cuestiones. Así se explican los lentos pasos de este trabajo, cuya articulación se anota a continuación.

* * *

El trabajo se articula como sigue. La *primera parte* muestra la figura completa del proyecto filosófico de Ricoeur, dentro del cual viene exigido el encuentro con Freud. Allí no sólo se indica el lugar preciso del encuentro; también se señalan el modo en que se desarrolla el diálogo, la forma de su integración con otros momentos del discurso de Ricoeur, y se adelantan finalmente los resultados generales de éste. Esta parte procura así una visión de conjunto que, actuando como marco general, permite no extraviarse luego en los análisis detallados posteriores, en especial de la tercera parte.

La *segunda parte* presenta el pensamiento de Freud. Esta presentación intenta poner ante la mirada, de manera sintética y estructurada, las tesis fundamentales del psicoanálisis de Freud que serán objeto de la reflexión de Ricoeur. Es cierto que el mismo Ricoeur realiza en su *Ensayo sobre Freud* una "lectura de Freud" en la que expone las ideas maestras del psicoanálisis; pero también es cierto que esa exposición en realidad da por supuesto el conocimiento detallado del tema, para internarse en un análisis exhaustivo que busca rescatar y coordinar los momentos decisivos del pensamiento de Freud. Así entonces, era necesario exponer lo más llanamente posible los temas psicoanalíticos, de modo de presentar así el material sobre el cual trabaja la reflexión filosófica de Ricoeur.

La *tercera parte* entra ya de lleno en el análisis del diálogo Freud-Ricoeur. La exposición, siguiendo a Ricoeur, avanza desde la presentación del marco y características de ese diálogo, para pasar luego a ciertos lugares temáticos de la articulación particularizada del mismo: los conceptos operatorios y la identificación, la sublimación en general, las sublimaciones de la moral, de la economía, de la política, y del arte. Pero todo ello se ordena al estudio del diálogo en la temática más grave: la religión. Esta cuestión constituye, como se dijo, la preocupación que ha desencadenado toda la investigación de este escrito; es lógico que entonces su exposición sea detallada, lenta y extensa. El nexo que articula el estudio de las sublimaciones anteriores con el de la sublimación religiosa viene dado por un análisis del símbolo, que se sigue propiamente, como una suerte de recapitulación y balance, de las reflexiones que lo anteceden. La exposición de la cuestión de la religión se divide en dos partes fundamentales: el análisis de la "objetividad" religiosa, donde la cuestión decisiva es el símbolo de Dios-padre; y el análisis de la subjetividad religiosa, donde se incluyen todos los temas caros al psicoanálisis: la conciencia moral, el temor al castigo, la culpa, el consuelo.

La *cuarta parte* extrae las conclusiones de todo el estudio. En esas conclusiones se atiende no sólo a la cuestión de la religión. Importa allí señalar todos los aspectos fundamentales de la filosofía de Ricoeur que surgen del paso por el diálogo con Freud. Esta parte se divide en dos pasos. El primer paso se desarrolla aún plenamente en el interior del pensamiento de Ricoeur, e intenta decir desde allí sus tesis centrales. El segundo paso esboza una valoración de la filosofía de Ricoeur estudiada, en un intento de aproximación y acompañamiento de su movimiento.

En las líneas introductorias de cada una de las partes se podrán encontrar más precisiones sobre el contenido y el modo de proceder respectivos. Es necesario hacer aún una indicación sobre los textos de Ricoeur tenidos en cuenta en el trabajo. Ricoeur ha desarrollado su diálogo con Freud en su impresionante obra *De l'interprétation. Essai sur Freud*. Este texto se halla entonces por cierto en el centro de la atención –en especial en la tercera parte del trabajo–; pero en esta obra Ricoeur lleva a maduración ciertas ideas que se encuentran en escritos anteriores; y, por otra parte, las ideas del *Ensayo sobre Freud* han sido continuadas por él en otros ensayos. De allí que, con toda su importancia, no sea el *Ensayo sobre Freud* el único texto considerado. Esta obra, para ser cabalmente comprendida, exige el recurso a esos otros escritos anteriores y posteriores de Ricoeur aludidos. Esos otros escritos han sido tenidos en cuenta entonces en este trabajo. En especial cabe mencionar *La Symbolique du Mal* y los ensayos contenidos en *Le Conflit des interprétations*; pero varios otros textos también han aportado lo suyo, como se podrá advertir en las notas respectivas.

Primera Parte

El proyecto filosófico de Ricoeur

Esta primera parte del trabajo expondrá el perfil general del proyecto filosófico de Ricoeur y sus articulaciones fundamentales. Y ello se ordena, en especial, a mostrar cómo, en tal proyecto, resulta necesario el paso por el pensamiento de Freud y aún su integración orgánica en el mismo.

En razón de esto último, esta exposición se ceñirá exclusivamente a mostrar los caracteres de la filosofía de Ricoeur tal como ésta aparece a la altura, precisamente, de su diálogo con Freud.[1] No se tendrán en cuenta aquí ulteriores desarrollos del pensamiento de Ricoeur, que lo llevan, por ejemplo, a entender la existencia como mediada históricamente por la cultura textual;[2] ni tampoco se considerarán estudios que, si bien se enlazan armónicamente en la filosofía de Ricoeur, abordan temáticas

[1] Los textos que se tendrán principalmente en cuenta son: *Finitude et culpabilité, II, La Symbolique du Mal*, Aubier, Editions Montaigne, Paris, 1960 -se citará en todo el trabajo: SM- (hay versión en español de esta obra: *Finitud y culpabilidad*, Ediciones Taurus, Madrid, 1969); *De l'interprétation. Essai sur Freud*, Editions du Seuil, Paris, 1965 -se citará en todo el trabajo: F- (hay versión en español: *Freud. Una interpretación de la cultura*, Siglo Veintiuno, México-Madrid-Buenos Aires, 1970); *Le conflit des interprétations. Essais d'herméneutique*, Editions du Seuil, Paris, 1969 -se citará en todo el trabajo: CI- (hay versión *parcial*, en español, de esta obra; la publicación se ha hecho en tres volúmenes, que llevan por títulos en algunos casos los que son subtítulos en la versión francesa: *Hermenéutica y psicoanálisis*, 1975; *Hermenéutica y estructuralismo*, 1975; *Introducción a la simbólica del mal*, 1976; todos en Ediciones Megápolis, Asociación Editorial La Aurora, Buenos Aires). Las citas remitirán en todos los casos a las ediciones francesas. Los fragmentos de Ricoeur que se consignan en el texto -aquí y en todo este trabajo- han sido traducidos de esas ediciones francesas.

[2] Esos ulteriores desarrollos del pensamiento de Ricoeur, en el sentido señalado, se encuentran principalmente en: *Temps et Récit*, Editions du Seuil, Paris, t. I, 1983, t. II, 1984, t. III, 1985 (se ha comenzado la publicación en español de esta obra; hasta ahora han aparecido dos volúmenes: *Tiempo y narración, I, Configuración del tiempo en el relato histórico, II, Configuración del tiempo en el relato de ficción*, Ediciones Cristiandad, Madrid, 1987); *Du Texte à l'action. Essais d'herméneutique II*, Editions du Seuil, Paris, 1986 (en esta obra se hallan importantes indicaciones de Ricoeur sobre la evolución de su pensamiento). Finalizada la redacción de este trabajo aparecía otra obra de Ricoeur: *Soi-même comme un autre*, Editions du Seuil, Paris, 1990.

más o menos particulares, que no tocan a las cuestiones que interesan directamente a este trabajo.

1.- Del mito a la hermenéutica filosófica

a.- El método y su justificación: el yo y la reflexión concreta

Lo que mueve el pensamiento de Ricoeur es "le désir d'une ontologie",[3] esto es, el intento de "comprender mejor al hombre y el vínculo entre el ser del hombre y el ser de todos los entes".[4] Y el camino de esta ontología comienza en el hombre mismo, en el sujeto; más precisamente, se trata de que la primera verdad es "yo soy, yo pienso", según la "vasta tradición de la filosofía moderna que parte de Descartes, se desarrolla con Kant y Fichte y la corriente reflexiva de la filosofía europea".[5]

Sin embargo, tal primera verdad es "tan invencible como abstracta y vacía".[6] En rigor, entonces, este ego que se descubre inicialmente como pensante "requiere ser 'mediatizado' por las representaciones, las acciones, las obras, las instituciones, los monumentos que lo objetivan; es en todos estos objetos, en el sentido más amplio del término, que el ego debe perderse y encontrarse".[7] En efecto, propiamente, tal primer paso de la reflexión constituye sólo "una especie de evidencia"[8] y, en definitiva "una certeza privada de verdad",[9] "un sentimiento y no una idea",[10] "como Malebranche ya lo había comprendido contra Descartes";[11] "en lenguaje husserliano: el ego cogito es apodíctico, pero no necesariamente adecuado".[12] En definitiva: ese inicial saber de mí mismo no es ya un saber qué sea yo mismo.

---

[3] CI, pág. 20.

[4] SM, pág. 330.

[5] F, pág. 50. Toda esta consideración puede hallarse también en CI, págs. 21 y 322-325.

[6] F, pág. 51.

[7] F, pág. 51.

[8] F, pág. 51.

[9] F, pág. 51.

[10] F, pág. 51.

[11] F, pág. 51.

[12] F, pág. 52, nota.

Así entonces, se inicia "un camino largo", que finalmente hará de esta reflexión inicial vacía una "reflexión concreta".[13] "Así, la reflexión comprende que ella no es desde el comienzo ciencia, que le es necesario, para desplegarse, retomar en sí misma los signos opacos, contingentes y equívocos que se hallan esparcidos en las culturas en que se enraíza nuestro lenguaje".[14]

Se trata entonces de proceder a un conocimiento de este yo, dando el rodeo por sus obras; desde ellas se ha de leer su textura última. Para alcanzar una noticia acabada acerca de qué sea ese yo, esto es acerca de qué sea precisamente el yo que en el comienzo se descubre existiendo, y existiendo en tanto que se despliega pensando, es necesario atender a todos los despliegues de ese "pensar", y esto significará, en definitiva, atender a todos los objetos en los que diversamente se cumple esa existencia "pensante".

Pero entonces se está ya aquí ante una especial nota de este proceder filosófico. Sólo puede advertirse lo propio constitutivo del yo que existe como "pensamiento", leyéndolo a través de los múltiples objetos y obras en los que concretamente se dispersa ese "pensar", su vida, y en los que "se pierde"[15] y tras los cuales en cierto modo queda velado y donde se halla olvidado de sí mismo, separado del centro de su existencia.[16] Todo esto significa que, desde el comienzo, esta filosofía debe descifrar, interpretar, esto es, tratar de advertir, a través de algo que se muestra "en primer lugar" –las objetividades del yo–, un sentido –qué sea precisamente el yo– que se alcanza pasando a través de lo primero, y que así en cierto modo se revela en ello.

En la estructura misma de esta reflexión, en cuanto no llega al sentido radical del yo como existente sino pasando por las objetivaciones –en el sentido en que Dilthey hablaba de una objetivación de la vida– en las que él se halla "perdido", se encuentra la exigencia hermenéutica de esta filosofía. En razón del modo de presentarse aquello a lo que se aplica, este pensamiento se ve obligado entonces a transitar desde un sentido primero a un sentido segundo –o, como se verá, a varios posibles sentidos segundos–. Así, en la naturaleza misma de la conciencia, en cuanto se

---

[13] CI, pág. 260.

[14] F, pág. 54.

[15] F, pág. 53.

[16] Cfr., F, pág. 53.

desdobla en una conciencia tética –el yo que se auto-manifiesta siempre como existente que es "pensante"– y una conciencia empírica –el yo en el despliegue concreto de su vida en sus múltiples obras– se halla la exigencia de una interpretación.

Ya desde aquí se puede advertir la aurora de los conflictos por venir: desde las obras del yo quizás se pueda ver más de un sentido; distintas interpretaciones son posibles.[17]

Es necesario detenerse aún en las implicaciones de lo que se acaba de decir. Las objetivaciones del yo no se agotan en sí mismas, remiten en principio a otra instancia como a su clave, como a aquello que en definitiva quieren decir: revelan, ocultando de alguna manera, la naturaleza íntima del yo. Ahora bien, precisamente, las distintas interpretaciones históricamente ya dadas –y que habrá que analizar– coinciden formalmente en corresponder a esa estructura fundamental de doble sentido –aunque lógicamente en un recorrido de dirección inversa al de su constitución– y difieren materialmente en cuanto, justamente, proceden, cada una a su manera, a develar, a través de las obras, una realidad distinta.

Aquello que se encuentra, finalmente, pasando a través de esas obras será en principio, según lo dicho, la naturaleza del sujeto –entendida de distintas maneras en las distintas interpretaciones–. Pero podría suceder que el mismo sujeto remitiera aún a algo más raigal, en lo que él mismo, como sujeto, se hallara instaurado originariamente.[18]

---

[17] Ricoeur afirma que el conflicto de las distintas hermenéuticas es la realización (crítica) concreta de la tarea hermenéutica inscripta como necesidad en la filosofía reflexiva: "Quisiéramos (...) discernir (...) en la guerra hermenéutica misma y en toda la problemática del lenguaje una crisis de la reflexión, es decir, en el sentido fuerte y filosófico del término, una aventura del *cogito* y de la filosofía reflexiva que procede de él" (F, pág. 45). Cfr., F, págs.50-54. Sobre esto se volverá luego.

[18] Precisamente esto es, *en general, lo* que sugiere como conclusión *La Symbolique du Mal:* "El símbolo nos habla entonces como index de la situación del hombre en el corazón del ser en el cual se mueve, existe y quiere. A partir de allí, la tarea del filósofo guiado por el símbolo será romper el círculo encantado de la conciencia de sí, quebrar el privilegio de la reflexión. El símbolo da que pensar que el *cogito* se halla en el interior del ser y no a la inversa; la segunda ingenuidad sería así una segunda revolución copernicana: el ser que se pone a sí mismo en el cogito debe aún descubrir que el acto mismo por el cual se arranca de la totalidad no cesa de participar del ser que lo interpela en cada símbolo. Todos los símbolos de la culpabilidad -desviación, errancia, cautividad- todos los mitos -caos, ceguera, mezcla, caída- dicen la situación del ser del hombre en el ser del mundo; la tarea es entonces, a partir de los símbolos, elaborar conceptos existenciales, es decir no solamente estructuras de la reflexión, sino estructuras de la existencia en tanto que la existencia es el ser del hombre" (págs. 331-332).

Con lo dicho se ha trazado un primer esbozo, todavía muy formal, del proyecto filosófico de Ricoeur. Corresponde ahora mostrar más en particular los pasos de su pensamiento, dentro del marco señalado: el intento de una ontología que parte de la interpretación del yo desde sus obras.

La tarea de hermenéutica ontológica de Ricoeur comenzó muy temprano, con su *Philosophie de la volonté*. A pesar de su temática, esta obra tiene una clara intención ontológica.[19] Allí, en *La Symbolique du Mal*, Ricoeur intenta sorprender el sentido del mal moral en la confesión del mismo por la conciencia religiosa. Y advierte que, para ello, es necesario realizar la lectura de los mitos, en los que esa experiencia del mal se hace lenguaje.

Pero el lenguaje de la experiencia del mal resulta ser de carácter simbólico. Con la conciencia de ello, en las primeras páginas de *La Symbolique du Mal,* Ricoeur observa la importancia de trazar los lineamientos básicos de una "criteriología del símbolo".[20] Al respecto, por ahora, sólo interesa retener lo siguiente: Ricoeur anota: a) que la experiencia del mal sólo es accesible en el lenguaje en que se lo confiesa,[21] b) que ese lenguaje es simbólico, c) que el lenguaje simbólico es aquél en que el sentido literal de las expresiones lingüísticas transita hacia un sentido ulterior, implicando en ese tránsito, sin distancia objetivante, al hombre mismo, d) que entre ambos sentidos existe una analogía o semejanza. En tal lenguaje simbólico se revela, a propósito de la temática del mal, el ser del hombre; y ello conjuntamente con la revelación del sentido del ser, del todo –allí pendiente de la revelación de lo Sagrado–.

Las obras del yo a las que se ha aplicado en primer lugar y muy especialmente Ricoeur son entonces los mitos, en particular aquellos que

---

[19] Cfr. nota anterior. La obra completa se articula como sigue: *Philosophie de la volonté,* tome I: *Le volontaire et l'involuntaire,* Aubier, Editions Montaigne, Paris, 1950; tome II: *Finitude et culpabilité,* 1ère. partie: *L'homme faillible,* Aubier, Editiones Montaignc, Paris, 1960; 2de. partie: *La Symbolique du Mal,* Aubier, Editions Montaigne, Paris, 1960. Para comprender la estructura de esta obra y su proceder puede resultar iluminador el artículo de Ricoeur "Methode et tâche d'une phénoménologie de la volonté", publicado originariamente en *Problemes actuals de la phénoménologie.* Actes de colloque international de phénoménologie, París-Bruselas, 1951, Ed. par H. L. Van Breda, Desclée de Brouwer, París, 1952, págs. 110-140. Actualmente este artículo se halla también incluido en P. Ricoeur, A *l'école de la phénoménologie,* J. Vrin Paris, 1987, págs. 59-86. Se ha comenzado la publicación en español de *Le volontaire et l'involóntaire;* hasta ahora han aparecido dos volúmenes, con los títulos: *I, El proyecto y la motivación,* 1986 y *II, Poder, necesidad y consentimiento,* 1988, Editorial Docencia, CINAE, Buenos Aires.

[20] Cfr. SM, págs.17-25.

[21] Cfr. SM, págs.11-17.

se refieren al comienzo y el fin del mal. Más precisamente, ha estudiado, "cuatro ciclos de estos mitos: los mitos del caos original, los mitos del dios malvado, los mitos del alma exiliada en un cuerpo malo, los mitos de la falta histórica de un ancestro que sería al mismo tiempo un prototipo de humanidad".[22]

Ricoeur admite el carácter contingente de este punto de partida de su filosofía: ¿por qué partir de los mitos precisamente?, ¿por qué estas obras del yo y no otras?

Responde Ricoeur:

> "Yo apuesto a que comprenderé mejor al hombre y el nexo entre el ser del hombre y el ser de todos los entes si sigo la *indicación* del pensamiento simbólico. Esta apuesta deviene la tarea de *verificar* mi apuesta y de saturarla en cierta manera de inteligibilidad; por contrapartida, esta tarea transforma mi apuesta: apostando *sobre* la significación del mundo simbólico, apuesto al mismo tiempo a *que* mi apuesta me será devuelta en poder de reflexión, en el elemento del discurso coherente".[23]

Hay entonces una "materia" y dos "formas" que constituyen respectivamente, por así decir, el terreno nutricio y los límites de origen y fin del pensamiento de Ricoeur, en su intento inicial de elaboración de una ontología a partir de las obras del yo. La materia es lo dicho en los mitos, las formas son, en el origen, la figura simbólica de pensamiento, y en el fin la figura racional-sistemática de pensamiento.

Dice Ricoeur:

> "La tarea es entonces, ahora, pensar a partir de la simbólica y según el genio de esta simbólica. Pues se trata de pensar. Yo no abandono en absoluto, por mi parte, la tradición de racionalidad que anima a la filosofía desde los griegos; no se trata de ninguna manera de ceder a no sé qué intuición imaginativa, sino más bien de elaborar conceptos que comprendan y hagan comprender, conceptos encadenados según un orden *sistemático,* aunque no en un sistema cerrado. Pero se trata al mismo tiempo de transmitir, por medio de esta elaboración de razón, una riqueza de significación que estaba ya allí, que siempre ha precedido ya a la elaboración racional. Pues tal es la situación: por una parte, todo ha sido dicho *antes* de la filoso-

---

[22] Cfr. SM y, en CI, el cap. IV: "La Symbolique du mal interprétée".

[23] SM, pág. 330; véase también pág. 287, sobre la preeminencia del mito adámico. Cfr. también la nota de pág. 48 de F. Cfr. texto de nota 18. Sobre esta contingencia del punto de partida se volverá más adelante.

fía, por signos y por enigmas; es uno de los sentidos de las palabras de Heráclito: 'el maestro cuyo oráculo está en Delfos no habla, no disimula: significa *(semáinei)*'. Por otra parte, tenemos la tarea de hablar claramente, asumiendo quizás así el riesgo de disimular, al interpretar el oráculo. La filosofía comienza desde sí, ella es comienzo. Así, el discurso continuado de los filósofos es a la vez reasunción hermenéutica de los enigmas que lo preceden, lo envuelven y lo nutren, y búsqueda del comienzo, búsqueda del orden, apetito de sistema. Feliz y rara sería la coincidencia, en el seno de una misma filosofía, entre la abundancia de signos y enigmas retenidos y el rigor de un discurso sin concesiones".[24]

Se trata entonces, en síntesis, de llevar a la lucidez del concepto filosófico la textura del ser, a partir de lo que los mitos revelan.

Pero con lo dicho se sigue teniendo aún sólo un diseño amplio de las características del pensamiento de Ricoeur. Es necesario, ahora, mostrar los pasos precisos en los que se articula esta filosofía.

Los mitos sobre el origen y el fin del mal son aquello a lo que desde el comienzo se aplica este pensamiento que intenta elaborar una ontología. Pero el momento filosófico saldrá a luz en su especificidad sólo como un paso final de pensamiento. Así, el pensamiento se irá modulando y radicalizando, en rigor, en tres momentos, que Ricoeur denomina: fenomenología comparatista, pensamiento dentro (dans) de los símbolos, y pensamiento a partir de los símbolos.[25] Se trata de tres etapas del comprender. "Tres etapas que jalonan el movimiento que se lanza desde la *vida* en los símbolos hacia un *pensamiento* que ha de ser pensamiento a partir de los símbolos".[26]

b.- La fenomenología

La fenomenología comparatista, según las propias expresiones de Ricoeur, constituye "una comprensión del símbolo por el símbolo",[27] y por ello "queda en cierto modo atrapada en el modo simbólico";[28] "para ella, comprender un símbolo es reubicarlo en una totalidad homogénea,

---

[24] CI, pág. 292.

[25] Cfr. SM, "Conclusion", págs. 323-332; sobre estos tres pasos, págs. 328-332; el segundo paso, págs. 324-328; CI, págs. 292-296.

[26] CI, pág. 293.

[27] CI, pág. 293.

[28] SM, pág. 328.

pero más vasta que él y que, en su mismo plano, forma sistema";[29] "de múltiples maneras, la fenomenología del símbolo hace aparecer una coherencia propia, algo así como un sistema simbólico; interpretar, en este nivel, es hacer aparecer una coherencia".[30]

Pero es necesario advertir los límites de este momento fenomenológico y el más allá de esos límites. Dice Ricoeur:

> "Tal es la primera etapa, el primer nivel de un pensamiento a partir de los símbolos. Pero no se puede permanecer allí; pues la cuestión de la *verdad* no se ha planteado aún; si el fenomenólogo puede llamar verdad a la coherencia propia, la sistematicidad del mundo de los símbolos, es una verdad sin creencia, una verdad a la distancia, una verdad reducida de la cual se ha expulsado la cuestión: ¿creo yo mismo en eso?, ¿qué hago yo mismo con estas significaciones simbólicas? Ahora bien, esta cuestión no puede ser planteada mientras se permanece en el nivel del comparatismo, mientras se corre de un símbolo a otro, sin hallarse uno en ninguna parte. Esta etapa no puede ser más que una etapa, a saber la de una inteligencia en extensión, de una inteligencia panorámica, curiosa pero no concernida. Ahora es necesario entrar en una relación apasionada y al mismo tiempo crítica con los símbolos: pero ello sólo es posible si, abandonando el punto de vista comparatista, me comprometo con la exégesis en la vida de un símbolo, de un mito."[31]

Indudablemente, los límites del pensamiento fenomenológico resultan de la naturaleza misma de la actitud fenomenológica, pues, como señala el mismo Ricoeur, "una fenomenología de lo 'Sagrado'" debe "permanecer dentro de los límites de una actitud 'neutra', regulada por la *epoché,* por la puesta entre paréntesis de la realidad absoluta y de toda cuestión concerniente al absoluto. La *epoché* exige que yo participe en la creencia en la realidad del objeto religioso, pero de un modo neutralizado: que yo crea con el creyente, pero sin poner absolutamente el objeto de su creencia".[32]

¿Pero es posible mantener esta actitud? Ricoeur entiende que en la intención misma de la fenomenología de la religión –tal como es llevada a cabo por Leenhardt, van der Leeuw, Eliade– se puede advertir la transgresión de la actitud neutra que se plantea como exigencia metodológica.

[29] CI, pág. 293.

[30] CI, pág. 293.

[31] CI, págs. 293-294; cfr. SM, pág. 329.

[32] F, pág. 38.

Lo que interesa a la fenomenología es "el *algo* apuntado (visé), el objeto implícito en el rito, en el mito y en la creencia";[33] "el tema de la fenomenología de la religión es el *algo* apuntado en la acción ritual, en la palabra mítica, en la creencia o el sentimiento místico; su tarea es desimplicar este 'objeto' de las intenciones diversas de la conducta, del discurso y de la emoción".[34]

Pero "¿me *interesaría* yo en 'el objeto', podría yo privilegiar la preocupación por el objeto (...) si no esperara que, del seno de la comprensión, ese 'algo' se 'dirija' a mí? ¿No es la espera de una interpelación lo que mueve a esta preocupación por el objeto?"[35]

Esto significa que la exigencia de la realidad misma mueve, desde dentro de la propia fenomenología, a una transgresión de su postulado metodológico. Más precisamente, se podría decir que se trata allí de una realidad en la figura de la espera. La fenomenología comparatista está atravesada por una esperanza creyente –Ricoeur habla al respecto de "espera", "confianza", "creencia"– y así ya está en sí misma más allá de sí misma: allí hay *fe* implícita.

Es importante señalar ya aquí, aunque sólo sea de paso, que la fenomenología de la religión, con esta "voluntad de escucha", será señalada luego, como "recuperación del sentido", sólo como *una* de las posibles interpretaciones opuestas de lo religioso.[36]

En todo caso, lo que importa mostrar ahora es que el paso desde la fenomenología comparatista al segundo momento, a saber el pensar dentro de los símbolos, no es algo impuesto desde afuera al pensamiento, sino que aparece ya esbozado en la intención subyacente a ese primer momento.[37]

---

[33] F, pág. 37.

[34] F, pág. 37.

[35] F, pág. 38; cfr. CI, págs. 313-315.

[36] "...es ella lo que es hoy cuestionado por toda la corriente de la hermenéutica que en su momento ubicaremos bajo el signo de la 'sospecha'; esta otra teoría de la interpretación comienza precisamente por la duda de que haya tal objeto y de que este objeto pueda ser el lugar de la inversión de la mirada (visée) intencional en kerygma, en manifestación y proclamación. Por eso esta hermenéutica no es una desimplicación del objeto, sino un arrancamiento de la máscara, una interpretación reductora de los disfraces" (F, pág. 38).

[37] Este es el texto completo que se refiere a esta importante cuestión: "Intentaremos desimplicar y desplegar la fe razonable que atraviesa el análisis puramente intencional del simbolismo religioso y que 'convierte' desde dentro a este análisis en escucha. En primer lugar, es en la preocupación del *objeto,* característica de todo análisis fenomenológico, donde veo la primera huella de esta fe en una revelación por la palabra. Se

c.- El pensar dentro de los símbolos: el círculo hermenéutico

Entonces, del modo indicado, el filósofo –no ya el sabio–, sobrepasando la fenomenología, deja de correr "de un símbolo a otro, sin estar él en ninguna parte",[38] abandona "el exilio del espectador lejano y desinteresado, a fin de apropiarse cada vez un simbolismo singular".[39] "Más allá de la inteligencia en extensión –la de la fenomenología de los compara-

---

sabe que esta preocupación se presenta bajo los rasgos de una voluntad 'neutra' de *describir* y no de *reducir*. Se *reduce explicando* por las causas (psicológicas, sociales, etc.), por la génesis (individual, histórica, etc.), por la función (afectiva, ideológica, etc.). Se describe desgajando la mira (noética) y su correlato (noemático): el *algo* apuntado, el objeto implícito en el rito, en el mito y en la creencia. Así, en el caso del simbolismo de lo puro y lo impuro evocado antes: la tarea es comprender lo que es significado, qué cualidad de sagrado es apuntada, qué aspecto de amenaza está implicado en esta analogía entre mancha e impureza, entre la contaminación física y la pérdida de integridad existencial. La preocupación por el objeto fue para nosotros la docilidad al movimiento del sentido que, partiendo de la significación literal -la mancha, la contaminación-, apunta hacia la captación de algo en la región de lo sagrado. Diremos, generalizando, que el tema de la fenomenología de la religión es el *algo* apuntado en la acción ritual, en la palabra mítica, en la creencia o el sentimiento místico; su tarea es desimplicar este 'objeto' de las diversas intenciones de la conducta, del discurso y de la emoción. Llamemos 'sagrado' a este objeto apuntado, sin prejuzgar su naturaleza, sea lo *tremendum numinosum* según Rudolf Otto, lo potente según van der Leeuw o el Tiempo fundamental según Eliade. En este sentido general, y en orden a subrayar esta preocupación por el objeto intencional, diremos que toda fenomenología de la religión es una fenomenología de lo 'sagrado'. Ahora bien, ¿una fenomenología de lo 'sagrado' puede permanecer en los límites de una actitud 'neutra', regulada por la *epoché* por la puesta entre paréntesis de la realidad absoluta y de toda cuestión referida al absoluto? La *epoché* exige que yo participe de la creencia en la realidad del objeto religioso, pero según un modo neutralizado: que yo crea con el creyente, pero sin poner absolutamente el objeto de su creencia. Pero, si el sabio como tal puede y debe practicar este método de puesta entre paréntesis, el filósofo como tal no puede y no debe eludir la cuestión de la validez absoluta de su objeto; ¿pues me *interesaría yo* en el 'objeto', podría privilegiar la preocupación por el objeto, aún a través de la consideración de la causa, de la génesis o de la función, si no esperara que, del seno de la comprensión, ese 'algo' se '*dirija*' a mí? ¿No es la espera de una interpelación lo que mueve a la preocupación por el objeto? Finalmente, lo que se halla implícito en esta espera es una confianza en el lenguaje; es la creencia de que el lenguaje que sostiene los símbolos es menos hablado por los hombres que hablado a los hombres, que los hombres nacen en el seno del lenguaje, en medio de la luz del logos 'que ilumina a todo hombre que viene a este mundo'. Es esta espera, es esta confianza, es esta creencia lo que confiere al estudio de los símbolos su particular gravedad. Debo decir que en verdad es ella lo que anima toda mi investigación" (F, págs. 37-38).

[38] SM, pág. 329.

[39] SM, pág. 329.

tistas– se abre el campo de la *hermenéutica propiamente dicha,* es decir, la interpretación aplicada cada vez a un texto singular".[40]

El pensamiento se halla ahora en el segundo momento de su itinerario: el pensar dentro de los símbolos. Y aquí se inicia propiamente el ejercicio hermenéutico; y se inicia con un movimiento peculiar, que Ricoeur califica, con una expresión ya famosa, como "círculo hermenéutico".

Pues bien, ¿cómo piensa este pensamiento en este círculo? Este círculo se puede enunciar así: "es necesario comprender para creer, pero es necesario creer para comprender". El punto de partida es el creer; no es posible intelección alguna de lo dicho en un mito si el pensamiento no se deja llevar confiadamente por el movimiento de tal simbolismo. Como lo dice el mismo Ricoeur, "nunca se aproximará el intérprete a lo que dice su texto si no vive en el *aura* del sentido interrogado".[41] Esto mismo señala Bultmann, según cita Ricoeur: "El presupuesto de toda comprensión es la relación vital del intérprete a la cosa de la que habla directa o indirectamente el texto".[42]

Tal es el sentido de la necesidad de un inicial creer: sólo entrando y participando de la atmósfera del mito es posible hacerse cargo de lo que allí se dice; sólo una inicial coincidencia del pensamiento con lo que la vida allí apunta ("ce que vise la vie") habilita para el comprender; un primer contacto –creer– es necesario para luego hacerse cargo de lo dicho –comprender– en el mito.

Ese inicial creer puede ser entendido adecuadamente si se lo ve, por ejemplo, desde la "transgresión" de la fenomenología anotada anteriormente. Se trata de la concesión de un crédito explícito y amplio a lo que habla en el mito, de una confianza ahora explícita en que allí habla lo Sagrado. Sólo de tal manera se puede entrar en el movimiento general

---

[40] CI, pág. 294; cfr. F, pág. 40: "...la decisión filosófica, enteramente declarada, que anima el análisis intencional, sería una versión moderna de la antigua reminiscencia. La preocupación moderna por los símbolos expresa un nuevo deseo de ser interpelado, más allá del silencio y el olvido que hacen proliferar la manipulación de los signos vacíos y la construcción de los lenguajes formalizados. Esta espera de una nueva Palabra, de una nueva actualidad de la Palabra, es el pensamiento implícito de toda fenomenología de los símbolos, que pone en primer lugar el acento sobre el objeto, luego subraya la plenitud del símbolo, para finalmente saludar el poder revelante de la palabra originaria".

[41] CI, pág. 294; SM, pág. 327.

[42] SM, pág. 327.

de sentido allí presente. Se trata, si se quiere, de una adhesión global y aún inarticulada.

Pero este creer da lugar a un comprender que se despliega en su seno y que es como su precisión. Este comprender así liberado tiene notas especiales.

El comprender, para el hombre postcrítico, sólo puede ser un interpretar, esto es, un advertir que allí, en el mito, no se trata de un relato de hechos históricos. Este comprender, de esta manera, desmitologiza; pero este desmitologizar, precisamente, en cuanto distingue el sentido del mito del elemento pseudohistórico del mismo, saca a la vez a plena luz la dimensión del símbolo como tal; hace ver cómo el hombre expresa las cosas últimas en un lenguaje cuyo sentido verdadero no está dado en lo inmediatamente significado. Tras una historia que se derrumba como tal por la crítica, se alza un sentido ulterior, no histórico, que habla de ultimidades.

Así es posible abrirse a una "segunda ingenuidad". Después del comprender que desmitologiza[43] y hace ver el carácter simbólico del lenguaje, es posible, nuevamente, recibir el *sentido* último –advertido como finalmente incontorneable– al que apunta tal lenguaje. Desde el creer inicial –global e inarticulado– se ha abierto paso un comprender desmitologizante, que a su vez ha facilitado la visión –articulada– del sentido profundo del mito: desde el comprender se ha pasado ahora nuevamente al creer. Se ha cumplido el círculo: creer para comprender, comprender para creer.

Gracias al círculo hermenéutico, el hombre postcrítico puede contar nuevamente con toda la riqueza de los mitos. Es posible una nueva fe, una nueva aceptación de lo dicho en los mitos, una vez que éstos han sido descargados de su fachada de "historia". Nuevamente los mitos pueden hablar y dar que pensar. "Es la modalidad 'moderna' de la creencia en los símbolos; expresión de la miseria de la modernidad y remedio a esta miseria".[44]

Pero no se debe exagerar la diferencia entre la primera y la segunda ingenuidad "creyente". Pues ¿cuál es estrictamente la diferencia entre el hombre "anterior" que cree en los mitos, y el hombre habilitado nuevamente para la fe por mediación de la interpretación "desmitologizante"?

[43] Ricoeur expone con cierto detenimiento su concepción del mito en SM, págs. 153-162. Las ideas allí contenidas serán expuestas más adelante, en la parte III, punto 4.D.a.

[44] SM, pág. 327.

Dice Ricoeur:

> "...en el simbolismo más arcaico, el penitente advierte (*vise*) espontánea-
> mente el sentido de la impureza (*souillure*) en el de la mancha (*tache*);
> se puede hablar de ingenuidad simbólica para caracterizar esta manera
> de vivir en y por la analogía, sin que ésta sea reconocida como estructura
> semántica distinta; pero esta ingenuidad se halla desde el origen en el
> camino de la interpretación, en virtud de la transgresión del sentido por
> el sentido, en el corazón mismo de la estructura simbólica; yo diría, en
> términos generales: todo mythos comporta un logos latente que exige
> ser exhibido".[45]

Entonces, la diferencia entre la fe de la primera y la de la segunda
ingenuidad se halla en la toma *explícita* de conciencia, en la segunda –en
el círculo hermenéutico– del carácter simbólico del relato mítico.[46]

Esta desmitologización positiva, así, constituye una etapa necesaria
como tránsito a lo que será el tercer momento del itinerario de pensamiento. Dice Ricoeur: "estas reflexiones sobre el 'círculo' de la hermenéutica nos ponen sobre la ruta de una hermenéutica *filosófica*, pero no

---

[45] F, pág. 27. Aquí se debe tener en cuenta el análisis que hace Ricoeur de la estructura
significativa y del dinamismo del símbolo en SM, págs. 21-25; en F, págs. 21-22; 25-
26; 39-40 y 57; y en CI, págs. 284-286.

[46] "En un sentido sólo él (el hombre moderno) puede reconocer el mito como mito,
porque sólo él ha alcanzado el punto en el que historia y mito se separan; esta 'crisis',
esta decisión, a partir de la cual mito e historia se disocian, puede significar la pérdida
de la dimensión mítica: porque el tiempo del mito ya no puede ser coordinado al
tiempo de los acontecimientos 'históricos', en el sentido del método y de la crítica
histórica, porque el espacio del mito ya no puede ser coordinado a los lugares de
nuestra geografía, nos hallamos tentados a librarnos a una radical desmitización de
todo nuestro pensamiento. Pero se nos ofrece otra posibilidad: precisamente porque
nosotros vivimos y pensamos después de la separación del mito y de la historia, la
desmitización de nuestra historia puede llegar a ser el anverso de una comprensión
del mito como mito y la conquista, por primera vez en la historia de la cultura, de
la dimensión mítica. Es por ello que nunca hablamos aquí de desmitización, sino en
rigor de desmitologización, bien entendido que lo que es perdido es el pseudo saber,
el falso logos del mito, tal como se expresa por ejemplo en la función etiológica del
mito. Pero perder el mito como logos inmediato es reencontrarlo como mythos. El
mythos puede suscitar una nueva peripecia del logos solamente al precio y por el
desvío de la exégesis y de la comprensión filosófica. Esta conquista del mito como
mito no es sino un aspecto del reconocimiento de los símbolos y de su poder revelante. Comprender el mito como mito es comprender que el mito con su tiempo,
su espacio, sus acontecimientos, sus personajes, su drama, se añade a la función
revelante de los símbolos primarios elaborados anteriormente". (SM, págs. 153-154;
cfr. también pág. 328.)

toman su lugar. La toma de conciencia de este 'círculo' es sólo la etapa necesaria que nos hace pasar de una simple 'repetición' sin creencia a un 'pensamiento' autónomo".[47]

Así entonces, en el círculo hermenéutico que sigue a la fenomenología comparatista es posible, en una segunda ingenuidad, creer, esto es, dejar hablar a los símbolos religiosos, para que desplieguen, en su propio lenguaje, toda la riqueza de su sentido. En este momento, el pensamiento se mueve en una fenomenología que despliega todo lo dicho por los mitos; pero una fenomenología que, gracias a la nueva fe adquirida en el círculo hermenéutico, se halla, por un lado, atenta a la verdad "absoluta" de lo que allí habla –con lo que se ha superado la "neutralidad" fenomenológica– y, por otro, escucha lo allí dicho no como una historia de hechos sino como la manifestación, en símbolos, de un sentido esencial. Se trata de una fenomenología ya transida de fe –en lo que se ha convertido la secreta espera de la fenomenología– en la realidad absoluta de lo que se muestra. Aquí se cree en la verdad manifestada por los mitos.

Y este creer es aún, precisamente, un pensar *en* los símbolos, en cuanto se mueve –lúcidamente– en el "tránsito", propio del símbolo, de un sentido primero, adherente al mundo imaginario, a un sentido segundo concerniente a cosas últimas, y ello sin trascender el lenguaje mítico y su tipo de comprensión –no hay aún aquí articulación sistemática conceptual–.

Porque precisamente eso es la fe: "transitar" de un sentido literal primero de lo dicho, a un sentido segundo; ser llevado, "ligado" por el sentido segundo que habita en el primero. Sentido segundo que está ligado a lo primero sensible –de donde recibe opacidad, peso, densidad–, y sentido primero sensible que se halla ligado por lo segundo –que le da así transparencia y ligereza–.

Se está ante una estructura y un dinamismo peculiares: se trata de un nexo no arbitrario de sentido a sentido, que no es una formalización humana refleja de una analogía comprendida y vista como desde fuera –porque se ha visto y comprendido cada cosa por separado, para ser luego ambas acercadas, comparadas, para concluir finalmente en la visión de su semejanza y formular entonces la analogía con la que se "domina" el campo bipolar de visión–. Por el contrario, es la puesta en palabra de un suceso de analogía, que consiste en que "el sentido literal opera la analogía dando el análogo" y ligando al hombre, en cuanto es asimilado,

---

[47] SM, pág. 328.

hecho transitar por y en el mismo tránsito del sentido primero al sentido segundo. La vida del pensamiento en este tránsito es la fe, que es esperanza secreta en la fenomenología comparatista y existencia concernida en el círculo hermenéutico.[48]

Este pensar, que se configura entonces como la asunción y cumplimiento de la fenomenología en y por la nueva fe, ha sido llevado a cabo por Ricoeur, precisamente, en *La Symbolique du Mal.*

Pero hasta aquí el pensamiento se halla sólo en el segundo momento del itinerario. La hermenéutica del "círculo hermenéutico" no es aún filosófica. Se ha llegado a una nueva fe, a una nueva atención a la palabra mítica; pero "la hermenéutica procede de la precomprensión de aquello mismo que ella, interpretando, intenta comprender".[49] La fe nueva entrega un material que mueve a la comprensión: nuevamente creer para comprender. "La tercera etapa de la inteligencia de los símbolos, la etapa propiamente filosófica, es la de un *pensamiento a partir del símbolo*"[50]

> "El filósofo que por otra parte se ejercita en el rigor de la reflexión y de la coherencia no puede detenerse en esta etapa; la toma de conciencia del círculo hermenéutico lo ha arrancado de las comodidades de la creencia neutralizada; pero para provocarlo a pensar *a partir* de los símbolos y no ya *en (dans)* los símbolos".[51]

d.- El pensar a partir de los símbolos: la hermenéutica filosófica

El camino del pensamiento ha llegado así al momento filosófico propiamente dicho. Esta etapa es señalada de distintas maneras por Ricoeur en *La Symbolique du Mal*, sobre todo en su conclusión, que lleva el sugestivo título "El símbolo da que pensar".

Tampoco este momento del pensamiento constituye un escalón construido desde afuera por una metodología autónoma. El pensamiento filosófico no es algo que se añade desde afuera al pensar mítico: ya en el mito mismo hay un esbozo de interpretación.

---

[48] Cfr. nota 45. Que esto sea la fe, lo dice Ricoeur en F, págs. 39-40, al admitir que con este modo de pensar, transitando de sentido a sentido, se abandona el primer momento, a saber la fenomenología.

[49] SM, pág. 327; cfr. CI, pág. 294.

[50] CI, pág. 295.

[51] SM, pág. 330.

La presencia incoativa de la interpretación ya ha sido señalada, en general, en la misma "primera ingenuidad": el hombre pre-crítico discierne pre-reflexivamente, en su pensar simbólico, la diferencia y continuidad entre el sentido literal y el sentido segundo de su expresión simbólica.

Se podrá ver mejor la actuación de la interpretación en el mismo pensamiento mítico si, con Ricoeur, se sitúa a éste en su lugar preciso. En las primeras páginas de *La Symbolique du Mal*,[52] Ricoeur explica que intenta acercarse a la cuestión del mal moral sorprendiéndolo en su manifestación más pura, anterior, en lo posible, a toda especulación refleja. Y advierte que ello no implica atenerse a una "pura" experiencia, pues toda experiencia humana no es tal sino cuando accede al lenguaje. Y así, la primera experiencia humana del mal aparece con la "confesión de los pecados". Pero esta confesión de los pecados utiliza un lenguaje simbólico. Ricoeur ha seguido cuidadosamente esta experiencia primera del mal moral –jalonada por la conciencia de la "mancha" (impureza), el "pecado" y la "culpabilidad"– en sus manifestaciones simbólicas: mancha, impureza, desviación, rebelión, transgresión, errancia, esclavitud, retorno, liberación, etcétera.

Ahora bien, las expresiones simbólicas que así aparecen en la confesión de los pecados son símbolos de primer grado. Sobre estos símbolos se erigen los símbolos de segundo grado que son los mitos. Los mitos son "una especie de símbolo, como un símbolo desarrollado en forma de relato";[53] y con sus especiales características e intenciones, constituyen una "aurora de reflexión". Y se trata de una reflexión que ya es, de suyo, una cierta interpretación de los símbolos de primer grado.

En el contexto de su concepción del mito,[54] Ricoeur discierne "la triple función de universalidad concreta, de orientación temporal y en fin de exploración ontológica"[55] del relato mítico.

> "Por una parte (los mitos) ubican a la humanidad entera y su drama bajo el signo de un hombre ejemplar, de un Anthropos, de un Adán, que representa, sobre el modo simbólico, el universal concreto de la experiencia humana. Por otra parte, dan a esta historia un impulso, un sentido, una orientación, desarrollándola entre un comienzo y un fin; introducen así

[52] SM, págs. 11-17.

[53] SM, pág. 25.

[54] Cfr. SM, págs. 153-162.

[55] SM, pág. 155; cfr. CI, pág. 289; F, págs. 46-47.

en la experiencia humana una tensión histórica, a partir del doble horizonte de un génesis y un apocalypsis. En fin, y más fundamentalmente, exploran la falla de la realidad humana, representada por el pasaje, el salto de la inocencia a la culpabilidad; relatan cómo el hombre originariamente bueno ha llegado a ser lo que es en el presente; es por ello que el mito no puede ejercer su función simbólica sino por el medio específico del relato: lo que él quiere decir es ya drama".[56]

Tal es la manera según la cual el mito es una reasunción de los símbolos primarios –en el caso, los símbolos de la falta moral– y ya, así, una interpretación de los mismos. Por ello

"La interpretación no consiste entonces simplemente en la desimplicación de la intención segunda, que se halla a la vez dada y oculta en el sentido literal; ella intenta tematizar esta universalidad, esta temporalidad, esta exploración ontológica implicadas en el mito; así es el símbolo mismo el que, bajo su forma mítica mueve hacia la expresión especulativa; el símbolo mismo es aurora de reflexión".[57]

Entonces, sobre los símbolos primarios se erigen, como su interpretación, los símbolos secundarios que son los mitos. Pero sobre éstos, a su vez, se alzan las especulaciones-interpretaciones que son la gnosis y la antignosis. Ejemplos de estas últimas se pueden encontrar en las especulaciones gnósticas sobre el pecado original y en las especulaciones antignósticas de San Agustín sobre el mismo tema. Sobre esta cuestión será necesario volver más adelante.

Pero aún dentro del mismo pensamiento mítico se puede advertir la persistencia de la tarea interpretativa. En efecto, la tendencia "especulativa" del mito puede advertirse, dentro de una misma cultura –en la tradición de Israel, por ejemplo– en el hecho de que sucesivos relatos míticos van realizando una verdadera interpretación de los que los han precedido.

Finalmente, la orientación del mito hacia un discurso interpretativo se puede advertir si se tiene en cuenta no un mito en particular, de los cuatro tipos estudiados por Ricoeur, sino el "ciclo" completo de esos mitos. En efecto, los distintos mitos, oponiéndose unos a otros, se integran en un discurso interpretativo en el que se excluyen mutuamente. La exclusión

---

[56] CI, pág. 289. Luego se volverá en especial sobre el carácter de relato del mito.

[57] F, pág. 47.

que todo mito hace de los demás significa, en el que excluye, una interpretación de los demás y de sí mismo. Y en medio de esta lucha, además, se pueden advertir, en cada mito, elementos, rasgos de los demás. Esta dinámica de los mitos constituye una verdadera propedéutica de lo que será la interpretación filosófica.[58]

> "El paso a la hermenéutica filosófica ha sido así iniciado cuando pasamos de una estática a una dinámica de los símbolos míticos; el mundo de los símbolos no es, en efecto, un mundo tranquilo y reconciliado; todo símbolo es iconoclasta por relación a otro, de la misma manera que todo símbolo librado a sí mismo tiende a espesarse, a solidificarse en una idolatría. Es entonces necesario participar en esta lucha, en esta dinámica, por la cual el simbolismo mismo tiende a su propia superación por una hermenéutica espontánea. Solamente participando de esta dinámica puede la comprensión acceder a la dimensión propiamente crítica de la exégesis..."[59]

De esta manera, el mito "llama no solamente a la interpretación (...) sino verdaderamte a la *reflexión filosófica*".[60] Se hace entonces necesario "reflexionar sobre la totalidad que forman estos símbolos del comienzo y del fin; por esa vía es sugerida la tarea arquitectónica de la razón, ya perfilada en el juego de las correspondencias míticas; es esta totalidad como tal la que pide ser dicha en el nivel de la reflexión y de la especulación. He allí lo que piden los símbolos mismos. Una interpretación que extrajera el sentido filosófico no sería para ellos algo agregado; ella es requerida por la estructura semántica de los mitos, por la especulación latente de los mismos, y finalmente por la pertenencia de cada símbolo a una totalidad significante que proporciona el primer esquema del sistema".[61]

Pero es necesario hacer una precisión importante. En el momento propiamente filosófico, se trata, como ya se dijo, de pensar a partir de los símbolos. Dice Ricoeur:

> "Mi convicción es que es necesario pensar no *detrás* de los símbolos (*derrière* les symboles), sino a partir de los símbolos, *según* los símbolos, que su substancia es indestructible, que constituyen el fondo *revelante*

---

[58] Cfr. SM, pág. 288.

[59] SM, pág. 329; sobre esta lectura del ciclo de los mitos, en cuanto llevada a cabo desde el mito adámico como preeminente, véase SM, págs. 287-288.

[60] F, pág. 46.

[61] F, pág. 48.

de la palabra que habita entre los hombres; brevemente, el símbolo *da que pensar*".[62]

Ello significa que el discurso propiamente filosófico no puede agotar la substancia de la palabra mítica; interpretar, en este nivel, no significa despojar a la verdad de sus vestiduras imaginativas míticas para que, accediendo a la pureza del concepto, ella llegue a su propia figura y así abandone definitivamente la inadecuada figura representativa anterior. Tal proceder sería, de hecho, considerar al mito como simple alegoría, como hicieron los estoicos con los relatos de Homero y Hesíodo; "en el límite, el alegorismo implica que el sentido verdadero, el sentido filosófico, ha precedido a la fábula, la cual no ha sido más que un disfraz secundario, un velo intencionadamente arrojado sobre la verdad para perder a los simples".[63]

Es necesario oponer "la *donación de sentido en trans-parencia* en el símbolo a la interpretación por *tra-ducción* de la alegoría".[64] El símbolo nunca puede ser traducido totalmente: "Por su triple función de universalidad concreta, de orientación temporal y en fin de exploración ontológica, el mito tiene una manera de *revelar*, irreductible a toda traducción de un lenguaje cifrado a un lenguaje claro; como lo ha mostrado Schelling en su *Filosofía de la mitología*, el mito es autónomo e inmediato: significa lo que dice".[65]

Entonces, nunca el concepto filosófico puede incorporar todo lo dicho en el mito: siempre habrá más en lo dicho en el mito que en lo pensado en la filosofía. Si se atiende al momento lingüístico del mito, esto es, a la metáfora, se podrá decir: "...las metáforas verdaderas son intraducibles. Sólo las metáforas de sustitución son susceptibles de una traducción que restaure la significación propia. Las metáforas de tensión –metáforas de invención, metáforas vivas– son intraducibles porque crean sentido. Decir que son intraducibles no significa que no puedan ser parafraseadas, sino que la paráfrasis es infinita y no agota la innovación de sentido".[66]

---

[62] CI, pág. 295.

[63] CI, pág. 295.

[64] SM, pág. 23.

[65] SM, pág. 155; véase la nota al pie de esa página.

[66] En "Palabra y símbolo", en P. Ricoeur, *Hermenéutica y acción,* Edit. Docencia, CINAE, Bs. As., 1985, pág. 13.

> "Entonces se abre delante de mí el campo de la hermenéutica propiamente filosófica: ya no es una interpretación alegorizante que pretende reencontrar una filosofía disfrazada bajo las vestiduras imaginativas del mito; es una filosofía a partir de los símbolos, que intenta promover, formar el sentido, por una interpretación creadora".[67]

Adviértase que, según lo visto hasta aquí, el *proceso hermenéutico* explícito tiene dos momentos, que corresponden, justamente, a los momentos segundo y tercero del itinerario de pensamiento –respectivamente: pensar en (dans) los símbolos y pensar a partir de los símbolos–; y esos dos momentos hermenéuticos tienen, naturalmente, características propias: el momento cuyo método es el "círculo hermenéutico" es una recuperación consciente de lo simbólico como tal, es un volver a escuchar el lenguaje mítico sin salir de él –esto es, moviéndose en su propio medio y conforme a sus propias reglas– y con la clara noticia de su especial naturaleza; pero en la hermenéutica propiamente filosófica se tratará ya de llevar a la lucidez del concepto y del sistema la riqueza del decir mítico:[68] "...la tarea es entonces elaborar, a partir de los símbolos, conceptos existenciales, es decir no solamente estructuras de la reflexión, sino estructuras de la existencia, en tanto que la existencia es el ser del hombre";[69] así entonces, la filosofía "eleva los símbolos al rango de conceptos existenciales".[70]

La filosofía hermenéutica es precisamente tal en cuanto lleva a la claridad del concepto el sentido del ser del hombre y del hombre en el ser ya dicho en los mitos; es la expresión, en clave conceptual, de la rica palabra simbólica. Ahora bien, por otra parte, el ser del hombre se revela, ya en los mitos, como existencia, como –dicho en el lenguaje de la filosofía– un *cogito* que se halla "en el interior del ser y no a la inversa".[71]

---

[67] SM, pág. 330.

[68] Cfr. texto de nota 24.

[69] SM, págs. 331-332. Véanse las precisiones de Ricoeur respecto de esta lectura existencial, frente a la hermenéutica de Bultmann, en "Préface á Bultmann", en CI, pág. 373.

[70] SM, pág. 332.

[71] SM, pág. 331.

2.- LA HERMÉNEUTICA FILOSÓFICA: SU UBICACIÓN Y SUS ETAPAS. EL ENCUENTRO CON FREUD

a.- El lugar de la hermenéutica filosófica

La hermenéutica propiamente filosófica, en la que, en el concepto, sale plenamente a luz la intención que, ya desde la fenomenología se hallaba secretamente obrando en todo el itinerario del pensamiento, se articula, según Ricoeur, en tres etapas que corresponden a tres planos de ejercicio del pensamiento. Así, habla Ricoeur de: el plano semántico, el plano reflexivo, y la etapa existencial.

Pero antes de prestar atención al sentido de cada una de esas etapas, es necesario precisar aún la figura total de ese discurso filosófico, que se despliega "a partir de los símbolos". Pues la hermenéutica filosófica puede perder su propio perfil ante la mirada, si no se tienen en cuenta con rigor los límites que la separan de otros emprendimientos del pensamiento.

En cuanto se despliega como un pensar a partir de los símbolos religiosos, la filosofía que propone Ricoeur puede ser confundida con una teología; y en cuanto es una obra del concepto, puede ser confundida con una gnosis o con la traducción de una alegoría; o, aún, se puede proyectar sobre ella el deseo de un saber absoluto. Pero se trata, precisamente, de un pensamiento a la vez ligado y libre frente al mito.

Precisamente la cuestión es: "¿Cómo un pensamiento puede ser a la vez *ligado y libre*? ¿Cómo mantener juntos la inmediatez del símbolo y la mediación del pensamiento?"[72]

El avance indebido del concepto puede advertirse en la reducción del mito a mera alegoría –algo a lo que en general ya se ha hecho referencia– y en la tentación de deslizarse hacia la gnosis. Ricoeur advierte la presencia de estos dos excesos racionales, en sus estudios sobre los mitos acerca del origen y fin del mal, en sucesivas conceptualizaciones acerca del origen del mal. Una primera concepción ve el mal como una invención de la libertad; precisamente de "una libertad capaz de la separación, de la desviación, de la subversión, de la errancia".[73] Se trata de una visión

---

[72] CI, pág. 296.

[73] CI, pág. 297. Entre las páginas 296 y 310 se desarrolla la delimitación del pensar filosófico frente al alegorismo y la gnosis, hasta la confrontación con el pensamiento especulativo.

moral del mundo, en la que se pone el origen del mal en "la culpabilidad personal e interior".[74]

Este modo de pensar constituye "una radical desmitologización de los mitos dualistas, trágico y órfico; es, por otra parte, la reasunción del relato adámico en un 'filosofema' inteligible".[75] En esta línea de pensamiento, que traduce el relato del Génesis como una alegoría, Ricoeur encuentra al San Agustín antimaniqueo y al Kant que ve en el origen del mal la obra de la mala fe, la impostura.

Pero existe un segundo paso en esta conceptualización del origen del mal. Este segundo paso, de mayor profundidad, fue dado también por Agustín y Kant. Lo que en ambos casos se intenta pensar es algo que está dicho de algún modo en los mitos trágicos y en lo trágico presente en el mito adámico. Se trata del "mal *ya* dado (*déja* la), mal en el cual nazco, mal que yo encuentro en mí antes del despertar de mi conciencia, mal inanalizable en culpabilidades individuales y en faltas actuales".[76] En el mito del Génesis, "Adán es para todos los hombres el hombre anterior y no sólo el hombre ejemplar; él es la anterioridad misma del mal respecto de todo hombre; y él mismo tiene su otro, su anterior en la figura de la serpiente, ya presente y ya astuta".[77] Pues se trata de que "comenzando nosotros el mal, lo continuamos y es eso lo que ahora es necesario intentar decir";[78] por eso, Agustín y Kant tratan de pensar "el mal como tradición, como encadenamiento histórico, como reino de lo ya dado",[79] "como una suerte de involuntario en el seno mismo de lo voluntario".[80]

Ahora bien, Agustín piensa esta verdad del mito adámico elaborando el concepto de pecado original. Pero, a los ojos de Ricoeur, "el concepto de pecado original es un falso saber y, en cuanto a su estructura epistemológica, debe ser asimilado a los conceptos de la gnosis",[81] a pesar

[74] CI, pág. 296.

[75] CI, pág. 297. Del mito adámico se ocupa extensamente Ricoeur en "Le 'péché originel': étude de signification", en CI, pág. 265.

[76] CI, pág. 300.

[77] CI, pág. 300; cfr. pág. 291.

[78] CI, pág. 300.

[79] CI, pág. 300.

[80] CI, pág. 303.

[81] CI, pág. 301. Ya en SM Ricoeur expresa sus objeciones al "concepto" de pecado original; cfr. al respecto págs. 14; 84-85 y 90-91. En las págs. 218-260 expone su lectura del mito adámico; allí se hallan ampliamente desarrolladas las bases de lo que Ricoeur expone en "Le péché originel: étude de signification" y en "Herméneutique

de surgir de una intención antignóstica. Tal concepto intenta reunir el concepto jurídico de culpabilidad imputable con una vehiculización de la falta por generación, a fin de que todos podamos ser inculpados en Adán por la justicia de Dios y salvados en Cristo por gracia. Pero, en palabras de Ricoeur, se trata de una "idea intelectualmente inconsistente, en tanto que mezcla dos universos de discurso: el de la ética y el de la biología".[82]

La doctrina del pecado original intenta explicar la inclinación del hombre al mal –el mal ya en nosotros– asumiendo el relato bíblico como un hecho histórico del que se siguen efectos como de una causa: así queda el mito recubierto de una cierta "claridad conceptual". Se trata de efectos éticos (imputabilidad del mal como pecado en nosotros) que se siguen de una causa biológica (transmisión por generación); pero con ello se está ante la mezcla de dos discursos de naturaleza diversa.

Así, el relato del Génesis deja de ser un símbolo, esto es un relato imaginativo que remite a un sentido segundo como algo inabarcable, a saber lo misterioso de la condición humana.

Y ello no es ya traducción de alegorías, sino mezcla de explicación racional y mito. En la traducción de alegoría del primer Agustín, por ejemplo, se traduce el relato bíblico, *reemplazándolo* por la explicación del origen del mal a partir del ejercicio de la libertad propia de la naturaleza humana. Se trata entonces de un discurso racional acerca de la naturaleza humana –el hombre, como libertad finita, puede pecar– que reemplaza a un relato imaginado (con toda precisión muestra Ricoeur que Agustín carece del bagaje conceptual necesario para expresar el carácter contingente de la falta).[83] Aquí, en cambio –en la gnosis– la explicación *incluye* como su punto de partida un hecho contingente –el relato mítico es asumido como historia– y a partir de allí se despliega racionalmente (causalísticamente). Se trata, así de una mezcla de mito y discurso racional.

Lo mítico así asumido como hecho real histórico queda integrado en un discurso explicativo biológico: el mal ya dado, esto es la inclinación humana al mal y la necesidad, a su vez, de imputarlo al hombre individual encuentran su explicación en la doctrina agustiniana del pecado original. Si la traducción de alegorías suprime el mito, la gnosis, sin suprimirlo, lo incorpora como historia a un discurso racional.

des symboles et réflexion philosophique I" (CI, págs. 265-310); de estos dos últimos ensayos se ha tomado lo que aquí se expone.

[82] CI, pág. 302.

[83] Cfr. CI, págs. 270 y 298.

Así entonces, la inclinación humana al mal –al mal ya dado que antecede a la realización libre del mal– tiene su causa explicativa en el primer pecado del primer hombre en la cadena histórica de la generación.

Precisamente, este modo de proceder a partir de los mitos es "un peligro que nos acecha y que consiste en repetir el símbolo en un remedo de la racionalidad, en racionalizar los símbolos como tales, y así petrificarlos en el plano imaginativo donde nacen y se desarrollan";[84] "así nace una mitología dogmática, inseparable de su figuración espacial y cósmica".[85] Si el mito es un símbolo secundario, la gnosis es ya un símbolo terciario.[86]

Este modo gnóstico de pensar a partir de los símbolos consiste entonces en darle la claridad de un momento de un discurso racional a lo que no es más que el sentido primero de un símbolo, su momento imaginativo.

Pero es necesario recorrer totalmente el camino iniciado. No sólo Agustín, sino también Kant intentó pensar el mal que antecede a la decisión libre del hombre. Pero en Kant la respuesta es diferente. En *La religión dentro de los límites de la simple razón,* Kant afirma, finalmente, que "no existe entonces para nosotros razón comprensible para saber de dónde haya podido venir a nosotros originariamente el mal moral".[87] Y agrega Ricoeur: "Lo inescrutable, según nosotros, consiste precisamente en que el mal que siempre comienza *por* la libertad esté siempre ya allí *para* la libertad, que sea acto y hábito, surgimiento y antecedente".[88]

Kant no asume a Adán y su acto como el eslabón primero de una explicación causal de la presencia de la inclinación al mal en el hombre. Adán no es un hecho desde el que se puede seguir una explicación; es paradigma en el que se puede ver, a través de imágenes-símbolos, "sin explicarla", la condición humana, a saber su estar ya afectada por el mal y el ser a la vez origen libre del mal.

De esta manera, Kant va más allá de San Agustín, destruyendo su concepto gnóstico de pecado original y respetando así lo simbólico –no saber– del símbolo.

[84] CI, pág. 295.

[85] CI, pág. 295; véanse las precisiones de Ricoeur en SM, págs. 156-157.

[86] Cfr. SM, pág. 17.

[87] I. Kant, *Die Religion innerhalb der Grenzen der blossen Vernunft,* Erstes Stück (I. Kant, *Werke in zehn Bänden,* Wissenschaftliche Buchgesellschaft, Darmstadt, 1968, Band 7, pág. 693. I. Kant, *La religión dentro de los límites de la mera razón,* Alianza Editorial, Madrid, 1969, pág. 53).

[88] CI, pág. 304.

En rigor, el respeto de la naturaleza propia del mito impide la comprensión de los "hechos" que relata como sucesos históricos. La comprensión del mito como historia real se halla en la base de la doctrina del pecado original. Pero el mito es mito y no historia. Ya se ha aludido a la "triple función" del mito. Pero allí es decisivo, precisamente, el carácter de "relato" del mito. El sentido de la narración en el mito no es presentar hechos realmente, históricamente acontecidos en un tiempo lejano. El carácter de relato del mito –Ricoeur se refiere, como se recordará, a los mitos del comienzo y del fin del mal– resulta de que aquello a lo que él apunta simbólicamente, a saber la plenitud, la existencia indemne, no se presenta en él sino en el origen o en el término de una *historia* fundamental, dentro de la cual, precisamente, recibe sentido y orientación la existencia humana –la función de orientación temporal del mito–. El mito relatando, presentando una historia no quiere mostrar el primer hecho que *explica* la serie de los que le siguen, sino que expresa que el mal y la plenitud indemne del ser son los elementos de un acontecer, de un drama, de una historia en cuyo origen y fin sí se halla el bien.

El mito relatando, presentando una historia muestra que bien y mal constituyen precisamente una historia. El mito no explica la estructura esencial inmutable del universo ni explica la historia causalísticamente a partir de un primer hecho histórico; el mito muestra sí el carácter histórico, dramático del bien y el mal. El mito no explica la naturaleza íntima del mal, ni pone un primer hecho malo real como primera causa de los males. Simplemente relatando, el mito hace de las magnitudes del bien y del mal los protagonistas de un drama.

> "El mito ejerce su función simbólica por el medio específico del relato, porque lo que él quiere decir es ya drama. Es este drama original que abre y descubre el sentido oculto de la experiencia humana; al hacer esto el mito que lo narra asume la función irreemplazable del relato."[89]

Pero, en todo caso, lo que más interesa es ver que con el Kant que desemboca en el no saber –y que con ello hace desembocar a la meditación nuevamente en el símbolo de la caída como tal– se da un pensamiento a partir de los símbolos –un pensamiento que piensa autónomamente lo

---

[89] SM, pág. 161. Sobre el sentido de la gnosis y el sentido del mito como relato se explaya Ricoeur en SM, págs. 156-162. Se volverá sobre este tema en la parte III, punto 4. D. a., para analizar detalladamente la interpretación ricoeuriana del mito adámico.

dicho en los símbolos– que no los reduce a alegoría ni los inmoviliza en una "mitología dogmática" gnóstica.

El pensamiento filosófico no puede ser ni mera traducción desenmascaradora del mito, esto es el despojamiento de un disfraz imaginativo –alegorismo– ni el encubrimiento de lo imaginativo del mito con un disfraz conceptual –gnosis–.

Pero frente a la salida al no saber de Kant se eleva aún, según Ricoeur, la filosofía especulativa, que intentará "acceder al punto en que el mal es la aventura del ser, forma parte de la historia del ser".[90]

Ricoeur se pregunta: "¿La lucha entre el rigor reflexivo y la riqueza simbólica se extingue con el retorno al símbolo impenetrable de la caída?"[91] Y responde: "No lo creo. En efecto, un *hiatus* permanece entre, por una parte, la comprensión que podemos tener de la naturaleza esencial del hombre y, por otra parte, la confesión de esta insondable contingencia del mal. ¿Se puede dejar, una junto a la otra, la necesidad de la falibilidad y la contingencia del mal?".[92]

Ahora bien, según Ricoeur, la misma estructura arquitectónica de los mitos, que consiste en ver el mal del comienzo desde un sentido que le otorga el fin, donde se da la justificación definitiva, invita a pensar el advenimiento del mal como algo que "pertenece a una cierta totalidad de lo real".[93]

Y a tal invitación responden por ejemplo, cada una a su manera, las filosofías especulativas de Spinoza y de Hegel. No es posible entrar aquí

---

[90] CI, pág. 306.

[91] CI, pág. 306.

[92] CI, pág. 306.

[93] CI, págs. 306-307; cfr. también F, págs. 47-48. Se pueden ahora enumerar todas las anticipaciones del pensamiento interpretativo que se hallan en los mismos mitos: a) una primera muestra de pensamiento interpretativo ya hay, en general, en lo que Ricoeur llama la "ingenuidad simbólica del creyente" (F, pág. 27.); b) en segundo lugar, Ricoeur señala como anticipación del pensamiento interpretativo filosófico la "triple función" de los mitos como tales -universalidad, orientación temporal, exploración ontológica- según la cual asumen -interpretan- los símbolos primarios (SM, págs. 153-155; CI, pág. 289; F, pág. 47); c) en tercer lugar, Ricoeur señala las interpretaciones que sucesivos mitos van haciendo de los que los preceden, dentro de una misma cultura; d) en cuarto lugar, Ricoeur indica la totalidad que forma el ciclo mismo de los distintos mitos (SM, págs. 288, 329; F, pág. 48); e) en quinto lugar, Ricoeur se refiere a la arquitectura misma de los mitos, en cuanto, en razón de su "explicación" del principio del mal por el fin que salva, invitan a pensar el mal en el contexto de un todo de sentido; invitan así a un pensamiento especulativo -que para Ricoeur fracasa- (CI, págs. 306-307; F, págs. 47-48).

en los detalles de estos esfuerzos por integrar racionalmente el mal.[94] En todo caso, Ricoeur duda del éxito de estos pensamientos: más bien habla de "el pensamiento especulativo y su fracaso". No parece que se pueda integrar el mal en una lógica del ser. "Es necesario confesar que ninguna gran filosofía de la *totalidad* está en condiciones de dar cuenta, de dar razón de esta inclusión de la contingencia del mal en una figura significativa. En efecto, o bien el pensamiento de la necesidad deja caer fuera de él la contingencia, o bien la incluye de tal manera que elimina totalmente el 'salto' del mal que se pone y lo 'trágico' del mal que se precede siempre a sí mismo".[95]

Con Spinoza y su comprensión del desorden en el orden, la seriedad del mal y del dolor queda diluída en un juego estético de luces y sombras que hace de la historia una farsa. "Tal es la mala fe de la teodicea: no triunfa sobre el mal real, sino sólo sobre su fantasma estético".[96]

Por su parte, "una filosofía como la de Hegel representa a la vez la más grande *tentativa* por dar cuenta de lo *trágico* de la historia y la mayor *tentación*".[97] En esta filosofía "el mal es verdaderamente retenido y sobrepasado",[98] pero "ya no lo es a decir verdad como mal, sino como contradicción";[99] "la remisión es ya la reconciliación en el saber absoluto";[100] y así "el mal es menos 'perdonado' que 'superado'; desaparece en esta reconciliación".[101] "En razón de que la historia humana es una revelación de Dios, el infinito asume el mal de la finitud";[102] "es necesario advertir que esta caída forma parte del absoluto mismo, que es un momento de la verdad total".[103] Esta filosofía "se acaba en saber absoluto, con la transposición de la remisión de los pecados en reconciliación filosófica. No queda nada de lo injustificable del mal ni de la gratuidad de la reconciliación".[104]

[94] Cfr. CI, págs. 306-310.

[95] CI, pág. 307.

[96] CI, pág. 308.

[97] CI, pág. 308.

[98] CI, pág. 309.

[99] CI, pág. 309.

[100] CI, pág. 309.

[101] CI, pág. 309.

[102] CI, pág. 309.

[103] CI, pág. 309.

[104] CI, pág. 309.

Ricoeur, por su parte, piensa que "lo Sagrado toma el lugar del saber absoluto, pero no es su sustituto; su significación sigue siendo escatológica y nunca puede ser transformada en conocimiento y gnosis".[105]

> "Los grandes símbolos referidos a la naturaleza, el origen y el fin del mal no son sólo unos símbolos entre otros, sino símbolos privilegiados".[106] "Estos símbolos, de hecho, se resisten a toda reducción a un conocimiento racional; el fracaso de todas las teodiceas, de todos los sistemas referidos al mal testimonia del fracaso del saber absoluto en sentido hegeliano. Todos los símbolos dan que pensar, pero los símbolos del mal muestran de una manera ejemplar que siempre hay más en los mitos y en los símbolos que en toda nuestra filosofía; y que una interpretación filosófica de los símbolos nunca llegará a ser conocimiento absoluto. Los símbolos del mal, en los que leemos el fracaso de nuestra existencia, declaran al mismo tiempo el fracaso de todos los sistemas de pensamiento que quisieran devorar los símbolos en un *saber absoluto*".[107]

Entonces, "¿no es necesario buscar la respuesta a nuestra búsqueda de inteligibilidad del lado de una *historia con sentido (histoire sensée)* más que *en una lógica del ser?*"[108] "¿Es posible concebir un *devenir del ser* en el que lo trágico del mal –de ese mal ya siempre allí– sería a la vez reconocido y sobrepasado? No estoy en condiciones de responder a la cuestión...".[109]

Con todo lo dicho hasta aquí, se han señalado las diferencias de la hermenéutica filosófica frente a todo alegorismo, frente a la gnosis y frente a las pretensiones de un saber absoluto. Pero falta aún advertir la diferencia de esta filosofía frente a la teología.

Se ha de reconocer que sin duda la teología piensa "a partir de los símbolos", esto es, a partir de la fe en lo que dice la palabra mítica. Pero la articulación racional de la teología es diversa de la de la filosofía que propone Ricoeur.

En primer lugar, cabe señalar que si bien la teología también intenta llevar al concepto lo que ha escuchado en el mito, ella, sin embargo, resuelve su labor racional, finalmente, en la palabra simbólica misma,

---

[105] CI, pág. 327.

[106] CI, pág. 327.

[107] CI, págs. 327-328.

[108] CI, págs. 309-310.

[109] CI, pág. 310. Véase la dirección que Ricoeur señala aquí para una meditación. Lo aquí dicho se ha de conjugar con lo que se indica en CI, págs. 327-329.

en cuanto ésta es oída en sede eclesial. Por otra parte, la teología asume en el mundo de los símbolos su materia de pensamiento, esto es, no se procura su materia en el mundo de la experiencia recurriendo para ello a la inspección de la razón (en seguida se señalará la diferencia de la hermenéutica filosófica a este respecto). Por todo ello, la teología resulta ser un discurso "ligado" y no libre.

Frente a ello, la filosofía hermenéutica es, según Ricoeur, un discurso a la vez ligado y libre; ligado porque parte del oir *lo que* dicen los símbolos religiosos, pero libre en cuanto es un discurso homogéneamente racional. Y precisamente, gracias a su homogeneidad racional, tal discurso filosófico es aceptable aún para un pensamiento que no provenga de la fe.

Dice Ricoeur:

> "...el filósofo, aún cristiano, tiene una tarea distinta (del teólogo); yo no soy del parecer de que ponga entre paréntesis lo que ha oído y lo que cree; pues ¿cómo filosofar en tal estado de abstracción respecto de lo esencial? Tampoco opino que deba subordinar su filosofía a la teología en una relación de servicio. Entre la abstención y la capitulación, se halla la vía autónoma que yo he situado bajo el título de *acercamiento filosófico*. Tomo 'acercamiento' ('approche') en el sentido fuerte de aproximación. Entiendo por ello el trabajo incesante del discurso filosófico por ponerse en relación de proximidad con el discurso kerigmático y teológico. Este trabajo de pensamiento es un trabajo a partir de la escucha, y sin embargo en la autonomía del pensar responsable. Es una reforma incesante del pensar, pero en los límites de la simple razón; la 'conversión' del filósofo es una conversión en la filosofía y a la filosofía según sus exigencias internas".[110]

[110] CI, pág. 394. "Me permitiré describir el camino de mi propia interrogación. En primer lugar, es como una exigencia de lucidez, de veracidad, de rigor que he encontrado lo que llamaba, en el fin de *La Symbolique du Mal*, 'el paso a la reflexión'. ¿Es posible, preguntaba, articular una sobre otra, de manera coherente, la interpretación de los símbolos y la reflexión filosófica? A esta pregunta respondía solamente con un deseo contradictorio: me juramentaba por una parte para *escuchar* la rica palabra de los símbolos y de los mitos que precede a mi reflexión, la instruye y la nutre, por otra parte para continuar, por medio de la exégesis filosófica de los símbolos y de los mitos, la tradición de racionalidad de la filosofía, de nuestra filosofía occidental. El símbolo da que pensar, decía yo, retomando una palabra de Kant en la *Crítica del juicio*. Da, es el don del lenguaje: pero este don me crea un deber de pensar, de inaugurar el discurso filosófico a partir de aquello mismo que siempre lo precede y lo funda. No he ocultado el carácter paradojal de este juramento: por el contrario, lo he acentuado afirmando a la vez que la filosofía no comienza nada, porque lo pleno del lenguaje la precede, y que ella comienza desde sí, pues es ella la que instaura la cuestión del sentido y del fundamento del sentido. Estaba animado en esta empresa

La filosofía como hermenéutica de los símbolos religiosos tiene entonces una figura propia frente a la traducción alegórica de los mismos, frente a la gnosis, el saber absoluto y la teología.

En el "círculo hermenéutico" del pensar dentro de los símbolos se había distinguido, luego del inicial creer, un comprender que, dejando de lado la "historia" del mito, discernía allí –interpretación– un "resto" que era no ya historia sino sentido. Allí mismo se trataba luego de "exponerse" a ese sentido, a fin de dejarse alcanzar por él. Dejarse alcanzar por el sentido significa *descubrirse* en algo propio allí dicho –algo finalmente incontorneable–; algo que así es manifestado en su especificidad y a lo que se adhiere –nuevo creer: segunda ingenuidad–. De esta manera, por otra parte, se precisa en su perfil el sentido del mito, inicialmente creído globalmente. Finalmente, ese sentido –en última instancia inagotable– ha de ser llevado al discurso conceptual, para intentar una comprensión mejor "del hombre y del vínculo entre el ser del hombre y el ser de todos los entes" –filosofía–.

Ricoeur anota que de esta manera se realizaría, además, una "deducción trascendental del símbolo" o su "verificación existencial".

> "Entonces se abre delante de mí el campo de la hermenéutica propiamente filosófica: ya no es una interpretación alegorizante, que pretende reencontrar una filosofía encubierta bajo la vestidura imaginativa del mito; es una filosofía a partir de los símbolos, que trata de promover, de formar el sentido, por una interpretación creadora. Osaría, al menos provisoriamente, llamar a esta tarea una 'deducción trascendental' del símbolo. La deducción trascendental, en sentido kantiano, consiste en justificar un concepto mostrando que hace posible la constitución de un dominio de objetividad. Ahora bien, si me sirvo de los símbolos de la desviación, de la errancia, de la cautividad, como de un 'detector de realidad', si descifro al hombre a partir de los símbolos míticos del caos, de la confusión y de la caída; en una palabra, si elaboro, bajo la guía de una mítica de la existencia mala, una empírica de la libertad esclava, entonces puedo decir que, por contrapartida, habré 'deducido' –en el sentido trascendental del término– el símbolo del mal humano. En efecto, el símbolo, empleado como detector y descifrador de la realidad humana, habrá sido verificado por su poder

por lo que me aparecía como la riqueza *prefilosófica* del símbolo. El símbolo, me parecía, reclama no solamente la interpretación (...) sino verdaderamente *la reflexión filosófica*" (F, págs. 45-46). Véase, además, texto de nota 24.

de suscitar, de aclarar, de ordenar esta región de la confesión, que muy rápidamente se reduciría al error, al hábito, a la emoción, a la pasividad, brevemente, a una u otra de las dimensiones de finitud que no tienen necesidad de los símbolos del mal para ser abiertas o descubiertas".[111]

La tarea racional de la filosofía consiste en llevar a la dicción conceptual el sentido que se dona originariamente en los mitos como en una cantera inagotable en contenido y provocación a pensar. La dependencia de la filosofía hermenéutica respecto de los mitos se refiere entonces a que los ha de escuchar inicialmente para descubrir *en su propio mundo de experiencia* y llevar a su propia discursividad conceptual lo que ellos dicen.

Así entonces, esta filosofía aparece como un discurso ligado y libre a la vez. Ligado en cuanto su campo de experiencias *propias* se le abre de hecho a partir de la atención a los mitos. Libre en cuanto su materia de pensamiento se halla a su alcance en su propio ámbito y en cuanto desarrolla su discurso según el orden racional.

El mito provoca y desencadena la filosofía en cuanto abre un campo de experiencias humanas alcanzables sí en sí mismas por la razón, pero que de hecho no se le abrirían al hombre –y no se le han abierto efectivamente en la historia del pensamiento– sin las sugerencias del mito.

La provocación para el despliegue de la filosofía por parte del mito es entonces doble: provoca en cuanto a la materia, pues la hace ver, pero provoca también en cuanto a la forma racional, pues, como ya se vio, el mito es "aurora de reflexión".

Así, se puede comprender que Ricoeur entienda su filosofía, precisamente, como una "repetición filosófica del mito".[112]

De todas maneras, es necesario advertir aquí que el sentido pleno de la *filosofía* de Ricoeur como "pensar a partir de los símbolos" sólo se podrá advertir cabalmente hacia el final de este trabajo. Por ello, lo dicho hasta aquí constituye todavía, propiamente, una presentación imperfecta. Cuando se haya desplegado totalmente el pensamiento de Ricoeur según todas sus exigencias, en el encuentro hermenéutico entre la fe, Hegel y Freud –que en seguida será presentado en sus líneas generales–, se podrá desgajar con toda lucidez el sentido del mismo como verdadera filosofía. Hasta entonces, quede lo dicho como material a ser reasumido posteriormente en esa recapitulación final.

[111] SM, págs. 330-331.
[112] Cfr. SM, págs. 25-30.

Después de haber alcanzado una cierta precisión acerca de la naturaleza de la filosofía como hermenéutica de los símbolos religiosos, corresponde recorrer las etapas ya señaladas de ese pensar "a partir de los símbolos": etapas semántica, reflexiva y existencial.

b.- La etapa semántica

Ya se ha indicado que la filosofía, continuando la especulación insinuada en el mito, debe llevar a la lucidez del concepto el sentido segundo revelado y velado a la vez por el sentido primero del símbolo: ha de aparecer a la razón el sentido segundo que imanta hacia sí todo el movimiento de participación desde el significante primero.[113] Y ello significará elaborar conceptos que muestren el ser del hombre y a éste como existencia en el seno del ser.

Si la filosofía ha de desplegar racionalmente el sentido último que transparenta el sentido literal, será necesario que en un primer paso tal filosofía se dedique precisamente a analizar con rigor ese especial modo de significar propio de los símbolos.

No se trata –como podía suceder en la fe postcrítica– sólo de tomar conciencia explícita del tránsito de la doble significación de los símbolos; ahora urge –porque lo exige la tarea racional propuesta– estudiar cuidadosamente la estructura semántica de tales signos equívocos. Es necesario ver detalladamente el cómo de tal significación. Se está así ante una tarea lingüística, atravesada por la intención filosófica general que anima todo el movimiento de pensamiento.

En primer lugar será necesario, justamente, poner claramente ante la mirada la estructura de doble sentido, propia del símbolo. Ya anteriormente se ha explicado esa estructura;[114] por ello, aquí sólo resta aludir a algunas ulteriores precisiones de Ricoeur.

Si se tiene en cuenta precisamente el carácter equívoco del símbolo, se podrá advertir que se distingue con claridad de todo otro modo de significar. Por ello, Ricoeur prefiere hablar de signos para referirse a la universal mediación del espíritu que tiene en cuenta Cassirer en su *Filosofía de las formas simbólicas* y, a diferencia de este autor, hacer de los

[113] Cfr. F, pág. 39.
[114] Cfr. págs. 22 y ss.

símbolos una provincia de la región mayor de los signos:[115] la provincia de los signos de sentido múltiple.

Pero las precisiones siguen. Ricoeur hace notar que el nexo de sentido a sentido que hay en el símbolo no puede ser entendido suficientemente con el solo concepto lógico de la analogía. Como ya se indicó anteriormente, la analogía que opera en el símbolo es un suceso inmanente al símbolo mismo; no es el símbolo la formalización de una analogía vista, sino que, precisamente, "a diferencia de una semejanza que pudiéramos considerar desde fuera, el símbolo es el movimiento mismo del sentido primario que nos asimila intencionalmente al simbolizado, sin que podamos dominar intelectualmente la semejanza".[116]

Así se puede notar que la definición de símbolo de Cassirer es demasiado amplia, y la definición desde la sola analogía lógica, entendida como se acaba de señalar, es demasiado estrecha.

Pero paralelamente con esta delimitación de la naturaleza del símbolo, se hace necesario precisar la naturaleza de la interpretación, ya que ésta no es otra cosa que "el trabajo de pensamiento que consiste en descifrar el sentido oculto en el sentido aparente, en desplegar los niveles de significación implicados en la significación literal".[117]

Aquí también, Ricoeur propone una definición media de interpretación, entre la concepción demasiado amplia de Aristóteles y la demasiado estrecha de la exégesis bíblica.

La concepción de Aristóteles es demasiado amplia porque, bajo el título de interpretación, incluye simplemente todos los símbolos, esto es todos los signos convencionales que constituyen el lenguaje. Así, lo que Ricoeur entiende por interpretación ni siquiera es aludido.

Por otra parte, la posiblidad de una tematización detallada de los signos equívocos queda bloqueada en el pensamiento aristotélico, en cuanto allí se atiende especialmente a los signos unívocos, en orden a la fundamentación del discurso científico.

---

[115] Cfr. F, págs. 19-22; CI, pág. 16. Sobre la distinción del símbolo según Ricoeur y el símbolo de la lógica simbólica, cfr. F, págs. 56-61 y CI, págs. 22-23. Allí se explica, además, la "lógica" propia del símbolo.

[116] F, pág. 26; cfr. los lugares indicados en nota 45.

[117] CI, pág. 16.

Con todo, Ricoeur reconoce que Aristóteles ha dejado abierto el camino para la consideración de los signos multívocos, con todas sus implicaciones, con su concepción de la analogía del ser.[118]

Por su lado, la exégesis bíblica propone una visión demasiado estrecha de la interpretación, al subordinarla a una autoridad y, sobre todo, al restringirla a los textos escritos.[119]

Ricoeur advierte que "la noción de texto puede ser tomada en un sentido analógico; la Edad Media pudo hablar de una *interpretatio naturae,* a favor de la metáfora del libro de la naturaleza"; y esta concepción se acentúa luego desde el Renacimiento.[120]

Y aquí comienza a hacer valer todo su peso la obra de Freud. La ampliación de la noción de texto, hasta desbordar la noción de escritura, se puede hacer, con Freud, según un paso o transición razonada, sin saltos "metafóricos" –como el caso del "libro de la naturaleza"–.[121]

La *Traumdeutung* ha puesto de manifiesto que el sueño tiene un sentido manifiesto que remite simbólicamente –símbolo en general en Freud– a un sentido latente; por otra parte, tal estructura simbólica sólo se da finalmente en el lenguaje del relato del analizado; de tal manera, el símbolo –el sentido manifiesto– resulta ser el *texto* de un relato –que precisamente el psicoanalista, por medio de su *interpretación,* tratará de substituir por el "texto" del deseo reprimido–. Ahora bien, Freud entiende *todas las formas de la cultura* –religión, arte, economía, cultura...– como análogos del sueño:[122] también allí se trata, para él, de una manifestación *disfrazada* –símbolo– de los deseos arcaicos reprimidos de la infancia individual y de la humanidad. Así entonces, todas las formas de la cultura deben ser entendidas también como *textos* que con su sentido literal, manifiesto, remiten *simbólicamente* a un sentido segundo: todas las obras de la cultura son símbolos.

Entonces es necesario ampliar la noción de "texto", hacerla desbordar la noción de "escritura", para significar, en general, "un conjunto de signos susceptible de ser considerado como un texto".[123] Así por ejemplo, con

---

[118] Cfr. F, págs. 29-33.

[119] La delimitación frente a la exégesis bíblica se halla en F, págs. 33-35.

[120] F, pág. 33.

[121] Cfr. F, págs. 14-15; 34.

[122] Véase en especial F, libro II, 2a. parte; y también "La psychanalyse et le mouvement de la culture contemporaine", en CI, pág. 122.

[123] F, pág. 35.

Freud "no es solamente una 'escritura' lo que se ofrece a la interpretación, sino todo conjunto de signos susceptible de ser considerado como un texto a descifrar, por tanto tan bien un sueño, como un síntoma neurótico, o un rito, un mito, una obra de arte, una creencia".[124]

En esta etapa semántica de la tarea de la interpretación será necesario además precisar las "zonas de emergencia del símbolo",[125] para proceder a "una enumeración lo más amplia y completa posible de las formas simbólicas"[126]

Ricoeur discierne varias zonas de emergencia de símbolos.[127] En primer lugar se han de mencionar los símbolos que estudia la fenomenología de la religión, tanto los de primer grado como los de segundo grado –según una distinción que ya se explicó–;[128] luego debe tenerse en cuenta el simbolismo onírico, estudiado cuidadosamente por el psicoanálisis –se acaban de señalar algunas consecuencias de esta atención al psicoanálisis; en seguida se verán otras–; y se ha de seguir con el simbolismo poético; para terminar con el lenguaje ordinario, pues, según Ricoeur, "esta característica polisémica de nuestras palabras en lenguaje ordinario, ahora, me parece a mí, es la condición básica del discurso simbólico y, en esa forma, la más primitiva capa de una teoría de la metáfora, del símbolo, de la parábola, etc. En segundo lugar, el lenguaje ordinario ahora me parece, siguiendo la obra de Wittgenstein y de Austin, una clase de conservatorio de expresiones que ha preservado el poder descriptivo más alto de la experiencia humana, particularmente en los campos de la acción y de los sentimientos".[129]

Luego de la enumeración indicada, será necesario entrar en el análisis lingüístico preciso de la estructura significativa del símbolo. Este es el lugar del estudio, en primer lugar, de la metáfora, pues si bien el símbolo como tal no se reduce a la metáfora, "la metáfora constituye el núcleo semántico del símbolo".[130] Aquí, entre otras muchas cuestiones, habría

---

[124] F, pág. 35.

[125] F, pág. 22.

[126] CI, pág. 17.

[127] Cfr. CI, pág. 17; F, págs. 22-25; SM, págs. 17-21.

[128] Cfr. pág. 38.

[129] P. Ricoeur, "Del existencialismo a la filosofía del lenguaje", en la obra del mismo título, Edit. Docencia, CINAE, Bs. As., 1983, pág. 16.

[130] P. Ricoeur, *Educación y política*, Edit. Docencia, CINAE, Bs. As., 1984, pág. 29. Para esta cuestión acerca de la metáfora en general y de las relaciones entre símbolo

que preguntarse, por ejemplo, qué tipo de analogía liga un sentido a otro en la metáfora; y a propósito de ello corresponderá cuestionarse acerca del concepto de metáfora que se encuentra en Aristóteles y sus diferencias frente a la metáfora como uno de los tropos de la retórica posterior. También será decisiva a los ojos de Ricoeur la crítica de la concepción de la metáfora como mera sustitución en la denominación, para pasar a una visión de la metáfora como acontecimiento de la frase. Allí, por la impertinencia predicativa, resulta una impertinencia semántica que, precisamente, da lugar a una innovación de sentido; y la presencia de un nuevo sentido hace que la metáfora, lejos de ser un mero adorno retórico, diga la verdad de un referente no empírico. Así, la metáfora, "al no decir 'lo que es', dice 'como qué' son las cosas últimas, a qué se asemejan eminentemente".[131]

Basten estas someras indicaciones para hacer notar la importancia de la cuestión de la metáfora, a cuyo estudio Ricoeur ha dedicado su obra *La métaphore vive* –obra que reclama una especial consideración por sí misma–.

Pero sí es importante señalar ahora un problema fundamental que plantea aquí el pensamiento de Freud. Si la metáfora cabalga sobre la analogía, habrá que notar que la simbolización del sueño no puede ser explicada suficientemente con el concepto de metáfora. En efecto, el trabajo del sueño, por el cual se constituye un contenido manifiesto a partir de un contenido latente, es explicable por una serie de procedimientos que desbordan la mera conexión de analogía –aunque la analogía también se halle presente– y que finalmente hacen del contenido manifiesto una *distorsión* del contenido latente. Y ello constituye una razón más y decisiva –además de lo ya dicho– para no reducir el símbolo a la analogía

En la "criteriología del símbolo" de *La Symbolique du Mal,* Ricoeur anotaba que el símbolo es una expresión significativa portadora de un doble sentido; y señalaba que el tránsito del sentido literal, primero al sentido segundo venía posibilitado por la analogía, la semejanza entre ambos.

---

y metáfora, véase al menos "Poética y simbólica", también en *Educación y política,* pág. 19, y también "Palabra y símbolo" y "La metáfora y el problema central de la hermenéutica" en págs. 7 y 27 respectivamente de *Hermenéutica y acción,* Edit. Docencia, CINAE, Bs. As., 1985. Es sabido que el estudio central de Ricoeur sobre la metáfora es la obra *La métaphore vive,* Edit. du Seuil, Paris, 1975. Cfr. CI, pág. 17.

[131] *Educación y política,* pág. 42.

Pero desde el análisis de los sueños de Freud –y su extensión, como se anotó, a todo el orbe de los productos de la cultura (extensión ésta que en seguida será tenida en cuenta)– si bien se podrá seguir definiendo el símbolo por su arquitectura de doble sentido, la relación entre ambos sentidos ya no queda restringida a la semejanza. Ahora se sabe que hay maneras de "decir algo queriendo decir otra cosa" que no entrañan una relación de analogía entre los dos sentidos de la expresión.

> "Pensaría más bien que la analogía no es más que una de las relaciones puestas en juego entre el sentido manifiesto y el sentido latente. El psicoanálisis, como se verá, ha puesto al descubierto una variedad de procedimientos de elaboración que se intercalan entre el sentido manifiesto y el sentido latente. El trabajo del sueño es singularmente más complejo que la clásica vía de la analogía; los mismos Nietzsche y Marx han denunciado las múltiples astucias y falsificaciones del sentido".[132]

Es el descubrimiento de Freud –que en otro contexto y sentido se halla también en Marx y Nietzsche– lo que obliga a ampliar la noción de símbolo. Pero, como se podrá observar, ello obliga también a ampliar la noción de hermenéutica: ésta ya no media sólo entre dos semejantes. Y en esta última ampliación, el concepto de hermenéutica aparecerá conteniendo, en particular en lo que hace a los símbolos religiosos, dos "especies" como se verá en seguida– que Ricoeur denomina "la interpretación como recolección del sentido" y "la interpretación como ejercicio de la sospecha".

Así, el símbolo queda ahora definido como una estructura significativa lingüística de sentido múltiple, que suscita por ello la interpretación.

Por ello mismo, será necesario estudiar en esta etapa semántica, junto a la metáfora, también otros "tropos", como por ejemplo la metonimia, la sinécdoque, etcétera.[133]

Es importante detenerse aquí para señalar las decisivas consecuencias que resultan, para la elaboración del proyecto filosófico de Ricoeur, del encuentro con el pensamiento de Freud.

En la intención de *La Symbolique du Mal,* los símbolos religiosos, con su doble sentido –con la mediación de la semejanza– son el material de investigación desde donde alcanzar el sentido del hombre y en definitiva

---

[132] F, pág. 26.
[133] Cfr. CI, pág. 17.

del ser. Con el estudio de Freud, la investigación ontológica se amplía grandemente en su campo de estudio y en su método.

La adopción del sueño como analogado principal de toda consideración es lo que desencadena toda la serie de consecuencias: a) como el sueño, todas las obras de la cultura son texto; b) y todas son texto de doble sentido; todas son símbolo; c) el tránsito entre los dos sentidos del símbolo no sigue necesariamente la vía de la semejanza entre ambos; d) en consecuencia, no es la metáfora la única estructura lingüística a tener en cuenta; e) así, el símbolo -toda obra de cultura- no revela propiamente algo, sino que oculta distorsionando, disfrazando; f) la hermenéutica correspondiente ha de ser, en consecuencia, desenmascaradora; g) en ese desenmascaramiento saldrá a luz, finalmente, la estructura pulsional del sujeto.

Antes, a la altura de *La Symbolique du Mal,* el doble sentido –con su semejanza– de los símbolos religiosos, llevado a la lucidez del concepto de la interpretación filosófica, debía dar finalmente el sentido del ser del hombre y del ser.

Ahora, desde Freud, la interpretación filosófica ha de aplicarse no sólo al doble sentido de los símbolos religiosos, sino al símbolo, al doble sentido que son todas las obras de la cultura, y asumiendo que allí el sentido segundo, último se halla presente en su disfraz, distorsionado y no revelado en un semejante.

Y en el orden particular de los símbolos religiosos –a los que seguirá aplicándose Ricoeur en especial– ello significará asumir que ellos, con su doble sentido, no transparentan en semejanzas lo Sagrado –dando así allí el sentido del ser del hombre y el sentido del ser– sino que distorsionan el sentido del ser del sujeto.

Ricoeur asumirá el desafío de esta hermenéutica como ejercicio de la sospecha, y mostrará que, con toda su verdad, debe ser coordinada a la otra hermenéutica opuesta a ella: la ya nombrada hermenéutica como "recolección del sentido". Pero así, como ya se señalara, queda también modificada, ampliada la noción de hermenéutica: ésta se vuelve ahora, como se verá en seguida, conflictiva. Esta conflictividad de la hermenéutica en el punto de partida, vista en el caso de los símbolos religiosos, se despliega, como se verá, entre la fenomenología de la religión –"recolección del sentido"– y el psicoanálisis –"ejercicio de la sospecha"–; pero se verá luego que incluye otra posibilidad hermenéutica, a saber la interpretación desde el espíritu, según la *Fenomenología del espíritu* de Hegel. Y esta última interpretación se ejercerá también, en conflicto con la del psicoanálisis, en todas las demás obras de la cultura –donde obviamente no tiene su lugar la fenomenología de la religión–.

Así entonces, no sólo la religión, sino toda la obra de la cultura es el campo en el que se ha de ejercer la hermenéutica filosófica. Todos los signos equívocos de las obras del hombre han de ser interrogados en su equivocidad. Y en todos los casos asumirá Ricoeur, como se dijo, el desafío de someterlos conflictivamente a la interpretación desenmascaradora de Freud y a una interpretación opuesta, sea ésta sólo la del espíritu –para las obras de cultura que no son la religión– sea conjuntamente la del espíritu y la de la fenomenología de la religión –para el caso de los símbolos religiosos–.

Desde aquí también tienen su sentido las expresiones de Ricoeur expuestas al comienzo, que se referían a la necesidad de la "voie longue" que pasa por todas las objetivaciones del yo, para discernir la naturaleza de éste en orden a elaborar una ontología.

Una última aclaración. Con toda justicia, se ha de notar que ya en *La Symbolique du Mal* Ricoeur indicaba los primeros pasos en el sentido de lo que ampliamente pondrá de manifiesto el *Ensayo sobre Freud*. Allí ya sugería que el camino regresivo de Freud hacia lo infantil en la interpretación de los símbolos religiosos ha de ser completado con las consideraciones de Jung –arcaísmo de la humanidad (que *De l'interprétation* hará ver también en Freud)–, con el camino prospectivo de una "profecía de nosotros mismos" –Hegel no es mencionado– y con las descripciones que aporta la fenomenología de la religión.[134]

[134] "Quizás sea necesario incluso rehusarse a elegir entre la interpretación que hace de estos símbolos la expresión disfrazada de la parte infantil e instintiva del psiquismo y la que discierne allí la anticipación de nuestras posibilidades de evolución y de maduración; más tarde nos aplicaremos a explorar una interpretación según la cual la 'regresión' es el camino indirecto de la 'progresión' y de la exploración de nuestras potencialidades; para ello es necesario penetrar más allá de la metapsicología freudiana de las 'instancias' (yo, ello, superyo) y de la metapsicología jungiana (energetismo y arquetipos) y dejarse instruir directamente por la terapéutica freudiana y por la terapéutica jungiana, que sin duda se dirigen a tipos diferentes de enfermos. La recaída en *nuestro* arcaísmo es sin duda el medio indirecto por el cual nos sumergimos en el arcaísmo de la humanidad y esta doble 'regresión' es a su vez el camino posible de un descubrimiento, de una prospección, de una profecía de nosotros mismos. Es esta función del símbolo como jalón y como guía del '*devenir sí mismo*' que debe ser religada y no opuesta a la función '*cósmica*' de los símbolos, tal como se expresa en las hierofanías descritas por la fenomenología de la religión. Cosmos y Psyché son

Es claro que la sola consideración de las distintas interpretaciones, sin mostrar su conflicto, constituye un ejercicio estéril desde el punto de vista reflexivo y ontológico. Pero esa consideración puramente semántica es necesaria, si el conflicto ha de ser mostrado luego en toda su agudeza y fecundidad.[135]

Entonces, es necesario mencionar aquí, y con referencia particular a los símbolos religiosos, los dos extremos opuestos en los que se pueden reunir las interpretaciones dadas: la interpretación como recolección o restauración del sentido y la interpretación como ejercicio de la sospecha. En el primer extremo se ubica la fenomenología de la religión –Leenhardt, van der Leeuw, Eliade, el propio Ricoeur con el estudio correspondiente en *La Symbolique du Mal*–, que ve en los símbolos religiosos una manifestación de lo Sagrado. En el otro extremo se hallan "la interpretación psicoanalítica y todas las interpretaciones concebidas como desenmascaramiento, desmistificación, reducción de ilusiones".[136]

Estas interpretaciones serán tenidas en cuenta nuevamente más adelante en su respectiva verdad. Aquí por ahora, según Ricoeur, importa señalar que "cada interpretación, por definición, reduce esta riqueza (del símbolo), esta multivocidad, y 'traduce' el símbolo según una grilla de lectura que le es propia. Es tarea de esta criteriología mostrar que la forma de la interpretación es relativa a la estructura teórica del sistema hermenéutico considerado".[137]

Se trata, simplemente, de mostrar en general para toda hermenéutica dada, el carácter relativo y por tanto limitado de cada una. Con ello, aún no se dice de qué manera precisa cada hermenéutica contribuye a la verdad. La ubicación de cada hermenéutica en la "verdad total" es cosa que sólo la consideración filosófica final y radical –las etapas reflexiva y existencial– podrá mostrar. Aunque con la limitación indicada de cada una se ha abierto ya el camino hacia esa integración final. Así, el estudio semántico, con la consideración de las interpretaciones dadas y de sus límites, se vuelve concreto y fructífero para la filosofía como tal.

Ricoeur sintetiza finalmente los pasos indicados de esta etapa semántica de la hermenéutica filosófica:

los dos polos de la misma 'expresividad'; yo me expreso expresando el mundo; yo exploro mi propia sacralidad descifrando la del mundo" (SM, pág. 20).

[135] Cfr. F, pág. 19.

[136] F, pág. 19.

[137] CI, pág. 18.

"Ella comienza por una investigación en extensión de las formas simbólicas y por un análisis en comprensión de las estructuras simbólicas; continúa con una confrontación de los estilos hermenéuticos y con una crítica de los sistemas de interpretación, refiriendo la diversidad de los métodos hermenéuticos a la estructura de las teorías correspondientes. Se prepara así para ejercer su tarea más alta, que sería un verdadero arbitraje entre las pretensiones totalitarias de cada una de las interpretaciones. Al mostrarse de qué manera cada método expresa la forma de una teoría, queda justificada cada una dentro de los límites de su propia circunscripción teórica. Tal es la función crítica de esta hermenéutica tomada en su nivel simplemente semántico".[138]

c.- La etapa reflexiva

El intento de Ricoeur es elaborar una ontología, desde el punto de partida que es el sujeto. Así, la filosofía se inicia como una reflexión; reflexión que no puede ser sino concreta, esto es, mediada por la inclusión de todas las obras en que el sujeto se objetiva. A través de ellas es necesario proceder a la lectura precisa de la textura íntima del sujeto. Pero ahora se sabe que tal lectura es de hecho múltiple: distintas interpretaciones son posibles; en particular se han señalado ya las interpretaciones restauradoras del sentido –fenomenología de la religión–, las que se despliegan como ejercicio de la sospecha –aquí ocupan un lugar especial las figuras de Marx, Nietzsche y Freud–, y la interpretación en el sentido del espíritu, según la inspiración de Hegel.

Pues bien, en esta etapa reflexiva de la hermenéutica filosófica de los objetos de la cultura, es necesario recorrer concretamente cada una de las interpretaciones opuestas, para hacerse cargo de lo que en cada caso salga a luz de la lectura del sujeto. Se trata de realizar la reflexión propuesta, propia de la filosofía, en una doble concretez: atendiendo a una obra concreta dada –idealmente deberían ser consideradas todas las obras– y siguiendo las opuestas lecturas hermenéuticas de la misma efectivamente dadas,[139] y que ella misma posibilita con su equivocidad.[140]

---

[138] CI, págs. 18-19.

[139] Sobre el recurso a las interpretaciones dadas como un paso en la concretez de la reflexión, cfr. F, pág. 63.

[140] Cfr. CI, págs. 20-23.

Aquí ya no se trata del "pacífico" análisis en particular de la estructura semántica de cada hermenéutica; ahora urge la verdad acerca del sujeto. Si bien en un primer momento será necesario determinar, siguiendo a cada hermenéutica en sí misma, el aspecto de la naturaleza del sujeto que cada una manifiesta, en un segundo momento, precisamente la urgencia de la verdad obligará a entrar en el movimiento de la lucha de las hermenéuticas opuestas; y ello exigido por la relativa justicia de cada una de ellas, que la etapa semántica puso de manifiesto.

Ahora bien, esta lectura conflictiva del yo, a través de sus objetivaciones, lleva de suyo, según se verá, a un plano distinto, más allá del yo;[141] con lo cual, desde esta etapa reflexiva, donde el tema es el yo, se trasciende hacia la siguiente etapa.

d.- La etapa existencial

La etapa existencial, la más radical de la hermenéutica filosófica, donde ésta se cumple propiamente como ontología, se sigue naturalmente de la etapa reflexiva, según se sugirió.

En la etapa reflexiva sale a luz conflictivamente la intimidad del yo. Pero esa conflictividad hermenéutica acerca del yo, como se verá, trasluce una conflictividad hermenéutica más radical. En esta conflictividad hermenéutica sale ahora a luz que el sujeto actual se halla diversamente desbordado por algo otro abarcador, en lo que se halla instaurado.

El conflicto hermenéutico alcanza aquí, con la radicalidad de lo que se manifiesta, su máxima agudeza. La conflictividad de la reflexión se condensa, se prolonga y se agudiza en la conflictividad de la hermenéutica existencial.

Se ha señalado que todas las obras de la cultura han de ser sometidas, según Ricoeur, a las interpretaciones en conflicto. Pero la religión, en particular, convoca –como ya se adelantara– no sólo a una lectura psicoanalítica y a una lectura según el espíritu –como las demás obras culturales– sino además a una lectura según lo Sagrado que viene al hombre.

En su *Ensayo sobre Freud* –que será objeto particular de análisis en la tercera parte de este trabajo– Ricoeur ha llevado a cabo la lectura conflictiva tanto de la religión como de los demás productos de la cultura.

---

[141] Esto está ya señalado en el final de *La Symbolique du Mal;* cfr. texto de nota 18. De este modo quedará superado el inmanentismo que Ricoeur podría heredar en particular de Husserl. Sobre esta cuestión se volverá en la tercera parte de este trabajo.

Pero aquí, en esta presentación de la "etapa existencial", convendrá concentrarse en los lineamientos generales de la hermenéutica de la religión, pues así se podrá ver toda la amplitud y complejidad del emprendimiento de Ricoeur. En el análisis del *Ensayo sobre Freud* se mostrarán luego, muy detalladamente, todos los pasos de la tarea hermenéutica en todos los planos.

Ya se indicó que la religión convoca en principio a dos proyectos hermenéuticos polarmente opuestos: la recolección del sentido y el ejercicio de la sospecha.

En primer lugar, convendrá caracterizar brevemente esos dos estilos hermenéuticos opuestos; luego habrá que mostrar una importante coincidencia de ambos; para indicar en seguida el modo de su integración según Ricoeur. Finalmente, se mostrará de qué modo se procede, desde esa integración, a presentar una ontología.

Los dos estilos hermenéuticos señalados son, precisamente, hermenéutica, esto es, aquí, por principio, una lectura del sujeto a través de las obras –aquí los símbolos religiosos– en las que se objetiva.

Pero la fenomenología de la religión,[142] como se indicó en su lugar,[143] ve, tras esos fenómenos, en general, la presencia de lo Sagrado. Esta fenomenología está atravesada, en su dinamismo más profundo, trascendiendo su propia "clausura" metodológica por una fe– es hoy sólo posible finalmente en una actitud que se ha caracterizado como una segunda ingenuidad–.

Aquí, "la hermenéutica es concebida como la manifestación y la restauración de un sentido que me es dirigido a la manera de un mensaje, de una proclamación o, como se dice a veces, de un kerygma".[144]

En el otro estilo hermenéutico, donde la interpretación es el ejercicio de la sospecha, se ve en las obras de la religión –objetos y actos– un derivado o cristalización de algo no superado que se halla por detrás del sujeto religioso y que ese sujeto ignora; se trata así de una interpretación desenmascaradora.

Esta hermenéutica reductora tiene sus más claros representantes en Marx, Nietzsche y Freud.[145] De la mano de estos tres "maestros de la

---

[142] El estilo hermenéutico de la fenomenología de la religión es descrito por Ricoeur en F, págs. 36-40.

[143] Cfr. pág. 33.

[144] F, pág. 35.

[145] Este estilo hermenéutico es expuesto en F, págs. 40-44; cfr. además CI, págs. 21-22; 148-151.

sospecha", la interpretación no sólo pasa de las obras del yo a la lectura del yo mismo; antes de tal paso, esta hermenéutica sabe que debe salvar el escollo de la "falsa conciencia", es decir de la noticia que, por ejemplo la religión entrega acerca del sujeto.

En efecto, las obras nos engañan. En el caso de la religión, ella nos habla de lo superior al hombre, que sería origen y fin de su ser y fundamento de su vida y convivencia, y de esta manera nos da ya una noticia del yo. Pero tal noticia del yo, tal conciencia, es una "falsa conciencia". Entonces, es necesario superar esa falsa conciencia: tales obras son sólo síntomas distorsionadores del yo y su verdadera textura íntima; así, es preciso forzar el paso desde ellas hasta lo que se oculta; su misma comprensión del hombre debe ser interpretada, desenmascarada.

En este proceder desenmascarador coinciden en principio Marx, Nietzsche y Freud; aunque luego cada uno advierta tras la falsa conciencia algo distinto: las fuerzas económicas del trabajo, la voluntad de poder, el inconsciente y el deseo. Y los tres también coinciden, según Ricoeur, en pretender para el hombre una ampliación de su conciencia, de modo que por ella devenga libre, por la comprensión de su modo propio de estar instaurado en aquello que soporta el devenir del todo.[146]

En este estilo hermenéutico, entonces, la reflexión, que es necesariamente interpretación porque debe pasar por las obras del yo para devenir concreta, "debe ser doblemente indirecta; porque, en primer lugar, la existencia no se atestigua sino en los documentos de su vida, y porque, en segundo lugar, la conciencia es en un comienzo conciencia falsa y es necesario elevarse, por una crítica correctiva, de la falsa comprensión a la comprensión".[147]

Si la interpretación es siempre como tal una lectura indirecta, aquí tal lectura es doblemente indirecta; o es una lectura indirecta mediada por una crítica, gracias a la cual se puede evitar el dejarse llevar, por ejemplo, por lo que la religión dice acerca del sujeto.

---

[146] Cfr. CI, págs. 150-151.

[147] CI, pág. 22. A propósito de Freud, dice Ricoeur: "El juicio tético, para retomar la expresión de Fichte, la posición absoluta de existencia, se confunde con un juicio de percepción, con la apercepción de mi *ser-tal*. El psicoanálisis introduce una cuña entre la apodicticidad de la posición absoluta de existencia y la adecuación del juicio acerca del *ser-tal*. Yo soy, ¿pero qué soy yo, que soy? He allí lo que ya no sé. En otros términos, la reflexión ha perdido la seguridad de la conciencia. *Lo que* yo soy es tan problemático como apodíctico *es que* yo soy" (CI, pág. 238).

Por su parte, la fenomenología interpreta, y esto significa, para ella, en rigor, que ha accedido a una segunda ingenuidad, a través del círculo hermenéutico: discierne un sentido segundo en el mito, más allá de la "historia" relatada, con plena conciencia de tal proceder –esta plena conciencia de la estructura de doble sentido le da su carácter de auténtica interpretación–; pero la fenomenología cree: esto significa que su lectura de los símbolos se deja instruir por lo que en definitiva, tras el sentido primero, ellos dicen; sigue la línea de lo que ellos proponen positivamente en su lenguaje equívoco. La fenomenología se fía de lo dicho indirectamente en los mitos; le importa lo allí dicho, lo acepta como aquello de lo que en definitiva se trata, como lo último real tras lo cual ya no es posible encontrar otra cosa; acepta lo dicho radicalmente por los mitos: la presencia de lo Sagrado.

Entre la fe ingenua del creyente precrítico y la fe de la fenomenología media, es cierto, la "desmitologización" de la crítica, que deja caer el relato del mito como historia real. Pero el fenomenólogo coincide con el creyente –éste también con *su* interpretación transita espontáneamente desde el sentido literal al sentido segundo del mito– en discernir la presencia de lo Sagrado.

Las interpretaciones reductoras, por el contrario, no se fían de lo dicho en los mitos; desenmascaran tras lo dicho las fuerzas no divinas que allí hablan, ocultándose en lo que dicen. Lo dicho es la vestidura grandiosa y engañosa del actuar de fuerzas ocultas. Lo que importa finalmente no es lo que se dice, pues lo dicho es sólo disfraz de quien habla. Lo dicho es máscara que se reduce como su producto al hablar y el hablar es máscara que se reduce como su producto a quien habla. Quien habla –o lo que habla– no se dice a sí mismo en lo que dice, sino que habla de otra cosa –por ejemplo, los dioses– y así se oculta.

> "Pensaría más bien que la analogía no es más que una de las relaciones puestas en juego entre el sentido manifiesto y el sentido latente. Como se verá, el psicoanálisis ha puesto al descubierto una variedad de procedimientos de elaboración que se intercalan entre el sentido aparente y el sentido latente. El trabajo del sueño es singularmente más complejo que la clásica vía de la analogía; y del mismo modo Nietzsche y Marx han denunciado las múltiples argucias y falsificaciones del sentido. Todo nuestro problema hermenéutico (...) procede de esta doble posibilidad

de una relación analógica en cierto modo inocente o de una distorsión, que me animo a llamar torcida (retorse)".[148]

Para la fenomenología, lo dicho al creyente en los mitos es verdad: allí habla lo Sagrado y su hablar es hablar de sí mismo de eso Sagrado. Hay continuidad entre quien habla, su hablar y lo dicho; lo Sagrado dicho en los mitos en sus distintas figuras es presentificación –simbólica– de lo Sagrado que habla; quien habla habla de sí mismo. Propiamente, quien habla no dice cosas acerca de sí mismo, sino que finalmente él mismo se hace presente hablando, en un hablar, por cierto en palabras humanas, en el que más que ocuparse de autodescribirse, se presenta finalmente a sí mismo como quien llama, como interpelación.

En cierto modo, como las mismas interpretaciones reductoras, la fenomenología no asume sin más lo dicho inmediatamente por los símbolos –por eso es interpretación, e interpretación consciente de sí–; pero no entiende tal lenguaje equívoco como un *engaño* de fuerzas ocultas, como una falsa conciencia; el sentido segundo de los símbolos no es para ella algo totalmente heterogéneo respecto del sentido primero: entre ambos hay semejanzas. El sentido primero, la "historia", los "hechos" relatados en los mitos deben ser sí sobrepasados como tales, para dejar que reluzca lo que allí se revela: lo Sagrado. No asume como tal la "historia sagrada", pero sí asume lo sagrado de tal "historia", que allí se transparenta, se revela en analogías.

Para la fenomenología de la religión los símbolos religiosos *revelan* en *analogías –metáforas–* lo Sagrado. Para la sospecha del psicoanálisis, por ejemplo, los símbolos religiosos ocultan, distorsionándolo con figuras generalmente *heterogéneas,* el fondo del sujeto humano.

Se ha mostrado hasta aquí lo distintivo de cada uno de los estilos hermenéuticos opuestos. Corresponde ahora mostrar una importante coincidencia de las conclusiones de ambos estilos, teniendo en cuenta en especial, para la hermenéutica reductora, el pensamiento de Freud.

Se trata de dos estilos opuestos. En el primer caso, en los símbolos religiosos se anuncia, habla lo que excede al hombre; en el segundo caso habla en el lenguaje de los símbolos lo libidinal y lo infantil, el pasado, en definitiva la arqueología del hombre. Como se verá detalladamente en la tercera parte, según Freud, el individuo adulto enmascara el infantil, éste

---

[148] F, pág. 26.

repite enmascaradamente la infancia de la humanidad; pero el todo resulta ser la obra del deseo. Aquí no es posible detenerse más en esta cuestión.

Pero es necesario notar que en ambos casos el yo que es leído a través de sus obras –aquí los contenidos de la religión– queda remitido a una instancia que se halla fuera de él, sea que lo anteceda arqueológicamente, sea que lo exceda absolutamente. "Ambas interpretaciones humillan la conciencia y descentran el origen de la significación".[149]

Según Ricoeur, "ambas interpretaciones son legítimas, cada una en su nivel. Pero no podemos contentarnos con una simple yuxtaposición de estos dos estilos de interpretación; nos es necesario articularlos uno con otro y mostrar sus funciones complementarias".[150]

En la interpretación psicoanalítica, "la religión, tal como la conocemos hoy, es un resurgimiento bajo forma de fantasma de las imágenes olvidadas del pasado de la humanidad y del pasado del individuo";[151] el hoy de la conciencia del hombre tal como se expresa en la religión y sus figuras es sólo un retorno de lo reprimido que se halla en el inconsciente, y todo ello es radicalmente obra del deseo: se puede decir, en general, que se trata de una explicación genética a partir de lo primordial. La conciencia religiosa del yo es retrotraída hacia su pasado, y en principio hacia su inconsciente, donde otra cosa se halla presente: "asesinato del padre, institución por la comunidad de los hermanos de la ley del incesto y de la exogamia, restauración de la imagen del padre bajo la forma sustituta del animal totémico, repetición ritual del asesinato del padre en el banquete totémico, resurgimiento de la figura del padre en las figuras de los dioses, etc."[152]

Ahora bien, frente a tal concepción, cabe preguntarse si la adultez del hombre sólo es entonces el sucesivo enmascaramiento del pasado, si a lo largo de todo el desarrollo psíquico permanece substancialmente el mismo un único sentido que se va cubriendo simplemente con vestiduras diversas, de modo tal que el yo adulto no es más que un nostálgico que se desconoce como tal.

Es aquí donde Ricoeur invita a mirar hacia adelante. Si la hermenéutica psicoanalítica de la religión hace su reducción hasta los conceptos

[149] CI, pág. 326.
[150] CI, pág. 318.
[151] CI, pág. 318
[152] CI, pág. 318.

de *lo inconsciente* y *lo primordial*, Ricoeur propone, para un nuevo tipo de hermenéutica, los conceptos de *espíritu* y *lo último.*

Se trata ahora de ver en las figuras simbólicas de la religión no ya un pasado agazapado, sino un futuro. Tales figuras, tal como aparecen en los mitos, remitirían a un sentido segundo que se halla, no ya en el pasado, sino en definitiva en el porvenir.

Ricoeur advierte en la fenomenología del espíritu de Hegel una lectura del yo superadora del yo narcisista de Freud y que, en general, interpreta a ese yo no desde su pasado, sino desde el futuro: "la inteligibilidad procede siempre desde el fin hacia el comienzo".[153]

Dice Ricoeur:

> "Después de Freud, la única filosofía posible de la conciencia estaría emparentada con la fenomenología hegeliana del espíritu. En esta fenomenología, la conciencia inmediata no se conoce a sí misma. Para retomar nuestra expresión anterior, diría que el hombre deviene adulto, deviene 'consciente' si y cuando deviene capaz de estas nuevas figuras cuya sucesión constituye el 'espíritu', en el sentido hegeliano del término. Una exégesis de la conciencia consistiría en un inventario y en una constitución grado por grado de las esferas de sentido que la conciencia debe encontrar y apropiarse, en vistas a reflexionarse como un sí mismo (Soi), como un yo humano, adulto, ético".[154]

En la *teleología* de la *Fenomenología del Espíritu* de Hegel cada figura de la conciencia humana, teniendo su propia especificidad, remite, como a su verdad, a un sentido que se halla en la figura siguiente y, finalmente, en el sentido final circular del saber absoluto.

Así entonces, los actos y contenidos representativos de la religión constituyen una figura específica del espíritu, aún cuando sólo sean discernibles en su verdad si se los lee –interpretación: paso de un sentido primero a un sentido segundo– desde la figura siguiente de la conciencia humana y, radicalmente, desde el todo del saber absoluto.[155]

Así entonces, una interpretación del yo podrá atender a su génesis en las figuras del pasado; pero ha de prestar atención a su crecimiento como

---

[153] CI, pág. 321.

[154] CI, pág. 320.

[155] También esta interpretación deberá ser analizada en la tercera parte. Aquí basten por ahora estas indicaciones sumarias.

yo, a lo suyo nuevo en cada caso, en cada figura, cuyo sentido empero se halla hacia adelante.

Frente a la interpretación del yo desde el pasado, se alza la interpretación del yo desde el futuro. Esta visión desde el futuro se halla, según se acaba de ver, en la fenomenología del espíritu de Hegel, y también, si se presta atención, en la fenomenología de la religión en general. Freud interpreta desde una arqueología, Hegel desde una teleología, la fenomenología de la religión desde una escatología.

Antes de avanzar para mostrar en general la integración articulada de estas interpretaciones, es necesario hacer ciertas precisiones para señalar algunas ulteriores diferencias entre ellas.

La fenomenología del espíritu de Hegel y la fenomenología de la religión coinciden en descentrar al yo actual hacia adelante. Pero las figuras del espíritu no son los símbolos de lo Sagrado. Cada figura del espíritu recibe su sentido de la que le sigue, hasta culminar el todo en el saber absoluto. La fenomenología de la religión también, tras las figuras que aparecen en los mitos, y siguiendo precisamente el sentido de éstos –sobre todo en el esbozo especulativo que se halla en su visión del comienzo desde el fin–[156] ve un sentido –lo Sagrado– que se halla en el futuro.

Pero, justamente, la diferencia se halla en que lo que los símbolos de lo sagrado adelantan no puede ser incluído en un saber absoluto.[157] Dice Ricoeur:

> "¿No podríamos decir que el fin no es el saber absoluto, es decir el cumplimiento de todas las mediaciones en un todo, en una totalidad sin resto, sino que el fin está solamente *prometido*, prometido a través de los símbolos de lo sagrado? Para mí, lo Sagrado tiene el lugar del saber absoluto, pero él no es, con todo, el sustituto; su significación permanece escatológica y nunca puede ser transformado en conocimiento y gnosis".[158]

Precisamente aquí se puede advertir el papel privilegiado que tienen los símbolos del mal. Son ellos los que testifican con toda claridad la imposibilidad de un saber absoluto.

---

[156] Cfr. nota 93.

[157] Cfr. págs. 24-27.

[158] CI, pág. 327.

"Estos símbolos, de hecho, se resisten a toda reducción a un conocimiento racional; el fracaso de todas las teodiceas, de todos los sistemas acerca del mal, testimonia el fracaso del saber absoluto en sentido hegeliano. Todos los símbolos dan que pensar, pero los símbolos del mal muestran de manera ejemplar que hay siempre más en los mitos y en los símbolos que en toda nuestra filosofía; y que una interpretación filosófica de los símbolos nunca llegará a ser conocimiento absoluto. Los símbolos del mal, en los que leemos el fracaso de nuestra existencia, declaran al mismo tiempo el fracaso de todos los sistemas de pensamiento que quisieran devorar los símbolos en un *saber absoluto*. Tal es una de las razones, y quizás la más sorprendente, por la cual no hay saber absoluto, sino *símbolos de lo sagrado*, más allá de las figuras del espíritu".[159]

La fenomenología de Hegel y la fenomenología de la religión coinciden en cuanto ambas ponen la fuente de sentido de la conciencia religiosa actual "fuera" de ella, en el futuro; y ambas así, en conjunto, difieren de la interpretación psicoanalítica, en cuanto ésta pone tal fuente en el pasado primordial.

Pero la teleología hegeliana y la escatología fenomenológica difieren en cuanto para la primera lo último termina siendo sabido, mientras que para la segunda lo Sagrado le es prometido.

Por otra parte, arqueología y teleología coinciden en alcanzar finalmente al sujeto –en diversa medida– la comprensión de la fuente última del sentido, que era originalmente extraña; y así se diferencian en conjunto de la escatología, para la cual, lejos de disponer nunca el hombre de una comprensión de la fuente del sentido, es más bien interpelado siempre simbólicamente por ella; lo Sagrado se le anuncia siempre en símbolos como lo que dispone de su existencia.

Pero las tres interpretaciones coinciden a su manera y en su medida en descentrar al yo religioso actual, poniendo fuera de él la fuente última del sentido.

Ahora bien, precisamente en este juego de coincidencias y discrepancias se anuncia la coordinación de las interpretaciones en conflicto. Dice Ricoeur:

[159] CI, págs. 327-328.

"...comprendiéndose a sí mismo en y por los signos de lo sagrado, el hombre opera el más radical desasimiento de sí mismo que sea posible concebir; este desasimiento excede al que suscitan el psicoanálisis y la fenomenología hegeliana, sea que se los tome separadamente, sea que se conjugen sus efectos; una arqueología y una teleología develan aún una *arché* y un *télos* de los que el sujeto puede disponer comprendiéndolos; no sucede lo mismo con lo Sagrado, que se anuncia en una fenomenología de la religión; éste designa simbólicamente el alfa de toda arqueología, la omega de toda teleología; de este *alfa* y de esta *omega* el sujeto no puede disponer; lo Sagrado interpela al hombre y, en esta interpelación, se anuncia como lo que dispone de su existencia, porque la pone absolutamente como esfuerzo y como deseo de ser".[160]

Así entonces, tal como se indicara al comienzo de la explicación de esta etapa existencial, la reflexión que pasa por las obras –aquí se tiene especialmente en cuenta la religión– se debe aventurar siguiendo las distintas interpretaciones de las mismas. Y al cabo de tales interpretaciones, el sujeto de esas obras aparece múltiplemente, diversamente, opuestamente interpretado; pero coincidentemente interpretado, en cuanto tal yo es visto dependiendo de algo otro.

Aquí es la hermenéutica conflictiva de la religión la que ha puesto de manifiesto el descentramiento del yo. Pero Ricoeur entiende que esta hermenéutica ha de operar radicalmente ese descentramiento, desplegándose hasta cubrir todos los productos de la cultura. En todos los casos, "el ser que se pone a sí mismo en el *Cogito* (recuérdese la conciencia tética del yo) debe aún descubrir que el acto mismo por el cual él se arranca de la totalidad no cesa de participar del ser", para decirlo con las palabras de *La Symbolique du Mal*.[161]

Así, de distintas maneras –aquí, en particular a propósito de la religión– se le dice al yo que él no es la fuente del sentido, que él está inmerso en un acontecer de sentido cuya fuente lo desborda. "Así, la hermenéutica, abordada por sus polos más opuestos, representa en primer lugar una contestación y una prueba para la reflexión, cuyo primer movimiento consiste en identificarse con la conciencia inmediata".[162]

---

[160] CI, pág. 26. Véase lo que se dice luego, en la tercera parte (4.A), sobre este permanente exceso respecto de la comprensión, propio de los símbolos de lo sagrado.

[161] SM, pág. 331.

[162] F, pág. 62.

Pero precisamente, con tal descentramiento, la reflexión se supera a sí misma, en cuanto que aquello en que termina ya no es el yo, sino algo de lo que él depende. Lo que se abre ante la mirada es ahora una fuente de sentido que desborda al yo, y en ella y desde ella el lugar y el sentido del yo.

Aquí se puede ver entonces cómo la etapa reflexiva, llevada hasta su extremo, transita naturalmente hacia la etapa existencial, esto es, hacia la etapa en que el yo aparece radicado en lo otro de él mismo.

Ahora bien, con la hermenéutica de la religión –para centrar la tarea en el tema que aquí interesa en especial–, ha quedado claro que el yo depende de algo otro. Sin embargo, esto no puede bastar para justificar las distintas hermenéuticas –como si todas dijeran exactamente lo mismo–, pues lo otro del yo es en cada interpretación algo distinto.

Falta entonces mostrar que eso otro de cada hermenéutica dice en cada caso algo verdadero acerca de la fuente del sentido de la conciencia religiosa actual.

La justificación de cada hermenéutica y de la articulación de las tres sólo se puede hacer a través del análisis concreto y detallado de cada una de ellas, en su aplicación concreta al orbe de los símbolos religiosos. A tal tarea se ordena el análisis de la interpretación freudiana de la religión que se hará en la segunda parte de este trabajo; y la tarea se cumplirá finalmente en la tercera parte, donde además se ampliará el análisis a otras realizaciones de la cultura. Con todo, se puede ya indicar el sentido general de la articulación de las tres interpretaciones.

Arqueología, teleología y escatología son, las tres, lecturas legítimas de los símbolos religiosos. En el símbolo religioso habla, según Ricoeur, a) nuestro pasado primordial individual y filogenético y b) habla el futuro de la mayoría de edad del hombre, que c) es interpelada por lo Totalmente Otro por venir. Sobre el material del pasado y avanzando a través de él se abren camino, haciendo señas en ese inevitable material de expresión, las figuras objetivas con las que el espíritu va diseñando progresivamente, innovadoramente su propia figura y que son también aquellas *en las que* se le proyecta *-hacia él-* en promesa lo que lo cumple más propiamente, a saber, lo Totalmente Otro de él y de toda figura, lo Sagrado. En el inevitable recuerdo del pasado –lo inconsciente, lo primordial– inevitablemente se da –sólo es cuestión de querer verlo– el dinamismo del inevitable espíritu –que también es el hombre– haciendo decir a ese pasado más de lo que él contiene como pasado, y transfigurándolo así en profeta, y en escucha –si en definitiva lo que dice el hombre puede ser lugar y ocasión para que algo *le* sea dicho y prometido–.

Dice Ricoeur, refiriéndose a la integración de la arqueología y la escatología:

> "...esta profecía de la conciencia permanece siempre ambigua y equívoca; nunca estamos seguros de que tal símbolo de lo sagrado no sea también un 'retorno de lo reprimido'; o más bien, es seguro que cada símbolo de lo sagrado es también y al mismo tiempo retorno de lo reprimido, resurgimiento de un símbolo infantil y arcaico. Los dos simbolismos se hallan entremezclados: es siempre sobre alguna huella de mito arcaico que se injertan y operan las significaciones más proféticas de lo sagrado. El orden progresivo de los símbolos no es exterior al orden regresivo de los fantasmas; sumergiéndose en las mitologías arcaicas del inconsciente, se elevan nuevos signos de los sagrado; la escatología de la conciencia es siempre una repetición creadora de su arqueología".[163]

Así entonces, en la etapa existencial, la filosofía hermenéutica se abre a una comprensión del yo en el todo –superando así la reflexión– según la cual ese yo resulta dependiente de diversas instancias –según la arqueología, la teleología y la escatología– que no se oponen sino que se integran.

La figura completa del yo y del ser sólo puede lograrse "circulando" entre las tres interpretaciones. No hay una interpretación única universal: el yo y el yo en el ser sólo pueden ser entendidos en la dialéctica de la arqueología, la teleología y la escatología. Así, la filosofía hermenéutica culmina en una "ontología militante y quebrada",[164] en la que el ser no deja de ser interpretado, y múltiplemente interpretado.

La tarea de llevar a la lucidez del concepto la palabra de los símbolos, en cuanto se hace plenamente concreta y así pasa por las distintas hermenéuticas, termina en una circulación por las mismas, de lo cual resulta una ontología que no puede elevarse a la paz de una hermenéutica general única.

Un texto de Ricoeur podrá servir para terminar esta explicación de la etapa existencial de la filosofía hermenéutica:

---

[163] CI, pág. 329.
[164] CI, pág. 27.

"¿Se puede ir más lejos? ¿Se pueden articular estas diferentes funciones existenciales en una figura unitaria, como lo intentaba Heidegger en la segunda parte de *Sein und Zeit*? Es la cuestión que el presente estudio deja sin resolver. Pero si bien queda sin resolver, no es una cuestión desesperada. En la dialéctica de la arqueología, de la teleología y de la escatología se anuncia una estructura ontológica, susceptible de reunir las interpretaciones discordantes en el plano lingüístico. Pero esta figura coherente del ser que somos, en la cual vendrían a implantarse las interpretaciones rivales, no se halla dada sino en esta dialéctica de las interpretaciones. A este respecto, la hermenéutica es insuperable. Sólo una hermenéutica instruida por las figuras simbólicas puede mostrar que estas diferentes modalidades de la existencia pertenecen a una única problemática; pues son finalmente los símbolos más ricos los que aseguran la unidad de estas múltiples interpretaciones; ellos solos mantienen todos los vectores, regresivos y prospectivos, que las diversas hermenéuticas disocian. Los verdaderos símbolos se hallan henchidos de todas las hermenéuticas, de la que se dirige hacia la emergencia de nuevas significaciones y de la que se dirige hacia el resurgimiento de fantasmas arcaicos. Es en este sentido que decíamos, desde nuestra introducción, que la existencia de la que puede hablar una filosofía hermenéutica permanece siempre una existencia interpretada; es en el trabajo de la interpretación que ella descubre las modalidades múltiples de la dependencia del yo, su dependencia del deseo, percibida en una arqueología del sujeto, su dependencia del espíritu, percibida en su teleología, su dependencia de lo sagrado, percibida en su escatología. La reflexión se suprime a sí misma como reflexión desarrollando una arqueología, una teleología y una escatología. Así, la ontología es la tierra prometida para una filosofía que comienza por el lenguaje y por la reflexión; pero, como Moisés, el sujeto parlante y reflexionante sólo puede percibirla antes de morir."[165]

---

[165] CI, págs. 27-28; y en CI, pág. 15, dice Ricoeur: "Pero el sujeto que se interpreta interpretando los signos no es ya el *Cogito*: es un existente que descubre, por la exégesis de su vida, que él se halla puesto en el ser antes de que se ponga y se posea. *Así*, la hermenéutica descubriría una manera de existir que seguiría siendo de un extremo a otro *ser-interpretado*"; y en págs. 26-27: "La ontología propuesta aquí no es en absoluto separable de la interpretación; ella queda dentro del círculo que forman en conjunto el trabajo de la interpretación y el ser interpretado; no es entonces en absoluto una ontología triunfante; no es tampoco una ciencia, porque no podría sustraerse *al riesgo* de la interpretación; tampoco podría escapar enteramente a la guerra intestina que libran entre ellas las hermenéuticas".

Todas estas cuestiones relativas a la ontología que propone Ricoeur como resultado del conflicto hermenéutico serán retomadas y ulteriormente desarrolladas hasta su sentido final en las partes tercera y cuarta del trabajo. Sólo allí, con los elementos aportados por todo el estudio, será posible tal visión resolutiva.

e.- Lo Sagrado y la filosofía

Es necesario hacer una importante precisión. Según Ricoeur, esta hermenéutica conflitiva, en la que queda integrado de algún modo –que habrá que precisar– lo Sagrado trascendente al hombre –que de suyo se anuncia escatológicamente en la interpretación de la fenomenología de la religión– no contiene de ninguna manera una "demostración de la existencia de Dios".

Esta filosofía, frente a lo Sagrado que le entregan los símbolos y los mitos para pensar, queda siempre indigente. Desde Kant, no es siquiera posible alcanzar, por ejemplo, una "primera causa" trascendente, que coincidiría parcialmente con lo que el hombre religioso en general cree como lo Sagrado que se le presenta. Así, el Dios de los símbolos religiosos sólo puede ser creído, *de ninguna manera* puede ser alcanzado racionalmente en su realidad.

El hombre como existencia queda remitido, en sus extremos, a lo pulsional arcaico y a lo Sagrado a la vez; el todo del ser en el que el hombre se halla insertado tiene a la vez un horizonte inferior y un horizonte superior, desde donde y hacia donde hablan los símbolos.

Pero desde la tarea estrictamente racional de la filosofía, el horizonte superior de lo Sagrado sólo puede ser "aproximado".

Este es, precisamente, uno de los lugares –por cierto crucial– en que se puede detectar que hay siempre más en los símbolos y en la fe que cree en ellos que en nuestra filosofía. La interpretación filosófica –en particular aquí el pensar a partir de los símbolos religiosos– no puede incluir propiamente en su tarea racional ningún discurso acerca de eso Totalmente Otro que la fe le entrega para pensar; allí su pensamiento sólo alcanza, en el nivel que le es propio, el de la experiencia del mundo humano, "semejanzas", "sugerencias", "aperturas", y quizás "expectativas".

La filosofía como tarea racional sólo puede alcanzar aproximaciones de lo que a la fe se le entrega como real. Lo Totalmente Otro sólo se hace finalmente realmente presente en la fe del *hombre* que filosofa a partir de los símbolos, según el conflicto hermenéutico.

Como real en la fe, y sólo "aproximado" en la tarea racional que resulta del conflicto hermenéutico, lo Totalmente Otro es precisamente así, entonces, tema del pensar de la filosofía, aunque la filosofía no pueda llegar demostrativamente hasta su realidad, que sólo puede ser creída.[166]

Con lo dicho aquí sólo se ha querido dar una breve indicación provisoria sobre este importante tema de la relación de la filosofía con lo Sagrado. En la cuarta parte del trabajo se presentará un desarrollo más completo de la cuestión, en el contexto más amplio de una consideración abarcadora final acerca del sentido de la filosofía de Ricoeur.

f.- Recapitulación: las notas de la filosofía hermenéutica

En este apartado se intentará mostrar cómo los distintos pasos analizados de la filosofía hermenéutica se tienen necesariamente unos a otros.[167] Con ello se conseguirá a la vez una visión sintética del camino recorrido.

α.- *La filosofía como reflexión concreta*

La filosofía es en su punto de partida reflexión, esto es, autoconocimiento.[168] Pero este autoconocimiento no es tal con la mera necesaria constatación del sentimiento de la propia existencia. Para alcanzar la plena conciencia por medio de la reflexión, es necesario pasar por esas obras donde el yo se explicita perdiéndose; es necesario que la reflexión devenga reflexión concreta, leyendo la textura del yo desde sus obras.

Si la filosofía como reflexión concreta devuelve al yo a sí mismo desde sus obras, y si tales obras testimonian el esfuerzo y el deseo del yo, afirma Ricoeur que "la reflexión es la apropiación de nuestro esfuerzo por

---

[166] Sobre la apertura a la Trascendencia superando la postulación ética, cfr. "Démythiser l'accusation", en CI, pág. 330 y "La liberté selon l'esperance", en CI, pág. 393. Sobre la superación del normativismo ético kantiano, cfr. nuevamente "Démythiser l'accusation"; "Le problème du fondement de la morale", en *Sapienza*, Anno XXVIII, n. 3, Luglio-Settembre 1975, págs. 312-337; "El yo, el tú y la institución", en *Educación y política*, Edit. Docencia, CINAE, Bs. As., 1984, págs. 73-85.

[167] Cfr. la explicación de Ricoeur en el capítulo III ("Método hermenéutico y filosofía reflexiva") del libro I de F (págs. 45-63); cfr. también CI, págs. 311-329.

[168] Cfr. apartado 1.a sobre todo este punto.

existir y de nuestro deseo de ser, a través de las obras que testimonian este esfuerzo y este deseo".[169]

Así, la conciencia no es algo dado desde un comienzo, sino una tarea encomendada. Y de este modo la filosofía, que es el proceder hacia esa conciencia, y que desborda entonces ampliamente una mera crítica del conocimiento, se constituye en una tarea ética,[170] en cuanto devuelve al yo a sí mismo.

β.- *La filosofía como hermenéutica*

Si la filosofía ha de ser así reflexión concreta,[171] ha de ser necesariamente hermenéutica, esto es, ha de proceder a una lectura del yo desde sus obras.

De esta manera, la conciencia integral que se ha de alcanzar en la filosofía depende, en cuanto a su posibilidad, de que se respete el camino indirecto de lectura que impone la escisión original del yo respeto de sus obras. Allí, la filosofía queda necesariamente referida a la necesaria lógica de las estructuras de doble sentido.[172]

Estas estructuras de doble significación son especialmente notorias en el lenguaje simbólico de la religión y de la poesía.

El "hablar" en sus obras en un doble sentido pertenece a la naturaleza misma del yo. Y entonces el lenguaje de la filosofía, propiamente, no ha de elaborar enunciados sobre hechos empíricos; pero ello no significa que despliegue un lenguaje que sólo expresa emociones subjetivas –como se podría entender desde un pensamiento científico dominado por una lógica simbólica de la univocidad–: los enunciados de la filosofía aquí propuesta no son "ni enunciado empírico, ni enunciado emocional, sino algo distinto de uno y otro".[173]

Así entonces, contra toda apariencia en contrario, el lenguaje equívoco ha de ser tenido especialmente en cuenta por la tarea racional de la

---

[169] F, pág. 54; en general, para este tema, cfr. F, págs. 50-54; CI, págs. 21-26 y 321-325, y sobre todo pág. 336. Aquí aún no se pueden justificar estas afirmaciones de Ricoeur: cfr. parte IV, punto l.b.

[170] Cfr. F, págs. 53-54; CI, págs. 323-324.

[171] Cfr. también apartado 1.a sobre todo este punto.

[172] Cfr. F, págs. 55-61.

[173] F, pág. 60.

filosofía: "el lenguaje indirecto, simbólico de la reflexión *puede* ser válido, no porque es equívoco, sino *aunque* sea equívoco".[174]

Desde tal lenguaje se ha de desplegar la filosofía como tarea estrictamente racional, como pensar a partir de los símbolos; y para el caso de los símbolos religiosos no se confundirá ni con una gnosis, ni con una traducción de alegorías, ni con una teología.

> "La posición del esfuerzo o del deseo no solamente está privada de toda intuición, sino que además no es testificada sino por las obras, cuya significación permanece dudosa y revocable. Es aquí que la reflexión reclama una interpretación y ha de devenir hermenéutica. Tal es la última raíz de nuestro problema: ella reside en esta conexión primitiva entre el acto de existir y los signos que desplegamos en nuestras obras; la reflexión debe devenir interpretación porque no puedo aprehender el acto de existir sino en los signos dispersos en el mundo".[175]

γ.- *La contingencia en la filosofía*

La filosofía como reflexión concreta hermenéutica pasa por las obras del yo; y las obras del yo, como tales, son contingentes. Así, la tarea racional de la filosofía, con toda su universalidad y necesidad, queda necesariamente ligada a la contingencia de las obras del hombre.

Pero la particularidad y contingencia que afecta a la filosofía desde este flanco tiene diversos grados. En primer lugar, se debe notar que Ricoeur prestó atención en principio –como ya se señalara– no a todas las obras del yo, sino sólo a cuatro tipos de mitos –que a través de la fenomenología y la fe se entregan al pensamiento que parte de ellos–[176] referidos al comienzo y al fin del mal.[177] Ahora bien –y aquí están para este caso los distintos planos de la contingencia– ¿por qué los mitos?, ¿por qué los referidos al origen y el fin del mal?, ¿por qué tales mitos y no otros?

---

[174] F, pág. 61.

[175] CI, pág. 325.

[176] Cfr. apartados 1.b y 1.c.

[177] "...he estudiado (en SM) cuatro ciclos de estos mitos: los mitos del caos original, los mitos del dios malvado, los mitos del alma exiliada en un cuerpo malo, los mitos de la falta histórica de un ancestro que sería al mismo tiempo un prototipo de humanidad" (F, pág. 46); cfr. nota 22. Cfr. SM, págs. 162-165: "Para una 'tipología' de los mitos del origen y del fin del mal".

En cuanto a este recurso a los mitos, ya se ha anotado[178] que Ricoeur entendía tal recurso, en su origen, como una apuesta; pero una apuesta que desplegada la tarea filosófica, quedaría saturada de sentido, en razón de la comprensión que aportaría acerca del ser del hombre y del nexo entre el ser del hombre y el ser de todos los entes. "Una filosofía que parte de lo pleno del lenguaje (de los mitos) es una filosofía con presuposición. Su honestidad es explicitar sus presupuestos, enunciarlos como creencia, elaborar la creencia como apuesta e intentar recuperar su apuesta en comprensión".[179]

De las obras de los hombres, los mitos serían las obras de mayor amplitud, profundidad y riqueza de sugerencias en cuanto a una posible orientación respecto del sentido de la totalidad.

Ahora bien, pero ¿por qué los mitos acerca del comienzo y del fin del mal? Si los mitos como tales intentan una orientación del hombre en el todo refiriéndolo a lo Sagrado como fundamento de ese todo, los mitos acerca del mal, en particular, dan una visión más rica del todo, en cuanto con el mal, como crisis del nexo que liga al hombre con lo Sagrado, hacen notar el punto sensible del sentido del todo; y en cuanto con su "historia" de los comienzos y del fin aportan un dinamismo y una orientación a la temporalidad humana.

> "El mal (...) es el punto sensible y como la 'crisis' de este nexo (del hombre y lo Sagrado) que el mito explicita a su manera; limitándonos a los mitos acerca del origen y del fin, tenemos la posibilidad de acceder a una comprensión intensiva más que extensiva del mito. Porque el mal es la experiencia crítica por excelencia de lo sagrado, la amenaza de disolución del nexo del hombre con lo sagrado hace sentir con la mayor intensidad la dependencia del hombre respecto de las fuerzas de lo sagrado. El mito de la 'crisis' es al mismo tiempo el mito de la 'totalidad': relatando cómo han comenzado esas cosas y cómo habrán de terminar, el mito ubica la experiencia del hombre en un todo que recibe del relato orientación y sentido. Así, a través del mito se ejerce una comprensión de la realidad humana en totalidad, por medio de una reminiscencia y de una expectación".[180]

---

[178] Cfr. apartado 1.a, págs. 27-29.

[179] SM, pág. 332.

[180] SM, pág. 13.

Pero la contingencia se manifiesta de manera extrema en el recurso a ciertos mitos en particular, a saber, los cuatro tipos estudiados. Este último rasgo de la contingencia –y con ella de la limitación– introducida en la filosofía tiene a su vez diversos matices, que se anudan según lo que Ricoeur llama "la oposición de lo 'próximo' y lo 'lejano'".[181]

La tarea misma que aquí se intenta, a saber la filosofía, está afectada de contingencia. La filosofía que aquí se hace tiene un origen encuadrado histórica, geográfica y culturalmente: en efecto, la filosofía nació en Grecia con la pregunta por el ser; y su "otro" más "próximo" fue pronto la cultura judía. *"El encuentro* de la fuente judía con el origen griego es la intersección fundamental y fundadora de nuestra cultura; la fuente judía es el primer 'otro' de la filosofía, su otro más 'próximo'; el hecho abstractamente contingente de este encuentro es el destino mismo de nuestra existencia occidental".[182] Nada extraño entonces que los mitos estudiados aquí pertenezcan a una y otra fuente cultural en primer lugar.

Pero desde ese punto cultural ubicado contingentemente, se desarrollan líneas de mayor o menor proximidad, que miden "relaciones en profundidad", "relaciones laterales" y "relaciones de adelante hacia atrás".

Las relaciones en profundidad son las que se establecen, por ejemplo por mediación de la etnología, con otras civilizaciones a menudo contemporáneas –africana, australiana, asiática– en razón de semejanzas objetivas que ayudan a la elucidación de nuestra propia memoria cultural. Las relaciones laterales se detectan, por ejemplo, entre la cultura judía y el cuadro de culturas que le sirven de contexto en su nacimiento y frente a las cuales innova y al mismo tiempo se comporta como repetidora.

Las relaciones de adelante hacia atrás se establecen con algunos elementos de nuestro pasado descubiertos más o menos recientemente y que modifican con su presencia nuestra memoria. Este "neopasado" puede constituirse por la restauración de intermediarios perdidos o por lo que Ricoeur llama la supresión tardía de la distancia. Esto último sucede cuando los sabios realizan aproximaciones entre culturas que no se han encontrado de hecho. Piénsese en los estudios hechos por occidentales sobre las culturas de la India y de la China. Pero al respecto se debe hacer notar que tales aproximaciones permanecen como algo episódico para

[181] Cfr. F, pág. 55. El análisis de los distintos "próximos" y "lejanos" se halla en SM, págs. 25-30.
[182] SM, pág. 27.

nuestra cultura en su conjunto. Se puede pensar en ellas como anticipaciones episódicas de un encuentro universal.

¿Qué podría resultar para nuestra cultura de una supresión de todas las distancias anotadas –más o menos pronunciadas– y así de un encuentro cultural universal?

> "Una cosa es cierta: nosotros no entraremos en este gran debate de cada cultura con todas sino con nuestra memoria; la disminución de la distancia entre nuestra civilización y aquellas que aún hoy llamamos 'lejanas' no suprimirá sino que complicará la estructuración de nuestra memoria. No dejará de ser verdad que nosotros hemos nacido a la filosofía por Grecia y que, en tanto que filósofos, hemos encontrado a los judíos antes de encontrar a los hindúes y a los chinos."[183]

Pero adviértase que ya desde el comienzo mismo de este apartado se hizo notar –en congruencia con el proyecto filosófico general de Ricoeur– cómo la contingencia pertenece necesariamente a la filosofía reflexiva, en cuanto ella ha de pasar hermenéuticamente por todas las obras del hombre –como tales irremediablemente contingentes–. El análisis particular que se acaba de hacer de los niveles de tal contingencia, en el caso de los mitos del comienzo y el fin del mal, sólo sirve entonces a la ilustración de aquella afirmación general fundamental.

Lo que radicalmente ahora importa es preguntar si tal contingencia invalida el discurso filosófico.

La respuesta fundamental de Ricoeur:

> "...el filósofo no habla desde ninguna parte: toda cuestión que pueda plantear se levanta del fondo de su memoria griega; el campo de su investigación está así ineluctablemente orientado; su memoria comporta la oposición de lo 'próximo' y lo 'lejano'. Es a través de esta contingencia de encuentros históricos que debemos discernir secuencias razonables entre los temas culturales dispersos. Hoy agrego: sólo la reflexión abstracta parte de ninguna parte. Para devenir concreta, la reflexión debe perder su pretensión inmediata a la universalidad, hasta que haya fundido la una en la otra la necesidad de su principio y la contingencia de los signos a través de los cuales se reconoce. Es precisamente en el movimiento de interpretación que puede cumplirse esta fusión".[184]

---

[183] SM, pág. 30.
[184] F, pág. 55; cfr. SM, pág. 30.

La filosofía se hace necesariamente de la contingencia de los encuentros y de la universalidad y necesidad de la forma racional. Se ha explicado en particular, siguiendo los primeros pasos de Ricoeur, la necesidad del recurso de la filosofía reflexiva al símbolo religioso contingente.[185] Pero al recurrir la filosofía a los mitos se encuentra allí con un movimiento que sale a su encuentro. En efecto, ya se ha mostrado cómo los símbolos religiosos esbozan ya en sí mismos el discurso especulativo.[186] De esta manera, la filosofía recurre al mito, pero en esta salida al encuentro del mito se encuentra con que el mito ya ha salido también a su encuentro.

δ.- *El conflicto de las interpretaciones*

La filosofía reflexiva debe pasar necesariamente por las obras contingentes del yo para interpretar, esto es, leer desde allí la intimidad propia del yo. Ahora bien, esta lectura, si ha de ser definitivamente concreta, ha de atenerse a las lecturas múltiples y opuestas ya dadas y que las obras mismas provocan con su riqueza -etapa semántica- y ha de seguirlas hasta el fin -etapas reflexiva y existencial-, donde ponen de manifiesto, coincidentemente, la dependencia del yo respecto de algo que lo desborda, entendido en cada caso de manera diversa.

Y finalmente se puede advertir que tales interpretaciones opuestas se integran dialécticamente en una figura unitaria y dinámica, articulada en distintas instancias —instancias que cada hermenéutica ha descubierto— que coinciden en ser fuentes de la conciencia que trascienden a la conciencia: lo más íntimo de la conciencia se halla múltiplemente fuera de ella.

La total concretez de la reflexión lleva a un yo diversamente descentrado, opuestamente dependiente; pero en tales contrapuestas dependencias el yo puede reconocerse como quien realmente es: hecho de un pasado inconsciente y arcaico, y a la vez allí, desde allí y a través de allí hecho de un espíritu que avanza hacia lo nuevo y que se encuentra, en la promesa de un futuro, con Alguien que sale a su encuentro.

Así, hacer concreta la reflexión es librarse a la contradicción hermenéutica y allí al mismo tiempo comprenderse, y en esa comprensión comprender, justificando, esas distintas interpretaciones, que quedan entonces, así, integradas a la reflexión. La reflexión desarrollada en toda

---

[185] Cfr. "El recurso de la reflexión al símbolo", F, págs. 50-54.

[186] Cfr. apartado 1.d; nota 93; "El recurso del símbolo a la reflexión", F. págs. 45-50.

su concretez lleva al autoconocimiento que es al mismo tiempo crítica y justificación de las distintas hermenéuticas.

> "...no existe una hermenéutica general; esta aporía nos pone en movimiento: ¿no será entonces una sola y misma empresa arbitrar la guerra de las hermenéuticas y ampliar la reflexión a la medida de una crítica de las interpretaciones? ¿No es en un mismo movimiento que la reflexión puede devenir reflexión *concreta* y que la rivalidad de las interpretaciones puede ser *comprendida,* en el doble sentido del término: justificada por la reflexión e incorporada a su obra?".[187]

g.- Del proyecto filosófico al *Ensayo sobre Freud*

A partir de la condición de olvido o extravío de sí mismo del yo, una *filosofía reflexiva* ha de ser *concreta,* esto es, debe pasar necesariamente por las *contingentes* obras del yo –en especial los símbolos religiosos– para desde allí descifrar racionalmente la textura de ese yo –*hermenéutica*– siguiendo las interpretaciones concretas dadas, hasta desembocar en sus opuestas y a la vez coincidentes visiones del yo –provocadas por la riqueza misma de las obras– que terminan radicándolo en cada caso en instancias distintas y opuestas que lo desbordan y de las que proviene todo sentido, pero que se revelan como instancias de las que simultánea y necesariamente el yo depende –*conflicto hermenéutico*–.

La exigencia de concretez de la reflexión lleva a integrar necesariamente las obras contingentes, el ejercicio de la interpretación y el conflicto hermenéutico.

La reflexión concreta plena lleva al yo a desbordarse a sí mismo, al comprenderse a sí mismo como múltiplemente dependiente de lo otro; de donde resulta el hombre integrado en un todo con distintos polos de origen de sentido: *ontología quebrada.*

La filosofía no puede no ser tarea racional reflexiva, concreta, conflictivamente hermenéutica y ha de dar a luz una ontología quebrada.

Queda así mostrado con Ricoeur que "la reflexión en su principio mismo exige algo así como la interpretación" y que "es a partir de esta exigencia que puede ser justificado, igualmente en su principio, el ro-

---

[187] F, pág. 63; sobre esta cuestión de la justificación del conflicto hermenéutico como tal, cfr. F, págs. 61-63 y CI, págs. 325-329.

deo por la contingencia de las culturas, por un lenguaje incurablemente equívoco y por el conflicto de las interpretaciones".[188]

La filosofía de Ricoeur se inicia, en *La Symbolique du Mal,* con la hermenéutica de los símbolos religiosos. Y ya allí se anotaba la necesidad de hacer, con Freud –y Jung–, una interpretación regresiva de tales símbolos, que se ha de integrar con una interpretación prospectiva.

Pero es en el *Ensayo sobre Freud* donde esa interpretación integrada es desarrollada y asumida en todas sus consecuencias. De Freud se recibe una nueva noción de símbolo y de texto, que hace ampliar la hermenéutica hasta extenderse a todas las obras de la cultura. Por otra parte, el *Ensayo* muestra detalladamente la integración de la hermenéutica regresiva de Freud con las hermenéuticas prospectivas según el espíritu y según la fe, analizándola cuidadosamente en las distintas figuras de la conciencia (economía, política, arte, moral, religión).[189]

[188] F, pág. 50.

[189] Sobre el concepto de hermenéutica en Ricoeur, puede consultarse, N. A. Corona, "El concepto de hermenéutica en P. Ricoeur. Notas sobre tres pasos de su desarrollo", incluido en P. Ricoeur, *Fe y filosofía. Problemas del lenguaje religioso,* Edit. Almagesto-Docencia (CINAE), Buenos Aires, 1990, págs. 7-54.

Segunda parte

Psiquismo, sociedad, cultura y religión en el psicoanálisis de Freud

Este trabajo se ha planteado como una presentación orgánica de la filosofía de Ricoeur, en particular en su momento de articulación con el pensamiento de Freud. Ricoeur ha llevado a cabo su integración del discurso psicoanalítico procediendo según tres minuciosos pasos, que constituyen los tres "libros" de su obra *De l'interprétation. Essai sur Freud*. En el primer libro –"Problématique: situation de Freud"– Ricoeur ubica el discurso de Freud en relación con el sentido de su propio pensamiento. En el segundo libro –"Analytique: lecture de Freud"– Ricoeur orienta su lectura exhaustiva del psicoanálisis hacia la integración del tercer paso, siguiendo el sentido mismo del discurso freudiano. El tercer libro –"Dialectique: une interprétation philosophique de Freud"–cumple precisamente con esa integración dialéctica del pensamiento de Freud en la propia filosofía de Ricoeur.

Pero para comprender el trabajo de Ricoeur sobre el pensamiento de Freud es imprescindible poseer una noticia abarcadora de las ideas centrales del psicoanálisis. A procurar tal noticia se orienta esta segunda parte de este escrito. Se trata de conocer, al menos sumariamente, el material sobre el que trabaja el pensamiento de Ricoeur.

Así entonces, en esta parte se intentará una exposición abarcadora de la concepción freudiana de la sociedad y de la cultura, con especial atención en ella a la religión. Para ello se procederá en tres pasos, que avanzarán desde lo más general hacia lo más particular. El primer paso tratará de mostrar el lugar y la función de la cultura y de la religión en el todo de lo real. Se trata de descubrir de qué modo se engarza la cultura, y en ella esa especial formación que es la religión –Dios, preceptos morales, ritos, etc.–, en el acontecer global de lo que es, donde se halla inserto el hombre; interesa determinar en especial la figura relativa de la religión, esto es, su articulación con lo que no es ella pero que con ella conforma el todo que es y deviene.

Pero una respuesta radical a la pregunta por el lugar y función de la cultura y de la religión implica necesariamente una respuesta a la cuestión acerca de la naturaleza del todo de lo real y su acontecer.

En el segundo paso, visto ya el sentido radical del fenómeno cultural y religioso, se mostrará el modo de su procedencia en el psiquismo humano. Aquí será necesario detallar los elementos esenciales y el dinamismo de los decisivos sucesos psíquicos que son el complejo de Edipo y la formación del superyo.

En el tercer paso se acompañará a Freud en su explicación detallada del origen, naturaleza y desarrollo de la religión como fenómeno de la historia de la humanidad, mostrando, al mismo tiempo, el modo particular de su inserción en el dinamismo de la sociedad y la cultura.

Y se cerrará esta segunda parte de este trabajo con una recapitulación final de lo expuesto sobre la cuestión de la religión.

Antes de avanzar en los pasos indicados, es necesario hacer algunas aclaraciones. En primer lugar, se debe advertir que, a los efectos de esta exposición, la obra de Freud es asumida como un todo orgánico y sincrónico: no se expondrá el pensamiento de Freud según el orden cronológico de su evolución. Se propondrá una exposición arquitectónica de todas las cuestiones que integran el pensamiento de Freud sobre la temática de la cultura y de la religión, haciendo ver, en lo posible, su coherente articulación final, independientemente de cuál sea el momento cronológico de su aparición.

En segundo lugar, se hace notar que la temática en la que se centra la exposición y el carácter deliberadamente sintético de ésta exigen dejar de lado la explicación detallada y la justificación textual y sistemática de muchas cuestiones particulares que han de aparecer. En tales casos sólo se podrá hacer un indicación sumaria del sentido de los temas precisos en cuestión. Es fácil advertir que, por ejemplo, la explicación y justificación de conceptos tales como inconsciente, conciencia, identificación, pulsión, represión, narcisismo, etc. -para nombrar sólo algunos muy conocidos- desbordarían ampliamente los límites de este trabajo: cada uno de esos términos encierra cuestiones que, de ser abordadas aquí, siquiera en sus articulaciones esenciales, exigirían largas disgresiones textual-exegéticas y críticas.

Sin embargo, muchos de esos temas y su problemática conexa tendrán oportunidad de ser analizados más detenidamente y discutidos, con Ricoeur, en la tercera parte de este trabajo.

La exposición, entonces, será abarcadora, orientada hacia el tema de la cultura y la religión, sintética y atenida a presentar inmediatamente el pensamiento de Freud, sin elaboraciones críticas o de profundización. En razón del intento de presentación sintética, no se hallarán aquí transcripciones de textos: sólo se remitirá en nota, para cada cuestión, a los lugares correspondientes de los textos de Freud.[1]

---

[1] Tanto en esta parte como en la tercera del trabajo, se remitirá a las versiones española y alemana de los textos de Freud. La edición en español es la siguiente: Sigmund Freud, *Obras completas* (en 9 volúmenes), Edit. Biblioteca Nueva, Madrid, 1972-1975. Se citará el título de la obra correspondiente de Freud, seguido, en caracteres romanos entre paréntesis, por el número del volumen de las *Obras completas,* y la paginación del mismo (cuando se trate de la cita de la obra entera quedarán entre paréntesis tanto el volumen como la página). Inmediatamente se indicará, entre corchetes, el lugar correspondiente de la versión alemana; estas citas del alemán se harán según las siguientes ediciones: para *La interpretación de los sueños, Die Traumdeutung,* Fischer Taschenbuch Verlag, Frankfurt am Main, 1983; para las demás obras: *Studienausgabe* (10 Bände und Ergänzungsband), Fischer Taschenbuch Verlag, Frankfurt am Main, 1982. En este caso se citará, en caracteres romanos, el tomo correspondiente y luego la paginación. Esta edición alemana toma sus textos de las *Gesammelte Werke.* Se indicarán expresamente los casos en que las citas alemanas no correspondan a las ediciones señaladas. *La interpretación de los sueños* es el volumen II de las *Obras completas* en español citadas y se citará siempre sólo como IS. También se ha utilizado, sobre todo para control de algunos textos: S. Freud, *Konkordanz und Gesamtbibliographie,* Fischer Taschenbuch Verlag, Frankfurt am Main, 1975. Se trata de la concordancia de volúmenes y páginas entre los textos de las *Gesammelte Werke,* de la *Standard Edition* y de la *Studienausgabe* aquí utilizada; la obra contiene además, ordenada cronológica y alfabéticamente, la bibliografía completa de Freud.

1.- Lugar y función de la cultura y en particular de la religión en el todo de lo real

Es sabido que uno de los grandes aportes de Freud en *La interpretación de los sueños*,[2] riquísimo en consecuencias, es la distinción capital, en las producciones oníricas –complicadas, de los adultos–,[3] entre un contenido manifiesto y un contenido latente. Las escenas más o menos caóticas, más o menos ordenadas de nuestra conciencia onírica y que podemos ulteriormente relatar, constituyen, según Freud, la fachada enmascaradora –contenido manifiesto– de un acontecer anímico –contenido latente– que se desarrolla en el inconsciente y que sólo el análisis puede detectar, precisamente por vía de una interpretación.[4] Y allí se halla la

[2] Freud desarrolló nuevamente -y con ulteriores precisiones- sus investigaciones de *La interpretación de los sueños*, en sus *Lecciones introductorias al psicoanálisis*. Cfr. *Lecciones introductorias al psicoanálisis*, (VI), págs. 2168-2272 (lecciones V-XV); (VIII), págs. 3102-3132 (lecciones XXIX y XXX); [II, págs. 101-241; págs. 451-495].

[3] Freud ha distinguido claramente las características y el sentido de los sueños de los niños de los de los adultos -éstos interesan en primer lugar-, y en éstos los de los sueños breves y sencillos y los de los sueños extensos y complicados -éstos son los que interesan en particular-. Todas estas distinciones interesan a Freud en cuanto allí podrían encontrarse objeciones a su concepción de los sueños como "realización disfrazada de deseos reprimidos"; y ello a su vez en conexión con los "sueños de comodidad". Para toda esta temática, cfr. IS, págs. 423-428 [112-119]; 489-491 [198-201]; 644-645 [399]; 680-682 [448-451]; 692-693 [465-466]; 697-698 [472].

[4] La distinción contenido manifiesto-contenido latente es el eje inicial que da lugar a todas las tesis de la obra y así se halla por toda ella. La diferenciación aparece ya claramente en el análisis del "sueño de la inyección de Irma" (IS, págs. 412-421 [97-109], en especial pág. 419 [107]). El análisis de este sueño termina con la afirmación de Freud: *"una vez llevada a cabo la interpretación completa de un sueño, se nos revela éste como una realización de deseos"* (IS, pág. 421 [109]). La distinción y denominación contenido manifiesto-contenido latente aparece, motivada por la dificultad que plantean los sueños de angustia, en IS, pág. 429 [121]. Todo el capítulo IV de IS está dedicado al análisis de "la deformación onírica". Finalmente concluirá Freud, con precisión, que *"el sueño es la realización (disfrazada) de un deseo reprimido"* (IS, pág. 445 [141]): *"Der Traum ist die (verkleidete) Erfüllung eines (unterdrückten, verdrängten) Wunsches"*. Quizás sería más correcto traducir "cumplimiento", en lugar de "realización"; sobre todo porque el sueño es, precisamente, antes que una conexión con lo real, una alucinación (luego se volverá sobre ello). Con todo, se seguirá utilizando el término "realización" para acomodarse al uso que se ha hecho corriente. Otras dificultades que podrían oponerse a la concepción de los sueños como realización de deseos provienen a) de los sueños en los que se repite un acontecimiento traumático, b) de los sueños punitivos, c) de los sueños de la muerte de los padres y personas queridas. Freud plantea estas dificultades y responde a ellas en los siguientes lugares: a) *Más allá del principio del placer*, (VII), pág. 2522 [III, 242]; b) IS, pág. 637 [388-389]; c) IS, pág. 510 [226-227]. Semejantes a los últimos son los sueños con personas ya

magistral obra de Freud para determinar rigurosamente los procesos por los cuales el contenido latente se enmascara en el contenido manifiesto.[5]

Pero la detección de esos dos planos en que se debe desarrollar la lectura del sueño –lectura de un doble sentido, *interpretación*–[6] lleva a ulteriores descubrimientos. Que el sentido latente no aparezca en su

---

muertas; de ellos se ocupa Freud en IS, págs. 607-608 [352-353]. Una cierta definición del sueño suficientemente abarcadora puede hallarse en IS, pág. 670 [434]: "El sueño es un acto psíquico importante y completo. Su fuerza impulsora es siempre un deseo por realizar. Su aspecto, en el que nos es imposible reconocer tal deseo, y sus muchas singularidades y absurdidades proceden de la influencia de la censura psíquica que ha actuado sobre él durante su formación. A más de la necesidad de escapar a esta censura, han colaborado en su formación una necesidad de condensar el material psíquico, un cuidado de que fuera posible su representación por medio de imágenes sensoriales y, además -aunque no regularmente- el cuidado de que el producto onírico total presentase un aspecto racional e inteligente".

[5] Este proceso de enmascaramiento o disfraz, que da por resultado la "deformación onírica", es denominado por Freud "elaboración onírica" (Traumarbeit) y a su análisis dedica el capítulo VI de IS. En esa elaboración Freud distingue, como se sabe, cuatro mecanismos: la *condensación,* el *desplazamiento,* el *cuidado de la representabilidad* (la también llamada *dramatización*) y la *elaboración secundaria.* Cada uno de estos mecanismos es objeto de un análisis detenido, respectivamente en los subtítulos A, B, C-D e I del capítulo mencionado (los subtítulos E, F, G y H contienen explicitaciones y ejemplificaciones; en especial el subtítulo E –"La representación simbólica en el sueño. Nuevos sueños típicos"– continúa la temática desarrollada ya en el capítulo V, subtítulo d –"Sueños típicos"–: se trata en ambos casos de lo que para Freud es símbolo en sentido estricto -cfr. en especial IS, págs. 559-560 [290-292]-; sobre esta organización temática cfr. F, pág. 106, nota 21). Un relevamiento detallado de los lugares en que aparecen determinaciones importantes acerca de estos distintos mecanismos de la elaboración onírica, da por resultado lo siguiente: *condensación:* págs. 457 [157], 517 [235-236], 520 [239], 525 [245-247]; *desplazamiento:* págs. 455 [154-155], 458-459 [159-160], 532 [255], 533-535 [256-259], 626-627 [375-377], 630 [380], 630-631 [381], 633-634 [384-385], 687 [458], 688 [459]; *dramatización:* págs. 536-537 [260-262], 537-552 [262-282], 553 [282-283], 555-556 [286]; *elaboración secundaria:* págs. 644-647 [398-403], 650-651 [407], 651 [408], 652 [409-410], 658 [417-418], 659-660 [419-420], 661-662 [421-422]. Freud presenta conjuntamente los cuatro mecanismos en págs. 654-655 [412-414].

[6] Freud señala los distintos métodos existentes de análisis de los sueños y caracteriza con precisión el suyo y la técnica que utiliza en IS, págs. 406-411 [89-97]. En pág. 516 [234] caracteriza la labor del análisis de los sueños: "Las ideas latentes y el contenido manifiesto se nos muestran como dos versiones del mismo contenido, en dos idiomas distintos, o, mejor dicho, el contenido manifiesto se nos aparece como una versión (Übertragung) de las ideas latentes a una distinta forma expresiva, cuyos signos y reglas de construcción hemos de aprender por la comparación del original con la traducción (Übersetzung). Las ideas latentes nos resultan perfectamente comprensibles en cuanto las descubrimos. En cambio, el contenido manifiesto nos es dado como un jeroglífico, para cuya solución habremos de traducir (zu übertragen sind) cada uno de sus signos al lenguaje de las ideas latentes".

rostro propio, que deba disfrazarse para aparecer en la conciencia onírica, obedece a que tal acervo de elementos representativos es algo de suyo rechazado por la conciencia.[7] En efecto, por alguna razón –que no puede ser sino un cierto displacer–[8] tales contenidos han sido rechazados, han sido apartados del campo de posibles presencias, han sido *censurados, reprimidos* por el sujeto y ahora, en el sueño y merced a un *cierto* relajamiento de tal censura,[9] pueden acceder a la conciencia. Precisamente, porque tal censura ha cedido su presión, acceden esos contenidos a la conciencia, y porque tal aflojamiento es sólo parcial, tales contenidos no pueden acceder a cara descubierta y sólo lo hacen desfigurados, disimulados, ocultándose tras el disfraz de representaciones que la conciencia sí puede tolerar –los contenidos preconscientes–.

Así, el sueño hace aparecer tres planos en el psiquismo: la conciencia, aquí onírica, por tanto reducida –alucinatoria– por falta de la distinción entre lo subjetivo y lo real –plano del contenido manifiesto–, lo inconsciente –plano del contenido latente– y lo preconsciente –plano de los contenidos aptos para aparecer en la conciencia.[10]

Pero en todo caso, estas precisiones acerca de los elementos y mecanismos de la formación de los sueños hacen notar algo esencial del psiquismo humano. En efecto, la deformación onírica y su responsable, la censura, hacen ver claramente que algo del acontecer anímico ha sido impedido. Hay en el psiquismo humano un acervo de contenidos que de suyo no pueden acceder a la conciencia, contenidos que el sujeto no puede tolerar y que sin embargo le pertenecen íntima y originariamente.

Algo pugna en el sujeto por expresarse y realizarse, algo quiere cumplirse y así alcanzar satisfacción, placer; pero algo otro, posterior y nuevo en el sujeto ha juzgado eso anterior como inadecuado, como generador en algún sentido de displacer, a pesar de su placer. Esta segunda instancia psíquica ha impuesto su censura al proceso psíquico originario; y el relajamiento de tal censura en el dormir es el responsable de la deformación onírica, de la aparición disfrazada de lo censurado. De esta manera, es claro que "el sueño es la realización disfrazada de un deseo reprimido".

[7] Cfr. IS, págs. 434-435 [126-128].
[8] Cfr. IS, pág. 445 [141].
[9] Cfr. IS, pág. 666 [428-429].
[10] Estos tres planos son objeto de detallado estudio en el decisivo capítulo VII de IS.

Entonces, pertenece al funcionamiento normal del psiquismo humano el que algo de su acontecer sea impedido. El psiquismo humano se halla estructuralmente conformado por dos procesos o corrientes psíquicas, una de las cuales se desarrolla originariamente, para ser luego interferida por la aparición de una segunda corriente.[11] La primera corriente, originaria, se despliega hacia la consecución del placer por la realización de sus exigencias; pero una segunda corriente impone su propia legalidad, interfiriendo sobre el curso del acontecer primero. Más precisamente: el *proceso secundario,* según Freud, se constituye por una corrección del *proceso primario,* en orden a una adecuada consecución de lo intendido con el proceso primario.

Así entonces, cabe pensar el aparato psíquico como algo puesto en movimiento por originales exigencias dinámicas propias, cuyo curso es progresivamente corregido por el mismo aparato.[12]

Los dinamismos básicos originarios del psiquismo son lo que Freud denomina *pulsiones.*[13] Ahora bien, para mostrar el devenir del psiquismo con la sucesiva aparición del proceso primario y el proceso secundario, Freud apela a una ejemplificación con las llamadas pulsiones de auto-conservación.

En un comienzo, el aparato anímico, ante la aparición del hambre, quedaría satisfecho por el aporte del alimento desde afuera –la madre alimenta al niño que llora por hambre–. Ante una nueva aparición de la necesidad, el aparato anímico tendería a reiterar la presencia del objeto –el alimento– que satisfizo originariamente la necesidad, en un proceso de pura re-presentación psíquica. Así, el aparato anímico quedaría encerrado alucinatoriamente en sí mismo, sin referencia a la realidad exterior. Ha primado aquí, en el proceso primario, el puro *principio de placer.*[14]

---

[11] Sobre estas dos instancias, cfr., en primer lugar: IS, págs. 434-435 [126-128]; 436 [129-130]; 445 [141]; 490-491 [200-201].

[12] Todo lo que sigue se halla expuesto en el capítulo VII de IS, en especial en los siguientes fragmentos: págs. 672-676 [436-443] (estructura y funcionamiento del aparato anímico); 678-680 [446-448] (el sueño y la regresión); 689-691 [460-462] (la evolución del aparato; sueño y enfermedad); 694-695 [467-468] (conciencia, proceso secundario y pensamiento); 708-711 [486-491] (proceso primario y proceso secundario); 716-717 [499-500] (inconsciente y conciencia).

[13] Cfr. principalmente, *Las pulsiones y sus destinos,* (VI, pág. 2039) [III, 75].

[14] Cfr. principalmente, *Los dos principios del funcionamiento mental,* (V, pág. 1638) [III, 13].

La persistencia de la necesidad –no hay satisfacción del hambre en la alucinación– obliga al aparato anímico a suspender ese proceso original alucinatorio fracasado y a subordinarse a la realidad exterior, de modo tal de ser capaz de dominarla para satisfacer su necesidad. Aparace así el proceso secundario, subordinado al *principio de realidad,* aunque siempre ordenado, en última instancia, al principio de placer.

El proceso secundario está constituido formalmente por el pensamiento, y con él se aportan al psiquismo nuevas posibilidades: atención a la realidad exterior –aunque siempre según lo que la pulsión exige– con objetividad, capacidad de capitalización de todas las experiencias, ampliación de la memoria e iniciativa propia en la misma; todo ello finalmente ordenado a posibilitar el dominio de la motilidad para la actuación transformadora sobre la realidad exterior –todo lo cual, a la vez, significa un crecimiento en la noticia de sí mismo, esto es, la gestación de la conciencia propiamente humana–.

Importa notar aquí que la aparición del proceso secundario implica una modificación del acontecer psíquico original, pero en orden a lograr el cumplimiento de las exigencias inscriptas en aquel acontecer primero. Las exigencias insoslayables presentes en la pulsión no lograrían cumplirse con el mecanismo que tal pulsión desencadena originariamente, y así se hace necesaria una corrección por vía de un nuevo proceso. Y así ciertos movimientos del proceso originario deben ser impedidos, a fin de impedir el fracaso a que conducirían.

El proceso secundario entonces –y esto vale para todas las pulsiones– implica la negación de ciertos dinamismos originales del psiquismo. Eso original negado constituye para Freud el germen –sólo el germen– del inconsciente.[15] Y es eso precisamente lo que pugna por aparecer con sus exigencias en el sueño.

El dinamismo total del psiquismo humano será el despliegue total y plenamente desarrollado de sus dinamismos básicos, a saber, sus pulsiones. Pero tales pulsiones no alcanzarían la satisfacción real si sólo se desplegaran según su dinamismo original; para alcanzar tal satisfacción, el aparato psíquico ha de atenerse no ya sólo al placer exigido, sino además a la coordinación de su acción con la realidad. El pleno cumplimiento de las exigencias del psiquismo sólo se logra por la mediación de la apertura al mundo y la subordinación a sus exigencias. Para ello el psiquismo

---

[15] Cfr. IS, pág. 708 [487].

despliega el pensamiento, que con su modalidad propia impide los movimientos originales que llevarían al fracaso, hasta culminar en el dominio eficaz del propio comportamiento frente al mundo.

Ahora bien, en este proceso total, las pulsiones originarias no son negadas; más bien son cumplidas plenamente, realmente; son tales pulsiones originarias las que siempre están movilizando todo el acontecer con toda su progresiva complejidad. Lo negado es en todo caso un cierto modo primitivo de proceder de esas pulsiones. Así entonces, lo que el pensamiento y la acción consciente dirigida por él cumplen, viene dictado, radicalmente al menos, por las pulsiones cuyo dinamismo primitivo fue impedido. Lo que acontece en la conciencia –pensamiento y conducta subsecuente– viene radicalmente determinado por lo que en su dinamismo original –y tal dinamismo incluye también elementos representativos– queda en el inconsciente.[16]

Pero también puede suceder que lo vuelto inconsciente retorne a la conciencia con sus representaciones y mecanismos propios primitivos: eso es precisamente lo que inocuamente acontece en el sueño[17] y peligrosamente en la enfermedad psíquica. Sueños y síntomas son un retorno deformado de lo reprimido. Pero no se debe olvidar que –como se dijo– todo el acontecer consciente normal viene dictado por lo pulsional; de modo tal que la conciencia vigil piensa y realiza –por un inmenso rodeo– lo que la pulsión originaria dicta.

El cumplimiento pleno de las exigencias psíquicas se logra por la coordinación del funcionamiento del aparato psíquico con la realidad; coordinación que es una corrección que exige la negación de ciertos procesos y sus elementos; negación –progresivamente aumentada– que hace que se constituya un fondo de elementos inconscientes –que puede eventualmente retornar imponiendo de alguna manera su modalidad propia (sueños, enfermedades).

Así, el psiquismo humano se constituye y logra su cumplimiento real por la corrección de un proceso primario, de la que resulta un proceso secundario; de todo lo cual resulta la constitución de un fondo psíquico

---

[16] En esta cuestión es decisivo lo que se dirá luego, en la tercera parte del trabajo, sobre el carácter que se podría denominar "secundario y derivado" del objeto para la pulsión. Cfr. S. Freud, *Las pulsiones y sus destinos*, (VI, pág. 2039) [III, 75].

[17] Sobre el carácter regresivo y alucinatorio del sueño, se ha de considerar lo que se dice en los fragmentos citados de IS; y sobre la alucinación como tal, cfr. *Adición metapsicológica a la teoría de los sueños*, (VI), págs. 2089-2090 [III, 189].

inconsciente, que es el generador radical de los dinamismos de todo el aparato.

Para explicar el funcionamiento y la estructura compleja del aparato psíquico Freud recurre, como se vio, al ejemplo de la satisfacción del hambre. Con ello se ubica en el terreno de las llamadas pulsiones de autoconservación. Pero Freud entiende que todas las pulsiones, como dinamismos básicos del psiquismo, se reducen, como a "géneros supremos", a las pulsiones de autoconservación y a las pulsiones sexuales (al menos según una primera división; sobre ello se tratará luego).

Ahora bien, lo que se ha dicho sobre el proceso primario y el proceso secundario, sobre el principio del placer y el principio de realidad, vale para todas las pulsiones y así para todo el acontecer anímico. Pero precisamente aquí es necesaria una distinción. Según Freud, las pulsiones de autoconservación se adaptarían inmediatamente y como de suyo al principio de realidad. No así las pulsiones sexuales –el "género" comprende varios dinamismos radicados en diversas zonas erógenas e inicialmente independientes unos de otros–[18] que exigirían un explícito proceso negativo-correctivo, a fin de ser coordinadas a las exigencias de la realidad.

En efecto, según explica Freud, las pulsiones sexuales tienden a encerrarse en el autoerotismo y el narcisismo, en lugar de abrirse a lo real exterior, esto es, finalmente, el otro como sujeto total heterosexual en orden a la procreación.[19]

Así entonces, la apertura a la función procreadora de las pulsiones sexuales sólo puede lograrse por una negación-corrección de su dinamismo de clausura original. Sólo progresivamente se logrará abrir al sujeto sexual más allá de sí mismo y ulteriormente más allá del estrecho círculo familiar. Esta negación-corrección, en orden a la apertura al amplio círculo de la vida, es llevada a cabo paulatinamente por los diques que desde temprano se oponen a ciertos comportamientos sexuales –por ejemplo, el pudor– y fundamentalmente por la censura impuesta a la orientación de la sexualidad hacia la instancia parental (complejo de Edipo, complejo de castración).[20]

---

[18] Más adelante, a propósito del devenir del psiquismo individual, se harán las referencias correspondientes a esta cuestión.

[19] Cfr. por ejemplo, *Los dos principios del funcionamiento mental,* (V, pág. 1640) [III, 21].

[20] Aquí se inicia ya una temática que se desarrolla en especial en el apartado siguiente.

Entonces, conforme a todo lo dicho, la realización plena del psiquismo humano depende de su coordinación dinámica, en definitiva, a las exigencias de la realidad que es la vida. Pero para tal coordinación y tal realización, para que se cumpla el todo armónico del amplísimo círculo de la vida y del psiquismo humano en él –adviértase el cambio del punto de vista y la ampliación de la perspectiva–, son necesarias las negaciones-correcciones de los imperfectos dinamismos originarios de ese psiquismo; en particular importa aquí señalar que son necesarias las *represiones* de las pulsiones sexuales.

Ahora bien, como se verá más en particular luego, la represión decisiva es la del complejo de Edipo, pues como consecuencia de ella el sujeto es liberado para su realización por su integración en el devenir de la vida total. Pero tal represión, llevada a cabo a instancias de la exigencia parental, es continuada, a fin de prolongar sus efectos de protección del cumplimiento de las finalidades de la vida a través del individuo –ampliación indefinida del círculo de la vida–, por lo que Freud llama el heredero del complejo de Edipo, a saber, el superyó. Y, precisamente, en el núcleo mismo de esta instancia se ubica lo que aquí importa en primer lugar: la imagen de Dios.

Desde la perspectiva de lo explicado hasta aquí, se puede decir que Dios y la religión son generados por la misma vida, a partir del individuo humano, como el instrumento psíquico por cuya acción correctiva represora esa vida alcanza, a través del individuo, su expansión indefinida.

Todo esto implica, como se puede observar, una visión amplia, cuasi filosófica, de la totalidad de lo real, entendido radicalmente como vida: la realidad, en definitiva, es la vida; y ella lucha finalmente con la muerte, como se verá. Y con ello se halla implicada una comprensión del hombre como un acontecer particular en el seno del proceso total de esa vida.

Pero aquí entonces, justamente, es posible ubicarse en la perspectiva filosófica de Freud. Si hasta ahora la vida alcanzó sus objetivos a través del hombre pero sin el hombre, esto es, sometiéndolo al rodeo de procesos e instancias psíquicas ignorados por él en su génesis y en su cualidad, de ahora en más –desde el saber del psicoanálisis– es posible colaborar con la expansión de la vida y su necesidad, a partir de la comprensión lúcida

---

La ubicación central de *la vida* será analizada detenidamente, con Ricoeur, en la tercera parte de este trabajo.

de tal necesidad, y por tanto despojándose de los instrumentos forjados al amparo de la ignorancia de nuestra infancia como humanidad.

Con la aparición del hombre ilustrado, que ha comprendido articuladamente la necesidad del acontecer del todo y su lugar en él, la religión está destinada a desaparecer.

Desde este marco total se pueden comprender el lugar, la función y el destino final de la religión para Freud.

2.- Evolución del psiquismo, cultura y religión

Se ha explicado que la religión se halla al servicio de la vida, a fin de asegurar su ampliación indefinida por medio de la correción-represión de los dinamismos que en el individuo tienden a su autoclausura.

Corresponde ahora mostrar con cierta detención el modo concreto de aparición del momento religioso en la evolución del individuo. Y se trata en especial de la evolución de las pulsiones sexuales –finalmente "eróticas"–, ya que son ellas las que, según se vio, a diferencia de las de autoconservación, muestran una particular conflictividad para su conformación con la realidad radical.

a.- Complejo de Edipo

La evolución de la sexualidad[21] se orienta, según Freud, desde una anarquía en que las distintas pulsiones sexuales parciales buscan su pro-

---

[21] Lo que aquí se afirma sobre la evolución de la sexualidad tiene su apoyo -y su ampliación- en los lugares de los textos de Freud que se indican en seguida. El texto central es, naturalmente, íntegramente, *Tres ensayos para una teoría sexual*, (IV, pág. 1169) [V, 37]; pero girando en torno a él se han de tener en cuenta: *El carácter y el erotismo anal*, (IV, pág. 1354) [VII, 23], íntegramente; *Psicoanálisis, cinco conferencias* (4a. conferencia), (V, págs. 1553-1559) [*Gesammelte Werke* (chronologisch geordnet), S. Fischer Verlag, Frankfurt am Main, Band VIII, págs. 41-51], íntegramente; *Sobre las transmutaciones de las pulsiones y especialmente del erotismo anal*, (VI, pág. 2034) [VII, 123], íntegramente; *Lecciones introductorias al psicoanálisis:* lección XX: *La vida sexual humana*, (VI, pág. 2311) [I, 300], íntegramente, y lección XXI: *Desarrollo de la libido y organizaciones sexuales*, (VI, pág. 2322) [I, 316], íntegramente; *Psicoanálisis y teoría de la libido*, (VII), págs. 2667-2668 [*Gesammelte Werke*, S. Fischer Verlag, Frankfurt am Main, Band XIII, págs. 219-222]; *La organización genital infantil*, (VII, pág. 2698) [V, 235], íntegramente; *Autobiografía*, (VII), págs. 2776-2779 [*Gesammelte Werke*, S. Fischer Verlag, Frankfurt am Main, Band XIV, págs. 58-64]; *Compendio del psicoanálisis*, (IX), págs. 3383-3386 [*Gesammelte Werke*, S. Fischer Verlag, Frankfurt am Main, Band XVII, págs. 74-78]; *Totem y tabú*, (V), págs. 1803-1804 [IX, 376-378]; *Introducción al narcisismo*, (VI), págs. 2024-2026 [III, 53-56]; *Las pulsiones*

pia satisfacción, eventualmente autoeróticamente -con la consiguiente falta de un sujeto unificado–, pasando por una progresiva y cambiante unificación y jerarquización de tales pulsiones, hasta culminar en una organización jerárquica con primacía de las pulsiones genitales, donde se da el encuentro de un sujeto y un objeto totales y semejantes, exteriores el uno al otro, heterosexuales y en orden a la procreación.

En las etapas intermedias de tal evolución total, y según la pulsión que asuma la primacía en la organización, en una suerte de anarquía mitigada, se pueden distinguir, según Freud, las ya muy conocidas fases *oral, sádico-anal (1 hasta 2 años)* y *fálica (2 ó 3 hasta 5 años)*. A estas fases siguen el denominado período de latencia (5 a 11 años) y finalmente la pubertad o fase genital propiamente dicha (9 a 15 años), con la señalada organización pulsional definitiva.

En la evolución indicada, el momento crucial está constituido por la etapa fálica. En tal etapa se constituye propiamente el sujeto como una totalidad dinámica orgánica que se enfrenta como tal a una totalidad semejante. En este sentido preciso, se puede afirmar que en esta etapa se manifiesta el primer afecto, el primer amor propiamente humano; aunque, como se verá, se tratará de un afecto aún inmaduro. Pero lo que suceda con este "primer amor" será determinante, según Freud, para toda la vida posterior. Este primer amor y su destino son definitivamente estructurantes para el psiquismo humano como tal.

En esta fase –signada por la primacía fálica y la investigación sexual infantil– el niño orienta sus intereses sexuales, con toda la imprecisión y confusión que su necesariamente escasa información debe aportarle, hacia sus propios padres. En una visión simplificada de este *complejo de Edipo*,[22]

---

y sus destinos, (VI), págs. 2043-2044 [III, 87-89]; *Una dificultad del psicoanálisis*, (VII), pág. 2433 [*Gesammelte Werke*, S. Fischer Verlag, Frankfurt am Main, Band XII, págs. 5-6]; *Psicología de las masas y análisis del yo*, (VII), págs. 2589; 2605-2606 [IX, 104-105; 128-129]; *La disolución del complejo de Edipo*, (VII), págs. 2748-2751 [V, 246-251]; *Moisés y la religión monoteísta*, (IX), págs. 3283-3288 [IX, 521-528].

[22] Se indican a continuación, con mención de la temática particular, los lugares de los textos de Freud que fundan y amplían lo que aquí se afirma sobre el complejo de Edipo (CE) y sobre el Superyo.

1.-Textos introductorios generales

a.-Sobre el paso de la "escena de seducción" al complejo de Edipo
Psicoanálisis y teoría de la libido, (VII), pág. 2667 [*Gesammelte Werke*, S. Fischer Verlag, Frankfurt am Main, Band XIII, pág. 219]; *Historia del movimiento psicoanalítico*, (V), pág. 1901 [*Gesammelte Werke*, S. Fischer Verlag, Frankfurt am Main, Band X,

se puede afirmar que aquí se desarrollan, en el varón, el amor hacia su madre y el odio hacia su padre como rival; y en la niña, naturalmente, los mismos afectos, con cambio de destinatario.

---

págs. 55-56]; *Autobiografía*, (VII), págs. 2776-2777 [*Gesammelte Werke*, S. Fischer Verlag, Frankfurt am Main, Band XIV, págs. 58-59].

b.-Presentación general del complejo de Edipo

La interpretación de los sueños, (II), págs. 506-508 [221-224]; *Psicoanálisis, cinco conferencias*, (V), págs. 1558-1559 [*Gesammelte Werke*, S. Fischer Verlag, Frankfurt am Main, Band VIII, págs. 50-51]; *Lecciones introductorias al psicoanálisis*: lección XXI: *Desarrollo de la libido y organizaciones sexuales*, (VI), págs. 2328-2334 [I, 324-332]; *Compendio del psicoanálisis*, (IX), págs. 3406-3410 [*Gesammelte Werke*, S. Fischer Verlag, Frankfurt am Main, Band XVII, págs. 114-121].

2.- Textos con precisiones en particular
a.-Textos principales

Tres ensayos para una teoría sexual, (IV), págs. 1207-1209; 1226-1228 [V, 100-102; 127-131], (cuestiones: fantasmas, superyo, CE); *Los dos principios del funcionamiento mental*, (V), págs. 1641-1642 [III, 23-24]; *Introducción al narcisismo*, (VI), págs. 2027; 2028-2030 [III, 57; 60-63] (cuestiones de los dos textos anteriores: ideal del yo, yo ideal, represión, sublimación, censura, padres, veneración al ideal, instancia psíquica); *Duelo y melancolía*, (VI), págs. 2094-2095 [III, 201-203] (cuestión: el objeto de amor perdido); *Más allá del principio del placer*, (VII), pág. 2515 [III, 230-231] (cuestión: fracaso infantil del amor y de la investigación sexual); *Psicología de las masas y análisis del yo*, (VII), págs. 2583-2588; 2589-2592; 2605-2607 [IX, 95-103; 104-108; 128-130] (cuestiones: identificación, proyección, ideal del yo, conciencia moral, padres, CE, instancia, función, ternura, sublimación); *El problema económico del masoquismo*, (VII), págs. 2756-2759 [III, 349-354] (cuestiones: yo, superyo, CE, conciencia moral, padres, ello, masoquismo, sadismo); *La disolución del complejo de Edipo*, (VII, pág. 2748) [V, 243], íntegramente; *El malestar en la cultura*, (VIII), págs. 3053-3060 [IX, 250-259] (cuestiones de los dos textos anteriores: internalización de la agresión, culpabilidad, internalización de la autoridad, superyo, castigo, CE); *Moisés y la religión monoteísta*, (IX), págs. 3283-3288; 3298-3300; 3311-3312; 3313 [IX, 521-528; 542-545; 561-564; 564-565] (cuestiones: neurosis, CE, ello, yo, superyo, placer, realidad); *Lecciones introductorias al psicoanálisis*: lección XXXI: *Disección de la personalidad psíquica*, (VIII, pág. 3132) [I, 496], íntegramente.

b.- Textos secundarios

Algunas consecuencias psíquicas de la diferencia sexual anatómica, (VIII, pág. 2896) [V, 253], íntegramente; *Teorías sexuales infantiles*, (IV, pág. 1262) [V, 169], íntegramente; *Sobre la sexualidad femenina*, (VIII, pág. 3077) [V, 273], íntegramente; *Lecciones introductorias al psicoanálisis*: lección XXXIII: *La feminidad*, (VIII, pág. 3164) [I, 544], íntegramente.
Naturalmente, el texto más compendioso es, íntegramente, *El yo y el ello*, (VII, pág. 2701) [III, 273]; allí se abarcan y se articulan todas las cuestiones relativas al complejo de Edipo y al superyo en la concepción general del psiquismo.

Pero es sabido que Freud, en primer lugar, matiza ampliamente la gama de los afectos aquí en juego y, en segundo lugar, reconoce que el complejo de Edipo, en su configuración habitual, no se muestra en la forma simple señalada, sino en una forma que él llama completa, positivo-negativa. En esta última forma del complejo, juega un papel decisivo la constitutiva bisexualidad del individuo humano, de manera tal que han de tenerse en cuenta, para ambos sexos, junto a las referencias heterosexuales hacia los padres y sus consecuencias, las referencias homosexuales y sus consecuencias.

En cuanto a los afectos, debe tenerse en cuenta que el amor y el odio, como líneas de afecto, reciben diversos matices, según los objetos a los que se refieren: así, el amor varía según que se dirija al protector, al modelo –aquí puede tener el matiz de la admiración; y aún puede virar hacia la envidia– o al objeto sexual; el odio también se tiñe diversamente según que se refiera al rival en el amor, o vengativamente a quien ha amenazado con algún castigo –castigo que, a su turno, ha generado temor– o al objeto de amor perdido.

Es imposible describir aquí en toda su "complejidad" la intrincadísima red de relaciones afectivas que se juegan en el complejo de Edipo –en especial en su forma positivo-negativa– y en su disolución. En lo que sigue sólo se indicarán aquellos aspectos de tales acontecimientos que tengan especial importancia para la cuestión de la religión.

El amor apunta, en el complejo de Edipo, a la instancia parental como modelo: aquí se da en la forma de una identificación ocultamente ambivalente –con el padre en el caso del niño–. Además, el amor se refiere a la instancia parental como protectora. Pero la instancia parental es objeto de amor heterosexual y homosexual –aquí se debe tener en cuenta la ya mencionada bisexualidad constitutiva–.

El odio tiene, en rigor, un triple objeto en la misma instancia parental: padre y madre como rivales en el amor –aquí, con el odio, se manifestaría la ambivalencia antes anotada–, como agresores que han generado temor por su amenaza de castigo –castración– de no acatarse su interdicción al naciente amor –y este odio mueve a la agresión vindicativa– y finalmente como objeto de amor perdido –precisamente como consecuencia del acatamiento a la prohibición anotada– esto es, como lo que se niega, se sustrae al amor.

La figura afectiva total de la situación edípica es consecuentemente ambivalente.

Ahora bien, esta constelación afectiva sufre una profunda transformación como secuela de la represión del complejo, inducida por la misma instancia parental con su prohibición del incesto. El sujeto humano sale transformado decisivamente de esta crisis radical, provocada por el acatamiento de la prohibición: de aquí en más se iniciará –luego del período de latencia– la definitiva madurez psíquica –segunda floración sexual– y quedará constituida la articulación de las distintas instancias que integran la persona.

Nuevas posibilidades afectivas y con ellas un nuevo mundo se instauran ahora para el sujeto que ha renunciado a su amor incestuoso. Pero junto con ello también se ha estructurado definitivamente su organismo psíquico.

En primer lugar, se intentará el análisis de algunos aspectos de la nueva articulación del organismo psíquico que ha resultado después del complejo de Edipo.

b.- Superyo y sujeto humano

La instancia parental como objeto de amor perdido y modelo y protección originarios es recuperada por el sujeto, pero en la forma de una *identificación* –introyección–; y esta identificación es propiamente la expresión y el instrumento del intento de configurarse a sí mismo conforme a la figura asumida, que funciona entonces como modelo –perpetuando así una función que tuvo en el comienzo–, pero como modelo despojado de los aspectos sexuales que lo acompañaban y engrandecido –desexualización e idealización–. Esta figura modélica, desexualizada e idealizada, lleva consigo, también, como se verá, los rasgos que originariamente la hicieron odiosa: el elemento prohibitivo.

Así se constituye, como pliegue interior del yo –Stufe–, esta instancia superior que Freud denomina *superyo*. Este superyo es un *yo ideal –Idealich–* porque resulta de un engrandecimiento o idealización, y funciona como un *ideal del yo –Ichideal–* en cuanto es modelo a alcanzar.

Se puede notar que este superyo sirve al afianzamiento del yo. En primer lugar, por su sometimiento a tal instancia *crítica* –conciencia moral– que ha introyectado, el yo logra dominar sus pulsiones censuradas –el ello– y así consolidarse frente a ellas; por otra parte, en esa *figura-modelo* grandiosa el yo puede consolarse, como en una perfección propia –se ha identificado con ella–, de todos los fracasos de su existencia, singularmente de su incumplimiento de las exigencias impuestas desde el exterior.

El superyo es modelo crítico que el yo introyecta y con el que se identifica. Como *identificación* modélica, el superyo es consuelo frente a los propios fracasos: en él el yo mismo es perfecto. Como identificación *modélica crítica* –uno de cuyos momentos es prohibitivo: perpetuación de otra de las funciones originarias de la instancia parental–, en la *distancia* de la conciencia moral (sentimiento de culpa), el superyo hace que el yo pueda dominar las pulsiones amenazantes del ello. Esto último se logra por medio de un mecanismo singular: el objeto originario de las pulsiones sexuales condenadas era la instancia parental; ahora, identificándose con tal instancia desexualizada, el yo consigue dominar tales pulsiones al conducirlas hacia sí –identificación: "puedes amarme, soy semejante al objeto perdido"–[23] y desexualizarlas. Por eso puede decir Freud que, en este proceso, el yo "sustrae libido de él (del ello) y transforma sus cargas de objeto en estructuras yoicas".[24]

El superyo es la legislación de la conciencia moral -nuevamente el "así debes ser" y el "hay cosas que no son para tí"-, es modelo crítico: propone ideales de conducta y prohibe la realización de ciertas conductas; desde allí juzga, critica –distancia de la conciencia moral, sentimiento de culpa– los comportamientos del individuo.

El superyo como simplemente modelo introyectado consuela y como modelo crítico –negativo: prohibiciones, y positivo: mandatos– ayuda al fortalecimiento del yo frente a las amenazas. Modelo moral ideal y modelo crítico moral –conciencia moral–, el super-yo consuela y respalda: el superyo protege, como ya lo hacían también los padres y es así una restauración desfigurada –desexualización, idealización– de la figura originaria de los mismos.

Así entonces, la constitución del superyo obedece a un amor del sujeto por sí mismo y es la consolidación de tal amor; es así un nuevo narcisismo –luego del narcisismo infantil, primario– que Freud califica como una forma de narcisismo secundario.

Pero es necesario observar el destino de los demás afectos edípicos. Todos los odiados por el sujeto –el rival en el amor, el que amenaza con

---

[23] *El Yo y el Ello,* (VII), pág. 2711 [III, 298].
[24] *El Yo y el Ello,* (VII), pág. 2726 [III, 322].

el castigo (también temido) y el objeto de amor perdido– también son introyectados: pasan a constituirse en el interior del sujeto, para enfrentarse de manera especial a la instancia modélica.

Todas las exigencias del superyo, en lo que tienen precisamente de cierta agresión, están dirigidas en rigor a aquellos antiguos objetos parentales odiados, con los cuales se ha identificado nuevamente –de manera ahora diversa– el yo.

Así, el yo total se constituye por dos instancias, a saber una instancia crítica y otra criticada: superyo y yo –a las que se ha de añadir el ello–. Y entre estas dos instancias se juega una especialísima oposición. Por su identificación ideal superyoica con la instancia parental, el sujeto se afianza como tal, por el dominio que alcanza de sus "peligrosas" pulsiones (y por el consuelo que desde allí recibe); pero también puede desde allí ejercer su agresión contra los objetos odiados del pasado que también ha introyectado y que son, en él, su parte criticada –a veces implacablemente– precisamente por su superyo.

Pero de esta manera ha sucedido algo extraño. La instancia parental era triplemente odiada y así movía a la agresión; pero también era temida. Pues bien, en este juego de identificaciones del sujeto se ha impuesto aquel temor y ha impedido la real agresión. La agresión es mitigada por medio de su internalización: agresor y agredido son internalizados, se constituyen en instancias del sujeto –superyo y yo–.

c.- Notas y funciones del superyo. Sociedad, cultura y religión

Corresponde ahora aportar, con Freud, otras características de ese superyo, que hasta ahora ha aparecido como instancia endopsíquica introyectada, que resulta fundamentalmente de la desexualización e idealización de la instancia parental.

Este superyo, según se ha visto, es una diferenciación o modificación interna del yo y ha surgido como "una enérgica formación reactiva contra las primeras elecciones de objeto del ello".[25] "Es el heredero del complejo de Edipo" y "la expresión duradera del influjo de los padres";[26] aunque respecto de esto último es necesario precisar que también tienen su presencia en el superyo, como continuación de las figuras paternas, los

---

[25] *El Yo y el Ello,* (VII), pág. 2713 [III, 301].
[26] *El Yo y el Ello,* (VII), pág. 2714 [III, 303].

maestros, autoridades y héroes admirados por el yo en su infancia. Aquí, en lo que respecta a los padres, es importante notar que, según Freud, el superyo del sujeto humano se configura, además, conforme al superyo de los mismos padres; por donde resulta necesario tener en cuenta, en el contenido y dinamismo del superyo, todo el peso de la tradición. Este aspecto del superyo se mostrará luego como decisivo en lo que respecta a la cuestión de Dios.

Así, en general, el superyo es, según Freud, "el monumento conmemorativo de la antigua debilidad y dependencia del yo",[27] y mantiene su dominio a lo largo de toda la vida.

En cuanto tiene que ver con padres y autoridades, el superyo es representante del mundo exterior; pero es también representante del mundo interior, precisamente del ello, en cuanto es resultado de la transformación de las primeras y poderosas excitaciones sexuales.

El superyo domina sobre el yo como conciencia moral y, precisamente de la tensión entre tal conciencia y la exigencia de sus preceptos –negativos: prohibiciones, y positivos: mandatos– y el yo surge el sentimiento de culpa.[28]

"Como formación sustitutiva de la aspiración hacia el padre, el superyo contiene el germen del que se han formado todas las religiones"[29] y "allí, religión, moral y sentimiento social son originariamente algo uno".[30]

Es necesario detenerse en estas últimas afirmaciones, pues son las que tocan directamente a la cuestión que interesa a esta exposición. En primer lugar, el superyo como conciencia moral incluye todos los preceptos que hacen posible la vida entre los hombres. Así, hace posible la vida en sociedad y, como se afirmó en el apartado anterior, custodia así la expansión de la vida. La prohibición parental en el complejo de Edipo hizo posible la apertura más allá del estrecho círculo familiar; el círculo más amplio de la vida social es ahora custodiado por la conciencia moral, heredera del complejo de Edipo.

---

[27] *El Yo y el Ello,* (VII), pág. 2721 [III, 315].

[28] Los textos principales sobre la conciencia de culpa son: *El Yo y el Ello,* (VII), págs. 2721-2728 (cap. V) [III, 315-325]; *El problema económico del masoquismo,* (VII), págs. 2756-2759 (III, 349-354]; *El malestar en la cultura,* (VIII), págs. 3053-3071 (caps. VII y VIII) [IX, 250-270].

[29] *El Yo y el Ello,* (VII), pág. 2715 [III, 304].

[30] *Ibid.*

Es interesante notar aquí el juego de oposiciones del que resulta la armonía del todo social viviente. Por otra parte, de esta observación resultará un enriquecimiento de lo ya dicho en el apartado anterior acerca del sentido de la cultura y la religión en el todo de la vida como lo real.

Se ha explicado ya que gracias al superyo el yo se afirma en sí mismo. Se puede entonces afirmar que el superyo hace posible al individuo (narcisismo secundario); pero lo hace de tal manera que al mismo tiempo lo coordina, lo hace homogéneo con los demás –por los preceptos morales sociales– y así hace posible la cada vez más amplia vida social: en todo obra la vida.

Si ahora se asume la división freudiana de las pulsiones tanto de autoconservación como sexuales –ambas "de vida", frente a las destructoras, "de muerte"– en pulsiones de vida o de muerte, según que promuevan o impidan el desarrollo de lo viviente[31] –se trata de una nueva clasificación, más "filosófica", que procede según un criterio distinto del de la anterior– se puede afirmar que en todo el proceso hacia la constitución de lo social obran mezcladamente pulsiones de vida y pulsiones de muerte.

En efecto, las pulsiones de autoconservación, que por temor –frente a la agresión parental– reprimen a las sexuales que intentan obrar incestuosamente, obran como pulsiones de vida frente a las sexuales que por su parte, por su oposición a la expansión de la vida –la satisfacción sexual edípica– proceden según la muerte.

El superyo, que con su acción prohibitiva –continuación de los sucesos similares de la etapa edípica– nivela al individuo para el logro del todo social –impone nuevas represiones para regular su vida sexual y para impedir sus agresiones–, obra en el sentido de la vida total; y –paradójicamente– para ello debe obrar, frente al yo individual –con su agresión prohibitiva interna, en la que se conjugan su sadismo y el masoquismo del yo–[32] como

[31] Sobre las distintas divisiones de las pulsiones en Freud se ha de consultar: *Introducción al narcisismo,* (VI, pág. 2017) [III, 37], íntegramente (contiene importantes elementos teóricos para la cuestión); *Las pulsiones y sus destinos,* (VI), pág. 2043 [III, 87-88]; *Más allá del principio del placer,* (VII, pág. 2507) [III, 213], íntegramente (es importante la nota de págs. 2539-2540 [269]); *El problema económico del masoquismo,* (VII, pág. 2752) [III, 339], íntegramente; *Lecciones introductorias al psicoanálisis:* Lección XXXII: *La angustia y la vida instintiva,* (VIII), págs. 3158-3164 [I, 535-543]; *El malestar en la cultura,* (VIII), págs. 3049-3053 (cap. VI) [IX, 245-249]. Sobre este tema son de capital importancia las observaciones de Ricoeur en F, págs. 277-289; 305-308 y 311-317.

[32] En particular sobre sadismo y masoquismo y amor y odio véanse los siguientes textos en especial: *Las pulsiones y sus destinos,* (VI), págs. 2045-2052 [III, 90-102];

potencia mortal; luego de haber hecho posible el fortalecimiento de ese yo –donde fue preparando lo social, preparando el individuo que luego, como se acaba de ver, nivelaría con su agresión como conciencia moral (que puede eventualmente volverse patológica y así mortal)–.

En definitiva –y aquí se puede ampliar la visión del primer apartado– la vida logra su triunfo instrumentalizando para sí las originarias potencias de muerte. O mejor, el obrar finalmente en función de la vida obliga circunstancialmente a obrar parcialmente de manera agresiva o destructora. Así, finalmente, las mismas pulsiones destructoras, en cuanto integradas al camino de la vida, se vuelven pulsiones de vida.

En efecto, en principio, sadismo y masoquismo, como potencias destructoras, pueden ser concebidas como pulsiones de muerte –y a su vez, las pulsiones del yo y las pulsiones sexuales, como se dijo, pueden ser concebidas como pulsiones de vida–; pero ambas, ya en el acto sexual normal, quedan dominadas e integradas en el sentido de la vida. Y nuevamente aparecen así integradas, vueltas pulsiones de vida por su sentido, cuando aparecen en la agresividad de la instancia parental frente a las manifestaciones edípicas, y en la agresividad del superyo.

En síntesis, tanto las pulsiones de vida –pulsiones o funciones del yo y pulsiones sexuales– como las de muerte –sadismo y masoquismo– pueden funcionar como pulsiones de vida o de muerte, según que se ordenen o no a la expansión incesante de la vida.

Y puede suceder que las fuerzas agresivas se independicen de la ruta de la vida: así se generan el sadismo y el masoquismo como enfermedades (donde se ha de contar el sadismo y masoquismo desorbitados de la conciencia moral patológica); y, en escala mayor, la agresividad mortal que se manifiesta en las guerras.

Es importante señalar, por ahora de paso, que la definitiva división de las pulsiones en pulsiones de vida y pulsiones de muerte es solidaria, en Freud, con la introducción del amplio concepto –producto de su "especulación"– de amor o eros, que transforma su inicial conceptualización de la libido, propia de la primera división de las pulsiones en pulsiones del yo o de autoconservación y pulsiones sexuales.

Se ha atendido hasta aquí a lo que se podría denominar la función de agregación vital de la sociedad ejercida por el superyo. Pero Freud

---

El problema económico del masoquismo, (VII, pág. 2752) [III, 339], íntegramente; *Más allá del principio del placer,* (VII), págs. 2535-2536 [III, 261-263].

concibe tal función íntimanente ligada con el momento religioso del superyo. Freud ubica en el superyo, y más precisamente en lo que él llama su carácter de "formación sustitutiva de la aspiración hacia el padre", el núcleo de la religión y, con ello, de la figura de Dios.

Ahora bien, esta configuración divina del superyo no puede ser explicada suficientemente con los elementos del psiquismo humano estudiados hasta aquí. La aparición de Dios como tal sólo puede ser entendida a partir de otras investigaciones de naturaleza diversa. A la consideración de tales investigaciones de Freud se dedicará el apartado siguiente.

Pero antes de pasar a esas consideraciones, es necesario completar la visión de los resultados de la salida del complejo de Edipo, y realizar así al mismo tiempo una suerte de balance.

d.- El superyo y lo espiritual

La prohibición del incesto y la subsecuente represión de tal originario afecto humano hacen posible el surgimiento de un nuevo sujeto y un nuevo mundo, luego del denominado período de latencia. En efecto, con la pubertad aparecen en el sujeto, junto a las tendencias sexuales, las tendencias que se pueden denominar "espirituales". Precisamente, por ejemplo, el amor humano alcanza su madurez cuando coinciden respecto de una misma persona el amor sensual y el amor "espiritual". Pero las nuevas tendencias espirituales pueden estar dirigidas, además, a cosas del mundo, como sucede en la creación y contemplación artísticas y en el conocimiento teórico de las ciencias; y pueden aún orientarse a objetos que trascienden el mundo, como el Dios de la religión.

Así entonces, se ha comenzado a desplegar la dimensión de los actos espirituales del hombre; pero con ella se ha abierto también, obviamente, el mundo de las realidades espirituales que corresponden a tales actos. Este mundo está compuesto por la dimensión espiritual de las personas amadas, los objetos estéticos y los objetos del saber y, sobre todo, por los objetos religiosos.

A las pulsiones sexuales han seguido ahora estas "pulsiones espirituales", que se despliegan en una amplísima gama de actos, tanto del orden de la representación como de la afectividad, hasta culminar en la configuración de variadas conductas.

Es claro que aquí la cuestión decisiva tiene que ver con la naturaleza de estas nuevas tendencias. Ellas aparecen después de la represión de la floración sexual edípica, y ello parece autorizar a hablar, con Freud, de *sublimación*.[33] En sentido estricto, el término sublimación indicaría la desviación de una pulsión sexual de sus fines sexuales, hacia otros fines no sexuales, en objetos correspondientemente no sexuales; en pocas palabras, la satisfacción alcanzada por una pulsión sexual de manera no sexual.

Conforme con ello, habrá que pensar que las denominadas "pulsiones espirituales" no constituirían una novedad: en rigor se trataría de una realización sólo accidentalmente modificada de las pulsiones sexuales.

Pero aún cabría preguntarse por el origen y naturaleza de los nuevos objetos "espirituales". ¿Los objetos estéticos, éticos, religiosos y del saber son algo creado por esas mismas pulsiones "espirituales", o anteceden a las mismas con su propia consistencia, a partir de un origen propio?

Así, se está ante dos cuestiones, a saber, la de la naturaleza de las "pulsiones espirituales" y la de la naturaleza de los "objetos espirituales". Ambas cuestiones pueden ser comprendidas en general bajo la problemática de la *sublimación*. Y es sabido que tal problemática es algo no definitivamente aclarado por Freud.

Sobre esta doble cuestión se volverá expresamente en la tercera parte, para, con Ricoeur, mostrar su problematicidad y decisiva importancia.

Pero quizás se pueda, por ahora, hacer una breve consideración sobre la clasificación final de Freud de las distintas pulsiones y sus diversas manifestaciones, desde lo más elemental hasta lo más sublime. Ello puede contribuir, al menos, a ordenar las cuestiones, procurándoles un marco de referencia.

Todas las pulsiones, tanto las del yo o de autoconservación, como las sexuales –quedan excluidas las agresivas en cuanto obran por sí mismas– son incluidas por Freud, en su segunda clasificación de las pulsiones, bajo el título de pulsiones libidinosas, o de vida, o simplemente eróticas. Tal rubro incluye desde las más elementales pulsiones de autoconservación y las pulsiones sexuales parciales, hasta el mismísimo amor a Dios, pasando

---

[33] Los textos principales sobre la discutida cuestión de la sublimación son, según Ricoeur, los siguientes: *Tres ensayos para una teoría sexual*, (IV), págs. 1184-1185, 1198, 1214-1215, 1234-1235 [V, 66-67, 85-86, 110-111, 140-141]; *Introducción al narcisismo*, (VI), pág. 2029 [III, 61-62]; *El Yo y el Ello*, (VII), pág. 2711 [III, 297-298]. Estos textos serán analizados y criticados cuidadosamente, con Ricoeur, en la tercera parte de este trabajo. Aquí, por ahora, puede obviarse la discusión de la diferenciación entre las inhibiciones que impondrían los "diques" que introduce la civilización y la represión provocada, en el complejo de Edipo, por la amenaza de la instancia parental.

por las pulsiones propiamente sexuales –las conjugadas jerárquicamente en el acto sexual normal–.

A propósito de tan vasto campo de lo erótico, Freud habla un lenguaje nuevo y amplio: menciona el amor de Platón y de San Pablo, de los filósofos y de los poetas. Así, lo erótico casi llega a la equivocidad.

Se podría pensar que lo que en realidad funciona –deficientemente– como nexo religante de esas formas de "amor" –al menos de las que se manifiestan desde el complejo de Edipo en adelante, esto es, hasta todas las "espirituales"– es lo que Freud denomina *sublimación*.

Así, todo este desarrollo pulsional se daría dentro del ámbito variado de las pulsiones eróticas: desde el erotismo elemental del niño en el complejo de Edipo, hasta el erotismo espiritual –personal, artístico, teorético, religioso– con la mediación de la sublimación.

Es claro que, en general, si se admite que el complejo de Edipo con su constelación de afectos –sexuales y no sexuales– es la primera realización afectiva propiamente humana y que todo lo ulterior es sólo modificación de lo allí acontecido –sin novedad– habrá que admitir que toda la historia del sujeto humano, desde lo que tiene de más elemental hasta lo que tiene de más sublime, no podrá ser más que el eco –mil veces modificado, pero siempre eco– del suceso edípico. Y de hecho así lo entiende Freud: por ejemplo, todo sueño y toda enfermedad son retrotraíbles en última instancia a aquel primer afecto y su represión. El complejo de Edipo es la matriz de todo afecto y su represión la matriz de toda ulterior represión.

En todo caso, por ahora ha de quedar en claro que todo el orbe de "lo espiritual" –objetos y actos– constituye algo derivado, que "resulta" luego de la suspensión de la compleja constelación psíquica edípica signada por lo sexual.

Quizás sea este el momento adecuado para intentar una visión sintética, que abarque lo dicho en el apartado anterior y en el presente.

La vida, a través de la coordinación de sus pulsiones de vida –pulsiones o funciones del yo o de autoconservación y pulsiones sexuales– y de sus pulsiones de muerte –agresividad sadomasoquista– va creando unidades vitales progresivamente mayores –por donde todas las pulsiones se vuelven pulsiones de vida–; y en tal camino expansivo aparece, como un momento, el individuo humano, que así queda configurado como sujeto, en el entrecruzamiento de las potencias de vida o eróticas y las potencias agresivas –Eros-Thanatos–, orientado hacia la expansión de la vida –como un eslabón perecedero de ella– y en el riesgo de obrar, con su agresividad desorbitada, en el sentido de la muerte. Precisamente, el orbe de "lo espiritual" en el sujeto humano es un rodeo que es un momento necesario del camino de la vida –finalmente la realidad radical cuyo "principio" ha de imponerse en todo–.

Tal orbe de lo "espiritual" y de la cultura humana es el gran rodeo que da la vida en el sujeto humano, en procura de estructuras de autoapuntalamiento, en el camino de su propia expansión como vida. Ese orbe derivado de lo espiritual está constituido por diversos actos humanos y por diversos objetos –amor personal, estética, ética, saber, religión–, pero todos ellos se hallan finalmente valorados y así organizados jerárquicamente, a partir de una instancia espiritual suprema religiosa, incorporada al sujeto humano mismo como una instancia de su propio yo, que prescribe conductas en orden a mantener la vida del todo social.

3.- Sociedad, cultura y religión: historia y psicogénesis

En este tercer paso se intentará seguir a Freud en su explicación detallada del origen y naturaleza de la religión y de su particular modo de funcionamiento como elemento de la cultura.

En el breve ensayo titulado *Los actos obsesivos y las prácticas religiosas*[34] Freud concluye afirmando el paralelismo entre neurosis y religión. En efecto, los actos obsesivos constituyen una suerte de religión privada y, paralelamente, la religión puede ser considerada una neurosis pública.

Este paralelismo, en apariencia observado algo exteriormente en el ensayo indicado –sobre el mismo se volverá más adelante–, es ulteriormente desarrollado hasta sus últimas consecuencias en *Totem y tabú*, indudablemente una obra central de Freud sobre la cuestión de la religión.

El centro de *Totem y tabú*[35] lo constituyen las investigaciones de Freud que, apoyándose en los trabajos de Robertson Smith, Lang, Atkinson y Darwin, culminan en la reconstrucción del origen de la sociedad humana. En tal origen, los hombres, agrupados en horda, estuvieron sometidos a la tiranía de un padre violento y celoso, que se reservaba para sí todas las hembras y que expulsaba a sus hijos, amenazándolos con la castración. Ante tal padre, los hijos tienen una actitud afectiva ambivalente: positiva-

---

[34] *Los actos obsesivos y las prácticas religiosas*, (IV, pág. 1337) [VII, 11].
[35] *Totem y tabú*, (V, pág. 1745) (IX, 287].

mente, lo aman y admiran como protector, pero también, negativamente, no pueden menos que envidiarlo, odiarlo y temerlo. De estos afectos negativos resultará que los hijos se unan y terminen por matar al padre y comer su cadáver.

Pero el amor que siempre existió engendra ulteriormente el remordimiento por el crimen cometido, de donde se seguirá la conciencia de culpabilidad. Tal conciencia de culpabilidad concede al padre nuevamente su poder, ahora aumentado, y de allí se sigue la obediencia retrospectiva al padre. Esta obediencia retrospectiva es un intento de apaciguar el sentimiento de culpabilidad y un intento de reconciliación, todo ello ordenado a recuperar la protección y el cariño del padre. Y esta obediencia retrospectiva se expresa en la institución de dos tabúes fundamentales, que conforman el inicio de la moral humana, a saber, la prohibición de matar al animal-totem –figura del padre– que representa a la tribu y la de tomar a las mujeres del grupo (exogamia totémica). Freud reconoce que esta prohibición frente a las mujeres adquiere ulteriormente, además, un sentido práctico: no pelear por las mujeres posibilita el mantenimiento de la unión que hizo fuertes a los hermanos; de allí se engendra la solidaridad y ulteriormente la prohibición del fratricidio, que posteriormente quedará universalizado en el "no matarás".

Pero Freud presta además atención a la institución fundamental de la comida totémica. En esta comida, previo levantamiento de la prohibición-tabú apuntada anteriormente, se mata y se come el animal-totem, con el intento de apropiarse así de su fuerza. Ahora bien, esta comida reproduce así el acto caníbal posterior al parricidio; y de tal manera se constituye en un recuerdo festivo de la satisfacción del triunfo. Pero también es cierto que esta comida totémica contiene en su ritual elementos de duelo, con los que se manifiesta el remordimiento por el crimen cometido. De esta manera, la comida totémica se constituye en la manifestación de una ambivalencia moral, que se añade a la ambivalencia afectiva original (luego se harán precisiones sobre este tema).

Pero con todo el proceso histórico indicado no se ha llegado aún propiamente a la aparición de Dios. Se ha instaurado la igualdad entre los hermanos; no hay un nuevo padre, y a ello sigue la extinción progresiva de la hostilidad contra el padre original y el consiguiente crecimiento del amor retrospectivo, hasta culminar en su idealización en la forma de Dios como figura ilimitada; todo lo cual constituye un nuevo intento, más serio, de expiación. Así, el padre, luego de pasar por el animal-totem, recupera su figura humana, pero tan separada y elevada por encima de los hombres, que requiere la intermediación de sacerdotes. Al mismo tiempo, el sacrificio adquiere un nuevo sentido: es desinterés y renunciamiento en favor de Dios; y allí es fácil observar el triunfo final de la figura paterna como suprema autoridad. Y los hijos terminan eludiendo su responsabilidad: la forma suprema del sacrificio es aquélla en que Dios se da muerte a sí mismo, tal como se expresa en algunos mitos.

Pero Freud pretende avanzar hasta descubrir el origen del mismo Cristianismo. Allí, un hijo muere para pagar la culpa original; conforme a la ley del talión, habrá que concluir que tal culpa fue una muerte; lo cual confirma lo que las investigaciones anteriores han señalado. Y con tal muerte se paga la deuda al padre. Pero esta muerte y su celebración denotan finalmente la permanencia de las ambivalencias ya señaladas. En efecto, el padre es reconocido como aquél a quien algo se debe, pero al mismo tiempo, la aparición de la religión del hijo –con el que los hermanos se identifican en la restauración de la comida totémica que es la comunión– muestra la afirmación y oposición final frente al padre.

"La sociedad reposa entonces sobre la responsabilidad común del crimen colectivo, la religión sobre la conciencia de la culpabilidad y el remordimiento, y la moral sobre las necesidades de la nueva sociedad y sobre la expiación exigida por la conciencia de la culpabilidad".[36]

En los pasos de lo dicho hasta aquí ya se habrá podido observar el método de toda la investigación de *Totem y tabú* –y, como se verá, no sólo de *Totem y tabú*–: Freud ve a la obra en la trama secreta del devenir de los hechos históricos de la humanidad y de la religión los mismos mecanismos que él ha descubierto en el psiquismo de los individuos; concretamente, los sucesos del complejo de Edipo y sus consecuencias. Así por ejemplo, en particular, el animal-totem tiene el lugar del padre –como se puede deducir de la observación de ciertas zoofobias– y las prohibiciones de matar al animal-totem y de la exogamia totémica corresponden, respectivamente, a las amenazas del padre ante la agresión que como rival le manifiesta su hijo y a la prohibición del incesto, ambos, sucesos que se pueden detectar como propios del acontecimiento edípico individual.

---

[36] *Totem y tabú*, (V), pág. 1841 [IX, 430].

Convendrá entonces mostrar aún con algún detenimiento los sucesos históricos y el modo en que en ellos se van cumpliendo los elementos del acontecer psíquico individual señalado.

Los sucesos históricos estudiados podrían sintetizarse como sigue: el amor originario al padre protector, que perdura, da origen al remordimiento por el asesinato desencadenado por el odio, lo cual se traduce en la obediencia retrospectiva por la que se instaura la primera (doble) prohibición moral; y ese mismo amor engrandece luego la figura paterna hasta transformarla finalmente en la ilimitación de Dios. Así, Dios es el resultado de la añoranza del padre protector, o del amor tardío hacia el padre protector. El esquema sería: padre amado - padre odiado - padre nuevamente amado, idealizado = Dios = padre añorado.

Ahora bien, también en el complejo de Edipo y en sus consecuencias se ha podido observar tal esquema. En efecto, la instancia parental amada y odiada es finalmente amada en su figura engrandecida e instalada en el propio psiquismo: es la obra de la identificación, la desexualización y la idealización.

Sin embargo –y aunque ello constituya quizás una sutileza– es necesario advertir algunas no correspondencias entre los mecanismos que Freud anota en *Totem y tabú* –y en otras obras que luego serán tenidas en cuenta– y los mecanismos que se han estudiado en el complejo de Edipo y sus secuelas.

En primer lugar, se debe tener en cuenta que en *Totem y tabú* Freud todavía no dispone de la noción de superyo. Pero fuera de ello, es necesario notar que, en general, en sus consideraciones psicoanalíticas sobre el devenir histórico de la religión, Freud tiene en cuenta, por lo general, sólo a la figura del padre, mientras que sus estudios sobre el superyo atienden en general a la instancia parental como tal. Además, en aquellas consideraciones, el mismo padre no es tenido en cuenta como objeto de amor sexual –como ocurre en el complejo de Edipo completo– sino sólo como protector y eventualmente modelo –precisamente aspectos éstos destacados en el complejo de Edipo simple–. Por otra parte, y como consecuencia, en las investigaciones históricas, al igual que en el complejo simple, el padre es odiado sólo como rival y eventualmente como agresor; mientras que en el complejo compuesto la instancia parental es odiada además como objeto de amor perdido.

Y aún otra sutil diferencia entre los "dos complejos edípicos". En el complejo individual, lo que mueve a la represión de toda la constelación de amores y odios asesinos, e incluso de la misma prohibición, es la presencia actual de la prohibición parental. Ahora bien, en el complejo de Edipo histórico originario, después del crimen, el padre ya no tiene posibilidad de mover a inhibir el recuerdo de lo hecho. En tal caso, la represión sólo puede ser inducida por el amor originario que persiste. Pero así, la figura del padre amado ya muerto estaría obrando antes aún del arrepentimiento como tal (el cual supone un recuerdo displaciente de lo hecho). La semejanza con el complejo individual sería completa en este punto si el asesinato de los orígenes sólo hubiera sido deseado y no ejecutado –posibilidad que Freud insinúa hacia el final de *Totem y tabú*–.

Sobre esta cuestión del amor retrospectivo como origen del arrepentimiento se harán algunas precisiones más adelante.

Destacadas estas no correspondencias, se puede ahora detectar un aporte de los estudios de Freud sobre historia de la religión, para el enriquecimiento del conocimiento del complejo de Edipo como suceso psíquico individual. En *Totem y tabú* queda claramente anotada la mediación del odio y la muerte subsecuente –en el paso amor-odio-amor– en la entronización definitiva del padre. El amor que sublima la figura del padre es una reacción contra el odio que movió al asesinato. Esta mediación del odio como ocasión para el "aumento" del amor es algo que entonces puede ahora añadirse a lo que en su lugar se dijo sobre los elementos de los sucesos psíquicos del complejo de Edipo y del superyo. El amor que traslada a las figuras parentales sublimadas al superyo es reacción y desmesura frente al odio que las condena en el yo. Esta relación de mediación entre amor y odio es lo que la exposición anterior sobre la constitución del superyo no había puesto de manifiesto.

Pero éste es el lugar de mostrar también la importancia, en otro sentido, del paso de Freud por la investigación de los hechos históricos. En primer lugar, el descubrimiento de lo que se puede llamar el complejo de Edipo histórico originario y su desenlace permite establecer una base firme que da cuenta, con la mediación de la herencia –cuya estructuración y funcionamiento Freud se esfuerza por explicar hacia el final de *Totem y tabú*–, de la universalidad y necesidad con que se cumplen el complejo y sus consecuencias. Una esencial estructura psíquica del comportamiento y sus secuelas han quedado enraizadas y fundadas en la historia. Por otra parte, secundariamente, la ciencia histórica recibe la explicación de un material que ella detectaba sin comprender en su verdadero sentido.

Así, cada historia personal edípica sería consecuencia y reiteración de la historia de la especie en su origen; pero, precisamente, especialmente sobrecargada por tal pasado heredado. Así es que, como ya se indicara anteriormente, el superyo del individuo se ha de formar no sólo con las propias figuras parentales, sino, además, con los contenidos del superyo de los padres. Y así entonces, en la configuración de Dios, ha de obrar la añoranza del propio padre, singularmente sobrecargada por la añoranza hereditaria del protopadre.

Si antes, a partir de la vida y su progreso se pudo entender en general el sentido del complejo de Edipo y sus secuelas religiosas superyoicas en el todo de lo real, ahora se han señalado el momento y el modo de la aparición fáctica primera de tales decisivos fenómenos. Un primitivo hecho real y sus secuelas psíquicas se han constituido en la herencia psíquica determinante para la forma y el contenido de los ulteriores sucesos psíquicos de la humanidad. Y tal suceso histórico tiene finalmente un sentido: la expansión de la vida.

No se puede dejar de advertir, como lo hace Ricoeur, que en la formalidad de este proceder del pensamiento de Freud hay un cierto círculo: el psicoanálisis explica el suceso edípico individual como herencia de un pasado histórico; y por otra parte explica unitariamente los distintos elementos y sucesos de ese pasado, de suyo oscuros y dispersos, valiéndose de los aportes del análisis del complejo de Edipo individual. Naturalmente, esta dificultad no invalida la importancia de los elementos revelados por los estudios históricos y los estudios clínicos, y mucho menos exime de su consideración detallada.

Antes de pasar a la consideración de *El porvenir de una ilusión* es necesario hacer aún algunas importantes observaciones sobre algunos puntos de *Totem y tabú*.

En el seguimiento del texto, se ha aludido al sentimiento de culpa de los hijos por el asesinato del padre, pero sin aclarar especialmente tal noción. ¿Cuál es la naturaleza de tal sentimiento de culpa de los hijos de la horda primitiva?

Las prohibiciones tabú –fundamento y alma de todas las ulteriores normas morales– son la repetición, enmascarada en el animal totem, de prohibiciones que surgen del padre mismo: el padre no permite poseer a sus mujeres –o nuestra madre– y amenaza con la castración por la pretensión de tal posesión y por la agresión hacia él generada por el odio que suscita su posesión exclusiva.

La interdicción del padre –no poseer a sus mujeres– va acompañada de la amenaza del castigo físico –castración– por su violación y aún por la agresión concomitante hacia él. Así entonces, la violación de la interdicción ha de generar el castigo; por ello, la conciencia de no haber respetado la norma ha de estar acompañada del temor al castigo, que es entonces lo que se llama conciencia de culpa.

Toda violación de cualquier norma moral –aún las normas positivas: mandatos– en cuanto ésta es eco y disfraz y así repetición –como todo en el psiquismo humano– de aquellas normas originarias prohibitivas así fundadas, ha de estar acompañada de conciencia de culpa, que no ha de ser entonces, sino temor al castigo físico, más o menos desfigurado, sublimado, proveniente de lo que, también como desfiguración y ocultamiento, es un sucedáneo del padre –superyo, conciencia moral, Dios–.

Ahora bien, el temor al castigo proviene del amor a la propia integridad, del amor a sí mismo. Por donde se debe decir que la conciencia de culpa se funda –es la desfiguración de– en el temor al castigo que proviene del padre –temor a perder la integridad– y en definitiva en el amor a sí mismo –amor a la integridad–.

Por otra parte, el padre es amado con el amor "interesado" a quien protege la propia integridad física –al menos según *Totem y tabú* y el complejo de Edipo simple–; por donde resulta que, en rigor, lo propiamente amado es la propia integridad física.

Antes se dijo que el amor retrospectivo engrandecía al padre: era la desmesura del amor que se sobreponía al odio asesino. Quizás quepa decir ahora que tal desmesura *del amor a sí mismo* es la reacción ante la desmesura *del desamparo de sí mismo* luego de la muerte de quien protege: así, se engrandece ilusoriamente (pseudo realidad) al que protege –obra del "amor"– para que colme precisamente el desamparo provocado por su (real) ausencia.

Así, con la *culpa* como temor al castigo y con la necesidad de protección, que ulteriormente adoptará la forma de la *necesidad de consuelo*, aparecen en *Totem y tabú* los dos momentos afectivos decisivos –ambos fundados en el amor a sí mismo– en la configuración del sentimiento religioso según Freud. Y así el padre que castiga y el padre que protege es el doble polo de los afectos religiosos.

El análisis de los otros textos sobre la religión como magnitud cultural mostrará que, en la interpretación religiosa, el Dios providente –el padre que protege– incluye en sí mismo el Dios legislador –el padre que prohíbe y manda– y que castiga. La relación entre ambos aspectos de Dios –el padre– será una relación de inclusión.

Totem y tabú explica así el origen profundo de la religión. En *El porvenir de una ilusión*[37] Freud explica el modo de funcionamiento de la religión en la vida civilizada.

Ya se ha explicado cómo la instancia parental de hecho coadyuva a la formación de la sociedad humana y a su mantenimiento, por el respaldo que su respeto retroactivo otorga a los preceptos de la vida en sociedad. Tal fundamentación de la moralidad social, con sus restricciones a la vida sexual y su coerción al trabajo y su regulación de la posesión de los bienes, se continúa luego con la figura divina en que se transforma el padre.

Pero se pueden discernir otras funciones cumplidas por Dios. En distintas etapas de la historia de la humanidad, Dios ha servido para espantar los terrores de la naturaleza; luego ha cumplido la función de conciliar al hombre con la crueldad del destino, especialmente con la muerte; y finalmente compensa al hombre de los dolores y privaciones que la vida civilizada impone –precisamente con la coerción moral fundada en esa misma instancia divina–, enseñando el origen divino de los preceptos morales y la custodia de su cumplimiento por parte de Dios, en última instancia consoladora, garantizando en la otra vida el premio a su observancia.

Así, *Totem y tabú* mostró principalmente el origen profundo de la imagen de Dios en la añoranza del padre protector, y al mismo tiempo mostró cómo tal Dios-padre se constituye en fundamento y garantía del orden social. *El porvenir de una ilusión* explica ahora que, finalmente, aún como legislador de la vida social –una figura más "evolucionada" frente al mero protector de los peligros de la naturaleza–, Dios sigue actuando como protector: su providencia paternal ha puesto al hombre en sociedad para que se realice, custodia esa misma vida social, y consuela de los sufrimientos que en ella puedan darse, con la promesa de una felicidad final más allá de este mundo.

---

[37] *El porvenir de una ilusión,* (VIII, pág. 2961) [IX, 135].

Entonces, este Dios, que finalmente aparece revestido con los atributos de la unicidad, de ser el creador del universo, de la suprema sabiduría, de la suprema bondad y de la suprema justicia, y que demuestra su benevolencia recompensando a un pueblo al que hace su elegido, no tiene en el fondo otra función que proteger al hombre –todos aquellos atributos se reducen a calificativos de esta función–, función que, precisamente, ya había mostrado *Totem y tabú*. Y ya también en el estudio de la constitución individual del superyo se había mostrado que tal instancia intrapsíquica modélica y crítica –conciencia moral legisladora–, con la que el sujeto se identifica cumple las funciones de consuelo y fortalecimiento, que equivalen a la protección de las figuras parentales.

Dios no es más que la imagen engrandecida del padre protector, esto es, el retorno del padre amado y deseado como protector en el origen, ahora con una figura exaltada al infinito por obra de ese amor-deseo, aumentado como reacción ante el odio asesino.

Dios es así la figura en que se cumple el deseo originario de protección paternal del hombre; y en este sentido es una ilusión.

Se trata de una ilusión: Dios es sólo una representación intrapsíquica sustitutiva que se procura el individuo para satisfacer allí –por tanto irrealmente– un deseo reprimido –lo reprimido es el amor-deseo originario (deseo de protección), mezclado con odio asesino (ambivalencia)–, cuya representación correspondiente, por ello mismo, no aparece desnudamente como tal, sino enmascarada en tal sustituto. Dios es una ilusión significa pues: es una representación –y sólo una representación–, algo irreal, puramente intrapsíquico que, sustituyendo a una realidad anteriormente representada y reprimida, procura satisfacción al deseo ligado a aquella representación.

Freud aclara que con la caracterización de la idea de Dios como ilusión sólo se ha mostrado su origen y naturaleza psicológica, y nada se ha dicho sobre su verdad. Pero –confiesa– es muy extraño que todo suceda conforme a nuestros deseos, tal como nos lo muestra la religión.

Por otra parte, se puede mostrar detalladamente la inconsistencia de las distintas fundamentaciones de las pretendidas verdades religiosas. Sí es necesario reconocer que, precisamente por fundarse en deseos originarios del hombre, las creencias religiosas tienen profundo arraigo y determinante eficacia en la vida humana.

Ahora bien, se hace necesaria una crítica científica de la religión, a pesar de toda la crueldad que supone el despojar a algunos hombres de un sustento firme para su vida. En efecto, si bien la religión ha servido para asegurar la vida en sociedad, también es cierto que la sociedad civilizada así fundada ha engendrado graves malestares e infelicidad y, con ello, movimientos de destrucción de la civilización. Así, a pesar de los peligros de caos que ello encierra, será necesario proceder a una sustitución de la fundamentación religiosa de los preceptos que originan y ordenan lo social, por una fundamentación científica en la que se vea el origen de los mismos en el hombre y su vida. Así el hombre se reconciliará consigo mismo y con la civilización que es su obra y podrá colaborar en el sentido del perfeccionamiento de la misma.

Así, la religión aparecerá como una neurosis pública. En efecto, en ella, como en los sueños y en las neurosis, retornan desfiguradas las representaciones correspondientes a deseos reprimidos. Aquí retorna engrandecida la figura del padre protector y así se cumple ilusoriamente –como en los sueños: en una creación psíquica y no en una realidad– el deseo originario de protección. Y a diferencia de los sueños y semejanza con los síntomas de las neurosis, en la religión se dan ciertas conductas externas: gestos, actos, ritos que denotan en particular la relación con ese contenido intrapsíquico –como una defensa, según el análisis de *Actos obsesivos y prácticas religiosas*–.

Pero esta neurosis está destinada a desaparecer, llegada la madurez, con el saber de la ciencia, de la que forma parte el psicoanálisis.

En *El porvenir de una ilusión*, se alcanza entonces la misma conclusión que ya se alcanzara hacia el final del primer paso de esta exposición, acerca del carácter transitorio de la religión. La religión ha servido a la constitución y el mantenimiento de lo social, pero hoy, desde la lucidez que otorga el conocimiento del devenir del todo de lo real –la vida–, es posible mantener y configurar la vida en sociedad apelando exclusivamente al convencimiento racional.

Pero además, desde tal lucidez racional, finalmente, será necesario no hacerse ilusiones y aceptar el destino que es la muerte individual sin futuro.

Con la religión se impone el principio de realidad, esto es, se logra que la realidad, la vida se cumpla, pero, extrañamente, se logra a costa de imponer al psiquismo el cumplimiento irreal de su deseo profundo de protección. Con el saber se logra el plegamiento pleno a lo real y sus exigencias, gracias a que, por su lucidez, es posible doblegar al deseo para que no desee sino lo único realmente deseable, a saber, el triunfo constante de la vida. La realidad de la vida no logra incorporar al hombre al deseo consciente de su devenir expansivo como vida y de la colaboración con el mismo, sino pasando por la etapa mítica de un deseo de lo irreal no reconocido como tal. La educación para la realidad pasa por la etapa mítica de la ilusión –irrealidad– de raíz narcisista.

La religión es sólo un episodio en la estrategia del deseo, que pasa primero por una satisfacción ilusoria, irreal –el padre protector en la figura de Dios–, antes de alcanzar su verdadero objeto, la realidad de la vida.

Ya en *Totem y tabú* Freud indicaba que el desarrollo histórico de las concepciones humanas del mundo transcurre desde la magia, pasa por el animismo y la religión y culmina en la ciencia. Al igual que en el desarrollo del individuo, se trata de un plegamiento progresivo a las exigencias de la realidad.

Y en el fondo, el triunfo final del principio de realidad es, como se ve, la aceptación de la primacía del todo de la vida sobre el individuo. Para el individuo ilustrado por el psicoanálisis, se trata entonces no sólo como en todo individuo, de abrirse por la procreación y la vida en sociedad al círculo expansivo de la vida, sino, además, de advertir al mismo tiempo la caducidad de la religión como deseo mítico. En tal individuo, no sólo se cumple una integración al todo, sino que, además, se cumple sin ropajes míticos, con plena, lúcida y descarnada aceptación. En tal individuo coinciden la madurez personal y la madurez del devenir de la vida.

En el individuo aún creyente, la integración se cumple con la mediación del amor de Dios como protector, esto es, con la mediación de un cumplimiento ilusorio del deseo narcisista de protección –recuérdese el narcisismo en que concluye el análisis de la constitución individual del superyo–. En el hombre ilustrado, toda afirmación narcisista de sí mismo cede ante la realidad imponente del todo de la vida y de la propia e inevitable caducidad personal; con ello se anula la posibilidad de la creación narcisista de ilusiones y se hace posible una ascética colaboración en el sentido de la necesaria realidad.

El amor –Eros– es el instrumento de la vida que se afirma a sí misma, en lucha contra la destructividad desorbitada. El hombre ha de integrarse a ese amor ilimitado del todo, en la resignación ante su muerte personal total. Tal es la relativamente optimista sabiduría final. Un optimismo respecto del todo, ensombrecido por la constatación de las posibilidades negativas de la agresividad desorbitada –agresiones, guerras– y por la certeza del fin total personal.

Con tal individuo –permítase esta disgresión no freudiana–, en cierto modo, se ha dado en el todo de lo real un punto donde ese todo se refleja como tal: hay un fragmento del todo que tiene las mismas dimensiones de ese todo; allí el todo se totaliza: hay algo de él que sabe de él y así es casi como él. Allí el todo se reconcilia consigo mismo; o comienza a reconciliarse, ya que el dios Logos no se impone más que a la larga, según el camino fragmentario pero progresivo y no ilusorio de la ciencia.

Narcisismo es, en última instancia, sinónimo de irrealidad. Y precisamente, la *plena* apertura del individuo humano a la realidad como la alteridad respecto de su narcisismo hace posible el repliegue final de esa realidad sobre sí misma.

Más adelante será posible aportar ulteriores precisiones a esta "verdad final", en especial a las relaciones entre ella como conquista terminal del saber humano y el amor humano de la vida total que ella requiere: habrá que establecer las características de la educación para la realidad.

Antes de pasar a la consideración de otros textos, es necesaria una importante precisión. Como se ha visto, Freud pone en la figura introyectada superyoica del padre el núcleo originario común de la religión y la moral. En ambas, la instancia intrapsíquica señalada es la fuente reguladora de los comportamientos del yo. Pero mientras en la vida moral tal instancia se limita a prescribir impersonalmente conductas –originariamente prohibiciones–, en la religión propiamente dicha se añade una relación a tal instancia como algo *exterior* personificado. Y como lo muestra *El porvenir de una ilusión*, tal persona exterior es, propiamente, una ilusión, esto es, la representación sustituta en la que el deseo del hombre se procura su satisfacción: allí el deseo se dice y se cumple. No es una realidad que antecede al deseo, sino una producción –desconocida como tal– del deseo, y así sólo una magnitud psíquica proyectada al exterior: una ilusión.

Freud ya ha atendido a este proceso de reificación-exteriorización de lo psíquico en la religión en *Totem y tabú*. Freud advierte un paralelismo en el desarrollo temporal y en el contenido entre las fases del devenir de la libido individual y la secuencia de las distintas concepciones humanas del mundo. Así, a la concepción animista, corresponde la etapa del narcisismo del individuo –se ha de tener en cuenta la fluidez del concepto de narcisismo en Freud–; a la religión corresponde el momento de la fijación de la libido a los padres, y a la concepción científica del mundo corresponde la subordinación del individuo a la realidad y, con ello, la búsqueda del objeto de la libido en el mundo exterior.

Es sabido que para Freud el organismo psíquico evoluciona desde un comportamiento de exclusiva atención a sí mismo hasta una lúcida coordinación a la realidad exterior. El extremo inicial de tal devenir lo constituye el proceder alucinatorio del proceso primario –que retorna en los sueños y en la enfermedad–; y ya constituído el organismo complejo del psiquismo, la progresiva coordinación del mismo con las exigencias de la realidad pasa por las etapas de la sexualidad infantil, con sus momentos de autoerotismo, la etapa culminante del complejo de Edipo, con la fijación de la libido a la instancia parental, el periodo de latencia, y la final floración segunda de la sexualidad, con su elección definitiva del objeto heterosexual en orden a la reproducción.

Todo el desarrollo es una progresiva apertura del psiquismo a la realidad, a la necesidad de la vida, que exige la configuración de círculos cada vez más amplios. Finalmente, para Freud, tal apertura a la necesidad de la vida se ha de dar plenamente, gracias al conocimiento científico del psicoanálisis, con una coordinación lúcida y consciente que hará –idealmente– innecesarios los procesos represivos inconscientes que hasta ahora han jalonado todo el devenir indicado.

Paralelamente a tal desarrollo, en la etapa "infantil" del devenir de las concepciones del mundo, corresponde ubicar el *animismo,* con su componente arcaico que es la *magia.* La no coordinación con la realidad, propia de esta etapa, se manifiesta en la confianza del hombre en su omnipotencia, o más precisamente, en la "omnipotencia de las ideas". Las prácticas de la magia, con las que el primitivo intenta imponer sus designios al mundo exterior, ponen de manifiesto, precisamente, la exagerada confianza del primitivo en el poder de sus deseos; tal como se puede observar en el niño –y se ha de recordar aquí que el modo extremo de tal confianza lo constituye la satisfacción alucinatoria del deseo, tal como se da en el proceso primario–.

Pero en el animismo propiamente dicho hay ya, según Freud, una cierta "maduración", en cuanto se cede parte de la omnipotencia señalada a los espíritus, aunque se conserve también parcialmente la magia. Con esta irrupción de los espíritus se está ya en las puertas de la religión.

La religión, tal como, por otra parte, ya se habrá podido notar en la exposición anterior del contenido de *Totem y tabú,* corresponde a la etapa de la fijación de la libido a la instancia parental. Sólo con la aparición de la figura del padre se puede entender la aparición de Dios y el desarrollo ulterior de la religión, en especial en su configuración judeo-cristiana.

Pero aquí importa mostrar en especial la importancia de la noción de espíritu en la formación de la religión. Sólo desde todo lo que ella implica para Freud se puede hacer visible lo que aquí interesa, a saber, el mecanismo de "posición" de Dios como realidad personal *exterior.*

Para explicar la aparición de la noción de espíritu, Freud se remonta al estudio de las prescripciones tabú, entre las que reconoce, como las primeras –según ya se explicó–, las de la prohibición de matar al animal totem y de mantener relaciones sexuales con los individuos del sexo contrario pertenecientes al mismo clan totémico.

De tales prohibiciones se deriva, según Freud, toda la moral ulterior humana. Toda la moral tiene así un origen totémico. Pero ahora se trata, precisamente, de ver el desarrollo ulterior de la estructura originaria de las prohibiciones, conforme se lo puede detectar –según el método ya explicado– con la ayuda de la iluminación del psicoanálisis.

Las prohibiciones tienen un origen exterior al individuo y se aplican sobre tendencias que exigen fuertemente su satisfacción. Recaída la prohibición, la tendencia es reprimida y pasa al inconsciente, desde donde seguirá ejerciendo su exigencia de satisfacción. Pero frente a tal exigencia se alzará constantemente la prohibición correspondiente, generando así un afecto displaciente: la tendencia reprimida reclama satisfacción y promete placer, pero tal placer se vuelve ulteriormente displacer, en razón de la prohibición que pesa sobre él. La tendencia insatisfecha provoca entonces, con su eventual aparición de cualquier manera, placer y displacer: se está así en una situación de *ambivalencia.*

Pero el proceso requiere aún precisiones. La represión que ha hecho devenir inconsciente la tendencia ha sido movida por una prohibición impuesta desde afuera al individuo; pero la represión ha hundido en el olvido –en el inconsciente– tanto la tendencia prohibida como la motivación de la represión, esto es, la imposición exterior. Así, lo que finalmente queda de tal proceso es una tendencia reprimida, que sigue actuando y reclamando su propio placer y, frente a ella, una prohibición consciente, *cuya raíz* –su auténtico origen y naturaleza– se ha vuelto inconsciente.

Tanto la tendencia reprimida como la prohibición consciente tienen su propio desarrollo. La tendencia reprimida, conforme a los mecanismos que ilustra el análisis de los sueños, sigue reclamando satisfacción y, para ello, eludirá su coerción *desplazándose* en representaciones y afectos variados, generadores de distintas conductas; todo lo cual puede generar cuadros muy alejados de la constelación representativa y afectiva originaria. Ahora bien, frente a tales enmascaramientos de lo reprimido, se alzarán cada vez nuevas prohibiciones conscientes, y también ellas, correspondientemente, alejadas de lo originario. Así se va tejiendo la trama de las prescripciones tabú, la red de la moral humana.

Y así, toda la vida moral se halla afectada de ambivalencia: los actos humanos correspondientes producen placer y displacer a la vez; placer por lo que ellos mismos reclaman como satisfacción, displacer para una instancia ulterior, cargada con la prohibición.

Pero por su naturaleza misma, toda la situación se halla afectada de un equilibrio inestable. Las dos fuerzas en pugna han de concederse mutuamente, en variables *transacciones, sus* respectivas satisfacciones. A cada satisfacción de lo prohibido han de seguir arrepentimientos, expiaciones; y eventualmente han de producirse satisfacciones sustitutivas de la tendencia prohibida –nuevamente el desplazamiento–, mandadas, o toleradas, al menos mientras no recaiga una nueva prohibición.

De tal manera queda descubierta la trama íntima de los comportamientos morales y de sus prescripciones. Desplazamientos, satisfacciones sustitutivas, arrepentimientos y expiaciones; las transacciones de las fuerzas en pugna, esto es, lo íntimo de la vida moral, tiene su origen en una *ambivalencia* originaria y permanente, que afecta al psiquismo humano. Las transacciones, precisamente, denotan el equilibrio inestable de la ambivalencia, de las fuerzas en oposición.

Freud ha estudiado esa ambivalencia y esas transacciones en ciertas prescripciones tabú derivadas, como las referidas a las conductas para con los enemigos, con los soberanos y con los muertos. En orden a la cuestión que aquí interesa, son de especial importancia las prescripciones relativas a los muertos.

Todas las normas tabú de distintos pueblos relativas a los muertos que Freud analiza tienen en común el prescribir una separación de los vivos frente a los fallecidos. Los muertos aparecen como seres que amenazan a los vivos, son capaces de provocar en éstos desgracias de diversa naturaleza; y así se hacen necesarios comportamientos –actitudes, ritos– que alejen a semejantes enemigos. Los muertos, enemigos de los vivos, generan horror, temor, y ello exige de los vivos medidas defensivas frente a ellos.

Según Freud, los comportamientos defensivos de los vivos frente a los muertos, que nutren todas las prescripciones tabú registradas, sólo pueden ser aclarados por el psicoanálisis. Más radicalmente: sólo el psicoanálisis puede echar luz sobre la enemistad de los muertos frente a los vivos, que es el punto de partida de las prescripciones tabú defensivas correspondientes.

El psicoanálisis reconoce en toda afectividad humana una *ambivalencia básica;* dicho en términos extremos, ello significa que todo amor a una persona es siempre acompañado de un odio paralelo a esa misma persona: todo afecto positivo entraña una carga concomitante de agresividad. Así entonces, la muerte de un ser querido, conforme a aquel odio acompañante, ha de significar una cierta satisfacción. Pero aquella agresividad original, según el proceso señalado antes, ha debido ser reprimida en su origen a causa de una prohibición exterior (agresividad opuesta) y así ha permanecido en el inconsciente, sujeta por prohibiciones conscientes; y ha sido ulteriormente sojuzgada, en ulteriores apariciones enmascaradas, por nuevas y sucesivas prohibiciones. Cuando tal agresividad, ahora, ante la muerte del ser querido, vuelve a manifestarse, requiere, en la continuidad del proceso de su negación, un nuevo sojuzgamiento. Pero ahora, esta *ambivalencia de la conciencia moral* –algo satisface, produce placer, pero al mismo tiempo causa displacer (por su prohibición)– encuentra un nuevo modo de prolongarse. Aparece aquí el mecanismo de la *proyección.*

La hostilidad hacia el ser querido muerto –de suyo placentera–, en razón de la oposición que soporta por parte de la prohibición, genera displacer. El psiquismo ha de instaurar *defensas* frente a tal displacer. La defensa asume la forma de la proyección: la agresividad es atribuida al muerto mismo, que así adquiere, en esta actividad agresiva, nueva existencia.

Convendrá mostrar con más detalle la articulación del mecanismo de la proyección. El organismo psíquico se defiende de la propia agresividad, porque ha de defenderse, en rigor, de la agresividad de la conciencia moral que se opone a su agresividad –así se ha hecho displaciente su propia agresividad–; la defensa frente a la propia agresividad toma la figura compleja de la proyección: la agresividad es atribuida al muerto y luego se instauran medidas de defensa –las prescripciones tabú– frente a ella. Así, las prescripciones tabú frente a los muertos son en realidad defensas del individuo frente a la propia agresividad que, placentera inicialmente, se ha vuelto displaciente por su prohibición –en equilibrio inestable: ambivalencia–.

Freud reconoce que el proceso total es más complejo. Inicialmente, la muerte de un ser querido genera en sus deudos sentimientos de reproche y remordimiento por supuestas actitudes de desamor frente a él –que quizás nunca existieron realmente, conscientemente–; allí está actuando, precisamente, la prohibición de la agresividad. Reproches y remordimientos son el sentimiento de displacer que genera la prohibición impuesta sobre la agresividad real inconsciente, que sí siempre existió. Ante tal displacer actúa luego, como defensa –como se indicó–, la proyección, que puede no excluir totalmente los sentimientos penosos iniciales.

Gracias al mecanismo defensivo de la prohibición, el muerto ha adquirido nueva vida –y agresiva– frente a los que le sobreviven. A partir de aquí se generan las prescripciones tabú frente a los muertos que anteriormente se señalaran. La ambivalencia afectiva inicial y la ambivalencia ulterior de la conciencia moral han dado origen, según el psicoanálisis, a las prescripciones tabú frente a los muertos.

Pero en orden a la cuestión que aquí interesa en especial, se ha de advertir que la proyección consiste en la traslación al "exterior" de un acontecer meramente psíquico, interior. Lo que no es más que un suceso interno, del organismo psíquico –aquí la agresividad del sujeto, o el sujeto agresivo– es reificado y puesto como una realidad exterior al mismo.

Es claro que la condición mínima de posibilidad de la realización de la proyección –según Ricoeur, sólo descripta parcialmente y circunscripta, pero no explicada suficientemente por Freud en *El caso Schreber*– es la existencia de un organismo psíquico que ha llegado a discernir, gracias a su acción muscular, un interior y un exterior –es lo que Freud denomina "etapa del yo de realidad"–.

Por otra parte, es interesante recordar –sin que esto pueda ser una explicación de la proyección aquí estudiada– que, según Freud, en el desarrollo del psiquismo, existe otra etapa, que él denomina del "yo de placer", en la que, precisamente, el organismo psíquico, habiendo atribuido todo displacer al mundo exterior, procede a proyectar –sería la primera aparición de la proyección– al mundo exterior todos los procesos internos displacientes. A esta otra etapa del desarrollo del psiquismo corresponde, además, la aparición de la antítesis afectiva amor-odio. Estas etapas han sido estudiadas por Freud en *Las pulsiones y sus destinos.*

El mecanismo de la proyección, tal como ha sido estudiado, explica la existencia y naturaleza de las prescripciones tabú frente a los muertos, pero, además, la concepción de los muertos como existentes y hostiles frente a los vivientes. Así aparecen, según Freud, como una etapa de la evolución de la religión –a partir del animismo, como se señaló– los espíritus –aquí malignos: los demonios–. Se recordará que, en la interpretación de Freud, el animismo abre paso a la religión cuando cede parcialmente a los espíritus la eficacia que la magia atribuía exclusivamente a las ideas, a los deseos del psiquismo –y ya la misma magia supone una cierta proyección–.

Queda aún por aclarar el origen de la concepción de los espíritus, en lo que hace, precisamente, a su especial naturaleza de realidad inmaterial. También aquí entiende Freud que tiene lugar una proyección, ahora, propiamente, de la naturaleza misma del psiquismo. Lo inmaterial es aquello que no pudiendo ser percibido, se halla sin embargo presente. Ahora bien, tal presencia imperceptible, "inmaterial", es propia de los fenómenos psíquicos latentes, que en el psicoanálisis se denominan inconscientes. "Lo que así proyectamos, idénticamente al primitivo, en la realidad exterior, no puede ser sino nuestro conocimiento de que junto a un estado en el que una cosa es percibida por los sentidos y la conciencia, esto es, junto a un estado en el que una cosa dada se halla *presente*, existe otro en el que esta misma cosa no es sino *latente,* aunque susceptible de volver a hacerse presente. Dicho de otro modo: lo que proyectamos es nuestro conocimiento de la coexistencia de la percepción y el recuerdo, o, generalizando, de la existencia de procesos psíquicos *inconscientes,* además de los *conscientes.* Podría decirse que el *espíritu* de una persona o de una cosa se reduce, en último análisis, a la propiedad que las mismas poseen de constituirse en objeto de un recuerdo o de una representación, cuando se hallan sustraídos a la percepción directa".[38]

Finalmente, Freud atribuye el carácter sistemático de la concepción animista del mundo al incoercible trabajo de ordenamiento propio del

---

[38] *Totem y tabú,* (V), págs. 1806-1807 [IX, 381-382].

psiquismo, que ya se había descubierto en los sueños y que entonces recibiera el nombre de "elaboración secundaria".

Todo lo expuesto autoriza a Freud a afirmar que "en el sentido estricto de la palabra, el animismo es la teoría de las representaciones del alma; en el sentido amplio, la teoría de los seres espirituales en general".[39] O también y más lapidariamente: "esta primera concepción humana del universo es una teoría psicológica".[40]

Así, a partir de los datos que proporcionan los estudios históricos y etnológicos, penetrados con la interpretación del psicoanálisis, se tienen los elementos para explicar adecuadamente el Dios de la religión.

Según ya se vio en la consideración previa de *Totem y tabú*, el amor retrospectivo al padre amado y odiado, produce el remordimiento y el arrepentimiento por el crimen cometido y lleva ulteriormente a su engrandecimiento e idealización (se ha de advertir que Freud reconoce que entre el asesinato y el arrepentimiento y la entronización del padre como Dios median pasos: totem, prohibiciones tabú –no matar al totem, exogamia totémica–, igualdad y solidaridad de los hermanos, prohibición del fratricidio...). Ahora se puede agregar que es el proceso de proyección lo que finalmente hace del padre una suprema figura exterior personal y espiritual. Desde allí se han de desarrollar ulteriormente los pasos que llevan, según Freud, hasta la configuración de la religión judeo-cristiana.

Caben aún algunas observaciones que servirán para completar toda la temática aquí estudiada.

¿De dónde proceden las normas tabú, en especial la referida a no matar al totem? Según lo visto, tales normas no pueden ser más que la formulación consciente y disfrazada de una prohibición exterior que recae sobre una tendencia original, luego que esa tendencia y la motivación de su prohibición han quedado en el inconsciente por obra de la represión, inducida, precisamente, por la prohibición exterior.

Por otra parte, Freud ha explicado también que esas normas tienen su origen en el remordimiento y el arrepentimiento por el crimen cometido. Pero, también se ha visto que remordimiento y arrepentimiento sólo son posibles desde la transgresión de normas morales conscientes preexistentes, como lo son tales prohibiciones tabú (son transacciones, propias de la ambivalencia de la conciencia moral). Y no se pueden retrotraer el

---

[39] *Totem y tabú*, (V), pág. 1795 [IX, 364].

[40] *Totem y tabú*, (V), pág. 1796 [IX, 366].

remordimiento y el arrepentimiento a normas morales anteriores, pues las indicadas son las primeras.

Sólo cabe pensar que el remordimiento y el arrepentimiento originarios se deban a la obra del amor retrospectivo al padre, tal como se indicó en la exposición anterior de *Totem y tabú*, ya que no pueden deberse a la obediencia temerosa a ninguna prohibición dirigida a la agresividad hacia el padre –agresividad opuesta del padre–, pues el padre ya no está allí.

Desde aquel amor retrospectivo sí se podrían instaurar las normas tabú originales. Tales normas procederían sí de una prohibición exterior, pero sólo indirectamente y "remotamente" –de cuando el padre vivía–; y directa e inmediatamente procederían del amor al padre –en rigor, amor a sí mismos de los hijos, ahora desprotegidos, como se explicó–. Aquel amor retrospectivo sería, propiamente, el responsable, también, de la represión de la tendencia asesina, desde su original prohibición directa por parte del padre y, con ello, también, de la represión-amnesia del asesinato. De tal represión surgirían luego, como disfraz de todo lo acontecido, las primeras normas tabú conocidas. Así se hallaría en el origen de todo el proceso la ambivalencia afectiva respecto del padre. Y el aspecto agresivo de tal ambivalencia, a su vez, según el complejo de Edipo simple, tiene su origen en la rivalidad y la agresividad –amenaza de castración– del padre.

La cuestión aquí planteada y su solución han sido expuestas por Freud, al menos en sus líneas generales, en el final del capítulo VII de *El malestar en la cultura*.

La norma tabú que aparece ahora en la conciencia reprime ahora los desplazamientos de la tendencia asesina que ha quedado en el inconsciente –ya no es el padre sino el totem el objeto de la agresividad posible– y así es ella misma disfraz de la prohibición original, fundada por el padre y restaurada por el amor retrospectivo –no matar al padre–.

Esos desplazamientos de la tendencia y de sus prohibiciones, que configuran en su conflicto un equilibrio inestable que se manifiesta en distintas transacciones –concesión a la tendencia, ulterior arrepentimiento como concesión a la prohibición–, llegan, por ejemplo, a asumir la figura –ambivalente, de transacción– de la comida totémica, tal como la presenta Freud.

A lo largo de todo el proceso ejerce su peso la prohibición –con sucesivas figuras– de la tendencia agresiva. Finalmente, como se vio, el modo de defenderse de la presión –que genera displacer– de tal prohibición moral consiste en trasladar –proyección– la agresividad prohibida al objeto mismo de tal agresividad. Tal objeto adquiere así una nueva "existencia" frente al sujeto agobiado por la conciencia moral. Tal sujeto genera entonces las "medidas de protección" frente a tal "agresor": tabúes frente a los muertos.

Lo así "vuelto a la existencia", han de ser, en principio, todas las figuras sustitutivas –por desplazamiento– del odiado –y muerto– originario; hasta que, en un momento determinado, recupere su figura humana. Y, en efecto, Freud reconoce un estadio del devenir de la religión en que el padre, luego de pasar por la figura del totem, recupera su figura humana. Pero allí, el amor retrospectivo ha hecho ya, además, su obra de engrandecimiento.

Una segunda observación también tiene que ver con lo explicado en la anterior consideración de *Totem y tabú,* y además con lo explicado a propósito del complejo de Edipo individual. Se explicó que los aspectos de prohibición de la conciencia moral y, radicalmente, del Dios legislador restauraban los rasgos prohibitivos y agresivos del padre castrador que se oponía a las tendencias libidinosas incestuosas del hijo. Ahora, luego de lo que manifiesta la proyección, a saber la agresividad que muestra el ser "espiritual" –proyección del elemento de agresividad de la ambivalencia del sobreviviente– se puede pensar que tal agresividad es quizás reforzada, en el caso del padre que aquí interesa, por aquella agresividad originaria y real del padre, ahora –como se dijo– retornada –y eventualmente también aumentada en la identificación, según indica Freud, con la agresividad del hijo (de rivalidad y vengativa frente al agresor y al objeto de amor perdido)– en la instancia del superyo. La agresividad prohibitiva del superyo-Dios es así formada con la retornada del padre y con la proyectada del hijo.

En *El problema de la concepción del universo,*[41] que es la lección XXXV de las *Lecciones introductorias al psicoanálisis,* Freud se ocupa, en general, de mostrar la incompatibilidad entre las verdades de la ciencia y las creencias religiosas. Y atribuye a la religión tres funciones: la *instrucción,* con la cual satisface el ansia de saber del hombre, al darle la noticia –inconciliable con la ciencia– del origen de todo lo real a partir de la acción de un Dios creador; además, la religión *consuela y protege* al hombre de

---

[41] *Lecciones introductorias al psicoanálisis,* lección XXXV: *El problema de la concepción del universo,* (VIII, pág. 3191) [I, 586].

todas las desgracias, al darle seguro definitivo en la providencia de ese Dios, que se extiende más allá de esta vida; y finalmente la religión *prescribe* conductas morales que funda en los mandatos de ese mismo Dios creador y protector, y hace así posible la vida en sociedad.

Ahora bien, ya en *Totem y tabú* se ha mostrado que ese Dios que aparece como todopoderoso, creador y legislador, en el fondo no es más que un Dios protector que, a su vez, es sólo la figura idealizada del padre protector.

Para comprender cabalmente el sentido de *Moisés y la religión monoteísta*[42] será conveniente retornar sobre algunas explicaciones del apartado anterior referentes al complejo de Edipo y su represión.

Es necesario tener en cuenta que la represión del complejo de Edipo hunde en el olvido toda la constelación afectiva allí dada, es decir, tanto el afecto incestuoso y sus acompañamientos positivos y negativos como la amenaza parental que indujo tal represión. Pero se puede advertir claramente que la constitución y los contenidos del superyo son propiamente un retorno modificado de aquello reprimido; y más precisamente, en lo que hace a la figura paterna, un retorno en el que lo reprimido aparece modificado tras la intervención de la represión –desexualizado, engrandecido–. Como en los sueños y en las neurosis también aquí los deseos reprimidos y su corte de representaciones retornan desfigurados: aquí se trata de la primera constelación afectiva humana, pero en especial del deseo del padre protector. Y después de las explicaciones de *Totem y tabú*, se puede afirmar que en la figura religiosa de Dios retorna modificada la figura reprimida del padre propio y la del protopadre protectores.

Precisamente, en *Moisés y la religión monoteísta,* Freud intenta mostrar aquel proceso de retorno a propósito del Dios bíblico en particular. Así, el Dios del pueblo de Israel se habría formado como retorno –engrandecido, según el proceso conocido– de la figura de Moisés, que habría sido asesinado por el pueblo luego de la salida de Egipto. Lo que retorna en el pueblo judío, en su aferrarse al Dios mosaico, es el protopadre asesinado, reactualizado en el asesinato de Moisés. Y desde allí se puede continuar hasta el Cristianismo, conformado sobre todo por obra de Pablo, según el proceso que ya se estudiara en *Totem y tabú*.

Es claro que para sostener lo que se acaba de enunciar sintéticamente, Freud debe sostener algunas hipótesis de difícil verificación: el origen egipcio de Moisés, su adhesión a la religión monoteísta del dios Atón,

---

[42] *Moisés y la religión monoteísta,* (IX, pág. 3241) [IX, 455].

su asesinato en una revuelta de los israelitas, la fundación de la religión de Yahvé por un yerno de Jetro, a quien se le da el nombre del Moisés asesinado...

En *El malestar en la cultura* Freud vuelve sobre un tema que ya expusiera en *El porvenir de una ilusión,* a saber las reacciones contra la vida en sociedad y la civilización, que se pueden detectar en algunos comportamientos humanos.[43]

El hombre se halla molesto, infeliz en la vida civilizada que conocemos. De allí las reacciones negativas contra la vida en sociedad, y en general contra la cultura. Freud se aplica entonces a detectar el origen de tal malestar.

Es sabido ya que la vida en sociedad es posibilitada y mantenida gracias a la presencia del superyo como conciencia moral, en última instancia divina. De allí derivan –después de la prohibición del incesto por la instancia parental en el complejo de Edipo– las prescripciones morales que apuntan en definitiva a ampliar incesantemente la realidad de la vida.

Tales prescripciones, prohibiendo ciertas conductas, hacen posibles ciertas otras conductas, por las que en definitiva se expande la vida. Así, la prohibición del incesto –progresivamente extendida en su alcance– hace posible la ampliación del círculo de la vida. Pero es sabido que también gracias a la negación de lo sexual edípico se hace posible la aparición de lazos humanos espirituales, de los cuales nacen la estabilidad del vínculo originariamente sexual –y así efímero de suyo– de la familia, y también la amistad entre los hombres, que hace posible, a su vez, la cooperación en la obra de la civilización, que posibilita la vida de los hombres. Tal vida de la comunidad humana es además posibilitada por la inhibición de la agresividad, que también es prescripta por la conciencia moral.

Así entonces, el progreso expansivo de la vida por medio de la ampliación constante de la sociedad humana no es posible, finalmente, sino por la represión de ciertas conductas por parte de la instancia moral y en definitiva religiosa del superyo. Una cierta infelicidad queda así necesariamente en el trasfondo de la vida en sociedad –eventualmente aumentada por las conductas agresivas, rebeldes a la moral, de los semejantes–, que

---

[43] *El malestar en la cultura,* (VIII, pág. 3017) [IX, 191]. Aspectos de esta cuestión central se pueden encontrar desarrollados en otros textos de Freud: *El porqué de la guerra,* (VIII, pág. 3207) (IX, 271); *Consideraciones de actualidad sobre la guerra y la muerte,* (VI, pág. 2101) [IX, 33]; *La moral sexual "cultural" y la nerviosidad moderna,* (IV, pág. 1249) [IX, 9].

la misma institución religiosa, como se vio en *El porvenir de una ilusión,* intenta compensar con la promesa de una felicidad futura completa.

La instancia moral-religiosa, el superyo, impone ciertas privaciones y posibilita y exige determinadas conductas positivas; y así entonces, como ideal a alcanzar, se distancia del yo que, por su cumplimiento siempre imperfecto del exigente ideal –y así como transgresor–, experimenta el sentimiento de culpa que, como tal, es una variante de la angustia.

El sentimiento de culpa, que resulta de la distancia yo-superyo que se expresa en las normas morales, es propiamente, como medida interna siempre mayor y compañero insoslayable del comportamiento humano, el instrumento de que se vale el superyo –y a través de él la vida misma– para el mantenimiento y el crecimiento incesante de la realidad última de la vida.

Así entonces, el malestar y la infelicidad en la cultura tienen su raíz última general en la opresión del sentimiento de culpabilidad –y en definitiva en el superyo– y derivada y particularmente en la no realización de ciertas conductas, impedidas precisamente a partir de tal sentimiento.

Las compensaciones religiosas aludidas, generadas por esa misma instancia superyoica, no alcanzan para mitigar la infelicidad e impedir las revueltas de los hombres contra la civilización; lo cual puede dar ocasión a un cierto pesimismo sobre el futuro de la civilización.

Como ya se indicara en *El porvenir de una ilusión,* sólo se mitigará tal malestar –cuya raíz ignora la mayoría de los hombres– cuando, a partir de la lucidez que otorga el psicoanálisis, se advierta que en la sociedad se produce la expansión incesante de la vida, y que para esa expansión la misma vida ha generado, por un rodeo, todo el mecanismo del superyo y su religión y moral; y cuando se advierta que, sabido eso, es posible curarse de la neurosis pasajera y necesaria de la religión, para, en la madurez de la razón, y por la fundamentación racional de las conductas humanas en sociedad, colaborar conscientemente en el necesario progreso de la realidad que es la vida, sin ilusiones vanas acerca del futuro personal.

Se puede intentar ahora encerrar en una formulación sintética lo que se ha desarrollado en este tercer apartado acerca de la religión y que configura una novedad frente a lo ya explicado en los pasos anteriores.

El Dios de la religión como ser único, infinito, todopoderoso, creador, sabio legislador, justo y providente protector es el retorno desfigurado –idealizado, sublimado– del protopadre de la humanidad y del padre propio protectores, amados y odiados en el principio. La obra del odio parricida y sus antecedentes fueron reprimidos. De tal olvido, por obra de la reacción del amor deseoso de protección, retorna aumentada la figura del padre como protector, y de allí como creador y legislador. Dios es así el retorno desfigurado de lo reprimido, por la obra tardía del amor; Dios es la obra grandiosa de la nostalgia del padre protector, o simplemente la figura nostálgica del padre.

La religión es una neurosis, en cuanto en ella se da, precisamente, en primer lugar, el retorno de una figura reprimida modificada, para el cumplimiento irreal allí –como en los sueños– de un deseo ligado a tal figura –el padre protector–; y en segundo lugar un conjunto de actos externos que denotan la relación del individuo con tal figura intrapsíquica, grandiosamente proyectada al exterior. Por su elemento representativo, la religión es una suerte de sueño despierto de la humanidad; por su elemento de comportamiento externo –mediando el afecto– la religión es un comportamiento neurótico.

4.- Recapitulación sobre la religión

En el *primer apartado* se ha explicado que la religión y sus contenidos son un suceso de la vida originado en la vida misma, en orden a lograr por su intermedio como corrector su propia expansión. Desentrañado tal sentido de la religión en el todo de lo real, la misma se vuelve superflua y condenada a la desaparición, ya que lo que ella hace puede hacerlo el hombre a partir de la plena lucidez que le otorga su razón, ilustrada por los descubrimientos del psicoanálisis.

En el *segundo apartado,* el Dios de la religión apareció como elemento fundamental de una instancia intrapsíquica del individuo, gestada por el juego de las pulsiones de vida y de muerte, orientadas en el sentido de la vida, a partir de la constelación representativa y afectiva del complejo de Edipo. Y allí apareció el superyo como la restauración narcisista de la figura del padre protector. A partir de tal instancia espiritual religiosa se organiza jerárquicamente todo el orbe de los objetos y actos espirituales –amor personal, estética, ética, saber, religión– como un derivado sublimado de las pulsiones originarias, que se hallan en camino hacia la expansión incesante de la realidad que es la vida.

En el *tercer apartado,* el Dios de la religión apareció como el retorno desfigurado –sublimado– de la figura del padre protector amado y odiado.

Dios se mostró como la figura nostálgicamente restaurada, ilusoria –lugar de cumplimiento irreal de un deseo– del padre del individuo, sobreimpresa sobre la figura concomitantemente restaurada del padre de la humanidad. Y la religión como tal apareció como un comportamiento neurótico, en dependencia de tal figura-instancia intrapsíquica, proyectada grandiosamente en el exterior.

Dios, protopadre y padre propio protectores nostálgicamente sublimados e ilusoriamente restaurados –cumplimiento irreal del deseo de protección–, incorporados al propio psiquismo y proyectados al exterior como suprema instancia reguladora, es el contenido representativo principal de la religión como neurosis –conductas externas referidas a tal instancia– pública, necesaria y pasajera en el devenir de la humanidad hacia su madurez. Tal madurez culmina en la lucidez de la razón que se aplica al conocimiento científico –dentro del cual se cuenta el psicoanálisis–, desde donde será posible regular racionalmente la vida en sociedad, en el todo de la realidad creciente de la vida.

* * *

El sentido de los contenidos de la religión queda así suficientemente explicado a partir de sus orígenes. En definitiva, son las pulsiones puestas al servicio de la vida las que, por insólitos caminos –represiones, estructuras psíquicas, proyecciones, objetos y actos derivados– van realizando la expansión incesante de esa vida.

Los contenidos de la religión no deben entonces ser interpretados como la manifestación y presencia en la conciencia humana de algo que sobrevendría al hombre a partir de un origen autónomo y superior, para desencadenar en él actos y conductas correspondientemente originales y nuevos.

El Dios de la religión –con todos los rostros que pudiera asumir en los distintos mitos– es, en la instancia más radical, sólo una manifestación desfigurada, un enmascaramiento de las pulsiones en que se despliega la realidad de la vida, desde un origen que se halla antes del hombre mismo. Los contenidos religiosos manifiestan un sentido primero que remite a un sentido segundo que se halla en el pasado de esos contenidos. Los contenidos religiosos son símbolos que han de ser interpretados desde su arqueología, que es la arqueología del sujeto mismo como tal.

Los contenidos religiosos remiten al sujeto que los ha gestado, pero éste remite, por detrás de él mismo, a algo anterior presubjetivo, lo pulsional representativo y afectivo vital.

En este sentido, se puede afirmar que el psicoanálisis cumple –junto a su función terapéutica desalienante individual– una función cultural ética desalienante, en cuanto colabora en el advenimiento del hombre a sí mismo, en la posesión de sí mismo del hombre, por el conocimiento del todo y de su lugar en ese todo que lo desborda desde el pasado y desde el futuro.

Así alcanza el hombre la sobriedad del conocimiento de la dura realidad y puede entonces configurar su vida, para colaborar con Eros, con un matizado optimismo –la amenaza de la violencia destructora de Thánatos está siempre allí– en el despliegue de la vida, y con la resignación, "sin ilusiones", ante la inevitabilidad de la propia, definitiva desaparición personal.

Finalmente, como ya se lo advertía desde el comienzo, se ha impuesto la necesidad de la realidad, y a ella ha seguido el reconocimiento brutal y sin concesiones, lúcido, plenamente plegado a ella, del hombre.

La religión aparece entonces –como ya se lo indicara– sólo como un episodio en la especie y el individuo humanos de la estrategia de la realidad de la vida para afirmarse a sí misma en su propio despliegue, a través del deseo de sí misma, encubierto en el deseo ilusorio narcisista de Dios, padre protector. Todas las representaciones de las religiones son los pasajeros e ilusorios pretextos del cumplimiento de ese deseo de sí misma de la vida; deseo que se vuelve explícito en el hombre ilustrado por la ciencia, que acepta finalmente la dura realidad.

TERCERA PARTE

La arqueología de Freud en la
hermenéutica conflictiva de Ricoeur

En la parte anterior se acaba de ver, con Freud, que la sociedad y la cultura, y en especial la religión, en sus contenidos de verdad y en sus afectos y actos se explican suficientemente retrocediendo, más allá del sujeto humano y su conciencia, hasta las pulsiones en que se expresa la realidad última de la vida. Se trata, así, de una explicación de la sociedad, la cultura y la religión a partir de una arqueología del sujeto.

En la primera parte de este trabajo se explicó que la interpretación freudiana de la cultura y la religión ingresaba en la filosofía reflexiva de Ricoeur en la medida en que, como explicación reductora arqueológica, debía integrarse, en una lectura dialéctica, con las hermenéuticas teleológica y escatológica, para dar a luz una figura final en la que el yo queda diversamente descentrado –hacia el pasado y hacia el futuro– en el seno de una totalidad organizada desde esos polos de sentido diversamente ubicados. De todo lo cual resultaba una "ontología quebrada".

Esta tercera parte de la exposición, presupuesto el conocimiento del pensamiento de Freud expuesto precedentemente, tratará de mostrar claramente, siguiendo a Ricoeur, las notas de esa arqueología freudiana y el modo preciso de su articulación con las hermenéuticas teleológica y escatológica.

Se trata de presentar esa articulación dialéctica en sus puntos decisivos. Ricoeur la ha expuesto en el libro III de *De l'interprétation. Essai sur Freud*, que ha titulado "Dialectique: une interprétation philosophique de Freud", y que por ello constituye el centro de la atención de esta tercera parte del presente trabajo. Es cierto, por otra parte, que Ricoeur considera que el paso de ese libro III sólo es posible luego de los análisis del libro anterior –"Analytique: lecture de Freud"–; y precisamente por ello esos análisis también serán tenidos en cuenta aquí, al menos en algunos de sus momentos principales. Pero un seguimiento detallado de aquellos minuciosos análisis previos exigiría una exposición independiente que seguramente doblaría al menos en volumen el escrito de Ricoeur. Por lo demás, el mismo Ricoeur considera que "el lector podrá tratar el libro II como una obra separada y que se basta a sí misma".[1]

Si por una parte el libro II puede ser considerado una obra separada, por otra parte, en cuanto a su propia interpretación filosófica de Freud, que es lo que aquí interesa, dice Ricoeur que ella "se reparte entre las cuestiones que constituyen la *Problemática* del libro I y los ensayos de solución que forman la *Dialéctica* del libro III".[2]

En cuanto al libro I –"Problématique: situation de Freud"– ya se ha dicho anteriormente (parte II) que en él Ricoeur determina el lugar que corresponde al psicoanálisis de Freud en el plan de su pensamiento. Para ello, se ve precisado a exponer allí los lineamientos generales de su propio proyecto filosófico, y a presentar sintéticamente ideas que ya había expuesto con anterioridad a este *Ensayo sobre Freud*. Algunas ideas de este libro I han sido desarrolladas por Ricoeur también en *Le Conflit des interprétations*. Ahora bien, esas ideas relativas al pensamiento general de Ricoeur y a la ubicación en él del psicoanálisis han sido expuestas ampliamente en la primera parte de este trabajo, y teniendo en cuenta, precisamente, tanto sus elaboraciones previas al *Ensayo sobre Freud* cuanto las que se hallan en *Le Conflit des interprétations*.

Todo lo dicho justifica que se preste ahora especial atención al mencionado libro III. Pero en algunos pasos decisivos finales de este libro, Ricoeur apela a algunas ideas que ya había desarrollado en *La Symbolique du Mal*, exponiéndolas ahora muy sumariamente. Concretamente, se trata de las distintas figuras que progresivamente asume la conciencia de falta moral. La importancia de esas cuestiones ha exigido que en esta tercera parte se las considere en particular. Para ello, como se verá, ha sido necesario presentar los elementos esenciales de gran parte del contenido del mencionado texto.

Y ese libro III del *Ensayo sobre Freud* también sugiere otras importantes tesis que Ricoeur ha desarrollado con más amplitud con posterioridad a esa obra. Así por ejemplo, los temas de lo originario constitutivo de la conciencia moral y de la culpa, los temas del castigo y del consuelo, de

---

[1] F, pág. 9. Las ideas centrales de su *Ensayo sobre Freud* han sido en cierto modo resumidas por Ricoeur en el ensayo "Une interprétation philosophique de Freud", en CI, págs. 160-176.

[2] F, pág. 9.

las diferencias entre ética y religión. Todo ello ha sido tenido en cuenta y es expuesto en esta tercera parte, recurriendo a ensayos contenidos en *Le Conflit des interprétations*.

1.- LA ARQUEOLOGÍA

El Dios de la religión –para mencionar la cúspide de las formaciones culturales–, con todos los rostros que pudiera asumir, es una manifestación, en el orden representativo, de las pulsiones en que se despliega la vida, ya desde antes del advenimiento del sujeto humano. En última consideración, el sujeto es el episodio de una vacilante solidificación de la corriente de la vida. De tal corriente –que contiene distintos vectores: pulsiones– proviene y en tal corriente se ha de integrar finalmente con su razón, para terminar definitivamente en ella con la muerte.

Así, la hermenéutica freudiana de la religión ve, por detrás del sentido primero de los símbolos religiosos, un sentido segundo que se halla más allá del sujeto en el que aparecen tales figuras. Esas figuras son, en definitiva, sólo los pretextos representativos que provisoriamente se ha gestado la vida –pues son creencia ilusoria condenada a desaparecer con el advenimiento del saber– para, a través del efímero e inestable sujeto humano, en el que obran tales representaciones, afianzarse como la única realidad, en la lucha con las posibilidades de muerte –las pulsiones destructivas con tendencia desorbitante– que ella misma alberga.

Más en particular, en los límites del sujeto mismo, importa mostrar con Ricoeur cómo el análisis de Freud descentra arqueológicamente al sujeto, haciéndolo resultar del juego de las pulsiones.

Si se remonta todo el curso de la anterior exposición sobre el pensamiento de Freud, se puede establecer esta secuencia. Todo el orbe de las representaciones de la conciencia religiosa –verdadera coronación de la obra cultural–, en cuanto ellas son la deformación de lo reprimido, depende de lo inconsciente. Ahora bien, el inconsciente está constituído por los elementos psíquicos reprimidos a lo largo de la vida, singularmente los elementos reprimidos en la fundamental y estructurante represión que es la represión del complejo de Edipo. Pero esta represión no es más que una etapa en la adaptación del psiquismo a la realidad, adaptación que ha comenzado ya antes –tema de los diques en las etapas preedípicas de la sexualidad–.[3] Así, son muchos los elementos psíquicos que constituyen el contenido de lo inconsciente.[4]

Pero en todo caso, tal seguimiento del principio de realidad por corrección de comportamientos inadecuados –que, como se acaba de señalar, implica una actuación correctora y eventualmente supresora sobre los elementos representativos y afectivos de aquellos comportamientos– recae, modificándolo, sobre el acontecer originario del aparato psíquico, que Freud denomina proceso primario. Pero a su vez, tal proceso primario, con sus actos y objetos, no es más que el despliegue originario de las pulsiones –en un comienzo divididas por Freud en pulsiones del yo o de autoconservación y pulsiones sexuales–.

Así, el análisis de Freud descompone finalmente el organismo psíquico en las pulsiones. Una primera importante consecuencia se sigue de semejante visión. Las pulsiones, con sus elementos de representación y afecto –sobre los que habrá que volver luego– se hallan a la obra en todo. Ellas están presentes en lo inconsciente, en lo preconsciente y en la conciencia –según la primera tópica–, o en el ello, el yo y el superyo –según la segunda tópica–. Ellas son las que en cualquiera de esas "localidades" o roles van dando sus estructuraciones más o menos unitarias, ellas son el protagonista final de todo el acontecer.

Entonces, se buscará en vano en el aparato psíquico, de cualquier manera que se conciba su constitución, un "sujeto" único, portador de todo el acontecer. Las pulsiones se dan allí en distintas "condensaciones" que en cada caso podrían ser tenidas por el sujeto. No hay un sujeto originario sino pulsiones que obran, estructurándose en distintas instancias del aparato psíquico. Con Freud, no se puede "fijar" un sujeto último en el organismo psíquico. *Finalmente* se trata de energías –tema que se considerará luego en particular– que fluyen, se desplazan, se "condensan", se "localizan", se organizan...

---

[3] Cfr. luego nota 62.

[4] Como se sabe, aquí se plantea el problema de qué sea lo originariamente reprimido –que, según Freud, con su atracción desde lo inconsciente ha de colaborar con los procesos de rechazo de las represiones ulteriores– y, concomitantemente, cuál sea y qué elementos integren su proceso. Sobre esta cuestión véase, en Freud, IS, págs. 710-711 [489-491]; *La represión*, (VI, pág. 2053) [III, 103]; *Lo inconsciente*, (VI, pág. 2061) [III, 119].

"Es una sola y misma empresa comprender el freudismo como un discurso sobre el sujeto y descubrir que el sujeto no es nunca lo que se cree. La reinterpretación reflexiva del freudismo no podría dejar intacta la idea que nos hacemos de la reflexión: la inteligencia del freudismo ha cambiado, pero también la inteligencia de nosotros mismos.

Lo que nos debe aguijonear es la ausencia, en el freudismo, de toda interrogación radical sobre el sujeto del pensamiento y la existencia. Es totalmente cierto que Freud ignora y recusa toda problemática del sujeto originario. Hemos insistido muchas veces sobre esta especie de huída de la cuestión del *yo pienso, yo soy*. El Cogito no figura, y no puede figurar, en una teoría tópica y económica de los 'sistemas' o de las 'instituciones'; no podría ser objetivado en una localidad psíquica o en un rol; designa algo totalmente distinto de lo que podría ser nombrado en una teoria de las pulsiones y de sus destinos; por ello es precisamente lo que se sustrae a la conceptualización analítica. ¿Lo buscamos en la conciencia?, la conciencia se anuncia como representante del mundo exterior, como función superficial, como una simple sigla en la fórmula desarrollada Cc.-Pcp. ¿Buscamos el yo?, es el ello lo que se anuncia. ¿Llamamos ello a la instancia dominante?, es el superyo lo que se presenta. ¿Perseguimos al yo en su función de afirmación, de defensa, de expansión?, es el narcisismo lo que se descubre, suprema pantalla entre el yo y sí mismo. El círculo se ha cerrado y el ego del *cogito sum* se ha escapado cada vez. Esta huída del fundamento egológico es muy instructiva; no marca de ninguna manera el fracaso de la teoría analítica; es esta misma huída de lo originario lo que es necesario comprender como una peripecia de la reflexión".[5]

En segundo lugar, resulta claro, por un lado, que en esta visión la conciencia queda desplazada de su pretendido lugar preeminente. El sujeto que se hace cargo inmediatamente de sí mismo en cualquiera de los momentos de su realización en el habérselas con sus objetos –en el amor adulto, en las distintas realizaciones de la cultura: política, moral, arte, religión, etc.– queda remitido en cada caso a los respectivos antecedentes inconscientes de tales cumplimientos. Pero, por otro lado, queda remitido a las pulsiones mismas. Pues en definitiva son las mismas pulsiones las que instauran sucesivamente los distintos orbes de objetos y sus correspondientes sujetos: objetos y sujetos aparecen en la conciencia, en el proceso

---

[5] F, págs. 408-409; este tema también es desarrollado por Ricoeur con algunas variantes y otras conexiones filosóficas en CI, págs. 234-242 y 259-262.

de maduración, como enmascaramiento de formaciones anteriores; pero todas las formaciones son constituciones objetales y subjetivas obradas por las pulsiones mismas.

En efecto, los objetos son jalones en el transcurrir del "destino de la pulsión".[6] No hay una relación fija entre pulsión y objeto; la pulsión, en su devenir, se dirige a tal o cual objeto, de "naturaleza diversa", según las etapas de ese devenir: objeto para la autoconservación, objeto sexual apoyado en el de autoconservación, autoerotismo (el propio cuerpo), instancia parental (Edipo), objeto heterosexual en orden a la procreación, objetos "espirituales" –personales, estéticos, teoréticos, religiosos...–. Y según tal sucesión objetiva se van "formando" los distintos sujetos. Las pulsiones en su devenir van instaurando las distintas constelaciones objetivas como tales y los respectivos sujetos.

Si la reflexión se atiene ahora al organismo psíquico configurado, queda claro que la apercepción en la que el sujeto sabe de sí mismo en sus habérselas con sus objetos –conciencia– no da la verdad sin más del sujeto: el psicoanálisis de Freud descentra al sujeto consciente para llevarlo hasta sus antecedentes formaciones inconscientes; el análisis es un develamiento de la falsedad de la conciencia.

Pero este paso al inconsciente constituye el *trabajo* del análisis; trabajo en el cual, como se sabe, se debe vencer una resistencia. El sujeto que sabe inmediatamente de sí mismo se resiste a admitir zonas de él que *son* pero *no son sabidas*. Así, la conciencia inmediata pretende mantenerse a toda costa. En el corazón mismo de la conciencia inmediata hay una adhesión incoercible a sí; pertenece al sujeto inmediatamente consciente el amor de sí mismo. En rigor, la adhesión a sí, el amor de sí mismo acompaña a todas las formas de constitución de un sujeto consciente desde las primeras formaciones, y precisamente desplazándose desde ellas hacia todas las demás –que no son, según se dijo, sino sus enmascaramientos–.

Así, el acceso a lo inconsciente tiene la forma de un vencimiento del narcisismo –en rigor, de formas derivadas del narcisismo: el vencimiento radical se daría al acceder a lo impersonal de las pulsiones–. Si tal acceso a lo inconsciente da la verdad del sujeto consciente, se puede entender el narcisismo, como resistencia a tal acceso, como una verdadera magnitud metafísica que impide el acceso a la verdad. Ricoeur ve una tal conside-

---

[6] Cfr. S. Freud, *Tres ensayos para una teoría sexual*, (VI, pág. 1169) [V, 37]; *Las pulsiones y sus destinos*, (VI, pág. 2039) [III, 75].

ración del narcisismo, en el famoso texto de *Una dificultad del psicoanálisis*, donde Freud habla de las humillaciones sufridas por el narcisismo a manos de Copérnico, Darwin y finalmente del psicoanálisis mismo: "El narcisismo aparece como una verdadera magnitud metafísica, como un verdadero genio maligno, al que se debe atribuir nuestra más extrema resistencia a la verdad".[7]

Con razón puede decir Ricoeur: "...tengo a la metapsicología freudiana por una extraordinaria disciplina de la reflexión".[8] Y también: "...al término de este proceso, destinado a deshacer las pretendidas evidencias de la conciencia, yo ya no sabría lo que significan objeto, sujeto, y ni siquiera pensamiento; el objetivo confesado de esta disciplina es la vacilación del falso saber que obstruye el acceso del *Ego cogito cogitatum*".[9]

A modo de resumen de lo dicho hasta aquí:

> "Ahora bien, no ocultaré que esta táctica, perfectamente adaptada a una lucha contra la ilusión, condena al psicoanálisis a no reencontrar nunca la afirmación originaria: nada es más extraño a Freud que la idea del Cogito poniéndose a sí mismo en un juicio apodíctico, irreductible a todas las ilusiones de la conciencia. Es por ello que la teoría freudiana del yo es a la vez muy liberadora respecto de las ilusiones de la conciencia y muy decepcionante por su impotencia para dar al yo del *yo pienso* un sentido cualquiera. Pero esta decepción propiamente filosófica debe ser contabilizada del lado de la 'herida' y de la 'humillación' que el psicoanálisis inflige a nuestro amor propio. Es por ello que el filósofo, cuando aborda los textos de Freud consagrados al ego o la conciencia, debe olvidar los más fundamentales requerimientos de su egología, y aceptar que vacile la posición misma del *yo pienso, yo soy;* pues todo lo que Freud dice al respecto presupone tal olvido y tal vacilación; la conciencia y el ego nunca figuran en la sistemática a título de posición apodíctica, sino como función económica".[10]

Luego se darán aún otros pasos con Ricoeur en el camino analítico aquí señalado; y se podrá ver toda la importancia del mismo precisamente para una filosofía reflexiva.

[7] F, págs. 413-414; cfr. S. Freud, *Una dificultad del psicoanálisis*, (VII, pág. 2432) [*Gesammelte Werke*, S. Fischer Verlag, Frankfurt am Main, Band XII, pág. 1].

[8] F, pág. 410.

[9] F, págs. 410-411.

[10] F, págs. 415-416.

El análisis regresivo de Freud muestra finalmente que la conciencia, con sus contenidos, remite finalmente, aún más allá del inconsciente, a la realidad de las pulsiones.

Ahora bien, frente a este movimiento analítico de desasimiento de sí del sujeto, corresponde ahora mostrar el movimiento inverso. Al proceso de descomposición hasta los últimos elementos cognoscibles ha de responderle ahora la consideración del proceso de composición desde tales elementos.

Las pulsiones y su realidad son la última palabra del psicoanálisis en su conocimiento regresivo del psiquismo humano. Pero tales pulsiones comienzan a jugar su papel en la medida en que se hallan a la obra en la determinación de la conducta del individuo, en el movimiento de sus instancias consciente e inconsciente.

Ricoeur indica que Freud entiende que si bien las pulsiones se hallan en última instancia fundadas en lo orgánico –una energía biológica obra en su base– sin embargo sólo son cognoscibles para el psicoanálisis en cuanto se traducen en fenómenos psíquicos. Tales fenómenos psíquicos son los llamados por Freud "representantes de la pulsión", y que se deben distinguir como "representante representativo" y "representante afectivo".[11] En suma, lo pulsional cognoscible para el psicoanálisis pertenece al orden de las representaciones y de los afectos, sin desconocer con ello el elemento orgánico de base.[12]

> "El método analítico es impracticable si no se adopta el punto de vista naturalista impuesto por el modelo económico y si no se ratifica el tipo de inteligibilidad que él confiere; todo el poder de descubrimiento se halla en principio del lado de este modelo. Es por ello que me parece que una transcripción puramente lingüística del análisis elude la dificultad fundamental propuesta por Freud; su naturalismo está 'bien fundado'; y

[11] Para estas denominaciones y las cuestiones conexas relativas a la naturaleza de la pulsión, consúltese J. Laplanche-J. B. Pontalis, *Diccionario de psicoanálisis,* Editorial Labor, 1979.

[12] Precisamente a partir de este doble aspecto, biológico y psíquico de las pulsiones, se puede abrir un aspecto de la discusión acerca de la naturaleza del discurso psicoanalítico. Sobre esto, cfr. F, la primera parte del libro II ("Energética y hermenéutica") y el capítulo I del libro III ("Epistemología: entre psicología y fenomenología"). Sobre la ubicación epistemológica del psicoanálisis se puede leer, además, P. Ricoeur, *Corrientes de la investigación en las ciencias sociales,* Tecnos-Unesco, Madrid, 1982, págs. 220-230.

lo que lo funda es el aspecto de cosa, de cuasi-naturaleza de las fuerzas y mecanismos considerados. Si no se va hasta allí, tarde o temprano se vuelve al primado de la conciencia inmediata. Pero precisamente porque hay que llegar hasta ese realismo, es también necesario plantear la cuestión: ¿qué realidad, realidad de qué? Es aquí que es necesario adherir muy exactamente a lo que la misma tópica enseña. La realidad cognoscible por la tópica es la de las presentaciones psíquicas de la pulsión y no la de las pulsiones mismas. Un realismo empírico no es un realismo de lo incognoscible, sino de lo cognoscible; ahora bien, lo cognoscible en psicoanálisis no es el ser biológico de la pulsión, sino el ser psicológico de las presentaciones psíquicas de la pulsión...".[13]

Pero importa mostrar cómo, a partir de la realidad de tales pulsiones, se constituyen las instancias del psiquismo individual; lo cual será tanto como mostrar el modo concreto de hacerse presentes esas pulsiones. En particular, se trata de mostrar, siguiendo a Ricoeur en su comprensión de Freud, cómo se articulan lo inconsciente y lo consciente en el organismo psíquico, como "localidades" de lo pulsional.

Los elementos psíquicos de la conciencia son siempre de alguna manera ecos de los sucesos del inconsciente –ordenados al cumplimiento de sus deseos– sea como retorno desfigurado de lo reprimido, hasta el nivel de la conducta –síntomas neuróticos (entre ellos, la religión, útil neurosis pasajera universal), actos fallidos– o sin llegar hasta la conducta –suenos: realización alucinatoria disfrazada de los deseos reprimidos del inconsciente–; sea como cumplimiento mediato, atento a la realidad –y así con nuevos elementos representativos y afectivos, "continuación" y reemplazo adecuado de los elementos originales– de lo que, por atención a esa realidad y al nuevo itinerario –conducta– que ella exige, fue reprimido en sus elementos representativos y afectivos y así hecho inconsciente, tanto en la primera represión cuanto en las posteriores –inducidas por el superyo–.

En otros términos, se debe distinguir: a) las representaciones del preconsciente y de la conciencia, originariamente surgidas en orden a la adaptación a la realidad, pero en las que se cuelan activamente las representaciones inconscientes utilizándolas (disfraz): de ello resulta en general la no adaptación a la realidad (sueños, neurosis, actos fallidos);

<hr>

[13] F, pág. 421. Cfr. S. Freud, *Lo inconsciente,* (VI, pág. 2061) [III, 119]. La discusión de la "transcripción puramente lingüística del análisis" será tenida en cuenta más adelante.

b) las representaciones del preconsciente y de la conciencia adaptadas a la realidad –como se indicó– y que rigen efectivamente el comportamiento eficaz. Pero, en todo caso, las representaciones del preconsciente y de la conciencia siempre han surgido para cumplir –y en este segundo caso se logra efectivamente– lo que exigen las pulsiones cuyas representaciones originarias –proceso primario– están en el inconsciente.

Entonces y en general –y esto importa destacar aquí– se puede afirmar que hay "complicidad" entre inconsciente y conciencia. Siempre, de alguna manera, lo que se halla en la conciencia es una figuración que es una "desfiguración" de lo inconsciente.

Así entonces, los elementos de la conciencia dependen siempre de una u otra manera de los elementos inconscientes; y estos elementos inconscientes están todos ellos remitidos a sus sucedáneos conscientes. Lo inconsciente como tal es relativo a lo consciente. Lo inconsciente no existe primero para sí, para luego actuar sobre la conciencia, sino que todo ello es en relación a lo consciente –es inconsciente como inconsciente de lo consciente–, no tiene sentido sino hacia ello. Y lo consciente –como se explicó– no tiene sentido sino desde y por lo inconsciente. Lo inconsciente y lo consciente se sostienen como tales por su estar remitidos el uno al otro: son en su mutua referencia.

Así entonces, no hay, *detrás de* la representación actual presente, otra representación destacada en sí misma y que desde su propia posición aislada actúe ulteriormente secretamente sobre la presente. Más bien, se debe pensar que la representación actual es el devenir consciente de la representación del pasado *en* una figura que es su "desfiguración"; *allí,* en la conciencia, en su especial configuración, está lo inconsciente: es el origen desconocido de lo presente en lo presente; o lo presente es la maduración del pasado. Lo inconsciente, así, no es tal sino por y en lo consciente.

No hay entonces, detrás del pensamiento consciente, un pensamiento inconsciente, si por tal se entiende un pensamiento que se despliega por sí mismo, al margen y separado del sujeto y su conciencia. Hay un pensamiento consciente que es un pensamiento que sabe de sí mismo y que al mismo tiempo ignora cuáles han sido las figuras que son el pasado de las figuras actualmente presentes: ignora las representaciones del pasado que están ahora presentes no en su propia figura sino en sus derivados –las representaciones actuales conscientes– como derivados *suyos*. El sujeto ignora cómo han sido en el pasado las figuras "maduras" que ahora posee. Esto ignorado, presente en lo conocido, es lo que en todo caso se podría denominar –con una expresión a precisar– pensamiento inconsciente.

El aislamiento del pasado, de lo inconsciente, su relieve como plexo de significaciones recortadas y destacadas *frente a* lo consciente es obra del trabajo del análisis. Lo inconsciente no tiene figura propia; en otros términos es lo que no se puede hacer consciente por sí, sino sólo por el análisis. Y de ello se siguen varias consecuencias.

Lo inconsciente es, como se dijo, relativo a la conciencia del sujeto, pero como lo desconocido para el mismo. Precisamente ello define a lo inconsciente como tal; y ello se encuentra en la base de toda la importancia de la arqueología freudiana: la ignorancia de los propios orígenes.

Pero en otro sentido, lo inconsciente resulta también relativo no ya a la conciencia del sujeto en cuestión, sino al analista, que procede, en su tarea singular intersubjetiva, según las reglas hermenéuticas del psicoanálisis. Sólo en tal tarea, según se dijo, aparece el sentido de lo inconsciente como un sentido preciso *frente a* lo actualmente dado a la conciencia. No es así, esto es tal como nos lo presenta el análisis, como lo inconsciente existe en el sujeto analizado. Dice Ricoeur: "...esta realidad no existe más que como realidad 'diagnosticada'. La realidad de lo inconsciente no es una realidad absoluta, sino relativa a las operaciones que le dan un sentido".[14]

Así entonces, el inconsciente que presenta el análisis está constituído por lo que de suyo da el sujeto analizado y por lo que allí "hace" la tarea hermenéutica del analista. La tarea del análisis recorta y pone frente a la mirada un sentido que de suyo no se da así recortado en el sujeto analizado. Lo inconsciente como lo que se destaca *frente a* la conciencia es obra del análisis.

Precisamente, poner en el sujeto representaciones dadas totalmente como tales detrás y separadas de las representaciones conscientes, hace que se planteen todas las dificultades referidas a un "pensamiento inconsciente". Tal modo de plantear las cosas sería "un realismo ingenuo que proyectaría ulteriormente en lo inconsciente el sentido terminal, tal como es elaborado por un análisis terminado. Entonces, el mismo psicoanálisis sería una mitología, la peor de todas, pues consistiría en hacer pensar a lo inconsciente. Es la fuerza expresiva de la palabra 'ello' –más aún que del término inconsciente– lo que nos hace precavernos de este realismo

___
[14] F, págs. 422-423.

ingenuo que equivaldría a dar una conciencia a lo inconsciente, que duplicaría la conciencia en la conciencia. Lo inconsciente es ello y sólo ello".[15]

Si en el inconsciente, tal como se da en el sujeto, se tratara de representaciones perfectamente recortadas como tales, no se ve cómo un tal pleno pensamiento podría ser precisamente inconsciente; o en otros términos, no se ve cómo un inconsciente que piensa pueda precisamente ser inconsciente, cómo podría darse tal pensamiento sin que se tenga noticia de él. No hay noticia de tal pensamiento justamente porque no es un pensamiento plenamente tal: es sólo el pasado, sí desconocido, de las figuras del pensamiento actual consciente. La figura actual consciente –el pensamiento plenamente tal– *es como es* porque es el desarrollo de tal o cual antepasado; sin tal antepasado no sería así como es: pensamos actualmente como pensamos en razón de aquel antepasado; y aquel antepasado nos es, en la figura actual del pensamiento, desconocido.

El destacarse de tal sentido inconsciente es relativo a la tarea del análisis, según un triple nivel: las reglas hermenéuticas del psicoanálisis, la persona del analista que aplica tales reglas, y el lenguaje transferencial en el que se juega el análisis.

En primer lugar, se trata de una relatividad "a la constelación hermenéutica que forman juntos los signos, síntomas e índices, el método analítico, los modelos explicativos".[16] Luego, se puede hablar de una relatividad intersubjetiva. Ricoeur resume así estas dos relatividades: "Es por relación a reglas hermenéuticas y para otro que una conciencia dada 'tiene' un inconsciente; pero esta referencia no aparece sino en el desasimiento de esta conciencia que 'tiene' este inconsciente como 'suyo'".[17] Finalmente, y más psicológica y concretamente, ambas relatividades de lo inconsciente se verifican en la relatividad al lenguaje transferencial de la relación analítica.[18] En síntesis entonces: relatividad de lo inconsciente a: a) las reglas de interpretación, b) el otro de la situación intersubjetiva del análisis, c) el lenguaje transferencial.

Y precisa Ricoeur:

[15] F, pág. 425.
[16] pág. 423.
[17] F, pág. 424.
[18] Cfr. F, págs. 424-425.

"Es esta relatividad la que se debe comprender bien: no se reduce a una simple proyección del intérprete, en un sentido vulgarmente psicológico; significa que la realidad de la tópica se constituye 'en' la hermenéutica, pero en un sentido puramente epistemológico. Es en el movimiento de remontar desde el 'derivado' ('rejeton') (Pcs.) hasta 'el origen' (Ics.) que el concepto de inconsciente adquiere consistencia y que es probado su índice de realidad. Ello no equivale de ninguna manera a decir que lo inconsciente es real para lo consciente del sujeto considerado; esta referencia a la conciencia que 'tiene' lo inconsciente debe en principio ser mantenida en suspenso y esta relación debe ser desconectada; pero esta suspensión hace aparecer otra relatividad, 'no subjetivista', sino epistemológica: la relatividad de la tópica misma a la constelación hermenéutica que forman juntos los signos, síntomas e índices, el método analítico, los modelos explicativos".[19] "Kant nos ha enseñado, a propósito de la física, a unir un realismo empírico a un idealismo trascendental; digo trascendental y no subjetivo o psicológico...".[20]

La constelación hermenéutica de triple nivel es la responsable del sentido inconsciente en cuanto destacado frente a lo consciente; su tarea no es proyectar un sentido de manera arbitraria. Su tarea es elaborar un sentido *según* el sentido inconsciente presente, en el modo indicado, en la conciencia del sujeto, y que se anuncia por ejemplo en los síntomas como tales. Así, la elaboración analítica ha de atenerse a una realidad inconsciente dada en el sujeto, que ha de marcar materialmente su paso. Tal realidad inconsciente es *un* sentido de *este* sujeto, aunque será siempre la realización singular de un *tipo* de figura. Y tal realidad es además, sobre todo, la realidad de las leyes que rigen el mecanismo de lo inconsciente y que precisamente hacen que se den tales determinadas configuraciones representativas actuales, precisamente como maduración del pasado, o como desfiguración de las figuras del pasado.

Así entonces, lo inconsciente como sentido preciso y destacado frente a lo consciente es el resultado de la tarea hermenéutica analítica –idealidad del sentido, según Ricoeur– que recae sobre lo dado en el sujeto, y dado allí no precisamente como sentido recortado que se halla *junto a* o *detrás de* lo consciente también recortado, sino como origen o pasado

---

[19] F, pág. 423.
[20] F, pág. 419.

ocultamente presente –realidad del ello, según Ricoeur– en su actual maduración de sentido.

"Ello" dice con precisión el modo en que el sentido del pasado se halla ocultamente presente en la representación actual –complicado en ella–, antes del análisis que lo destaca en sí mismo y que así destacándolo permite que se hable de lo inconsciente frente a lo consciente, como una localidad psíquica frente a otra localidad psíquica.

> "Diremos entonces resumiendo: realidad del ello, en tanto que el ello da que pensar al exégeta. Idealidad del sentido, en tanto que el sentido sólo es tal al término del análisis, elaborado en la experiencia analítica y por el lenguaje transferencial".[21]

Se puede intentar una formulación sintética de lo dicho:[22] lo inconsciente es inicialmente real *en* la realidad de la conciencia del sujeto –*no* con *su* realidad *junto a* la de la conciencia– como el pasado desconocido de los contenidos de la misma; y alcanza *su* realidad por la mediación constituyente de la hermenéutica analítica; así resulta finalmente una *realidad diagnosticada.*[23]

Es necesario volver ahora a la cuestión central. Los contenidos de la conciencia inmediata remiten entonces, en última instancia, a la realidad de las pulsiones y en particular a su estructuración en el organismo psíquico –desenmascaramiento de la conciencia falsa–. El organismo psíquico que es el individuo descansa finalmente en la realidad de sus pulsiones, tal como se articulan –con sus elementos representativos y afectivos– en la especial realidad de lo inconsciente. Así se alza el psiquismo humano a partir de su arqueología pulsional. Así se tiene discernida con precisión la arqueología de la vida psíquica consciente en la realidad de lo inconsciente.

Se han discernido hasta aquí los elementos arqueológicos del psiquismo y se ha mostrado el modo de su articulación en el organismo psíquico. Así, todo ese organismo se ha develado como regido por sus estructuras arcaicas. Los elementos arcaicos del psiquismo no dejan nunca de estar presentes determinando el acontecer consciente. Ahora bien, si esos elementos están presentes y determinan lo consciente, lo hacen preci-

---

[21] F, pág. 425.

[22] Sobre esta cuestión acerca de la realidad de lo inconsciente, véase además el ensayo "Le conscient et l'inconscient", en CI, págs. 105-109, y *Le volontaire et l'involontaire,* págs. 350-384.

[23] Cfr. F, pág. 423.

samente manteniendo y haciendo presente en lo consciente sus modos propios de despliegue.

Así por ejemplo, ello se puede verificar en el hecho de que la instauración del llamado proceso secundario no es propiamente sin más la desaparición del proceso primario en que se despliegan originariamente las pulsiones, sino sólo su modificación.

El proceso pulsional primario permanece –precisamente reprimido y así como núcleo de lo inconsciente–, y permanece dictando secretamente el acontecer y aún retorna casi abiertamente en el sueño (y en las neurosis), con sus propias características: preeminencia de lo perceptivo, de la imagen –contra el pensamiento, propio del proceso secundario–, de lo alucinatorio; todo ello lo resume Freud en su calificación del sueño como proceso regresivo.[24]

Así, lo nuevo –proceso secundario, pensamiento, conciencia, hasta las superiores formaciones culturales– es sólo una modificación del pasado, que siempre permanece indestructible.

Un texto de Freud se refiere en general a lo dicho:

> "En el ello no hay nada que corresponda a la representación del tiempo, no hay índice del transcurrir del tiempo y, cosa sorprendente y que reclama ser estudiada desde el punto de vista filosófico, no hay modificación del proceso psíquico a lo largo del tiempo. Los deseos que nunca han surgido fuera del ello, al igual que las impresiones que han quedado ocultadas como consecuencia de la represión, son virtualmente imperecederos y se reencuentran tal como eran al cabo de largos años. Sólo el trabajo analítico, haciéndolos conscientes, permite situarlos en el pasado y privarlos de su carga energética. Es justamente de este resultado que depende en parte el efecto terapéutico del tratamiento analítico. Insisto en sostener que no hemos puesto suficientemente de relieve este hecho indubitable de la inmutabilidad de lo reprimido en el curso del tiempo. Allí parece ofrecerse un camino de penetración hacia conocimientos más profundos; lamentablemente yo mismo no he podido avanzar mucho en este sentido".[25]

Pero además de darse en la articulación dinámica de las pulsiones que se acaba de ver, la permanencia del modo de despliegue de lo arcaico se

---

[24] Cfr. IS, págs. 678-680 [446-448].

[25] S. Freud, *Lecciones introductorias al psicoanálisis;* lección XXXI: *Disección de la personalidad psíquica,* (VIII), págs. 3142-3143 [I, 511-512]; citado por Ricoeur en F, pág. 430.

puede observar también, en particular, en la distribución de la carga afectiva pulsional: se trata de la permanencia del narcisismo. El narcisismo es el modo originario y permanente de configuración afectiva pulsional.

La "insistencia" afectiva del individuo en sí mismo se cumple inicialmente en el narcisismo infantil, para continuarse luego en el narcisismo de la constitución y funcionamiento del superyo –y en particular en la religión ello se puede ver en el deseo del padre protector–. Pero Freud entiende, además, que, en general, tras toda "salida" objetal, permanece siempre una necesaria medida de narcisismo.[26] Y aún, más en particular, en la misma elección madura de objeto, reconoce la presencia del modo narcisista de amar.[27]

Dice Ricoeur:

> "Vería de buena gana en la teoría del narcisismo el extremo más avanzado de esta arqueología, tomada en el nivel pulsional: el narcisismo, según parece, no agota su significación filosófica en este rol de obturación o de ocultamiento que nos ha hecho llamarlo el falso cogito. El narcisismo tiene también una significación temporal: es la forma original del deseo a la cual se vuelve siempre; hay que recordar aquellos textos en los que Freud lo designa con el nombre de 'reservorio' de la libido; en él se resuelve toda libido de objeto; a él retorna toda energía retirada. El es así la condición de todos nuestros desprendimientos afectivos y, se lo repetirá luego, de toda sublimación. Así, llega Freud a sostener que la elección objetal misma lleva la marca indeleble del narcisismo. Todos nuestros amores, según él, se modulan sobre los dos objetos arcaicos, la madre que nos ha llevado, nutrido y mimado, y nuestro propio cuerpo; elección anaclítica o elección narcisista, nuestro deseo, me atrevo a decir, no tiene otra elección".[28]

Así entonces, en la misma constitución del superyo en general, y por lo tanto, por ejemplo, en la misma religión, suceso tan alejado de los orígenes pulsionales primeros, se está repitiendo algo siempre igual: el comportamiento narcisista, modo perenne de cumplimiento afectivo de las perennes pulsiones.

---

[26] Cfr. S. Freud, *Una dificultad del psicoanálisis,* (VII), pág. 2433 *[Gesammelte Werke,* S. Fischer Verlag, Frankfurt am Main, Band XII, págs. 5-6].

[27] Cfr. S. Freud, *Introducción al narcisismo,* (VI), págs. 2025-2026 [III, 54-56].

[28] F, pág. 431.

Entonces, el carácter arcaico, de repetición de lo originario, propio de todas las figuras superiores de la conciencia, hasta su cúspide en la misma religión, queda suficientemente expresado globalmente y de manera sintética al afirmar que ellas acontecen en la constitución narcisista del superyo. Todos los análisis de la segunda parte de este trabajo, donde se habló del complejo de Edipo, superyo, retorno de lo reprimido son la descripción analítica de los sucesos que aquí ahora han sido vistos desde la óptica de la ausencia de la cuestión del sujeto en Freud, o de la presencia permanente de las formaciones inconscientes, o de la permanencia del proceso primario, o de la perennidad del narcisismo; todo ello abarcado bajo el título de arqueología.

Todas las formaciones culturales –desde la sociedad primitiva hasta lo sublime del arte, la moral, y la religión–, en la medida en que tienen que ver con la constitución narcisística del superyo, son también de naturaleza arcaica, repetición de lo originario pulsional y de su modo de realización a través de la afirmación narcisista del sujeto.[29]

Pero es posible aún avanzar, de la mano de Ricoeur, en el análisis de la arqueología del psiquismo.

La arqueología ha hecho ver hasta aquí que las pulsiones estructuradas en lo inconsciente, precisamente en sus aspectos de representación y afecto, son lo último a que puede llegar el conocimiento del psiconanálisis. Pero de los dos momentos psíquicos, Freud otorga mayor radicalidad al "representante afectivo" de la pulsión, por otra parte el lado de la pulsión más cercano a lo orgánico y cuantitativo. Ya en *La interpretación de los sueños* se afirmaba que sólo un deseo había podido poner en movimiento el aparato psíquico.[30]

Es con su momento afectivo de deseo que hacen su ingreso las pulsiones como magnitud psíquica. El deseo es una "corriente que parte del displacer y tiende hacia el placer". Es bajo el arco tendido de este movimiento afectivo que aparecen para el sujeto los objetos y sus representaciones. Los objetos y sus representaciones sólo tienen *sentido* en cuanto "sirven" al deseo y su satisfacción, esto es en cuanto "se ubican" en el marco precedente de la experiencia displaciente de la indigencia del sujeto.

Es para el precedente e indeterminado deseo que se constituyen los iniciales objetos de las pulsiones de autoconservación y sexuales –estas

---

[29] Cfr. F, págs. 432-437.
[30] Cfr. IS, págs. 708 [486]; 689-691 [460-462].

últimas apoyadas en el comienzo, como se sabe, en las primeras–. Y es en la matriz de esos primeros objetos y bajo el arco del deseo incesante –ahora más determinado– donde el momento representativo de la pulsión va haciendo presentes nuevos objetos que, como también se sabe, enmascaran los objetos primeros.

Es a impulsos del deseo que ascienden para el sujeto los sucesivos sentidos: los distintos objetos sexuales, desde los dispersos de las pulsiones parciales y los de la constitución mitigadamente anárquica del sujeto, hasta el objeto heterosexual del sujeto unificado, luego del paso por el Edipo; los objetos de la economía, la política, el arte, los valores y objetos morales y religiosos. Es siempre el deseo el que en su perenne insatisfacción y sucesivos enmascaramientos permite la aparición de los sentidos en la representación, o mueve a representar ilusoriamente los distintos sentidos para la conciencia. De tal manera, las representaciones son, en palabras de Ricoeur, la "semántica del deseo".

Todos los afectos, desde el deseo del pecho materno del lactante hasta el amor sublime de Dios, pasando por el autoerotismo, los deseos incestuosos de la etapa fálica, los amores sensuales y espirituales adultos, los intereses estéticos, éticos y teoréticos, son eco, repetición, variación no sustancial de deseos originarios.

Y las concomitantes representaciones, a su vez, dependen de tal deseo originario, a él acompañan y a él sirven, en una secuencia de sobreimpresiones que son sólo transformaciones progresivas accidentales de un mismo material, desde el pecho materno hasta las sublimes figuras de lo divino.

Desenmascarar, por ejemplo, el amor a Dios como deseo del padre protector es desentrañar la naturaleza de sólo un tramo de esa doble secuencia de metamorfosis de lo mismo.

Así entonces, si lo último son las pulsiones, allí lo radical y determinante es el deseo. La arqueología culmina en el descubrimiento de la radical originariedad del deseo. "Antes" de las representaciones se halla el deseo.

Pero entonces, todo lo que es sentido y palabra es algo derivado que remite en definitiva a algo que se le opone como distinto y que en la representación se expresa sin perder su diferencia. Dice Ricoeur:

> "...si el deseo es lo innombrable, está originariamente vuelto hacia el lenguaje; quiere ser dicho; está en potencia de palabra; que el deseo sea a la vez lo no-dicho y el querer-decir, lo innombrable y la potencia de

decir, es lo que constituye el concepto límite en la frontera de lo orgánico y de lo psíquico".[31]

Y más explícitamente:

"Ahora podemos comprender, bajo el título de arqueología del sujeto, esta problemática de la 'presentación afectiva', en tanto que distinta de la de la 'presentación representativa'; el psicoanálisis es el conocimiento fronterizo de aquello que, en la representación, no pasa a la representación. Lo que se presenta en el afecto y que no pasa a la representación es el deseo como deseo. La irreductibilidad del punto de vista económico a una simple tópica de las representaciones testifica que el inconsciente no es fundamentalmente lenguaje, sino sólo conato (poussée) hacia el lenguaje. Lo 'cuantitativo' es lo mudo, lo no hablado y lo no parlante, lo innombrable en la raíz del decir. Mas para decir este no-decir, la psicología no tiene más que la metáfora energética: carga, descarga, y la metáfora capitalista: colocación, inversión, y toda la secuencia de sus variantes. Lo que en el inconsciente es susceptible de hablar, lo que es representable, remite a un fondo no simbolizable: el deseo como deseo. Este es el límite que el inconsciente impone a toda transcripción lingüística que se pretendiera sin resto".[32]

De todo ello resulta –hace notar Ricoeur– que una investigación acerca del conocimiento debería tener en cuenta no sólo la intencionalidad de las representaciones como tales –lo que ellas presentan– sino además las interferencias del deseo que allí necesariamente juegan.

La atención al deseo "testifica la no autonomía del conocer, su enraizamiento en la existencia, entendida como deseo y como esfuerzo. Así se descubre no sólo el carácter insuperable de la vida, sino además la interferencia del deseo con la intencionalidad, a la cual inflige una invencible oscuridad, una irrecusable parcialidad. Así, finalmente, se confirma el carácter de tarea de la verdad: la verdad queda como una Idea, una Idea infinita, para un ser que nace como deseo y esfuerzo, o, para hablar como Freud, como libido invenciblemente narcisista".[33]

Entonces, lo que antes se dijo de la pulsión cabe ahora decirlo del deseo: él gesta objetos como tales y forma sujetos. Es el momento de deseo

---

[31] F, págs. 442-443; cfr. nota 12.

[32] F, págs. 438-439.

[33] F, págs. 442-443.

de la pulsión lo que todo lo mueve. El se despliega y en ese despliegue se procura, en orden al placer de la satisfacción, su propia palabra, su propia semántica, que son las representaciones. Los objetos representados *dicen* –siempre insuficientemente– el deseo, en cuanto constituyen lo que el deseo hace advenir ante sí como lo que la pulsión circunstancialmente necesita para satisfacerse en el circunstancial sujeto. La representación, siendo por cierto presencia intencional de algo, es sobre todo expresión de la intención del deseo y mediación para el logro del placer de la satisfacción.

Pero entonces, también se puede descubrir en Freud lo que Ricoeur sostiene siguiendo a Fichte y a Nabert: el hombre es "esfuerzo y deseo", "deseo de ser en la carencia de ser". Y es ese deseo el responsable de todas sus realizaciones.

En las "conclusiones" de la cuarta parte, esta decisiva temática del deseo será retomada y desplegada en sus implicaciones ya ontológicas para la filosofía reflexiva de Ricoeur.

2.- Arqueología y teleología

En el apartado anterior se ha precisado, siguiendo a Ricoeur, el sentido de la arqueología freudiana. Ahora corresponde ir articulando detalladamente esa arqueología con las interpretaciones teleológica y escatológica, en el marco general que se adelantara hacia el final de la primera parte del trabajo.[34]

Es claro que la "circulación" por las tres hermenéuticas sólo es posible a propósito de los símbolos religiosos y allí donde se de la fe en los mismos. Respecto de esto último es además decisivo recordar que para Ricoeur no hay tránsito posible desde la figura del espíritu que es la filosofía a la afirmación de Dios. Aunque sí sea posible, desde la fe en los símbolos religiosos, una filosofía que, como tarea racional, atienda a lo que tales símbolos dan que pensar.[35]

Precisamente, antes de mostrar la articulación de las tres hermenéuticas a propósito de lo religioso, Ricoeur analiza, como se verá, la integración de arqueología y teleología en otras esferas de la conciencia humana.

---

[34] I. 2. f.

[35] Cfr. punto I.2. e. de este trabajo; y lo que se dirá luego, en la parte IV, sobre la filosofía de Ricoeur.

Ricoeur procede gradualmente: desde lo más general hacia lo más particular y concreto. Así, primero analiza la presencia implícita en general de la vida en el espíritu, en la *Fenomenología del espíritu* de Hegel –la arqueología en la teleología–. Luego estudia la presencia implícita del espíritu en la vida –la teleología en la arqueología–, procediendo desde aspectos generales del psicoanálisis –los conceptos operatorios y la identificación–, hacia cuestiones progresivamente más particulares y concretas: la sublimación, analizada primeramente en sus dificultades generales y luego en sus manifestaciones concretas: moral, economía, política, arte.

Al cabo de estos pasos, queda claro para Ricoeur que las distintas figuras de la conciencia sólo son comprensibles si se completa y continúa la arqueología de Freud –según ella misma lo exige– con una visión teleológica: vida y espíritu "hacen" simultáneamente al hombre.

A.- La arqueología en la teleología

Ricoeur intenta mostrar la presencia, dentro de la arqueología freudiana, de una teleología implícita, no tematizada:

> "Lo que quiero demostrar es que, si el freudismo es una arqueología explícita y tematizada, remite de suyo, por la naturaleza dialéctica de sus conceptos, a una teleología implícita y no tematizada".[36]

Tal teleología implícita se hace patente en la confrontación con la fenomenología del espíritu de Hegel, entendida, precisamente, como una teleología explícita de la conciencia:

> "Propondré el ejemplo –o mejor el contra-ejemplo– de la fenomenología hegeliana, donde *los mismos problemas se presentan en un orden inverso. La Fenomenología del espíritu,* en efecto, es una teleología explícita de la toma de conciencia y, a este título, contiene el modelo de toda teleología de la conciencia".[37]

Ricoeur muestra primero esta teleología en sus rasgos propios y opuestos al pensamiento de Freud, para hacer notar luego que la misma fenomenología de Hegel contiene implícitamente elementos de arqueología.[38]

---

[36] F, pág. 446.

[37] F, pág. 446. La consideración de la *Fenomenología del espíritu* de Hegel se desarrolla en F, págs. 444-456.

[38] Cfr. F, págs. 447-456.

Así,

> "...diría que Freud liga una arqueología tematizada de lo inconsciente a una teleología no tematizada del 'devenir consciente', *como* Hegel liga la teleología explícita del espíritu a una arqueología implícita de la vida y del deseo".[39]

Ahora bien, hablar de arqueología con Freud es hablar de presencia insuperable de lo pulsional biológico-psíquico inconsciente; es la negación de la novedad de lo espiritual. Lo espiritual –ética, estética, saber, religión– es sólo una modificación accidental de lo pulsional sexual o de conservación; no hay superación del pasado, sino sólo perenne repetición enmascarada.

Frente a ello, hablar de teleología es hablar, en general y en cada figura de la conciencia, de novedad y especificidad de lo espiritual frente a su pasado. Las distintas figuras del espíritu son siempre algo nuevo frente a sus antecedentes, y precisamente aquello que justifica el pasado haciendo ver su sentido. Cada figura del espíritu tiene su verdad no en ella misma sino en la nueva figura que le sigue, hasta culminar en el saber absoluto; cada figura es portadora de un sentido que sólo sale a luz ante los ojos del filósofo que, desde la figura total del saber absoluto, lee ese sentido en la figura posterior y así puede verlo implicado en la anterior; lo cual le significa ver la verdad de ese pasado –y de todo pasado–. El pasado es siempre superado en algo nuevo, desde donde puede ser recuperado inteligiblemente.

Pero, además, el crecimiento de la conciencia supone siempre la presencia de otra conciencia. No hay progreso de las figuras del espíritu sino gracias, en definitiva, al encuentro de los deseos e intenciones de conciencias opuestas. Dice Ricoeur: "La conciencia de sí, dice Jean Hyppolite, 'es, en esta toma de conciencia, el origen de una verdad que es para sí al mismo tiempo que es en sí, que se hace en una historia por la mediación de conciencias de sí diversas, cuya interacción y unidad constituyen por sí el espíritu'".[40]

Arqueología significa repetición perenne del pasado, sin novedad propiamente dicha. Teleología significa progreso y novedad frente al pasado,

---

[39] F, pág. 446.
[40] F, pág. 450.

en un devenir mediado por el encuentro intersubjetivo, y comprensión de ese pasado desde su futuro.

> "Se resumiría bien la antítesis en estos términos: el espíritu es lo que tiene su sentido en las figuras ulteriores, es el movimiento que aniquila siempre su punto de partida y no se halla asegurado sino en el final; lo inconsciente significa fundamentalmente que la inteligibilidad procede siempre de las figuras anteriores, se comprenda esta anterioridad en un sentido puramente cronológico o en un sentido metafórico. El hombre es el único ser que es presa de su infancia; es el ser cuya infancia no cesa de tironearlo hacia atrás (...). Diremos entonces en términos muy generales: el espíritu es el orden de lo terminal; lo inconsciente el orden de lo primordial. Para dar cuenta de esta antítesis de la manera más breve, diré: el espíritu es historia, lo inconsciente es destino..."[41]

Luego de esta presentación general, vale la pena detenerse aún en las reflexiones de Ricoeur sobre las hermenéuticas de Freud y de Hegel.

Si cada figura de la conciencia humana tiene su única verdad radical y auténtica en el pasado –como en la arqueología freudiana– ninguna es una verdadera novedad; su diferencia pierde relevancia y propiamente no hay historia. Cada figura tiene una pseudo verdad: cada figura –actos y objetos– es sólo una máscara del pasado y así sólo una modificación "accidental" del mismo; el pasado está siempre presente y siempre obrando como actor principal.

Pero en la fenomenología del espíritu de Hegel las cosas son distintas. Como ya se dijo, cada figura tiene sentido, su verdad en la que le sigue; y así entonces, cada figura posterior constituye una novedad respecto de la anterior. Pero cabe preguntarse si, aquí también, cada figura no pierde relevancia, prestancia propia frente a la posterior, para perderla definitivamente cada una de todas, al caducar todas en la figura del saber absoluto.

Es claro que sólo en la luz de la verdad final –desde el saber del filósofo– cobran *toda* su verdad y son plenamente inteligibles cada figura en su devenir, esto es en su sucederse y explicarse cada una por su ulterior. Pero tal verdad final del saber absoluto filosófico no anula lo propio de cada figura, pues la sucesión de todas las figuras ha sido necesaria para el engendramiento del saber final. Y tal saber final –filosofía– no es un saber puntual, abstracto: su tema es lo sido; tal saber final –el espíritu– es

---

[41] F, págs. 452-453.

en rigor el pasaje lúcido por cada una de las figuras necesarias habidas
–y así una repetición–, el respeto de cada una de ellas en ese paso, hasta
el reconocimiento pleno de sí precisamente como saber absoluto, que se
sabe no como una figura externa mayor que anula a las anteriores, sino
como la figura dada por la circulación por todas las figuras; es la figura del
movimiento del tránsito circular –repetición– por todas las figuras, que
es la reafirmación plena de todas las figuras singulares: así, por ejemplo,
la certeza de la conciencia de sí que se da en distintas figuras –el amo y
el esclavo, el estoicismo, el escepticismo, etc.– se eleva en el espíritu a
la verdad sin más.

Cada figura no pierde nunca su especificidad y su novedad frente a la
posterior. Cada figura ha sido necesaria para engendrar el saber absoluto,
y tal saber absoluto tampoco anula tales figuras, pues él es la respetuosa
repetición de cada una en el seno de la lucidez de la figura total –que
es el espíritu–, repetición que *eleva* cada figura a la verdad, esto es, a su
"ubicación" en el todo. Esta repetición reafirma, eleva a la verdad, no
anula, por ejemplo, la certeza de la conciencia en cada figura.

El saber final es el movimiento total moviéndose como tal en cada
una de sus etapas, convirtiéndose así de su totalidad a cada singularidad
(figura) y salvando así cada singularidad en la totalidad; la figura total
figurándose en cada figura y cada figura figurándose en la figura total.
Es la repetición-salvación de cada figura, la superación de su carácter
abstracto, lo cual es la realización del espíritu, que así depende de cada
figura, tanto para llegar a ser como para cumplirse. Es la totalidad que se
hace cargo de sí misma recorriendo cada una de sus etapas; cada etapa
se hace plenamente tal gracias a la presencia del todo; y el todo se hace
propiamente tal por la presencia, en su presencia completa allí –la del
todo– de cada etapa.

En el primer movimiento, cada figura es entonces habitada por un
sentido, es parte de un todo sin saberlo; el saberlo es resultado del movimiento de repetición: el todo se sabe en cada figura y en todas ellas; y
cada figura se sabe –se reafirma– en ese saber del todo según lo propio de
sí misma, superando así su carácter inicialmente abstracto.

Así, cada figura no es anulada sino plenamente salvada en el saber
absoluto (espíritu-filosofía). Cada figura es necesaria –y así en su peculiaridad y novedad– para la llegada y para la realización-despliegue del
saber absoluto.

"No es de la conciencia misma que procede la génesis del sentido; la conciencia más bien está habitada por un movimiento que la mediatiza y eleva su certeza a la verdad. Aquí tampoco la conciencia se comprende mientras no acepte dejarse descentrar; el espíritu, el *Geist* es este movimiento, esta dialéctica de figuras, que hace de la conciencia una 'conciencia de sí', una 'razón' y, finalmente, en virtud del movimiento circular de la dialéctica, reafirma la conciencia inmediata, pero a la luz del proceso completo de la mediación. Al principio el desasimiento y, al final solamente, la repetición; entre los dos, lo esencial, a saber el curso completo de la constelación de las figuras: el amo y el esclavo, el exilio estoico del pensamiento, la indiferencia escéptica, la conciencia infeliz, el servicio del alma devota, la observación de la naturaleza, el espíritu de las luces, etc. El hombre deviene adulto, deviene consciente, en tanto que es capaz de estas nuevas figuras cuya sucesión constituye el espíritu en el sentido hegeliano del término".[42]

Sólo desde el espíritu y la filosofía es entonces posible una lectura de la sucesión de todas las figuras como develamiento progresivo del sentido final, o como automanifestación del espíritu. Tal lectura consituye así una *fenomenología del espíritu:* "es para nosotros filósofos, para nosotros que nos hallamos adelantados al movimiento, que se halla ya allí el espíritu".[43]

"La verdad de un momento reside en el momento siguiente; el sentido procede siempre desde el fin hacia el comienzo. Con esta primera regla de lectura se relacionan muchas consecuencias: en primer lugar, es en razón de este movimiento retrógrado de lo verdadero que es posible la fenomenología; si ella no crea nada, sino que sólo explicita el sentido a medida que el mismo se descubre, es que el sentido final es inmanente a cada uno de sus momentos anteriores; es por ello que la fenomenología puede desimplicar tal sentido ulterior de la inspección del sentido anterior; el filósofo puede así modelarse sobre lo que *aparece,* puede ser fenomenólogo; pero si puede decir lo que aparece, es porque lo ve en la luz de las figuras ulteriores; es este avance del espíritu sobre sí mismo lo que hace la verdad, que no sabe de sí misma, de las figuras anteriores; he allí el rasgo que cualifica a esta fenomenología como fenomenología del espíritu y no de la conciencia. Es por la misma razón que la conciencia que es así revelada no es en absoluto la conciencia que precede a este movimiento

---

[42] F, págs. 447-448.

[43] F, pág. 451.

dialéctico; es sabido que Hegel llama conciencia, en la *Fenomenología del espíritu,* a la simple manifestación del ser del mundo para un testigo que no se sabe a sí mismo. Antes de la conciencia de sí, la conciencia es simplemente la manifestación del mundo".[44]

Se ha dicho que las figuras de realización del espíritu, en Freud, son sólo, en cada caso, una modificación "accidental" de lo pulsional originario. Más radicalmente, y conforme a lo dicho en el final del apartado anterior, corresponde afirmar que, en Freud, la vida y el deseo originario constituyen el fondo arqueológico insuperable de todo el devenir psíquico.

Ahora bien, así como mostrará en seguida la presencia implícita de la teleología en la arqueología de Freud, a Ricoeur le interesa mostrar también la presencia implícita de la arqueología señalada en la *Fenomenología del espíritu* de Hegel. Y, según lo que se acaba de decir, ello será tanto como mostrar, en la teleología de Hegel, el reconocimiento implícito de lo insuperable de la vida y el deseo.

Vida y deseo son en Freud lo insuperable que se enmascara como espíritu. El espíritu, en la *Fenomenología del espíritu,* se reconoce como ya presente –pero no sabido, y así aún no "espíritu"– en la figura específica de la vida y el deseo, y en todas las otras figuras; pero –como ya se indicara– la vida y el deseo y todas las demás figuras, precisamente en razón de su diverso grado de conciencia o saber, no pierden su especificidad en el espíritu como saber final: éste es –valga la reiteración– la figura final del movimiento del tránsito –repetición– por todas las figuras, que es la reafirmación plena de todas las figuras singulares y su autoapropiación en la verdad de sí mismo. Así, también en Hegel la vida y el deseo son lo insuperable de todo el devenir.

> "En Hegel el espíritu es la verdad de la vida, verdad que no se sabe aún en la posición del deseo, pero que se reflexiona en la toma de conciencia de la vida. La conciencia de sí, dice Jean Hyppolite, 'es, en esta toma de conciencia, el origen de una verdad que es para sí misma al mismo tiempo que es en sí, que se hace en una historia por la mediación de las conciencias de sí diversas, cuya interacción y unidad constituyen el espíritu'. Es por ello que la 'Unruhigkeit', la 'inquietud' de la vida, no es definida en principio como empuje y pulsión, sino como no coincidencia consigo misma; ella contiene en sí ya la negatividad que la hace otra y que, haciéndola

---

[44] F, págs. 448-449.

ser otra, la hace ser sí misma; la negación le corresponde en propiedad; es por ello que Hegel puede decir que la vida es el sí mismo (soi), pero bajo forma inmediata –el sí mismo en sí mismo– que no se sabe sino en la reflexión en la que el sí mismo es finalmente para sí mismo. Así, la luz de la vida, para hablar como San Juan, se revela en la vida y por la vida, pero es la conciencia de sí la que sigue siendo sin embargo la tierra natal de la verdad y en principio la verdad de la vida".[45]

Y por ello:

"¿No es precisamente la teleología de la conciencia de sí la que, *a la vez,* manifiesta que la vida es superada por la conciencia de sí y la que descubre que la vida y el deseo no son nunca superables, como posición inicial, afirmación originaria, expansión inmediata? La vida es, en el corazón mismo de la conciencia de sí, ese espesor oscuro que la conciencia de sí, en su avance, revela detrás de ella, como lo que aporta consigo la primerísima diferencia de sí mismo".[46]

De esta manera, Ricoeur ve en Hegel la presencia *implícita* de Freud. Pero ahora corresponde mostrar en especial, con Ricoeur, la presencia implícita de Hegel en Freud, la presencia de la teleología en la arqueología.

B.- La teleología en la arqueología

a.- Los conceptos operatorios y la identificación

Ricoeur discierne la presencia implícita de la teleología en la arqueología, en primer lugar, en ciertos conceptos operatorios, que tienen que ver con "la constitución misma del 'campo psicoanalítico' como relación dual, como relación de interlocución".[47]

La situación de la terapia analítica es siempre intersubjetiva. El proceso de la cura culmina cuando se alcanza la igualdad de las conciencias. Antes de tal momento, la verdad del paciente se halla en el analista, lo cual hace que se dé allí una situación de desigualdad. En la cura, el paciente hace suya su verdad, que antes sólo se hallaba en el analista, y así deviene sí

[45] F, pág. 450.
[46] F, págs. 453-454.
[47] F, pág. 458.

mismo. El devenir sí mismo, la novedad de la autoconciencia depende entonces del encuentro, inicialmente desigual, con otra conciencia.

Pero, además, es sabido que en este proceso que se desarrolla entre dos subjetividades juega un papel fundamental la transferencia. En ella, el paciente repite frente al analista –a semejanza de lo que sucede en los desplazamientos oníricos– una serie de situaciones del pasado; pero si en la transferencia se trata de una situación intersubjetiva, los sucesos allí repetidos se revelan como sucesos que también en su momento se dieron en situación intersubjetiva: el conflicto edípico –el suceso-matriz del pasado– es todo él un encuentro entre conciencias, una interrelación de los deseos del niño con los de sus padres; y es de estas relaciones inicialmente desiguales que ha de surgir la figura del adulto como la novedad de una conciencia madura, igual a la de sus mayores.

> "La conciencia del niño tiene al comienzo su verdad en la figura del padre, que es su primer sublime, su supremo; como el esclavo, el niño ha canjeado –por un pacto tan ficticio por otra parte como el que liga al esclavo a su amo– su seguridad contra su dependencia. Mas es con la dependencia que debe hacer la independencia".[48]

Pero la presencia de la dialéctica intersubjetiva puede encontrarse, según Ricoeur, aún en otros conceptos fundamentales de Freud.

> "La sistemática freudiana objetiva en un aparato solipsista relaciones que tienen su origen en situaciones intersubjetivas y en el proceso de desdoblamiento de la conciencia. Por ello se reencuentran en el interior mismo de la tópica, en tanto que relación intrapsíquica, relaciones que figuran la intersubjetividad original".[49]

Tanto la primera tópica, con su distinción de la conciencia y lo inconsciente, cuanto la segunda, con su ello, yo y superyo, son el reflejo, en la estructura del psiquismo, de relaciones intersubjetivas. En efecto, la constitución del proceso secundario como reconfiguración del primario o, lo que es finalmente su secuela, a saber la constitución de lo inconsciente como distinto de la conciencia,[50] es obra de la represión, pero ésta a su vez es un suceso psíquico desencadenado por el encuentro conflictivo

---

[48] F, pág. 459.

[49] F, pág. 460.

[50] Cfr. IS, pág. 708 [487].

del deseo del sujeto con el deseo opuesto de otro sujeto:[51] la represión decisiva configurante del psiquismo y que del mismo modo procura el material del núcleo estructurante de lo inconsciente es la represión del complejo de Edipo, el cual por su parte es una relación conflictiva de deseos, un conflicto intersubjetivo.

> "...el deseo está desde el comienzo en situación intersubjetiva. Es deseo frente a la madre y frente al padre, es deseo frente al deseo y, a este título, se halla desde siempre dentro del proceso de la negatividad, en el proceso de la conciencia de sí".[52]

En la segunda tópica también se pueden encontrar las huellas de la relación intersubjetiva. En primer lugar, el superyo – independientemente de sus problemáticas consistencia y naturaleza, que luego se verán– es el reflejo del conflicto edípico que se anotó anteriormente, y con él, como una de las instancias intrapsíquicas, se continúa el juego de oposición que en su momento se desplegara con la instancia parental. Aquí es más clara que en la primera tópica la presencia de la oposición dialéctica intersubjetiva. Pero, en segundo lugar, aquí la oposición al deseo individual ha asumido ya las dimensiones de lo cultural, que constituyen ya –como se verá– una esfera "diversa" de lo pulsional primario.

Así entonces, a) la relación terapéutica psicoanalítica en su estructura y en su desarrollo, b) los conflictos pasados que en ella salen a luz, y c) la estructura de las dos tópicas freudianas, todo ello denota, según Ricoeur, una básica estructura dialéctica intersubjetiva en la constitución de la conciencia humana.

---

[51] Sobre proceso primario y proceso secundario, cfr. la segunda parte de este trabajo, punto 1. El proceso primario, explica Freud en IS (lugar señalado en nota anterior), es el antecedente de lo que será el inconsciente. Precisamente, los elementos representativos del proceso primario rechazados –represión–, para adecuarse a las exigencias de la realidad irán constituyendo el contenido del inconsciente, que se irá enriqueciendo progresivamente desde lo primero reprimido, para continuarse con lo que sea reprimido a lo largo de la vida del individuo. Por otra parte, Freud entiende que toda represión propiamente dicha sólo es posible si se conjugan dos movimientos: el rechazo del contenido en cuestión por la conciencia y la atracción ejercida sobre ese contenido desde los contenidos ya inconscientes. Es claro que esto lleva a la cuestión de la primera represión –*Urverdrängung*– que no podría contar con la atracción desde lo inconsciente. Freud al menos anota los mecanismos distintos propios de la *Urverdrängung* y de la represión propiamente dicha. Cfr. los lugares señalados en nota 5.

[52] F, pág. 461.

En esa presencia de un proceso intersubjetivo en el crecimiento de la conciencia –presencia que se halla implícita en los conceptos freudianos analizados– se puede reconocer la presencia implícita de un importante elemento de la teleología en la arqueología de Freud.

En segundo lugar, el análisis del concepto freudiano de identificación arroja, para Ricoeur, resultados aún más importantes. En su lugar se explicó que en la salida del complejo de Edipo, la instancia parental queda instalada en el individuo como superyo, como una instancia intrapsíquica, por un proceso de identificación y desexualización o sublimación, e idealización del objeto.

El otro exterior ingresa así en el interior del sujeto y en cierto modo se puede decir que se mantiene allí como otro, en cuanto produce una diferenciación, que es precisamente el superyo. La identificación parece ser así un reconocimiento de la alteridad del deseo de otra conciencia en el seno del propio sujeto y su deseo.

Sin embargo, cuando Freud intenta explicar esa identificación, termina despojándola de su originalidad como superación de una posición solipsística del sujeto. En efecto, esa identificación es entendida en términos narcisistas: se trata allí no tanto de una asunción del otro como tal, cuanto de una disolución del otro en el propio yo; lo allí amado no es el otro en su alteridad, sino el propio yo que con el otro se fortalece y goza allí, además, su propia perfección –el superyo como fortalecimiento frente al ello y como consuelo de perfección–. Lo que en este proceso hay de relación intersubjetiva, de reconocimiento, es entrevisto e inmediatamente no tenido en cuenta.

> "Diría de buena gana que el psicoanálisis, bajo el nombre de identificación, sólo conoce la sombra proyectada sobre el plano de una económica de las pulsiones, de un proceso de conciencia a conciencia cuya inteligencia resulta de otro tipo de interpretación".[53]

Desde esta cuestión de la identificación superyoica se puede alcanzar aún una visión que integrará el análisis de los puntos anteriores.

El gozne de todo el acontecer es, naturalmente, el complejo de Edipo. Allí el deseo se halla en relación intersubjetiva, desde sus comienzos mismos como deseo de un sujeto ya configurado como un todo. Es ese carácter intersubjetivo del acontecer psíquico desde sus orígenes lo que

---

[53] F, pág. 463.

se revela en la cura como tal y en sus avatares de transferencia, y en las dos tópicas de Freud; pero es sobre todo lo que queda cristalizado en el heredero del complejo de Edipo que es el superyo. Y aquí se ha de tener especialmente en cuenta que la salida del complejo, con la constitución normal del superyo, es lo que hace posible la apertura progresiva del sujeto a sus realizaciones superiores. Así entonces, la mediación del otro desde el nacimiento mismo del deseo y su institucionalización en el superyo es lo que posibilita el crecimiento, el progreso de la conciencia –que se trate, para el psicoanálisis, de un específico progreso, de una auténtica, radical novedad, es tema que por ahora puede quedar en suspenso–.

Ahora bien, según se vio, esa mediación de la otra conciencia, institucionalizada en el superyo, es lo que Freud deficientemente reconoce con su concepto de identificación. Pero el reconocimiento por parte del mismo Freud de la insuficiencia de tal concepto, entendido como regresión narcisista, autoriza a pensar que precisamente lo que tal concepto deja escapar –y que Freud entrevería– es la temática de la intersubjetividad.

Así, la intersubjetividad como elemento decisivo en el devenir de la conciencia, reconocida explícitamente por la teleología, se hallaría implícitamente en el psicoanálisis.

Dice Ricoeur:

> "En ninguna parte aparece tan claramente que en una económica la identificación es sólo comprendida sobre el camino de la regresión y se le escapa en tanto que proceso fundador: 'Cuando se ha perdido un objeto al que ha sido forzoso renunciar, sucede muy a menudo que en compensación se produzca una identificación con tal objeto, erigiéndolo nuevamente en el yo, de tal manera que aquí la elección objetal regresa a la identificación'. La confesión que sigue es suficiente para mostrar que algo esencial, por así decir, se escapa en el momento mismo en que la identificación es reconocida en su inmensa dimensión: 'Estoy poco satisfecho con estas explicaciones sobre la identificación, mas concededme que el establecimiento del superyo puede ser considerado como un caso de identificación exitosa con la instancia parental'".[54]

Como se dijo, la intersubjetividad que se halla institucionalizada en el superyo es herencia de la intersubjetividad que desde el comienzo mismo afecta al deseo. Así entonces, ella no puede ser entendida como algo

---

[54] F, pág. 464. Las citas de Freud pertencen a: *Lecciones introductorias al psicoanálisis;* lección XXXI: *Disección de la personalidad psíquica,* (VIII), pág. 3136 [I, 502].

173

añadido: se trata de una nueva peripecia de la dialéctica intersubjetiva propia del deseo humano como tal.

Afirma Ricoeur:

> "Ahora bien, el deseo, decíamos antes, se halla desde el comienzo en situación intersubjetiva; por ello, la identificación no es un proceso que se añadiría desde afuera; es la dialéctica del deseo mismo. La significación profunda del complejo de Edipo está allí, en tanto que identificación 'exitosa', para retomar la expresión evocada anteriormente. No queda todo dicho en una concepción puramente regresiva del abandono del objeto. Cuando decimos que el superyo es el heredero del complejo de Edipo, decimos mucho más que lo que hace ver una económica de la desinversión: el 'abandono' del complejo de Edipo, la 'renuncia a las intensas cargas libidinales realizadas sobre los padres' designan solamente el impacto económico, en términos de desinversión, de un proceso creador, a saber el progreso de la identificación y la institución de una estructura. Freud no está lejos de reconocerlo: 'en compensación de la pérdida sufrida, las identificaciones probablemente muy antiguas con sus padres son reforzadas en el yo. Tales identificaciones, residuos de cargas objetales abandonadas, se repetirán luego bastante a menudo en la vida del niño. Pero este primer caso de conversión (*Umsetzung*) tiene una importancia especial y ocupa un lugar particular en el yo como consecuencia de su gran valor afectivo'".[55]

Finalmente y como conclusión global, habrá que aceptar entonces –por ahora en los puntos analizados– que así como se vio en general que Hegel admite implícitamente a Freud y lo reclama para su explicitación, así también Freud admite implícitamente a Hegel y lo reclama para su explicitación; y esto significa: la articulación de ambas hermenéuticas es necesaria para la lectura de la conciencia.

b.-*La sublimación. Textos y dificultades.*

Corresponde estudiar ahora la controvertida cuestión de la sublimación. Es necesario hacer, con Ricoeur, el análisis cuidadoso de los textos centrales de Freud que se refieren a este tema.[56] En primer lugar, Ricoeur

[55] F, pág. 465; la cita de Freud corresponde al mismo texto señalado en la nota anterior.
[56] Cfr. F, págs. 467-475. Todos los textos de Freud que se analizarán a continuación han sido objeto de una traducción que en varios lugares difiere en aspectos importantes

invita a detenerse en un grupo de cuatro textos que se hallan en *Tres ensayos para una teoría sexual*.

El primer texto se encuentra en el primer *Ensayo* bajo el subtítulo "Fijación de fines sexuales preliminares".[57] El contexto necesario para comprender lo allí dicho es el de las pulsiones sexuales parciales. Es sabido que, según Freud, tales pulsiones, en las etapas previas a la constitución total del sujeto, buscan y logran su propia satisfacción de

---

de la versión española indicada oportunamente. La exposición sigue, naturalmente, la línea del análisis de Ricoeur, pero en algunos casos se extiende en detalles y precisiones que, si bien no se hallan en el texto de Ricoeur, vienen sugeridos por su análisis.

[57] *Tres ensayos para una teoría sexual,* (IV), págs. 1184-1185 [V, 65-67]. El texto es el siguiente: *"Aparición de nuevos fines sexuales.* Todas las condiciones externas e internas que dificultan o alejan la consecución del fin sexual normal (impotencia, coste elevado del objeto sexual, peligros del acto sexual) favorecen, como es comprensible, la tendencia a permanecer en los actos preparativos, y a formar nuevos fines sexuales a partir de ellos, que pueden sustituirse al normal. Un penetrante examen muestra siempre que estos nuevos fines se hallan todos –hasta los de más extraña apariencia– indicados en el proceso sexual normal. *Tocamiento y contemplación.* Para la consecución del fin sexual normal es indispensable –por lo menos al hombre– una cierta medida de tocamiento. Son, además, universalmente conocidos la fuente de placer y el aporte de nueva excitación que se alcanzan por las sensaciones del contacto con la epidermis del objeto sexual. Así, pues, la detención en el tocar no puede apenas contarse entre las perversiones, cuando el acto sexual luego continúa. Igual sucede con la contemplación, derivada del tocamiento en último término. La impresión visual es el camino por el que más frecuentemente es despertada la excitación libidinosa, y con ella –si es permisible esta manera teleológica de considerar la cuestión– cuenta la selección dejando desarrollarse hasta la belleza al objeto sexual. La progresiva ocultación del cuerpo, que se da con la civilización, mantiene despierta la curiosidad sexual, la cual tiende a completarse el objeto por descubrimiento de las partes ocultas, pero que puede derivarse ("sublimarse") hacia lo artístico (die aber ins Künstlerische abgelenkt ["sublimiert"] werden kann) cuando es posible arrancar su interés de los genitales y dirigirlo a la forma física total. Una detención en este fin sexual intermediario de la contemplación sexualmente acentuada corresponde, en cierto grado, a todos los normales y hasta es lo que les da la posibilidad de dirigir cierta cantidad de su libido hacia fines artísticos más elevados. Por el contrario, el placer de la contemplación resulta en una perversión: a) cuando se limita exclusivamente a los genitales; b) cuando se liga con el vencimiento de la repugnancia *(voyeurs,* espectadores de las funciones de excreción); c) cuando en vez de preparar el fin sexual normal, lo reprime (verdrängt). Esto último es lo que sucede de modo característico con los exhibicionistas, los cuales, si se me permite concluir un resultado general del único caso de esta perversión que me ha sido posible someter al análisis, muestran sus genitales para que, en reciprocidad, les sean enseñados los de la parte contraria. En la perversión cuya aspiración es contemplar y ser contemplado aparece un muy notable carácter que nos ocupará aún más intensamente en la aberración que a continuación examinaremos. El fin sexual se encuentra aquí en una doble configuración, a saber en forma *activa y pasiva.* El poder que se opone al placer de contemplar y que es vencido a veces por éste es el *pudor* (como antes la repugnancia)."

manera independiente –succión del pulgar, tocamiento, actividad anal, contemplación-exhibición– o, a lo sumo, en una anarquía mitigada, en las etapas oral, sádico-anal y fálica. En el sujeto completo, en el acto sexual normal, tales pulsiones se integran orgánicamente bajo la primacía de lo genital, y sus satisfacciones respectivas –del tocar, contemplar, etc.– constituyen fines preliminares y preparatorios del acto sexual total hasta su finalización.[58] Tales fines sexuales preliminares, en el devenir normal del individuo, son progresivamente integrados y subordinados a su sentido orgánico final por medio de la tarea educativa de los "diques" –por ejemplo el pudor, frente a la contemplación-exhibición– que Freud reconoce como surgiendo espontáneamente del individuo, pero que habrían tenido su origen primero en inhibiciones exteriores.[59] Tales diques inhiben el cumplimiento independiente de tales fines y en algunos casos –por ejemplo el dique de la repugnancia ante los excrementos– inhiben tal cumplimiento, desterrándolo totalmente de la vida del individuo. Pero tal cumplimiento independiente de los fines, esto es de la satisfacción de las pulsiones sexuales parciales, retorna en las perversiones.

Ahora bien, en este texto, Freud afirma que el fin sexual preliminar de la contemplación –que, en general se constituiría en perversión si el sujeto se detuviera sólo en él (y referido sólo a los genitales o con el vencimiento de una repugnancia)– es *sublimado ("sublimiert")* en lo artístico. Es decir, tal fin se cumple –y al margen de toda integración en un acto sexual total– en el arte, en el mismo objeto –pero se logra dirigir la contemplación a todo el cuerpo y no sólo a los genitales–, sin que ello constituya una perversión.

Los diques son mencionados de paso por el texto aquí analizado, cuando habla de "la progresiva ocultación del cuerpo que se da con la civilización". Pero su tarea inhibitoria no es puesta inmediatamente en relación con la sublimación –aquí la que corresponde a la actividad estética–; sólo se dice, meramente a continuación de la mención señalada,

---

[58] Cfr. por ejemplo, *Lecciones introductorias al psicoanálisis;* lección XXI: *Desarrollo de la libido y organizaciones sexuales,* (VI, pág. 2322) [I, 316].

[59] Cfr. *Tres ensayos para una teoría sexual,* (IV), págs. 1188 (cfr. nota 654); 1197-1198 [V, 71; 85]. Es importante notar que la versión española de la nota indicada traduce "esos poderes (repugnancia, vergüenza, moralidad) como diques para el desarrollo de la sexualidad *pueden* considerarse también como residuos históricos de inhibiciones exteriores..."; pero el texto alemán dice *"deben* considerarse" ("man *muss...")*. Sobre los diques se hablará a propósito del segundo texto a analizar.

que la pulsión de la contemplación "puede derivarse ('sublimarse') hacia lo artístico".

Entonces, la sublimación es aquí, en general, en el hombre normal, la desviación de la libido de la pulsión sexual parcial de la contemplación –dirigida al cuerpo como totalidad– hacia fines –satisfacciones– artísticos.

Como se ha podido ver, Freud menciona en este texto la tarea inhibitoria de los diques y habla claramente de la sublimación. Pero no se establece aquí, como nota Ricoeur, una distinción entre represión y sublimación.

El texto siguiente se halla en el segundo *Ensayo,* y su tema es, precisamente, "Formación reactiva y sublimación".[60]

En este texto se trata nuevamente de la desviación del fin de la sexualidad. En particular, la cuestión es la conexión entre los diques –repugnancia, pudor, moralidad– y las pulsiones sexuales infantiles. Unas líneas antes, Freud ha caracterizado esos diques como los responsables, con su función de contención, del estrechamiento del despliegue de las pulsiones en su dirección ("...werden die seelischen Mächte aufgebaut, die später dem Sexualtrieb als Hemmnisse in den Weg treten und gleichwie Dämme seine Richtung beengen werden...").

Freud se pregunta con qué medios se inducen en el psiquismo esas construcciones que son los diques. Y responde que ellos logran constituirse y desplegar su tarea, esto es inhibir el despliegue de esas pulsiones

---

[60] *Tres ensayos para una teoría sexual,* (IV), pág. 1198 [V, 85-86]. El texto es el siguiente: "*Formación reactiva y sublimación.* ¿Con qué elementos se constituyen estos diques tan importantes para la cultura personal y la normalidad ulteriores? Probablemente a costa de los mismos impulsos sexuales infantiles, que no han dejado de afluir también durante este período de latencia, pero cuya energía es desviada en todo o en la mayor parte de la utilización sexual y orientada hacia otros fines. Los historiadores de la civilización parecen coincidir en aceptar que por este desvío de las fuerzas pulsionales sexuales de los fines sexuales y orientación hacia otros fines –proceso que merece el nombre de sublimación (Sublimierung)–, se consiguen poderosos componentes para todos los logros culturales. Añadiríamos que tal proceso interviene en el desarrollo individual y pondríamos su comienzo en el período de latencia sexual de la infancia. También sobre el mecanismo de esta sublimación puede formularse una hipótesis (Vermutung). Los impulsos sexuales de estos años infantiles serían por una parte inaprovechables, puesto que las funciones reproductoras no han aparecido todavía, lo que constituye el carácter esencial del período de latencia. Además, tales impulsos serían perversos en sí mismos, esto es, partirían de zonas erógenas y serían llevados por pulsiones que, dada la orientación del desarrollo del individuo, sólo podrían provocar sensaciones displacentes. De allí, pues, despiertan fuerzas psíquicas contrarias (excitaciones reactivas) que erigirán para la supresión (Unterdrückung) efectiva de tal displacer los diques psíquicos citados (repugnancia, pudor, moral)".

parciales, sólo a costa de hacer, simultáneamente, que esas pulsiones se desvíen hacia nuevos fines. Es decir, sólo es posible impedir que las pulsiones alcancen sus fines originarios, a costa de afectar a esas pulsiones de tal modo que queden desviadas hacia nuevos fines, distintos de los sexuales originarios.

Entonces, los diques son "formaciones reactivas" que, precisamente, se oponen, con su tarea inhibitoria, a los actos pulsionales originarios.[61]

Y con tales diques se produce, para las pulsiones a cuyos actos ellos se oponen, el abandono del fin original sexual y la orientación hacia nuevos fines; este abandono y nueva orientación merece el nombre de *sublimación*.[62] En las palabras de Freud: la sublimación es el "proceso en

[61] Cabe señalar, de paso, que esos diques, seguramente, no tienen una función puramente negativa; también han de fijar fines positivos para la conducta, como sucede, por ejemplo, con las "exigencias ideales estéticas y morales". De ser ello así, ¿esos diques se cargarían entonces con los fines que como secuela de su tarea inhibitoria han aparecido como "nuevos fines" para las pulsiones sexuales parciales? Indudablemente, esto tendrá su respuesta acabada, al menos para el orden moral, con la teoría acerca de la formación y función del superyo. Algo con lo que aún no cuenta Freud, a la altura del texto central de *Tres ensayos*.... En un párrafo inmediatamente anterior al texto aquí analizado Freud enumera, en un paréntesis que no es consignado por la traducción española, los diques en cuestión: "la repugnancia, el sentimiento de pudor, las exigencias ideales estéticas –luego no mencionadas en el texto central que aquí se analiza– y morales".

[62] El condensado texto de Freud mueve a otras varias consideraciones. Se mencionan aquí los diques: la repugnancia, el pudor y la moralidad –cfr. también *Tres ensayos...*, (IV), pág. 1188 [cfr. nota 654], [V, 71]–. Los dos primeros afectan, según Freud, respectivamente, a la pulsión anal en general y a la pulsión de contemplación-exhibición –cfr. texto ya analizado–. Ahora bien, en el sentido del texto aquí estudiado, habrá que concluir que el dique de la repugnancia da lugar a una derivación (por sublimación) hacia nuevos fines. Freud se ocupa de ello en *Sobre las transmutaciones de las pulsiones y especialmente del erotismo anal,* (VI, pág. 2034) [VII, 123] y en *El carácter y el erotismo anal,* (IV, pág. 1354) [VII, 23], y, precisamente, ve tal derivación, en parte, en el ámbito de la economía (sobre ello se volverá luego, con Ricoeur). Quedaría aún por determinar, por ejemplo, a qué pulsiones afectaría el dique de la "moralidad"; al respecto se ha de advertir, en primer lugar, la generalidad del término utilizado y, en segundo lugar y principalmente, que, a la altura de lo fundamental de la redacción de los *Tres ensayos...* –a lo que pertenece el texto analizado– Freud no ha elaborado aún sus teorías del complejo de Edipo y del superyo. Hacia dónde apunta lo dicho en este texto, puede verse bajo el subtítulo "Diques contra el incesto" –*Tres ensayos...*, (IV), págs. 1226-1228 [V, 128-131]– y en las líneas iniciales de la "síntesis" final –*Tres ensayos...*, (IV), págs. 1230-1231 [V, 134-135]–. Admitidos luego el complejo de Edipo y su heredero, el superyo, éste con su fundamental función reguladora moral, cabría preguntarse bajo qué condiciones se debe seguir manteniendo la teoría de los diques como formaciones reactivas, al menos para el caso de la repugnancia y el pudor (¿y lo estético?).

el que las fuerzas pulsionales sexuales son desviadas de sus fines sexuales y orientadas hacia otros distintos".

En este texto, como se ha podido notar, queda señalada la tarea inhibitoria (Unterdrückung) de los diques y es mencionada y en cierta medida descripta la sublimación; pero, como nota Ricoeur, aquí tampoco se establece una distinción entre represión y sublimación.

El tercer texto se encuentra al final del segundo *Ensayo* y se refiere a los "Caminos de influjo recíproco" entre las funciones sexuales y otras *funciones*.[63]

Pero vale la pena detenerse aún para arriesgar un análisis de la suposición (Vermutung) que adelanta Freud acerca del mecanismo de la sublimación aquí presentada. Al respecto, se ha de tener en cuenta, también, lo afirmado por Freud en el fragmento inmediatamente anterior al texto aquí analizado y que lleva el subtítulo "Las inhibiciones sexuales". Freud intenta explicar la formación de los diques a partir del sentido total del devenir de la sexualidad, es decir, teleológicamente. Se podría pensar como sigue. En el período de latencia que media entre las dos floraciones de la sexualidad –la floración anárquica de las pulsiones parciales y la floración jerárquica orientada al otro como un todo– no ha aparecido aún la función reproductora, meta de todo el desarrollo; así, las pulsiones sexuales parciales son inaprovechables. Además, de permitirse su satisfacción indiscriminada, tales pulsiones se fijarían (perversiones); y así fijadas provocarían luego, ya en el adulto, sensaciones displacientes, al no permitir alcanzar la meta final, a saber el acto sexual total (donde se cumple la "orientación del desarrollo del individuo"). Entonces, tales pulsiones debieron ser impedidas –¿obra de la vida, sin intervención lúcida del individuo?– por la contraposición de otras fuerzas. Aparecen entonces en el individuo actos opuestos –que provienen de fuerzas opuestas (Gegenkräfte-Reaktionsregungen)– a los de las pulsiones señaladas. Estos actos opuestos son los que se denominan, por ejemplo, actos de pudor, repugnancia. Estos actos quedan cristalizados e incorporados al psiquismo en los *diques*. Así incorporados se continúan luego por herencia, y así salen hoy al encuentro de la educación que, también por su parte, intenta frenar aquellas pulsiones (cfr. *Tres ensayos...*, (IV), págs. 1188 [nota 654]; 1197-1198 [V, 71; 85]). Y un último intento de precisión: si se atiende al mecanismo de su constitución, los diques pueden ser entendidos como "formaciones reactivas" (Reaktionsbildungen), al paso que su nombre de "diques" haría alusión a su función de oposición respecto de los actos de las pulsiones. (Lo dicho acerca de la aparición originaria de los diques no excluye la posibilidad de que, por el avatar histórico concreto que fuere –de él "se valdría" la evolución en el hombre– esos diques le fueran impuestos al hombre "desde afuera" –cfr. la nota 654 de Freud ya señalada–).

[63] *Tres ensayos para una teoría sexual*, (IV), págs. 1214-1215 [V, 110-111]. El texto es el siguiente: *"Caminos de influjo recíproco. Si dejamos aparte la expresión figurada, tanto tiempo mantenida, en la que hablamos de 'fuente' de la excitación sexual, podemos llegar a la hipótesis (Vermutung) de que todos los caminos de enlace que conducen a la sexualidad desde otras funciones pueden ser recorridos también en dirección inversa. Así por ejemplo, la posesión de la zona labial común a ambas funciones es el fundamento de que en la alimentación surja satisfacción sexual; así, el mismo momento nos permite la comprensión de las perturbaciones en la alimentación, cuando las funciones erógenas de la zona común están perturbadas. Si sabemos que la concentración de la atención puede provocar excitación sexual, podemos llegar

En lo que inmediatamente antecede a este fragmento[64] se ocupa Freud de precisar de dónde puede provenir la excitación sexual. Así, distingue como "fuentes" de la excitación sexual: las pulsiones sexuales parciales, que son excitaciones provenientes del interior del organismo y que se despliegan en las "zonas erógenas"; los estímulos exteriores sobre tales zonas erógenas; excitaciones provenientes de la satisfacción de otras funciones orgánicas –el ejemplo es el apoyo inicial de las pulsiones sexuales en las de autoconservación–. Si, además, se considera que todo el cuerpo posee erogeneidad –las zonas erógenas son sólo zonas privilegiadas– es comprensible que ciertas excitaciones mecánicas y la misma actividad muscular puedan ser fuentes de excitación sexual. Y finalmente Freud menciona, como otras funciones cuya satisfacción puede excitar sexualmente, ciertos procesos afectivos y aún el mismo trabajo intelectual.

Pero entonces, continúa Freud –ya en el texto que aquí se analiza–, si en general se puede llegar a lo sexual desde lo no sexual, también se puede llegar a lo no sexual desde lo sexual. Y se puede tomar como caso ejemplar el ya mencionado apoyo inicial de las pulsiones sexuales en las de autoconservación. El mismo Freud acude al ejemplo de la alimentación: en la succión del pecho materno, el niño experimenta, junto a la satisfacción del hambre, un placer suplementario, en el deslizarse de la tibia leche en sus labios, lengua, paladar. Este placer distinto lo llevará luego al autoerotismo, cuando intente, por ejemplo con la succión del pulgar, repetir aquella satisfacción.[65] Tanto la función de la alimentación,

---

a la hipótesis (Annahme) de que por una actuación en el mismo camino, pero en dirección opuesta, el estado de excitación sexual influye en la disponibilidad sobre la atención susceptible de ser dirigida. Gran parte de la sintomatología de aquellas neurosis que yo derivo de las perturbaciones de los procesos sexuales se manifiesta en perturbaciones de otras funciones físicas no sexuales, y esta eficacia, hasta ahora incomprensible, se hace menos misteriosa si no representa más que la parte correspondiente en sentido opuesto a las influencias, entre las cuales se halla la producción de la excitación sexual. Los mencionados caminos por los que las perturbaciones sexuales se extienden a las restantes funciones físicas deberían también servir a otra función importante en estados normales. Por estos caminos tiene que desplegarse la orientación (Heranziehung) de las fuerzas pulsionales sexuales hacia fines otros que los sexuales, esto es, la sublimación de la sexualidad. Debemos concluir aquí con la confesión de que sobre estos caminos, que existen ciertamente y que probablemente pueden recorrerse en ambas direcciones, existe muy poco seguramente conocido".

[64] *Tres ensayos para una teoría sexual*, (IV), págs. 1211-1214 [V, 106-110].

[65] Cfr. por ejemplo *Tres ensayos para una teoría sexual,* (IV), págs. 1199-1200 [V, 87-89].

cuanto esta pulsión parcial sexual[66] apoyada inicialmente en la anterior, tienen entonces una misma zona erógena en los labios.

La comunidad de zona erógena posibilita una influencia recíproca de ambas pulsiones. Así por ejemplo, anota Freud, una perturbación en la pulsión sexual que se despliega en los labios puede repercutir en una perturbación en el acto de la alimentación que allí se cumple. Freud agrega, como otra ejemplificación, el hecho de que la concentración de la atención intelectual puede producir excitación sexual; y conforme con lo dicho, entonces, se puede suponer que la excitación sexual puede influir en la atención intelectual de que se pueda disponer.

Entonces, en general, la perturbación de una pulsión sexual puede producir modificaciones en otras funciones físicas; y sobre tal modelo de influencia piensa Freud la sublimación. Esto es, algo que sucede en el orden de las pulsiones sexuales ha de tener su eco en otras funciones. O mejor, y en orden a lo que aquí interesa, ¿por qué no pensar que otras funciones –en sujetos normales– aparecen y se desarrollan cuando algo perturba o afecta de alguna manera el funcionamiento de las pulsiones sexuales; funciones otras que cabría entonces pensar como "derivadas" de las sexuales, o como una nueva "orientación" (Heranziehung) de las pulsiones sexuales?

Una afectación de las pulsiones sexuales, algo que acontece en ellas sería lo que haría que ellas se cumplan en fines no sexuales –en el sentido de los dos textos anteriores– y esta desviación del cumplimiento de la pulsión es lo que se llama *sublimación*. Entonces, la sublimación es, en palabras de Freud "la orientación (Heranziehung) de las fuerzas pulsionales sexuales hacia fines otros que los sexuales", y acontecería por los señalados caminos de influencia recíproca, esto es, más precisamente, como resultado de un suceso que afecta –perturbación– a las pulsiones sexuales.

---

[66] Como se sabe, la calificación "sexual" la aplica "retrospectivamente" a las pulsiones parciales como tales la consideración que las advierte integradas orgánicamente –con su placer preliminar– en el acto sexual total, y que observa que en las perversiones esas mismas pulsiones parciales llevan al orgasmo, que es el fin sexual último –por donde resulta que se puede afirmar que en esas pulsiones parciales se hallan como indicadas las perversiones–. Sobre esto, véase lo que afirma Freud sobre la "disposición perversa polimórfica", en *Tres ensayos para una teoría sexual,* (IV), págs. 1205-1206 [V, 97]; véase además, sobre todo, *Lecciones introductorias al psicoanálisis;* lección XXI: *Desarrollo de la libido y organizaciones sexuales,* (VI), págs. 2322-2326 [I, 316-321].

Se ha de observar, finalmente, que Freud confiesa aquí lo poco que hay conocido con seguridad en este tema.

Precisamente "Sublimación" es el nombre bajo el cual aparece el cuarto y más importante texto de este grupo, en el final de los *Tres ensayos para una teoría sexual.*[67]

Aquí habla Freud, en primer lugar y en general de la *sublimación* como un proceso por el cual las excitaciones excesivas de las pulsiones sexuales parciales –una constitución de suyo "peligrosa" (se está hablando de anormales)– son derivadas y utilizadas en otras esferas (auf andere Gebiete); de ello resultará un aumento en el rendimiento psíquico, en especial en el orden artístico e intelectual; y según que la sublimación se logre plenamente o no, se orillará la perversión o la neurosis.[68] Así, el rendimiento artístico e intelectual aparecen como derivaciones-reacciones, en otros

---

[67] *Tres* ensayos *para una teoría sexual,* (IV), págs. 1234-1235 [V, 140-141]. El texto es el siguiente: *"Sublimación.* La tercera salida en el caso de disposición anormal constitucional se hace posible por el proceso de la *'sublimación',* en el cual es proporcionada una derivación (Abfluss) y una utilización, en campos distintos, a las excitaciones excesivas, procedentes de distintas (einzelnen) fuentes de la sexualidad; de manera que de la en sí peligrosa disposición resulta una no poco importante elevación de la capacidad de rendimiento psíquico. Hállase aquí una de las fuentes de la actividad artística, y según que tal sublimación sea completa o incompleta, el análisis del carácter de personas altamente dotadas, en especial de las que poseen aptitudes artísticas, revelará una diversa relación de medida entre capacidad de rendimiento, perversión y neurosis. Una subespecie de sublimación es por cierto la supresión (Unterdrückung) por medio de *formación reactiva* que, como hemos visto, ya comienza en el período de latencia del niño, para continuarse durante toda la vida en los casos favorables. Lo que llamamos el 'carácter' de un hombre está construido en buena parte con el material de excitaciones sexuales, y se compone de pulsiones fijadas desde la niñez, de construcciones logradas por sublimación y de aquellas construcciones destinadas al sometimiento (Niederhaltung) efectivo de los impulsos perversos y reconocidos como inutilizables. Así, pues, la disposición sexual general perversa de la infancia puede considerarse como la fuente de una serie de nuestras virtudes, en cuanto da motivo a la creación de las mismas por formación reactiva. *Sucesos accidentales.* Enfrente de los desligamientos sexuales (Sexualentbindungen), de los procesos de represión (Verderängungsschüben) y de las sublimaciones –las condiciones internas de estos dos últimos procesos nos son totalmente desconocidas– retroceden ampliamente en significación todas las demás influencias. Quien cuente las represiones y sublimaciones como disposición constitucional y exteriorizaciones vitales de la misma, tiene desde luego derecho a sostener que la conformación definitiva de la vida sexual es, ante todo, el resultado de la constitución innata".

[68] El texto aquí analizado viene precedido por la mención de la perversión y la represión (Verdrängung) (*Tres ensayos para una teoría sexual,* (IV), págs. 1233-1234 [V, 139-140]), como dos salidas posibles para "una constitución anormal". La sublimación aparece entonces como tercera posibilidad. Freud explica allí, además, que la represión puede darse luego de un período de perversión, para dar luego lugar a

ámbitos, de las pulsiones sexuales. Y los dones artísticos se constituyen por una mezcla, en diversa medida, de capacidad de rendimiento –Ricoeur habla de "creatividad"–,[69] perversión y neurosis.

Además, Freud explica que, en gran parte, el material de que se compone el carácter de un hombre son las excitaciones sexuales y lo que luego puede seguir, a saber, "pulsiones fijadas desde la niñez, construcciones logradas por sublimación, aquellas construcciones destinadas al sometimiento efectivo de los impulsos perversos y reconocidos como inutilizables". Estas últimas "construcciones" aluden sin duda a los diques señalados en el segundo texto.

Y a modo de una cierta síntesis, Freud afirma finalmente que nuestras virtudes provienen como de su fuente de nuestras pulsiones sexuales parciales (Freud: "la disposición sexual general perversa de la infancia"), en cuanto tales virtudes, como rasgo de nuestro carácter, esto es, como múltiples comportamientos externos que llevan una cualidad común, no son sino producto-manifestación de las formaciones reactivas –diques– incorporadas a nuestro psiquismo.

Los puntos que se acaban de señalar y otros del texto de Freud mueven a Ricoeur a realizar importantes observaciones.[70] En primer lugar, es sorprendente, dice Ricoeur, que Freud trate aquí la represión (refoulement) como una subespecie de la sublimación –se refiere, sin duda, al lugar de Freud que dice: "Eine Unterart der Sublimierung ist wohl die Unterdrückung durch *Reaktionsbildung*"–.

Luego –dice Ricoeur– "a esta subespecie se relacionan los 'rasgos de carácter' que, lo sabemos, derivan de las instituciones sexuales por fijación, sublimación y supresión (répression)". Y, por fin, "Freud no vacila en agregar: represión (refoulement) y sublimación son procesos que nos son 'completamente desconocidos en cuanto a su mecanismo interior'. Freud las tiene a una y otra por disposiciones constitucionales".[71]

Independientemente de las dificultades que podrían presentar estas observaciones de Ricoeur,[72] interesa consignar su crítica final:

---

la neurosis. Y, sobre todo, Freud explica que la represión no es lo mismo que una supresión ("einer Aufhebung nicht gleichkommt").

[69] F, pág. 469.

[70] Cfr. F, págs. 469-470.

[71] F, págs. 469-470.

[72] Ricoeur afirma que este texto "de façon surprenante, traite le refoulement, (=represión en español) comme une sous-espèce de la sublimation". En rigor, en el texto,

"¿...cuál es el papel respectivo, y aún simplemente el sentido de la derivación y de la formación reactiva?; es muy difícil decirlo; sólo las formaciones reactivas son nombradas con precisión: repugnancia, vergüenza y moralidad; la sublimación artística es sólo nombrada; sólo un ejemplo paralelo de formación reactiva –el carácter escoprofílico– es desarrollado. En fin, nada permite decir que los valores estéticos, u otros, hacia los cuales la energía es derivada o desplazada, serían creados por este mecanismo: sólo la creatividad, parece, es derivada, no los objetos mismos sobre los cuales se dirige".[73]

El balance de lo visto hasta aquí arroja lo siguiente. La sublimación es el proceso por el cual (la libido de) las pulsiones sexuales son (es) desviadas (desviada) de sus fines o satisfacciones originarias hacia nuevos fines de naturaleza diversa (especialmente satisfacciones estéticas...). No parece que se pueda afirmar que los nuevos objetos en los que se alcanzan esas nuevas satisfacciones sean creados por el proceso de la sublimación. Este proceso de reorientación de las pulsiones sexuales que es la sublimación tiene que ver de alguna manera con la inhibición de la satisfacción originaria de esas pulsiones sexuales.

---

la subespecie de la sublimación es la "Unterdrückung (=supresión en español; répression en francés) durch *Reaktionsbildung*" (el subrayado es de Freud). Represión o refoulement deben vertir el alemán *Verdrängung*. Que no se puede traducir *Unterdrückung* por *refoulement* (represión) lo reconoce implícitamente el mismo Ricoeur, cuando líneas más abajo, siguiendo a Freud, quien se refiere a los diques –que son formaciones reactivas– y su obra –la Unterdrückung señalada– habla de *répression* (supresión-Unterdrückung). Además, en los primeros dos textos, cuando Freud distingue implícita o explícitamente la *Unterdrückung* de los diques de la subsiguiente sublimación, Ricoeur afirma que allí no se distingue "encore sublimation et refoulement" (p. 468). La traducción que hace Ricoeur del texto de Freud no presentaría dificultades si –como es posible– se entendiera que se puede vertir la *Unterdrückung* por *refoulement* (represión), en cuanto la Unterdrückung es, como sólo su momento negativo, parte de la represión (Verdrängung-refoulement) como proceso total. O, aún, si se entiende que la represión (refoulement-Verdrängung) es una especie también de la supresión (Unterdrückung-répression) y que entonces allí Freud utilizaría el término genérico para indicar en rigor la especie: ello autorizaría a traducir Unterdrückung por refoulement (represión). Es claro que en uno u otro caso –se vierta Unterdrückung por refoulement o por répression– seguirá siendo "surprenante" que Freud haga de esa Unterdrückung una subespecie de la sublimación (¿aunque quizás no lo sería tanto si por "subespecie de" se entendiera "un momento de"...?). Sobre todo esto, véase el término *"supresión"* en el *Diccionario* de Laplanche-Pontalis.

[73] F, pág. 470.

Hasta aquí lo que muestran los textos de *Tres ensayos para una teoría sexual*. Según Ricoeur, los textos posteriores[74] agregan dificultades antes que soluciones. El ensayo *Introducción al narcisismo* se ocupa sobre todo de distinguir netamente sublimación e idealización.[75] La sublimación, dice Freud, es un proceso que afecta a la pulsión sexual, y que hace que la misma alcance sus fines fuera de la esfera de lo sexual; la idealización es un proceso de engrandecimiento y elevación que afecta al objeto, sin alterar su naturaleza.

Por otra parte, este texto opone claramente sublimación y represión, ya que aquélla aparece como un modo de cumplir las exigencias del ideal

[74] La comprensión de los dos textos que siguen exige tener en cuenta lo explicado en la parte II de este trabajo, en el punto 2.

[75] *Introducción al narcisismo*, (VI), pág. 2029 [III, 61-62]. El texto es el siguiente: "Examinemos ahora las relaciones de esta formación de un ideal con la sublimación. La sublimación es un proceso en la libido objetal (an der Objektlibido) y consiste en que la pulsión se orienta hacia un fin diferente, alejado de la satisfacción sexual; el acento descansa allí en la desviación respecto de lo sexual. La idealización es un proceso con el objeto, por el cual éste es engrandecido y psíquicamente elevado, sin cambio de su naturaleza. La idealización es posible tanto en el terreno de la libido del yo (Ichlibido) como en el de la libido objetal. Así por ejemplo, la sobrevaloración sexual del objeto es una idealización del mismo. En cuanto entonces la sublimación describe algo que acontece con la pulsión y la idealización algo que acontece en el objeto, ambas han de mantenerse conceptualmente separadas. La formación de un ideal del yo (die Ichidealbildung) es confundida a menudo, en perjuicio de la comprensión, con la sublimación de la pulsión (Triebsublimierung). El que alguien haya trocado su narcisismo por la veneración de un alto ideal del yo (eines hohen Ichideals) no implica que haya logrado la sublimación de sus impulsos libidinosos. El ideal del yo exige por cierto tal sublimación, pero no puede forzarla; la sublimación continúa siendo un proceso distinto (ein besonderer Prozess), cuya introducción puede ser estimulada por el ideal, pero cuya ejecución permanece totalmente independiente de tal estímulo. Precisamente en los neuróticos se encuentran las máximas diferencias de tensión (Spannungsdifferenzen) entre la formación (Ausbildung) del ideal del yo y la medida de sublimación de sus primitivas pulsiones libidinosas, y es, en general, mucho más difícil convencer a los idealistas de la inapropiada permanencia de su libido (von dem unzweckmässigen Verbleib seiner Libido) que a los hombres simples, mesurados en sus aspiraciones. La relación entre (von) formación del ideal y sublimación, en orden a la causación de la neurosis es también totalmente diferente. La formación del ideal aumenta, como hemos oído, las exigencias del yo y es el más fuerte favorecimiento de la represión (Verdrängung); la sublimación representa la salida (Ausweg) para poder cumplir con la exigencia, sin llevar a cabo la represión. No sería de extrañar si hubiéramos de encontrar una especial instancia psíquica, que cumple con la tarea de velar, desde el ideal del yo, por el aseguramiento de la satisfacción narcisista, y que con este fin observa incesantemente al yo actual y lo mensura con el ideal. Si existe una tal instancia, no puede sorprendernos el descubrirla; sólo podemos reconocerla como tal, y estamos autorizados a decir que aquello que llamamos nuestra *conciencia moral* (unser *Gewissen)* cumple con esta característica."

–que de suyo mueven fuertemente a la represión– que es a la vez una salida para hacerlo sin llevar a cabo la represión.

Vale la pena destacar otros elementos del texto. Freud explica que no puede confundirse la formación del ideal del yo con la sublimación. El apoyo para tal afirmación lo encuentra en el hecho de que se pueden observar neuróticos donde se dan a la vez un muy exigente ideal y una escasa sublimación de las pulsiones; de donde se sigue que no es el ideal como tal el que de suyo realiza la sublimación; él la exige pero no puede por sí cumplirla. Ahora bien, el ideal del yo exige por cierto la sublimación y también, es cierto, favorece fuertemente la represión. Y en cuanto se cumple adecuadamente con la sublimación exigida, se puede evitar la represión.[76]

Dice Ricoeur, como apunte global crítico a este texto:

> "Cuanto más Freud distingue la sublimación de los otros mecanismos, y en particular de la represión, y aún de la formación reactiva, tanto más queda inexplicado su mecanismo propio: es una energía desplazada, pero no reprimida; parece resultar de una aptitud de la que el artista se halla particularmente dotado".[77]

El yo y el ello, en su capítulo III, que se ocupa de la cuestión del superyo, aporta nuevos elementos para la comprensión de la sublimación.[78] Aquí

---

[76] Parece que puede deducirse entonces, en general, que hay neurosis allí donde no ha habido sublimación, o donde ha habido sublimación imperfecta. Esto precisamente parecía indicar el cuarto texto analizado de *Tres ensayos...* ¿Y habría neurosis allí donde ha habido represión (represión sólo como negación –Unterdrückung–)? Por otra parte, es cierto que Freud habla aquí rotundamente de la distinción entre formación del ideal y sublimación; pero luego, para ejemplificar y fundar, se refiere a las sublimaciones posteriores a la formación del ideal (superyo) –precisamente se habla de sublimaciones exigidas por éste–; por donde, entonces, podría no quedar excluido que en la formación del ideal tenga que ver la sublimacón como un elemento del proceso de esa formación –y así entonces no identificada sin más con la formación (Freud niega, precisamente, la identificación)– (cfr. sobre esto el texto siguiente, y lo dicho sobre el tema en la parte II de este trabajo).

[77] F, pág. 470.

[78] *El yo y el ello,* (VII), pág. 2711 [III, 297-298]. El texto es el siguiente: "Cuando el yo toma los rasgos del objeto, se ofrece (drängt sich auf), por decirlo así, a sí mismo al ello e intenta compensarle su pérdida (sucht ihm seinen Verlust zu ersetzen), diciéndole: 've, puedes amarme también a mí, soy tan parecido al objeto'. El cambio de la libido objetal en libido narcisista que aquí acontece, trae consigo evidentemente un abandono de los fines sexuales, una desexualización, esto es una especie (Art) de sublimación. Ciertamente, surge como cuestión digna de una consideración penetrante, si éste no será el camino general para la sublimación, si toda sublimación

son atendidas conjuntamente idealización, desexualización-sublimación e identificación. La formación del superyo[79] es una identificación: el objeto sexual que era la instancia parental es introducido –luego de su pérdida– en el yo, y éste asume los rasgos de aquél; pero esto supone que la energía de la pulsión sexual dirigida a tal objeto –libido objetal–[80] se cambie en libido narcisista, lo cual implica una *desexualización,* o, como dice Freud, "un *abandono de los fines sexuales",* "una especie de *sublimación".*

La sublimación entonces –la orientación de la pulsión sexual hacia fines no sexuales, previo abandono de los fines sexuales– se alcanza con la intermediación del yo; más precisamente: un nuevo objeto, es decir no sexual, en el que se cumpliría, esto es alcanzaría su fin diversamente la pulsión sexual, se da gracias a la intermediación de la tarea de identificación del yo. Para que la pulsión alcance nuevos fines –sublimación– y ello necesariamente en objetos no sexuales, su objeto sexual inicial –la instancia parental– debe ser introducido en el yo –introyección–, y éste debe a su vez identificarse con aquel objeto sexual perdido –perdido por el abandono por la amenaza–.[81] Pero de allí resultará una desexualización de la pulsión, pues la introyección en el yo –aún con la identificación– hace que el yo se repliegue sobre sí mismo, y así como sólo sí mismo

---

no acontece por la mediación del yo, el cual primero transforma la libido objetal en libido narcisista, para plantearle luego quizás otro fin".

[79] Cfr. en este trabajo, parte II, punto 2, en especial "b".

[80] En la segunda división de las pulsiones, las pulsiones de vida –que incluyen las del yo o de autoconservación y las sexuales de la primera clasificación (recuérdese lo que se dice sobre esta cuestión en este trabajo, en II. 2. c)– cuentan con la libido como su energía propia; tal libido será narcisista, si está dirigida al mismo sujeto –pulsiones del yo– u objetal, si está dirigida *finalmente* –al menos– al otro –pulsiones sexuales–. Así entonces, el narcisismo normal (secundario) –el suceso es distinto para los casos patológicos– de la formación del superyo incluye una desexualización. Se ha de recordar aquí el servicio de fortalecimiento frente al ello y de consuelo que el superyo aporta al yo. Como se sabe, tanto la doctrina del narcisismo, como la de la libido –y ambas en conexión con el tema de la división de las pulsiones– no dejan de plantear serias dificultades de comprensión en el todo del pensamiento de Freud. Sobre ello, véase lo que se dice en el *Diccionario* de Laplanche-Pontalis, en los siguientes términos: eros, interés, libido, libido del yo-libido objetal, narcisismo, narcisismo primario-narcisismo secundario, pulsión, pulsión sexual, pulsiones de autoconservación, pulsiones de muerte, pulsiones de vida, pulsiones del yo.

[81] En *Duelo y melancolía,* (VI, pág. 2091) [III, 193], Freud ya había advertido que la pérdida de un objeto amoroso era seguida por la identificación del yo con tal objeto. Allí, tal proceso era advertido como patológico; en *El yo y el ello* –cfr. (VII), pág. 2710 [III, 296]– reconoce que se trata de un proceso habitual y de gran importancia en la configuración del yo.

sólo despliega la libido que atiende a él mismo, la libido narcisista. Así, la libido objetal –que se hallaba dirigida a la instancia parental como objeto sexual– se "cambia" en libido narcisista, que atiende al sólo yo, esto es la libido que aspira al mantenimiento del yo, la libido que se orienta a un fin o satisfacción no sexual en el objeto no sexual –al menos normalmente– que es el yo.

Pero en la medida en que ese yo se ha revestido con los rasgos de la instancia parental –identificación– esa libido no sexual narcisista queda orientada a esa instancia exterior, ahora interior –introyección–[82] que, con el agregado de la idealización, constituirá el superyo –que es el tema general en el que se enmarcan las cuestiones del texto aquí analizado–.

Y Freud se pregunta "si éste no será el camino general para la sublimación, si toda sublimación no acontece por la mediación del yo, el cual primero transforma la libido objetal sexual en libido narcisista, para plantearle luego quizás otro fin".

Evidentemente, el problema central radica en determinar en qué consiste esa "transformación" o "cambio" (Verwandlung-Umsetzung) de la libido objetal en libido narcisista, por lo cual las pulsiones sexuales son reorientadas hacia fines no sexuales. Esa reorientación, como se ha dicho, es, precisamente, lo que Freud denomina sublimación, desexualización.

Freud afirma, en el texto que aquí se analiza, que el yo "transforma (verwandelt) la libido objetal sexual en libido narcisista"; y también habla de un "cambio (Umsetzung) de libido objetal en libido narcisista". Y en otro lugar, luego de utilizar el término "Umsetzung" en el sentido recién indicado, dice: "En cuanto el yo se apodera (bemächtigt sich) de tal manera de la libido de las cargas de objeto (der Objektbesetzungen), se presenta como único objeto de amor (sich zum alleinigen Liebesobjekt aufwirft) y desexualiza o sublima la libido del ello...".[83]

Cabría entonces pensar el proceso de la sublimación como sigue. La libido objetal de las pulsiones sexuales –dirigidas en principio aquí a la instancia parental– es *dominada* (¿forzada?) por la libido narcisista de

---

[82] Esta orientación de la libido al yo, que por la identificación termina siendo una orientación a los antiguos objetos, es señalada claramente por Freud en un texto paralelo al aquí analizado, que se halla en *El yo y el ello,* (VII), pág. 2720 [III, 312]. Allí se dice: "este yo liquida (erledigt) las primeras y seguramente también posteriores cargas de objeto (Objektbesetzungen) del ello asumiento su libido (de los objetos) en el yo y ligándola al cambio del yo producido por identificación".

[83] El lugar se halla en el texto indicado en la nota anterior. Lo que se dice a partir de aquí constituye una reflexión que no se halla en el texto de Ricoeur.

las pulsiones del yo, y así, sin dejar aquéllas de ser pulsiones sexuales, adquieren nuevos fines –que les impone su dominadora: son los fines de ésta–, que originariamente no le corresponden, y así nuevos objetos, a saber, en principio el yo; pero por obra de la mediación de la identificación, se tratará de aquello con lo que el yo se ha "revestido", a saber la instancia parental, a lo que se añadirá luego la idealización, para constituir así el superyo.

Es necesario hacer aún otras precisiones. El dominio que la libido narcisista ejerce sobre la libido objetal es tal que ésta es orientada hacia la instancia parental como objetos ahora no sexuales, donde alcanzará un fin no sexual. El dominio se ejerce en el nivel de la energía de las pulsiones; la libido narcisista de las pulsiones del yo se impone sobre la libido objetal de las pulsiones sexuales –tal es su "apoderarse" de ésta–. Las pulsiones sexuales no pierden su propia libido: sólo no perdiéndola pueden seguir siendo las pulsiones sexuales que son, para tener *como tales* –según lo entiende Freud– nuevos fines. Por ello no puede hablarse en rigor de una transformación de tal libido: de haber transformación ya no se estaría frente a pulsiones sexuales.

Entonces, en cierto modo, las pulsiones sexuales son forzadas a obrar "contra natura", sin perder su propia naturaleza. Se impone entonces la libido narcisista de las pulsiones del yo y de allí queda fijado un nuevo fin –no sexual–, respetando "materialmente" el objeto.

Por el dominio de las pulsiones del yo y su libido narcisista, se les impone a las pulsiones sexuales y su libido un nuevo fin, pero en el objeto "materialmente" el mismo que ya tenían –la instancia parental–: éste aparece ahora despojado, para la pulsión dominada, de su faz sexual (desexualización, sublimación) y aparece "descubierto" en una faz no sexual, luego idealizada. Adviértase que se trata de una faz que el objeto *ya poseía* para la libido narcisista de las pulsiones del yo, a saber el carácter protector de la instancia parental; y que además es, precisamente, algo que aparecerá en el superyo (aunque allí y aquí habrá que poner diferencias en esa "protección").

De paso, conviene anotar que no se puede objetar que según esto último habría sublimación en el objeto y no en la pulsión, lo cual estaría contra el testimonio de *Introducción al narcisismo,* que establece que la sublimación es algo que acontece en la pulsión. Se ha de responder que la sublimación o desexualización afecta –de acuerdo a lo expuesto hasta aquí– a la pulsión y desde allí –pues las pulsiones, ellas, cambian sus objetos– afecta, naturalmente, a sus fines y objetos.

Pero es necesario consignar aquí la dificultad general decisiva. ¿Puede una pulsión de naturaleza sexual realizarse, "finalizarse" de manera no sexual en objetos no sexuales –por más que se la domine y se la fuerce a ello, dominando su libido–? ¿No habrá que pensar que, en definitiva, las que se cumplen son simplemente las pulsiones del yo con su libido narcisista –y no las sexuales–, simplemente postergando a las pulsiones sexuales y su libido objetal –y en ello consistiría simplemente el aludido "dominio"–? Y así entonces no habría "transformación" o "cambio" de libido, sino un "dominio" de las pulsiones del yo, que es la realización en sus propios objetos no sexuales –sí idealizados– de esas pulsiones del yo, con postergación de las pulsiones sexuales. Pero con ello desaparecería lisa y llanamente la sublimación, al menos tal como la entiende Freud, a saber como cumplimiento de las pulsiones sexuales en fines no sexuales, por obra de la transformación de su libido objetal] sexual en libido narcisista.

Y se puede aún avanzar en una nueva dificultad. La aparición de la preeminencia de la libido narcisista no sexual ha traído una desexualización, por la cual el objeto en el cual se alcanza la satisfacción es, como el yo mismo, algo no sexual. Se trata, como se dijo –dejando ahora de lado la cuestión de si hay transformación de libido y nueva "finalización" de las pulsiones sexuales o mera postergación de la libido objetal y sus pulsiones–, de la reaparición de la libido propia de las pulsiones del yo o de autoconservación y su objeto –éste es ahora, por identificación, el yo "revestido" con la propia instancia parental como no sexual–. Pero la cuestión que ahora se plantea –y que será tema del apartado siguiente– es cómo se pasa de la libido del yo orientada a la conservación y de tal objeto meramente no sexual –que ya estaba previamente allí– a la orientación pulsional al objeto "sublime", por ejemplo moral –el ideal del yo (superyo)–. Pues la desexualización aquí realizada ha tenido que ser, de suyo y en principio, un retorno al yo y a la libido narcisista de sus pulsiones de autoconservación –sea esta libido la sexual objetal "transformada" o la narcisista que "se impone" del modo sugerido antes–; autoconservación que, de suyo y en principio, ha de ser puramente física –precisamente, todo lo que sobrepase este estadio primero es lo que aquí se trata de explicar–.

¿No habrá que distinguir entre la mera desexualización –de cualquier manera que se la entienda: como transformación (si es posible) o postergación de lo sexual–, que sería sólo un retorno de la libido narcisista que atiende a la conservación física del yo, y la sublimación propiamente dicha? Y siendo así, ¿qué proceso llevaría a esta sublimación propiamente dicha?

¿Por qué proceso una pulsión dirigida a la conservación –sea una pulsión sexual con nuevo fin, sea la originaria pulsión del yo–, dirigida entonces de suyo a una satisfacción meramente relacionada con la conservación física y así a un objeto físico –que tendrá que ser aquí el yo revestido de la instancia parental– pasaría a ser una pulsión dirigida a una satisfacción o fin moral y así a un objeto moral –el superyo como medida y el yo como medido por aquél–?

La magnitud moral es algo distinto de lo meramente físico: la perfección moral del superyo –medida del yo y referencia de la angustia de su conciencia moral– incluye elementos que no son reducibles a magnitudes físicas. Dicho de otra manera: es difícil concebir la excelencia moral del superyo y del yo como simplemente derivada de la física por mera modificación "no substancial".

Y aquí no se puede argumentar, para el superyo, con la idealización. Ya Freud ha dicho que la idealización, a la que diferenció de la sublimación, no afecta a la libido de la pulsión sino al objeto y es un engrandecimiento psíquico de éste, sin alterar su naturaleza. En todo caso, quizás se pueda atribuir sí a la idealización la elevación del objeto por encima del yo: a ella correspondería, quizás, la constitución del superyo como nuevo pliegue del psiquismo –pero en todo caso luego de su constitución como magnitud moral, pues de darse antes sólo se trataría del engrandecimiento del protector físico–.

Si lo moral como tal constituye una dimensión que no puede ser reducida a lo físico, si ella supone un "salto cualitativo" respecto de lo físico, sólo puede tener que ver con pulsiones también distintas e inderivables de pulsiones con libido narcisista dirigidas a la autoconservación física –sea que esa libido narcisista sea concebida como transformación de la sexual objetal de las pulsiones sexuales o como mero retorno e imposición de la narcisista de las pulsiones del yo ("dominio") sobre la objetal, con postergación de ésta–. Lo moral con su especificidad exige una fuente de valuación específicamente distinta frente a la mera conservación física –en todo caso, si se quiere hablar así, pulsiones distintas, con una "libido narcisista" distinta (si se pudiera mantener el narcisismo) y un objeto a conservar en una dimensión distinta–.

En todo caso, por otra parte, esas pulsiones dirigidas hacia lo sublime, hacia la medida y el "control" morales del superyo y al yo mismo como medido por el ideal serán las encargadas de regir a las pulsiones animadas por la libido objetal sexual que, naturalmente, seguirán presentes y obrando, y aún a las mismas pulsiones de autoconservación; y en general a todas las pulsiones, en especial en cuanto pudieran obrar desorbitadamente, esto es, en contra de la vida y su expansión, en el sentido de la muerte.[84]

Cabe ahora hacer aquí una observación importante, en el contexto de la explicación freudiana de la sublimación, y prescindiendo de las interpretaciones críticas arriesgadas hasta aquí acerca del sentido de la "transformación" de la libido y acerca del paso a lo "sublime".

Si como parece querer Freud, con la sublimación, las pulsiones han de seguir siendo sexuales, los nuevos fines eventualmente propuestos sólo podrían ser, en rigor, fines en los que sólo se enmascara lo sexual; y los objetos correspondientes también sólo han de ser máscaras de objetos sexuales. Si la pulsión se mantiene en su naturaleza –a pesar de la "transformación" de su libido (!?)–, sus nuevos fines y objetos sólo pueden ser disfraces que ocultan fines y objetos sexuales. De tal manera, la novedad sólo es aquí aparente: se trata de un cambio que no afecta substancialmente a la línea pulsión sexual-fin sexual-objeto sexual.

* * *

Convendrá hacer aquí un breve balance, prescindiendo de las dificultades anotadas. En los cinco primeros textos la sublimación aparece como el abandono, por parte de las pulsiones sexuales, de sus fines sexuales y su orientación hacia fines no sexuales. Allí tiene que ver de alguna manera la inhibición que previamente afecta a esas pulsiones, por obra de los diques que impone la civilización. La sublimación se distingue de tales inhibiciones y se distingue también de la represión y de la idealización.

Y según el último texto, la sublimación acontece por la intermediación del yo: éste, en la represión del complejo de Edipo, introyecta sus primeros objetos sexuales e, identificándose con ellos, "transforma" la libido sexual objetal de sus pulsiones sexuales en libido narcisista y así orienta a sus pulsiones sexuales hacia nuevos fines –desexualización, sublimación–.

Con toda razón puede afirmar Ricoeur:

---

[84] Cfr. sobre esto lo que se dice en la parte II, punto 2. c.

"Tenemos entonces una secuencia continua de tres términos: desexualización, identificación, sublimación. En este punto nos hallamos muy alejados de nuestra base de partida: la sublimación no parece ya ser un componente infantil perverso desviado hacia lo no sexual; es una carga objetal de la época edípica, interiorizada por desexualización y bajo la presión de las fuerzas que han llevado a la demolición del Edipo. Pero es difícil decir cuál noción es razón de cuál: desexualización, sublimación, identificación son más bien tres enigmas puestos uno detrás de otro. Lamentablemente ello no hace una idea clara".[85]

c.- La teleología en la arqueología en la sublimación ética

Hasta aquí se han visto las dificultades que plantea el concepto freudiano de sublimación, según los textos. Ahora se intentará mostrar, con Ricoeur, cómo se articulan, precisamente en esa dificultosa sublimación, las interpretaciones arqueológica y teleológica de la conciencia humana: se trata de observar que las oscuridades del concepto de sublimación obedecen a la no explicitación, en Freud, de la teleología que ella incluye.

La cuestión se plantea en principio en el nivel de la conciencia ética. Esta dimensión de lo ético, anota Ricoeur, tiene en el mismo Freud un lugar privilegiado, pues él la ha señalado ya desde el comienzo en su consideración de los diques, y luego la ha puesto en el centro de los análisis relativos a la identificación y la sublimación en la formación del superyo.

El problema decisivo es el surgimiento de la autoridad de la normatividad ética, pues en definitiva es desde ella como medida –medida heredera de la medida de los padres, que, con su distancia superyoica provocará la angustia de la conciencia moral– que se constituye la dimensión ética del mismo individuo. En primer lugar, es preciso mostrar cómo la solución de Freud para esta cuestión viene exigida por sus propios elementos doctrinales.

Para comenzar, a) desde un punto de vista energético, todo ha de proceder de la fuente pulsional –el ello– que se halla en el interior del individuo: son las pulsiones las que se ponen y ponen sus objetos, o, en otros términos, es el sólo deseo por sí mismo lo que allí actúa; y b) tales pulsiones son en principio las del yo o las sexuales, pero en todo caso de suyo no "éticas", según se vio. Entonces, c) la eticidad ha de venir de

---

[85] F, pág. 471.

"afuera", por obra de una autoridad mensurante, "otra" que el deseo originario; pero al mismo tiempo, d) el planteo energético exigiría –como se dijo– que se trate allí, en el ideal ético, de una diferenciación que procede del mismo interior pulsional.

La constitución del superyo en Freud intenta conjugar, precisamente, los cuatro aspectos señalados. Así, la identificación es un compromiso doctrinal entre lo exterior y lo interior; y la sublimación "propiamente dicha" intenta explicar la aparición de la dimensión ética como tal (de lo cual ya se han visto las dificultades en el apartado anterior).

Dice Ricoeur:

> "¿Pero cuál es la consistencia de tal compromiso? ¿No se disimula allí un hiato insuperable fuera de toda dialéctica de la arqueología y de la teleología? Por mi parte, yo dudo de que Freud haya logrado reducir la separación de principio entre la exterioridad de la autoridad, a lo que lo condena su rechazo de un fundamento ético inherente a la posición del ego, y el solipsismo del deseo, que tiene que ver con su hipótesis económica inicial, según la cual toda formación de ideal es finalmente una diferenciación del ello. El freudismo carece de un instrumento teorético conveniente que haga inteligible la dialéctica absolutamente primitiva del deseo y de lo otro del deseo".[86]

Pero ahora corresponde analizar críticamente el surgimiento del ideal moral, a partir de la sublimación llevada a cabo por el sujeto. Se trata, precisamente, del paso señalado en el apartado anterior, a saber, el paso desde la orientación pulsional al cuidado de la propia integridad –que es el retorno narcisista en el que termina la "transformación" o el "dominio" de la libido objetal de las pulsiones sexuales, por parte de la libido del yo– a la valoración de un ideal propiamente ético –sublimación–, desde el cual, a su vez, se ha de valorar éticamente al individuo.

Afirma Freud:

> "A este yo ideal se dirige el amor propio (Selbstliebe) de que gozaba el yo real en la niñez. El narcisismo aparece desplazado sobre este nuevo yo ideal, el que se encuentra, como el infantil, en posesión de todas las valiosas perfecciones (im Besitz aller wertvollen Vollkommenheiten). Como siempre en el terreno de la libido, el hombre se ha mostrado aquí incapaz de renunciar a la satisfacción ya gozada alguna vez. No quiere carecer de

---

[86] F, pág. 472.

la perfección (Vollkommenheit) de su niñez (...). Lo que él proyecta ante sí como su ideal es la sustitución (Ersatz) del perdido narcisismo de su niñez, en el cual él era su propio ideal".[87]

Dos cosas son en principio importantes en este texto. En primer lugar, Freud habla de un ideal que se halla "im Besitz aller wertvollen Vollkommenheiten"; y allí es decisivo notar la amplia indeterminación de los términos utilizados: "todas las valiosas perfecciones". Por otra parte, Freud entiende que esa amplia gama de perfecciones que se halla en el ideal superyoico ya se hallaba en el niño, en su primitivo narcisismo.

Pues bien, cabe preguntarse si precisamente esa amplia perfección del yo a la que apunta el cuidado narcisístico del niño no incluye entonces ya *indeterminadamente* una perfección que es más que mera integridad física; por donde el *Selbstliebe*, por su parte, incluiría también indeterminadamente más que mero cuidado físico. ¿Por qué no pensar entonces que ya desde el comienzo mismo, en la vida del individuo, se halla presente, aunque indeterminadamente, la dimensión de los valores y de las valoraciones éticas? Así, el paso a lo formalmente ético sería una desimplicación y una determinación de lo que ya siempre, como diferente frente a la mera integridad física, se hallaría implícita e indeterminadamente presente.

En el comienzo, el desencadenante de todo el proceso es la amenaza de castración por parte del otro exterior. Y, naturalmente, el presupuesto de la percepción de tal amenaza es la valoración de la propia integridad física; pero, a la vez, como se vio, la valoración de esa integridad vendría ya aureolada por la valoración de una integridad indeterminadamente más excelente. Lo que posibilitará entonces que la misma amenaza física sea valorada a la vez, como una acción más que física y más que sólo amenaza.

Dice Ricoeur:

"...esta proyección de ideal, derivada del narcisismo, presupone que el ego de este cogito abortado incluye un minimum de significación ética, que él puede estimarse, apreciarse, condenarse".[88]

Y también:

"Ahora bien, si el yo puede temer la castración y, ulteriormente, anticipar la reprobación social y el castigo e interiorizarlos en condena moral, es

___

[87] *Introducción al narcisismo*, (VI), pág. 2028 [III, 60-61]. La traducción aquí presentada difiere levemente de la de la edición española.
[88] F, pág. 473.

porque él es sensible a otras amenazas que el peligro físico; es necesario que la amenaza hecha a la estima de sí se distinga originariamente de toda otra, para que el mismo temor a la castración asuma una significación ética; es necesario que la amenaza a la integridad física simbolice la amenaza a la integridad existencial, para que ella asuma sentido de condena y de castigo".[89]

Es aún importante advertir cómo, en el proceso señalado –y ello ya en el mismo Freud, sin la "interpretación" aquí desarrollada– tanto el deseo de la propia integridad como el de la integridad más que física vienen posibilitados por la mediación del deseo del otro. Ahora bien, en el mismo Freud –como oportunamente se señalara– no hay una adecuada integración conceptual de la función de mediación del otro en la aparición de la conciencia moral. Testimonio de ello es la fragilidad, según Ricoeur, del compromiso doctrinal, antes señalado, entre lo exterior y lo interior.

Entonces, la desexualización –regresión narcisista– y la sublimación ("propiamente dicha") de Freud podrían entenderse como siendo a la vez la reasunción explicitante y determinante de una dimensión diferente que ya se hallaba presente en lo no sexual a lo que precisamente se retorna. El retorno, la regresión sería entonces así, a la vez, una progresión en la que se sacaría a luz una dimensión originaria diferente ocultamente presente desde siempre en el individuo.

Pero se ha de reconocer que esa dimensión diferente presente ya en la niñez es presentada por Freud, precisamente como diferente y como ya presente, sólo de manera oscura. Y además es también cierto que entender el surgimiento de lo ético, como lo hace Freud, como mero retorno al narcisismo, sin más explicitaciones –aunque se hable de narcisismo secundario, y aunque no sea una regresión meramente temporal–, no puede hacer ver el momento de progresión que se da con tal surgimiento.

Respecto de esto último, dice Ricoeur:

> "...la regresión reclama un concepto antitético que no parece tener lugar en la economía freudiana, el concepto de progresión. ¿Cómo puede el narcisismo diferenciarse, desplazarse? ¿Cómo puede un precipitado de identificaciones depositarse en el yo y modificarlo, si el proceso no es una progresión por medio de una regresión?".[90]

[89] F, págs. 473-474.
[90] F, pág. 474.

196

El arcaísmo de la energética de Freud –sólo se han de reconocer en todas partes pulsiones del yo y pulsiones sexuales– y su necesaria y solidaria concepción arcaizante de la regresión narcisista, como marcos generales que se imponen a toda su reflexión, impiden la explotación de los elementos distintos recién señalados; pero éstos, a pesar de todo, se insinúan en sus textos. Ese mismo marco general es el que impide también el adecuado reconocimiento de la función de la mediación del deseo del otro en la configuración de la conciencia del individuo –algo ya anotado anteriormente a propósito de los "conceptos operatorios" y de la identificación–.

Y es el mismo arcaísmo de las pulsiones y del narcisismo lo que no permite ver los valores morales más que como instrumento del afianzamiento del sujeto. Ya se ha señalado que para Freud el superyo ayuda al fortalecimiento del sujeto frente a las solicitaciones del ello, y es a la vez el consuelo ante los fracasos en el camino de la propia perfección. Pero, por otra parte, se ha de reconocer con Ricoeur que, con ello, Freud ha puesto de manifiesto un mecanismo posible y frecuente de la conciencia humana.

> "No es por cierto indiferente aprender del psicoanálisis que la formación del ideal se injerta sobre el falso cogito. Lo que llamamos nuestros ideales muy a menudo no son más que proyecciones de este mismo amor propio, al cual hemos atribuido por otra parte la resistencia a la verdad; la idealización en el sentido freudiano se acerca así a la genealogía de la moral según Nietzsche...".[91]

Es el momento de extraer los resultados de los análisis hechos hasta aquí. Se trata, precisamente, de mostrar la presencia de la teleología en la arqueología freudiana. Esa presencia ya fue advertida, como implícita, en su momento, en los "conceptos operatorios" y en la doctrina de la identificación del psicoanálisis, en cuanto allí se podía discernir la aceptación implícita del papel mediador de la intersubjetividad –un elemento fundamental de la teleología– en el proceso de constitución de la conciencia en general.

Ahora, el estudio de la sublimación arroja resultados semejantes. En efecto, se puede sostener que la oscuridad del concepto freudiano de sublimación –que quedó manifiesta en el análisis de los textos– es tal, precisamente, porque guarda implícita la presencia de la teleología. Y eso

---

[91] F, pág. 473.

es, justamente, lo que ha mostrado el estudio de la particular sublimación por la que se constituye la fundamental figura de la conciencia moral. En efecto, allí el concepto de sublimación, con todo lo que él significa de repetición y arcaísmo –arcaísmo de las pulsiones y narcisismo– no logra ocultar totalmente –en los mismos textos de Freud– los elementos de diferencia, novedad y progresión frente a lo físico que exige tal figura para su constitución. Y a ello ha de añadirse, nuevamente y aquí en particular, el papel que revela jugar la intersubjetividad.

Así entonces se tiene, en la arqueología de Freud –precisamente en su concepto de sublimación– la presencia implícita de la diferencia, novedad y progreso de la figura ética de la conciencia, junto con la presencia también implícita de la mediación de la intersubjetividad para la constitución de tal figura. Son precisamente estas presencias no claramente reconocidas las que provocan la oscuridad del concepto de sublimación, tal como la hacen ver los seis textos de Freud analizados.

Se puede entonces sostener, para lo visto hasta aquí, que en la arqueología de Freud se halla implícita la teleología.

d.- *La teleología en la arqueología: otras sublimaciones*

α.- *El "lugar" del análisis: el sentimiento*

En el apartado anterior se ha estudiado, con Ricoeur, la sublimación en el orden ético. Pero el concepto de sublimación, como derivación de las pulsiones sexuales hacia fines de naturaleza diversa, tiene también su aplicación en otros órdenes. Ya se vio, por ejemplo, el uso que hace Freud de él a propósito del orbe de lo estético. Y en íntima conexión con el orden ético, la sublimación juega su papel en el orden de la religión.[92]

Freud habla también de sublimación en el análisis de las relaciones humanas de poder, en las distintas configuraciones sociales.[93] Y en el

---

[92] Cfr. sobre esto, lo explicado en la parte II, a propósito de los textos de Freud relativos a la religión.

[93] A este respecto habla también Freud de "tendencias sexuales de fin inhibido", que no constituirían propiamente una sublimación, aunque se hallarían muy cerca de ella: cfr. *Psicoanálisis y teoría de la libido*, (VII), pág. 2676 [*Gesammelte Werke*, S. Fischer Verlag, Frankfurt am Main, Band XIII, pág. 232]. Habla de "sublimación" y de "desviación de la pulsión de su fin sexual" en *Psicología de las masas y análisis del yo*, (VII), pág. 2584 [IX, 97].

orden de la posesión de cosas, Freud advierte también una "conversión" o "transmutación" pulsional sexual (Triebumsetzung).[94]

Así entonces, la sublimación se halla a la obra en la ética, la religión, el arte, la política y la economía. Al estudio crítico de la sublimación ética ha de seguir entonces el de las sublimaciones en las otras esferas.

Ricoeur busca el lugar en el hombre donde sea posible ubicar el proceso que Freud entiende como sublimación y desde donde sea posible hacer justicia a Freud, advertir las limitaciones de su explicación e integrar a la misma en una interpretación a la vez superadora –dialéctica de arqueología y teleología–. Tal "lugar" es para Ricoeur el sentimiento, en un modo preciso de su realización.[95]

Ricoeur reconoce en el sentimiento, en primer lugar, su intencionalidad y su "intimidad". El sentimiento no es una simple noticia de la interioridad del hombre, desvinculada de toda referencia "exterior". En el sentimiento se da la manifestación de ciertas cualidades de cosas externas, aunque el sentimiento *como tal,* paradojalmente, no ponga esas cualidades como algo "subsistente" frente al hombre. Más bien, el sentimiento manifiesta esas cualidades de cosa manifestando a la vez la tonalidad de la propia intimidad: en lo vivido del sentimiento se designa a la vez una cualidad, un aspecto de cosa y por él se revela la intimidad del yo.

Poner una cosa como objetiva en su ser, instaurando así la dualidad de la oposición sujeto-objeto, es función del conocimiento –ya sucede así en el simple tacto exploratorio–. A diferencia de ello, en el sentimiento se manifiesta la relación del yo al mundo, en él se restituye nuestra complicidad, nuestra inherencia, nuestra apertenencia. Se puede afirmar que el sentimiento es la reflexión de la relación de apertenencia del yo al mundo. Esta relación al mundo que se manifiesta en el sentimiento es irreductible a toda polaridad objetal. Podemos nombrar esta relación, pero no podemos captarla en sí misma: nuestro lenguaje, educado en la dualidad sujeto-objeto, sólo puede alcanzarla indirectamente, por contraste, precisamente, respecto del conocimiento. Así, el sentimiento no puede ser descripto sino paradojalmente, como la unidad de una intención y una afección; por donde el sentimiento se muestra en su misterio.

---

[94] Cfr. *Sobre las transmutaciones de las pulsiones y especialmente del erotismo anal,* (VI, pág. 2034) [VII, 123]; *El carácter y el erotismo anal,* (IV, pág. 1354) [VII, 23].

[95] En lo que sigue se recoge lo central de las explicaciones de Ricoeur que se hallan en *L' homme faillible,* cap. IV ("La fragilité affective"), págs. 97-148.

Porque no podemos atribuir al sentimiento la "objetividad", optamos comúnmente por llamarlo "subjetivo". Pero ello puede inducir a error, en cuanto no dice la intencionalidad del sentimiento. El sentimiento, como se explicó, tiene su propio modo de intencionalidad, de revelación de lo otro, a saber como manifestación simultánea de la intimidad. En este sentido, salvaguardando así su carácter centrífugo-centrípeto, se puede hablar de la "profundidad" como de la dimensión propia de los sentimientos.

Con lo dicho se ha realizado brevemente lo que se puede llamar un análisis *horizontal* de los sentimientos. Pero Ricoeur advierte que este análisis es insuficiente. Con él no se tiene un espectro de la jerarquía de los sentimientos: no se ha dicho allí que se trate de sentimientos referidos a cosas, personas, ideas, comunidades o Dios. Es necesario entonces proceder a un análisis *vertical*.

Aquí adquiere toda su importancia la reciprocidad del conocimiento y el sentimiento. Si el sentimiento es la unidad vivida de la relación del yo a las cualidades de las cosas que precisamente el conocimiento destaca como objetos, el conocimiento, precisamente constituyendo objetos, aporta al yo la claridad de su sentimiento y, con la jerarquización de sus objetos, arranca al yo de la esencial confusión en que vive sus sentimientos, permitiendo un discernimiento de los grados de los mismos. Así, sobre la jerarquía de los objetos del conocimiento se puede leer la jerarquía de los distintos modos de la unidad vivida de la pertenencia del yo –en las cualidades de las cosas– al mundo: se puede leer la jerarquía de los sentimientos. Se podrá entonces discernir si se trata de amor, odio, tristeza, deseo, placer, respecto de cosas, o personas, o ideas, o Dios.

En los extremos de un arco jerárquico de la afectividad se pueden discernir los sentimientos relativos a los objetos que tienen que ver con lo vital, y los sentimientos espirituales que se dan a una con la presencia del pensamiento, de la razón y que Ricoeur denomina sentimientos noéticos, o simplemente y en su raíz sentimiento ontológico.

El sentimiento ontológico es aquél en que se vive la apertenencia al ser; como sentimiento revela a una la cualidad "conveniente" del ser y la intimidad del yo. Este sentimiento fundamental que revela la apertenencia a lo suprapersonal se especifica, según Ricoeur, en cierta manera en otros sentimientos en que se vive la apertenencia a otras instancias suprapersonales: las "ideas" como tareas y obras suprapersonales, las comunidades humanas, los nosotros. En el seno de estas últimas se darán las distintas variaciones de la *filia*, como aceptación y así amor del otro. Pero el sentimiento en que se da la apertenencia a una comunidad no es posible sin la simultaneidad del sentimiento en que se da la apertenencia a una tarea suprapersonal. A su vez, estos sentimientos se multiplican en sus diversas modulaciones: amor, alegría, agradecimiento, paz interior...

Todos estos sentimientos, anota Ricoeur, no son susceptibles de una satisfacción finita. Todos ellos están transidos finalmente por la infinitud del ser: los afectos respecto de lo espiritual no tienen límites. Así, y conforme con el "carácter" personal, quien se siente en la plenitud de la apertenencia, ama y goza y allí siente que su amor y su gozo no terminan; quien siente esa apertenencia como capaz aún de cumplirse más plenamente, desea esa plenitud y siente allí que su deseo es sin fin; quien experimenta el amor y el gozo de la plenitud puede aún agradecer sin fin; quien desea sin fin puede sentir sin fin la alegría y el agradecimiento del hallarse en camino... Estos sentimientos constituyen el polo de infinitud de toda nuestra vida afectiva.

Y no se han de olvidar, según Ricoeur, los sentimientos en que la apertenencia se vive "atmosféricamente". Propiamente, lo "atmosférico" es el carácter más propio del sentimiento ontológico en su raíz. Lo "informe" del sentimiento ontológico –algo que se da en rigor en todos los sentimientos y que corresponde a la menor presencia de la objetividad del conocimiento– corresponde al carácter informe del ser al que se refiere y que el conocimiento no puede contornear objetivamente en una esencia. Así, a la falta de figura del ser corresponde el carácter de "atmosférico", de "tonalidad" del sentimiento ontológico en todos sus posibles registros.

Ricoeur anota que al sentimiento ontológico en su registro decisivo de gozo o beatitud se le opone el sentimiento negativo de la angustia. Pero el gozo sigue siendo, según Ricoeur, el sentimiento ontológico por excelencia: la angustia correspondería al aspecto particular de informidad del ser, esto es a su distancia y diferencia respecto de los entes. Pero antes que la angustia está la pertenencia como gozo; el gozo se impone a través de la angustia y, en su respeto del ser, es gozo por la angustia. Así, las modulaciones atmosféricas del sentimiento positivo ontológico se dan a través de y acompañadas por las modulaciones, correspondientes a ellos, de la angustia.

El análisis vertical del sentimiento ha puesto de manifiesto los dos polos de los sentimientos vitales y de los sentimientos espirituales. Pero

Ricoeur advierte que un sí mismo humano no se constituye en ninguno de ambos polos. Los sentimientos vitales no dan aún un yo humano; los sentimientos espirituales están mas allá de un sí mismo humano. Más propiamente: en ninguno de ambos polos se constituye un sí mismo como un yo humano individual, como una subjetividad. Ni la *epithumía* (deseo vital, sensible), ni el *eros* (deseo, amor espiritual) dan lo humano en su sentido propio.

La afectividad humana es algo distinto de ambos extremos. En el "cuerpo" de los objetos inicialmente interiorizados cualitativamente en los sentimientos vitales van aflorando aspectos objetivos no vitales que precisamente se interiorizan cualitativamente en nuevos sentimientos; pero en correspondencia con tal mixto objetivo, los mismos sentimientos tanto vitales como no vitales se muestran como "mixtos", en cada caso en su medida: los sentimientos vitales humanos son ya más que vitales y los sentimientos no vitales no pueden darse sino, precisamente, como superación de lo vital en lo vital. Los objetos y los sentimientos no vitales en lo vital son como el reflejo multiplicado allí –y oscurecido– de los objetos y sentimientos estrictamente espirituales –y partiendo desde lo vital se podrá decir que son como la primera manifestación de lo espiritual–. En razón del "cuerpo" en que se hallan sus objetos, los sentimientos no vitales guardan latentes en su pasado los sentimientos vitales –humanos por cierto– hacia los que siempre es posible el retroceso.

Así entonces, la afectividad humana es un mixto de afectividad vital y de afectividad espiritual; un mixto donde la afectividad vital queda transfigurada por los sentimientos espirituales, y donde la afectividad espiritual va aflorando y se hace progresivamente "cuerpo" en los objetos de los sentimientos vitales, sin alcanzar su figura propia plena: es el *thumós* de Platón.

La presencia de lo espiritual en sus reflejos en lo vital humano –en el *thumós*– se puede aún señalar en otro carácter de los distintos sentimientos "mixtos". Si el sentimiento vital se halla caracterizado por la finitud en su figura objetiva y en la duración de su acabamiento como placer, y el sentimiento espiritual radicalmente por la infinitud de su figura final (el ser) y el permanente inacabamiento de su cumplimiento, en el *thumós* se advierte la presencia de aquella infinitud en cuanto sus figuras objetivas se multiplican para él, como se verá, en sus distintos registros del tener, del poder y del valer y en cuanto se multiplican indefinidamente, en cada registro, las figuras u objetos de esas distintas realizaciones del sentimiento; ¿cuándo se termina de poseer, de dominar o de valer para el otro?: allí se muestran las huellas de los sentimientos espirituales.

Dice Ricoeur:

> "...el sentimiento también es 'mixto', ese mixto que Platón fue el primero en explorar en el libro IV de *La República* bajo el título de *thumós*, es decir de 'corazón'; el 'corazón', decía Platón, ya combate por la razón, como su punta de indignación y coraje, ya se alinea del lado del deseo, como la punta agresiva, la irritación, la cólera. El corazón, añadía yo, es ese corazón inquieto que ignora la detención del placer y el reposo de la beatitud, y proponía poner bajo el signo de este corazón, ambiguo y frágil, toda la región media de la vida afectiva, entre las afecciones vitales y las afecciones espirituales, es decir, toda esa actividad que hace la transición entre el vivir y el pensar, entre Bios y Logos. Y anotaba ya: 'es en esta región intermedia que se constituye un sí mismo (soi), diferente de los seres naturales y diferente de otro.... Sólo con el *thumós* el deseo reviste el carácter de diferencia y de subjetividad que hace un sí mismo...'".[96]

Pero si como se acaba de decir, la afectividad humana no es tal sino como *thumós*, también es cierto que ella sólo accede al nivel de humanidad cuando se realiza en el encuentro con otra afectividad. Se trata entonces de la afectividad humana como "mixto" de lo vital y lo espiritual, que se desarrolla a la vez en el encuentro intersubjetivo.

Con el *thumós* así caracterizado se está en un lugar privilegiado de análisis, donde es posible comprender la arqueología y la sublimación de Freud y a la vez superarlas a ambas en una adecuada comprensión de lo espiritual, según el sentido de la teleología.

En el *thumós*, en cuanto "mixto", se muestra la confluencia de lo inferior y lo superior, lo vital y lo espiritual; en el *thumós* el hombre supera lo vital; pero también desde ese "corazón inquieto" puede siempre el hombre deslizarse hacia lo vital. Hay una desproporción entre lo propiamente espiritual y lo vital, y esa desproporción se torna inestabilidad, fragilidad y conflicto allí donde ambos extremos se encuentran, en el *thumós*; y ese conflicto puede derivar en descenso hacia lo vital o en "exceso" hacia lo propiamente espiritual.

---

[96] F, pág. 487; Ricoeur cita precisamente *L'homme faillible*, en pág. 123.

Ricoeur advierte que la desproporción y el encuentro entre la vida y el espíritu puede por cierto advertirse en el orden del conocimiento: el aquí y ahora de la percepción, frente a la exigencia del saber de la verdad del todo; opinión y ciencia, intuición y entendimiento, certeza y verdad, presencia y sentido. Pero esta desproporción y este encuentro, en el conocimiento mismo como tal, en cuanto se despliega en el objeto frente al sujeto, no se reflejan como acontecer de la intimidad del yo. Sólo en el sentimiento, como reflexión interior vivida de la relación al mundo, como manifestación simultánea de las cosas y del yo, esa desproporción y ese encuentro de la vida y del espíritu se dramatizan realmente como conflicto.

En el conocimiento, su "objetividad" deja en las sombras el entramado íntimo del yo. Importa señalar entonces que, desarrollándose el análisis sobre el sentimiento, se hace posible la manifestación de la constitución de las figuras íntimas del yo, se hace posible el estudio de la progresiva constitución de la intimidad de un sí mismo.

Con todo, según se señalara anteriormente, un estudio del sentimiento en su jerarquización no es posible sino asumiendo como guía los objetos sobre los que él se despliega y en los que se le abren sus cualidades; objetos que sólo se destacan como tales en el conocimiento, con el que el sentimiento se halla en esencial y mutua implicación. Se tratará entonces de un estudio que destaque y precise el sentido de los objetos de conocimiento sobre los cuales se despliega el sentimiento: será una reflexión cognoscitiva sobre las esferas de objetividad que desde el conocimiento se le abren al sentimiento como el asiento de las cualidades que a él lo afectan y en las que el mismo yo se descubre a sí mismo.

Ricoeur encuentra en la antropología kantiana una consideración de la afectividad humana que se halla en el nivel de estudio que él propone: el *thumós* como mixto de lo vital y lo espiritual y como afectividad que se desarrolla en la intersubjetividad.

Esa afectividad se desarrolla, para Kant, en los registros del *tener,* del *poder* y del *valer.* Pero en Kant el estudio de tales registros es llevado a cabo en perspectiva moral: se trata del estudio de las *"pasiones"* del tener, poder y valer, las pasiones "de la posesión, de la dominación y de la pretensión, o, en otro lenguaje, de la avidez, de la tiranía y de la vanidad (*Habsucht, Herrschsucht, Ehrsucht*)".[97]

---

[97] F, pág. 488.

Pero Ricoeur propone: "Lo que es necesario reencontrar, detrás de este triple *Sucht*, aberrante y violento, es el *Suchen* auténtico; es necesario alcanzar detrás de la búsqueda pasional, la demanda de humanidad, la búsqueda ya no desaforada y esclava sino constitutiva de la praxis humana y del sí mismo humano".[98]

Entonces: estudio del "mixto" de vida y espíritu que es el *thumós*, en el encuentro intersubjetivo, donde se revelará la constitución íntima del yo en la fragilidad y el conflicto; todo ello siguiendo la guía de los objetos.

En síntesis:

> "Es el progreso de esta constitución de objetividad lo que debe aquí guiar la investigación de la afectividad propiamente humana. Al mismo tiempo que una nueva relación a las cosas, los requerimientos propiamente humanos del tener, del poder y del valer instituyen nuevas relaciones al otro, a través de las cuales se puede seguir el proceso hegeliano del desdoblamiento de la conciencia y de la promoción de la conciencia de sí".[99]

Con tal presentación del *thumós* y de su estudio, Ricoeur da el marco dentro del cual se ubica una comprensión de la sublimación de Freud, que al mismo tiempo sea capaz de superarla; superación, por otra parte —más allá de lo vital y hacia el espíritu—, que se puede entender como la respuesta a la invitación y al anuncio que implican las limitaciones que reconoce el mismo Freud —en particular en el orden político y artístico—.

En efecto, lo decisivo para Ricoeur, como ya se adelantara, es que desde la perspectiva que él propone se puede advertir que con el surgimiento de lo económico *(avoir),* lo político *(pouvoir)* y lo cultural propiamente dicho *(valoir)* se abren esferas de sentido —de objetividad y de subjetividad— que son irreductibles al plano de lo vital simplemente tal, como quiere en principio Freud. Lo que allí aparece no puede ser una mera modificación no "substancial" de lo sexual.

Dice Ricoeur:

> "Es muy notable, en efecto, que las tres esferas de sentido que atraviesa la trayectoria del sentimiento, pasando del tener al poder y al valer, constituyen regiones de significaciones humanas que son en esencia no-libidinales".[100]

<hr>

[98] F, pág. 488.

[99] F, págs. 488-489.

[100] F, pág. 488.

Ello sin dejar de reconocer, como se advirtiera, que lo vital es el lugar de inserción de lo no vital y el polo hacia el que es siempre posible la regresión.

> "...las tres esferas (...) resultan, como toda la vida de civilización, de una historia de las pulsiones; ninguna de las figuras de la fenomenología del espíritu escapa en verdad a la carga libidinal y por consiguiente a las posibilidades de regresión inherente a la situación pulsional".[101]

Es necesario hacer aún una precisión. Ni la ética ni la religión entran en esta consideración de Ricoeur. La ética consituye en rigor una figura de la conciencia abarcadora y "suplementaria" respecto de las figuras de lo económico, lo político y lo cultural. En efecto, todos los sentimientos de las tres esferas en los que se va constituyendo una subjetividad pueden tornarse *"pasiones"* en el sentido moral negativo kantiano, en cuanto esa subjetividad, volviéndose sobre sí misma, se busca en ellos exclusivamente a sí misma; así nacen, por ejemplo, la avidez, la tiranía y la vanidad. Precisamente, al tomar como guía las pasiones kantianas, Ricoeur debió "reducirlas", según se indicó, a afectos originariamente positivos que se hallan tras ellas. De cualquier manera, es claro que la figura ética de la conciencia no se cuenta como una figura más junto a las tres señaladas; ella constituye una figura abarcadora de las mismas, y así es una figura esencialmente diversa, que reclama una atención específicamente distinta –consideración específica que precisamente ya fuera encarada–.

En cuanto a la religión, es necesario tener en cuenta en primer lugar que su "objeto" es lo espiritual en grado sumo y así lo más polarmente opuesto a lo vital. Sin embargo, en razón de que lo Sagrado no se da a la conciencia religiosa sino en los símbolos de este mundo, sigue siendo cierto que, conforme con tal "cuerpo simbólico", en tal conciencia seguirá estando, como su pasado latente, una afectividad vital más o menos cercana, según sea el "cuerpo" del símbolo: un objeto vital –como es el caso ejemplar de lo Sagrado como Padre–, económico, político o cultural, hacia lo cual, por otra parte, podrá "regresar" siempre esa conciencia religiosa.

Pero en todo caso, en la auténtica conciencia religiosa, lo apuntado en el símbolo es algo que no constituye un objeto de este mundo –en rigor no es en absoluto *objeto*–: lo Totalmente Otro se halla más allá de toda conciencia de objeto inmanente –a diferencia de lo que sucede con

---

[101] F, pág. 491.

lo económico, lo político o lo cultural–; y por eso también sus sentimientos propios son totalmente otros, sólo "aproximables" en algunos sentimientos propiamente espirituales, no religiosos, también referidos a dimensiones que superan toda objetividad.[102]

Por todo ello la conciencia religiosa no cabe en esta consideración de los sentimientos humanos, y exige entonces un tratamiento por separado.

Todo lo dicho hasta aquí no es más que una presentación sumaria del estudio que Ricoeur consagra a la afectividad, y en especial al *thumos,* en el capítulo IV de *L'homme faillible* –al cual remite en el *Ensayo sobre Freud*–. Pero lo dicho es suficiente para comprender el sentido de la investigación ricoeuriana acerca de la "sublimación" en la economía, la política y el arte como acontecimiento de cultura.

Pero antes de avanzar en el tratamiento de las figuras mencionadas, convendrá mostrar toda la importancia del paso dado al ubicar el centro del análisis en general en el sentimiento. Así se podrá tener ya el marco en el que se van a desarrollar las reflexiones de Ricoeur, que llegan, más allá de las tres esferas señaladas, hasta la religión.

Si ya en el comienzo y en general Ricoeur podía afirmar que el conocimiento del yo –en orden a una ontología– sólo podía lograrse por el estudio de sus objetos, ahora afirma en particular que tales objetos sólo son reveladores de la "naturaleza" del yo si se los asume precisamente no como pura objetividad en sí sino como una objetividad *para* el hombre. Y esto se da en la medida en que tales objetos son considerados en cuanto portadores de cualidades que, *afectando* al yo, le revelan a éste simultáneamente su propia intimidad, esto es, en cuanto son considerados como aquello objetivo sobre lo que se modula el sentimiento. El recurso a los distintos objetos y a sus diversas "naturalezas" –o a los distintos estratos de sentido objetivo de una misma cosa– es indispensable si se quiere establecer una jerarquía de las "afecciones" del yo: el ser-afectado del yo por las cualidades de los objetos es de diversa jerarquía según que esas cualidades –lo amable, lo deseable, lo odiable– inhieran en objetos de diversa jerarquía –cosas, personas, ideas, Dios–.

Una pura consideración de objetos en la objetividad de su naturaleza en sí –tal como aparecen al puro conocimiento– no dice aún nada del hombre. Una pura consideración del sentimiento como tal –lo que se llamó el análisis horizontal– sólo informa sobre la apertenencia del hombre al

---

[102] Sobre esta "aproximación", se hablará en esta parte III, en el punto 4.D.c.

mundo, pero no revela el modo preciso de esa apertenencia –los niveles jerárquicos de la misma– y así no dice nada sobre la naturaleza del yo. Una consideración de la naturaleza en sí de los objetos, pero asumidos éstos en cuanto los portadores de las cualidades que afectan al yo, permite discernir la articulación jerárquica de las afecciones del yo y permite allí –conforme con lo propio del ser-afectado– discernir la articulación jerárquica de estratos en la intimidad del yo.

Así entonces, un análisis de los distintos objetos de la conciencia humana, en orden a advertir la naturaleza del yo, ha de ser un análisis que sí se haga cargo de esas objetividades, pero ha de asumirlas como *guía,* esto es como aquello que, siendo portador de cualidades que afectan al yo, va señalando, conforme con su distinta jerarquía de naturaleza, la distinta jerarquía de las afecciones del yo, que van revelando a su vez la jerarquía de los distintos estratos del yo.

El centro de la atención ha de ponerse en el sentimiento porque sólo allí se revela para el hombre su intimidad en lo que le es más propio, a saber el acontecer de un drama; pero no se puede alcanzar la inmediatez lúcida de ese drama sino pasando por la mediación del conocimiento de los objetos sobre los que se modula ese drama.

Entonces, cuando se tienen en cuenta las objetividades, lo que se tiene en cuenta es también la misma intimidad del yo, pues esos objetos se disciernen como aquello con cuyas cualidades afectivas el yo se vive en su propia intimidad.

Conforme con ello, si, como se ha visto, los objetos del hombre se constituyen como una estructura compleja de un "cuerpo" o materia del pasado y un sentido nuevo, será necesario ver contenida, implicada en tales objetos, una estructura también compleja del yo, hecha de un pasado afectivo, transfigurado en un afecto nuevo. De tal manera, en el objeto se ha de leer la estructura del acontecer dramático de una intimidad –el presente no está asegurado: siempre es posible el regreso al pasado– en el que va madurando un sí mismo.

Así entonces, además, cuando se advierta que, como *símbolos,* las objetividades remiten a otros objetos, también estos últimos deberán ser entendidos en su implicación de la intimidad de un yo. Por ello, todo discurso acerca de los símbolos será un discurso acerca de objetos y *allí* un discurso acerca de una intimidad humana discernida en la inmediatez de la revelación de los afectos. Por cierto, ello no ha de obstar a que eventualmente, como se verá en especial en el caso de la religión, la intimidad del yo sea estudiada explícitamente –desde la guía de los objetos–, y no sea sólo aludida a propósito de la consideración de los objetos.

ß.- Los ámbitos de lo económico y de lo político

En los tres ámbitos, el de la economía, el de la política y el de la cultura propiamente dicha, advierte Ricoeur las dificultades de la explicación arqueológica de Freud. En la esfera de lo económico y en la de lo político, muestra los esfuerzos de Freud por *derivar* allí tanto el orbe de los actos como el de los objetos propios, a partir de las pulsiones sexuales. Siempre se trata de aquellas pulsiones, que alcanzan su satisfacción en objetos de naturaleza diversa; pero siempre se trata también, para actos y objetos, de una *derivación*.[103] Las dificultades de esta derivación –no hay reconocimiento de especificidad "de naturaleza"– denuncian, precisamente, la presencia oculta del espíritu, y están como reclamando una explicación que reconozca esa presencia, a saber una explicación teleológica.

Pero es importante señalar que no es sin más falso querer ver tras las nuevas realizaciones de la conciencia –aquí lo económico y lo político– el pasado pulsional. Pues es en la *materia* de los objetos y de los actos pulsionales primeros donde se abre paso el nuevo sentido espiritual que implican lo económico y lo político. Los antiguos objetos y actos pulsionales se hacen portadores de una nueva valencia específicamente diversa. Y esta presencia de lo nuevo en el cuerpo de lo antiguo es lo que exige una hermenéutica nueva, no arqueológica, pero que se ha de integrar con la interpretación reductora.

Economía y política son textos que pueden ser leídos arqueológica y teleológicamente. Así, los objetos de las esferas económica y política son símbolos que admiten tanto una lectura desde *lo primordial* de las pulsiones vitales, cuanto una lectura desde *lo terminal* del espíritu. *Se puede* hacer una u otra lectura, pero ambas *deben* hacerse articuladamente.

La esfera de lo económico –la esfera del *avoir*, de la posesión– comprende, desde el punto de vista de la objetividad, las cosas trabajadas, elaboradas, apropiadas y, derivadamente, los valores de cambio, los signos monetarios y determinadas instituciones. A todo ello corresponden sen-

---

[103] Cfr. F, págs. 487-494. Las mismas argumentaciones pueden hallarse en CI, págs. 109-115. Cfr. los textos indicados en nota 94.

timientos humanos específicamente propios, diversos de la afectividad del plano vital-pulsional. Y también, como lo viera Marx, es posible allí una alienación específica.

Freud propone, por su parte, una interpretación del orbe económico, como algo derivado del orden de lo sexual. No se trataría entonces allí de una esfera específicamente distinta de la conciencia humana: objetos y actos serían allí sólo modificaciones accidentales de objetos y actos arcaicos de naturaleza sexual.

> "Se conocen las tentativas de Freud y de los freudianos por derivar las relaciones en apariencia no libidinales hacia las cosas y los hombres de los estadios sucesivos que recorre la libido: estadio oral, estadio anal, estadio fálico, estadio genital. Freud habla de 'conversión' *Umsetzung* para designar esta transposición de las emociones pulsionales de ciertas zonas erógenas sobre objetos en apariencia extraños".[104]

Ricoeur hace notar lo justo que puede ser mostrar que los afectos del orden de lo económico tienen sus antecedentes en afectos referidos a lo sexual en sus distintas etapas. Pero ello no exige una reducción de lo posterior a lo anterior. Lo económico constituye un orden sí posterior, pero específicamente nuevo frente a lo sexual. Se puede hablar de una única afectividad humana como tal; pero ello no impide distinguir allí, en tal "género" –se podría decir– diversas "especies" de afectos, referidos a objetos específicamente distintos. Y también es posible establecer el orden de aparición sucesiva de tales afectos, sin que ello deba llevar a un reduccionismo. En tal sentido habla Ricoeur de una "hylética" de los afectos.

> "La interpretación freudiana ofrece en cierta manera una hylética de los afectos (tomo aquí la hylé o 'materia' en el sentido husserliano de la palabra); permite hacer la genealogía de los grandes afectos humanos y establecer la tabla de sus arborescencias; verifica lo que Kant había entrevisto cuando decía que no hay más que una sola 'facultad de desear'; es con el mismo amor, diríamos, que amamos el dinero y con el que, de niños, hemos amado nuestros excrementos".[105]

Pero esta "hylética" no puede dar cuenta por sí sola de lo nuevo que va apareciendo en la conciencia. Los antecedentes de los afectos referidos

---

[104] F, pág. 491; cfr. págs. 491-492. Sobre los elementos de objetividad, subjetividad e intersubjetividad que integran las tres esferas, cfr. *L'homme faillible*, págs. 129-141.

[105] F, pág. 492.

a lo económico son sólo antecedentes, y lo económico consituye, frente a ellos, una esfera de sentido nueva.

> "Pero al mismo tiempo sabemos muy bien que este género de exploración en las subestructuras de nuestros afectos no tiene el lugar de una constitución del objeto económico. La génesis regresiva de nuestros amores no reemplaza a una génesis progresiva referida a las significaciones, los valores, los símbolos".[106]

Los objetos de la esfera biológica se cargan con una nueva significación y una nueva valencia al pasar al orden de lo económico, y a ello corresponden nuevos actos de una nueva conciencia humana. Pero se ha de admitir –según ya se señaló– que siempre es posible la regresión. Frente a un objeto económico –signos monetarios, cosas elaboradas, instituciones– la conciencia humana puede desplegar actos que apunten no ya a su especificidad económica, sino a su "materia" objetiva anterior. Así se estaría frente a un objeto económico que obraría como mero disfraz de un objeto pulsional arcaico, y frente a actos sólo exteriormente económicos y en realidad íntimamente pulsionales arcaicos.

Lo económico –objetos y actos– puede así ser visto desde su "materia" y antecedentes y desde el nuevo sentido que en esa materia se despliega. De tal manera, aparece como una realidad rica, que exige una doble lectura integrada: una lectura arqueológica y una lectura teleológica.

La esfera de lo político –la esfera del *pouvoir,* de la dominación– comprende objetivamente el poder, con las estructuras e instituciones en las que se encarna, y actos correspondientes, tales como el mandar y el obedecer, la intriga, la ambición, la sumisión, la responsabilidad; y también debe contarse aquí la posible alienación específicamente política.

En *Psicología de las masas y análisis del yo* Freud intenta una explicación de los lazos que unen a los individuos en comunidad. Se trata allí de los antiguos lazos libidinales sexuales sólo accidentalmente modificados, que no se cumplen en sus objetos originales, sino en objetos distintos. Y las instituciones mismas no son más que derivaciones de tales lazos personales. La comunidad se explicaría así suficientemente por la unión que se logra por los lazos libidinales desexualizados, esto es, por la presencia de las mismas antiguas pulsiones sexuales, que logran ahora su satisfacción no en sus objetos originales sino en objetos diversos: el jefe, la autoridad,

---

[106] F, pág. 492.

el compañero. Satisfacciones que se cumplen, sin abandonar su propia naturaleza sexual íntima, de manera diversa, en objetos que también sólo reemplazan y ocultan, disfrazan, con sólo un nuevo rostro exterior, a los objetos antiguos sexuales. No hay entonces especificidad de objetos ni de actos en la esfera de lo político. "Nos encontramos aquí con pulsiones amorosas que, sin perder nada de su energía, han sido desviadas de sus fines primitivos".[107]

Aquí también es posible reconocer, con Freud, los antecedentes de los lazos políticos intersubjetivos, en las pulsiones sexuales. Pero también se debe admitir que lo político, frente a tales antecedentes pulsionales, constituye una esfera de sentido nuevo, tanto para los objetos como para los actos respectivos.

Y también aquí es necesario advertir que la novedad de sentido aparece como un cargarse los antiguos objetos pulsionales con una nueva valencia, a lo que corresponde una especie nueva de actos. Y la presencia "material" de lo antiguo hace también posible una regresión, como la que se apuntara para la esfera económica: siempre será posible que tras un aparente acto político se esconda un acto pulsional primitivo, dirigido propiamente a la materia pulsional anterior del objeto político.[108]

Ricoeur anota que el mismo Freud advierte los límites de su estudio, en cuanto reconoce que su análisis del vínculo social da razón más pro-

---

[107] S. Freud, *Psicología de las masas y análisis del yo,* (VII), pág. 2584 [IX, 97]; citado por Ricoeur en F, pág. 493.

[108] Sobre esto, dice Ricoeur en CI, pág. 115: "Así, la interpretación freudiana del jefe carismático por la carga libidinal homosexualizante es fundamentalmente verdadera; ello no quiere decir que lo político sea sexual; sino que quiere decir que ello es inauténticamente político en tanto que transferencia sobre la política de relaciones interhumanas engendradas en la esfera libidinal; en este sentido, el analista tendrá siempre razón en desconfiar de la pasión política, donde verá una huída, una máscara; pero nunca podrá lograr una génesis integral del lazo político a partir de la esfera de las pulsiones. Todo lo que se puede decir es que el psicoanálisis del militante político destruirá la pretendida vocación política si ella no era más que carga libidinal de la figura del jefe; pero hará lugar a una auténtica vocación política en la medida en que esta vocación resista a la reducción y se revele realmente engendrada a partir de la problemática política como tal. Es el sentido de las palabras de Platón en *La República:* 'el verdadero magistrado, es decir el filósofo, gobierna sin pasión'. Se podría tomar de la misma manera la relación del tener; dos lecturas son siempre posibles: una a partir del trabajo, otra a partir de la relación al cuerpo propio o a partir del estadio anal, etc. Pero las dos génesis no se hallan en el mismo nivel: una es constituyente, la otra no da cuenta más que de las máscaras y de las substituciones y finalmente no explica más que la conciencia 'falsa'".

piamente de los aspectos regresivos de la masa que de la constitución del grupo humano como institución.[109]

En todo caso, es claro que el psicoanálisis no da cuenta de lo social más que en términos de "desviación" de lo pulsional primitivo.

> "Y Freud, en este mismo texto (*Psicología de las masas y análisis del yo*), confiesa que no es 'fácil dar cuenta de esta desviación del fin conforme a las exigencias de la metapsicología'. Y agrega: 'si queremos, podemos ver en esta desviación de fin un comienzo de *sublimación* de las pulsiones sexuales o poner aún más lejos los límites de éstas'. ¿No es ello más bien el índice de que la sublimación misma es un concepto mixto, que designa a la vez una filiación energética y una novación de sentido?; la filiación energética testimonia de que no hay nunca más que una libido y sólo destinos variados de la misma libido, mas la novación de sentido requiere otra hermenéutica".[110]

Entonces, lo político, al igual que lo económico, puede ser leído desde su pasado pulsional primitivo y desde el nuevo sentido que aflora en esa materia pulsional. Pero sólo una lectura articuladamente arqueológica y teleológica puede dar razón acabada de esas nuevas dimensiones de la conciencia humana.

Y Ricoeur señala entonces que las dificultades de la derivación freudiana —reconocidas por el mismo Freud, como se ve, por ejemplo, en *Psicología de las masas y análisis del yo*— se deben, precisamente, a la presencia allí, no reconocida explícitamente, de elementos de espíritu, que exigirían, precisamente, una interpretación teleológica, integrada con lo legítimo de la lectura arqueológica.

γ.- El arte

Las tres esferas que se analizan —*avoir, pouvoir, valoir*— son otros tantos momentos de realización de la conciencia humana, jalones del devenir adulto. Son tres esferas de sentido diversas, que son tanto tres dimensiones de actos cuanto de objetos diversos; dimensiones entonces de la subjetividad, inseparables de correspondientes dimensiones de objetividad. Pero, además, las distintas relaciones que se juegan entre los distintos

---

[109] Cfr. F, págs. 493-494.
[110] F, pág. 494.

actos y los distintos niveles de objetividad instituyen distintos modos de relacionarse entre sí los sujetos humanos.

Se trata entonces, en rigor, de tres niveles de subjetividad, de objetividad y de intersubjetividad. Subjetividad, objetividad e intersubjetividad son los aspectos inseparables de cada una de las tres esferas de sentido en las que progresivamente se puede ir advirtiendo la constitución del sí mismo, de la adultez del hombre, como, según Ricoeur, lo enseña la *Fenomenología del espíritu* de Hegel.[111] No hay crecimiento del sujeto que no sea una progresión de objetos y un progreso en los encuentros interhumanos.

El estudio de los distintos momentos de la conciencia humana ha de atender entonces a la descripción de los aspectos subjetivo, objetivo e intersubjetivo, pues los tres se reclaman y se "explican" mutuamente.

La esfera del *valoir* es, con otro nombre, la esfera de la *estima*. Pero, conforme a lo que se acaba de explicar, el análisis no ha de atender aquí solamente a los afectos humanos que se juegan a este propósito, en una suerte de estudio de "psicología de la personalidad".

Se trata sí, en efecto, del movimiento de la conciencia humana por el cual ella busca en la otra conciencia la estima, la aprobación y el reconocimiento como persona; pero no se trata aquí de demorarse en el análisis de los actos personales que allí se juegan, sino de advertir esa búsqueda de estima como algo presente en determinadas obras; entonces, "según un método que ya no es una psicología de la conciencia, sino un método reflexivo que tiene su punto de partida en el movimiento objetivo de las figuras del hombre; es este movimiento objetivo lo que Hegel llama el espíritu; es por reflexión que puede ser derivada la subjetividad que como tal se constituye al mismo tiempo que se engendra esta objetividad"[112]

Son precisamente las obras de la cultura propiamente dicha –derecho, arte, literatura– las que testimonian del sujeto y de tal búsqueda: ellas son siempre la "exposición" del sujeto humano a la mirada y la estima del otro, en la búsqueda del reconocimiento que lo consagre en su ser persona, en su dignidad. Y esas obras son así los objetos que sirven de guía en el estudio de esta nueva dimensión de la conciencia.

> "Se puede comprender así este tercer momento: la constitución de sí mismo no se agota en una económica y en una política y se continúa

---

[111] Cfr. F, págs. 448-449; 488-489.

[112] F, pág. 491.

en la región de la cultura. Ahora bien, también aquí la 'psicología' de la personalidad no abarca más que la sombra, a saber la intención, presente en todo hombre, de ser estimado, aprobado, reconocido como persona. En efecto, mi existencia para mí mismo es tributaria de esta constitución de sí en la opinión de otro; mi 'sí mismo' –me atrevo a decir– es recibido de la opinión de otro que lo consagra; pero esta constitución de sujetos, esta constitución mutua por 'opinión' se halla guiada por nuevas figuras de las que se puede decir, en un sentido nuevo, que son 'objetivas'; estos objetos ya no son *cosas,* como lo son aún en la esfera del *avoir;* tampoco corresponden siempre *instituciones,* como en la esfera del *pouvoir;* con todo, estas figuras del hombre han de buscarse en las obras y los monumentos del derecho, del arte y de la literatura. En esta objetividad de un nuevo género –la objetividad de los objetos culturales propiamente dichos– se continúa la prospección de las posibilidades del hombre; aún cuando Van Gogh pinte una silla, describe al hombre; proyecta una figura del hombre, a saber el hombre que 'tiene' este mundo representado; los testimonios culturales dan así densidad de 'cosa' a estas 'imágenes'; las hacen existir entre los hombres y en medio de los hombres, encarnándolas en 'obras'. A través de estas obras, por la mediación de estos monumentos, se constituye una *dignidad* del hombre y una estima de sí mismo. En este nivel, en fin, el hombre puede alienarse, degradarse, transformarse en irrisión, aniquilarse".[113]

Ricoeur realiza su análisis sobre el "ejemplo ejemplar" de la tragedia *Edipo Rey* de Sófocles. En este símbolo cultural intentará mostrar la articulación concreta del inconsciente pulsional de Freud y del espíritu.[114]

Según Freud, *Edipo Rey* expone lo que es un suceso de nuestra infancia y que retorna en nuestros sueños: nuestro deseo incestuoso hacia nuestra madre, la rivalidad con nuestro padre y la condena de tal doble acontecimiento. El sentimiento de horror ante tales deseos hacia nuestros padres con que se acompaña la reviviscencia onírica traduce la censura original, que se continúa en la censura endopsíquica vigil que es parcialmente vencida en el sueño.

---

[113] F, págs. 490-491.

[114] El mismo análisis de *Edipo Rey* puede hallarse, con algunas diferencias de detalle, en CI, págs. 115-118.

Freud advierte que es esta conflictiva constelación de afectos arcaicos y estructurantes del psiquismo humano lo que hace que la tragedia de Sófocles continúe conmoviendo a todos los hombres a través de los siglos:

> "Si el destino de Edipo nos conmueve es porque podría haber sido el nuestro, porque desde antes de nuestro nacimiento el oráculo ha pronunciado contra nosotros esta misma maldición".[115]

Y Freud rechaza la idea de que el tema de la tragedia sea el contraste entre la omnipotencia de los dioses y la impotencia del esfuerzo humano ante la desgracia. Tal interpretación teologizante, según Freud, es sólo el resultado de una *elaboración secundaria,* proceso por el cual, en los sueños –y aún en la vigilia posterior– intentamos organizar racionalmente –para reforzar la censura– los acontecimientos oníricos. Ricoeur propone una segunda interpretación.

> "Esta otra interpretación no concierne ya al drama del incesto y del parricidio, drama que ya ha tenido lugar cuando comienza la tragedia, sino a la tragedia de la verdad".[116]

La tragedia de la verdad, para Edipo, consiste en el no reconocimiento de la verdad, en la resistencia a aceptarla. En efecto, al maldecir, al comienzo de la tragedia, al hombre desconocido culpable de la peste, Edipo comienza por excluir que ese hombre pueda ser él mismo. Y, como Freud reconoce, toda la tragedia –parecida a un psicoanálisis– es el lento proceso de vencimiento de la resistencia a la verdad, hasta su reconocimiento. Y precisamente es esa resistencia a la verdad la verdadera culpa de Edipo.

> "Así, Edipo resulta culpable precisamente por su pretensión de disculparse de un crimen del que en efecto no es culpable, en el sentido ético de la palabra".[117]

No se trata entonces del "deseo culpable del niño, sino del orgullo del rey; la tragedia no es la tragedia de Edipo niño, sino de Edipo rey".[118] El orgullo y la cólera del rey –su maldición del comienzo y su cólera ante las revelaciones de Tiresias– han cerrado el camino a la verdad.

---

[115] IS, pág. 507 [223].
[116] F, pág. 496.
[117] F, pág. 496.
[118] F, pág. 496.

"Es entonces posible aplicar al drama de Sófocles lo que hemos llamado una antitética de la reflexión; se podría ilustrar esta oposición de los dos dramas y de las dos culpabilidades diciendo que el drama inicial, el que es justificable por el psicoanálisis, tiene por testigo a la *esfinge,* que representa el enigma del nacimiento, fuente, según Freud, de todas las curiosidades infantiles, mientras que el drama de segundo grado, el que Freud parece reducir al papel de la elaboración secundaria, a saber a algo desdeñable –cuando en rigor constituye la verdadera tragedia– tiene por testigo al *vidente* Tiresias. En el lenguaje de nuestra antitética, la esfinge representa el lado del inconsciente, el vidente el lado del espíritu. Como en la dialéctica hegeliana, Edipo no es el centro de donde procede la verdad; un primer dominio, que no es sino pretensión y orgullo, debe ser quebrado; y la figura de donde procede la verdad no es la suya, sino la del vidente, que Sófocles llama precisamente 'la fuerza de la verdad'. Y esta figura ya no es una figura trágica; representa y manifiesta la visión de la totalidad; el vidente, pariente del loco de la tragedia isabelina, sería más bien la figura de la comedia en el seno de la tragedia, figura que Edipo no alcanzará sino a través del sufrimiento. El nexo subterráneo entre la cólera de Edipo y el poder de la verdad es así el núcleo de la verdadera tragedia. Se podría decir que este núcleo no es el problema del sexo, sino el de la luz. El vidente es ciego, en cuanto a los ojos de la carne, pero ve la verdad en la luz del espíritu. Por eso Edipo, que ve la luz del día, pero es ciego acerca de sí mismo, no accederá a la consciencia de sí sino volviéndose él mismo el vidente-ciego: noche de los sentidos, noche del entendimiento, noche del querer: ya no hay qué ver, ya no hay qué amar, ya no hay nada capaz de dar alegría. 'Deja de ser un amo, espeta duramente Creonte, el dominio que tú ejerciste toda tu vida no te sirve ya de nada'".[119]

Adviértase: la verdad está fuera del sujeto y su contenido no es un algo que el individuo como tal, desde su propia figura, pueda ver; por ello para él no es un qué, es nada...

La verdadera culpa de Edipo –y el verdadero sentido de la tragedia– está en la resistencia a la verdad. Edipo ha excluído coléricamente –a priori– que él pueda ser el autor del asesinato; así ha dicho cuál es la verdad –no es él sino otro el asesino–; pero así se ha hecho fuente y dueño de la verdad; y con ello, precisamente, no puede ver la verdad acerca de sí mismo. Tiresias proclama la verdad y la verdad acerca de Edipo:

---

[119] F, pág. 497.

no es Edipo desde sí mismo quien la establece –aunque, a partir de los indicios recibidos, Edipo sí deberá avanzar por sí hacia el encuentro con la verdad (como en el psicoanálisis)–. Como en Hegel, la verdad no se halla en poder de una figura "abstracta" de la conciencia; sólo es discernible por el desprendimiento del sí mismo "abstracto" y la entrega a un sentido que se halla más allá de la figura individual. Tiresias es la visión de la totalidad, Edipo es sólo una figura de la totalidad, que se cierra a la totalidad. Edipo puede ver pero es ciego para la verdad, para el acontecer total. Tiresias ve porque no es Edipo, Tiresias sabe *todo* –y así sabe de Edipo–, aunque no ve como Edipo. Para ver la verdad, Edipo tendrá que ser como Tiresias: tendrá que abrirse y entregarse a un sentido que no se halla en su dominio. Pero desasirse de sí mismo –dejar de ser amo– será volverse ciego como Tiresias: sólo si no se encierra la mirada en la propia figura –y este desprendimiento de sí, este sobrepasar la propia figura es ser ciego según la carne– es posible acceder a la visión de la verdad, y así a la verdad acerca de sí mismo, esto es, a la visión del propio sentido –algo que, para una visión desde una figura particular, es nada–: luz y visión del espíritu. Por eso finalmente Edipo verá, sabrá, pero quedará ciego.

Pero si es cierto que la cuestión es aquí la verdad acerca de sí mismo –que en todo caso en su dinamismo es finalmente interrogación por los propios orígenes radicales y así intento de visión de sí mismo en la totalidad– se está aquí, a partir de un tema de suyo limitado, que es aquí una cuestión en parte sexual –el drama del incesto y del parricidio–, en un nivel de sentido que supera tal parcialidad y carnalidad temática. El planteamiento de la cuestión de la verdad de sí mismo –sea cual fuere la materia particular sobre la que se desencadene– es algo diverso y de otro rango; aquí se ha desplegado a partir de la cuestión privilegiada del propio nacimiento, dramáticamente acompañada por el horror del incesto y del parricidio; pero tal cuestión de la verdad ha elevado –y precisamente ése es el resultado de la obra de arte– a su materia circunstancial más allá de sí misma.

Ahora bien, con todo lo dicho sólo se han mostrado las dos posibles lecturas antitéticas de la tragedia de Sófocles. Ahora es necesario mostrar que la lectura desde lo vital, arqueológica de Freud contiene implícitamente y reclama una lectura desde un sentido nuevo, desde el espíritu.

Tal nueva dimensión espiritual o no meramente pulsional arcaica –la cuestión de la verdad– estaría sugerida en la misma interpretación arqueológica de la tragedia, cuando Freud se refiere a ella precisamente como *obra literaria;* y ese "momento espiritual" sólo imperfectamente podría explicarse como surgido en conexión con la sublimación en el sentido de Freud.

El acceso del tema arcaico-onírico a la categoría de obra de arte sería precisamente la promoción de lo espiritual –la verdad– como dimensión nueva; y, según Ricoeur, sería algo dicho por el mismo Freud y cubierto solamente con su temática de la sublimación. El arte sería así la manifestación de lo nuevo del espíritu, pero en la materia inevitable de lo pulsional arcaico.

Es cierto que Freud afirma que Edipo "realiza uno de los deseos de nuestra infancia". Pero también dice:

> "La oposición con la que el coro nos deja: '¡Miradle, es Edipo, el que resolvió los intrincados enigmas y ejerció el más alto poder, aquél cuya felicidad ensalzaban y envidiaban todos los ciudadanos! ¡Vedle sumirse en las crueles olas del destino fatal!' Esta advertencia nos alcanza a nosotros y a nuestro orgullo, a nosotros que desde los años de nuestra niñez hemos llegado a ser tan sabios y tan poderosos en nuestra valoración. Como Edipo, vivimos en la ignorancia de aquellos deseos que hieren la moral y que la naturaleza nos ha impuesto, y luego de su descubrimiento, todos quisiéramos apartar la vista de las escenas de nuestra infancia".[120]

Según estas palabras de Freud, cabe pensar que la obra de Sófocles, refiriéndose por cierto a los sucesos de nuestro pasado infantil, se refiere *allí* a nuestro *saber* adulto, nos plantea la cuestión de la *verdad* acerca de nosotros mismos. Y es la conmoción de ese saber lo que propiamente asegura el impacto perenne de la obra.

Es decir, en el Edipo que mira hacia su pasado fáctico personal –que se revelará incestuoso y criminal–, *mirando hacia ese pasado,* está ya el Edipo que tiene que ver con el saber, el que está interesado por la verdad. El tema es el incesto y el parricidio, pero *allí* es, sobre todo y en rigor, el tema de los propios orígenes, de la verdad acerca de sí mismo, el tema de la comprensión de sí mismo que, de suyo según su propio dinamismo, no se agota hasta abrazar la totalidad de lo que es.

Y es precisamente en la obra literaria, por la creación literaria, que una materia pulsional del pasado se torna el lugar del advenimiento de

---

[120] IS, pág. 508 [223]; el texto consignado es una traducción que difiere de la de la versión española.

la cuestión nueva y adulta de la verdad –en el modo ya señalado de la resistencia en lo abstracto y el posterior reconocimiento desde el todo–.

En la obra del artista, que él ofrece a los otros hombres para su contemplación –donde él mismo se expone y reclama estima, aprobación– su pasado arqueológico –que aquí sería el pasado del hombre como tal– es asumido y sobrepasado por un nuevo sentido espiritual. En la "exposición" artística de la propia historia –historia que puede ser tan "carnal" como las cuestiones del nacimiento y del sexo y sus afectos vitales: en Edipo, incesto y parricidio– el hombre busca algo más que la mera presentación y constatación ajena de una historia fáctica: busca la mirada estimativa del otro, busca el reconocimiento –por el otro y así la confirmación para sí– de su propia total estatura, de su dignidad; y así se trata allí de su verdad, esto es, de su lugar en el todo. Y esto es, *en la propia historia,* más que esa historia y más que sólo hechos históricos.

Allí el hombre creador accede a una nueva dimensión de sí mismo, haciendo aparecer también una nueva dimensión en sus "objetos". En la creación artística se expone la materia pulsional del creador, pero, por esa misma creación, en esa materia alumbra un nuevo sentido en el que crecen en novedad la conciencia del creador y del contemplador.

Entonces, por una parte, la obra literaria tiene así su propia especificidad frente a la temática pulsional del pasado de su autor allí presente: el tema –la verdad– no es un mero disfraz de la temática pulsional (Freud entiende ese tema-disfraz como de naturaleza teológica, según se vio). Por otra parte, los actos del creador y del contemplador que se refieren a tal temática no son una mera derivación –sublimación– de actos pulsionales de naturaleza sexual.

La intención dirigida a la mirada estimativa del otro, que opera en el desencadenamiento del proceso creador, hace aparecer la dimensión espiritual de la verdad –momento objetivo–, en donde se promueven creador y contemplador –momento subjetivo–, sobrepasando la mera presentación y constatación de un material de hechos. El arte constituye entonces una *nueva* región de sentido, una nueva figura de la conciencia.

Así, en la obra literaria se anudan –en objetos y actos– lo antiguo y lo nuevo, lo primordial y lo terminal. Es este nudo el que infructuosamente Freud intenta cubrir con la temática de la "sublimación". Allí se soportan mutuamente un sentido antiguo y un sentido nuevo, inconsciente primordial y espíritu; allí está el lugar del encuentro dialéctico de una hermenéutica arqueológica y una hermenéutica desde el espíritu. La obra como el lugar en que se soportan mutuamente lo antiguo y lo nuevo en su sentido objetivo dice la estructura compleja de vida y espíritu del hombre.

Freud ha intentado explicar en distintos lugares el acto de creación artística. Siempre el punto de partida ha sido el patrón del mecanismo de los sueños y de las neurosis: el retorno enmascarado del pasado. Así, en general, se trataría de las mismas antiguas pulsiones realizándose en distintos objetos que ocultarían los objetos arcaicos. Todo el acontecer –actos y objetos– sería entonces un mero derivado de lo anterior pulsional, que así merece, en especial en cuanto a los actos, el nombre de sublimación.

Sin embargo, Ricoeur advierte que es importante señalar que, en *Un recuerdo infantil de Leonardo de Vinci*, Freud reconoce que "quizás Leonardo ha negado y *superado,* por la fuerza del arte, la desdicha de su vida amorosa...";[121] y aún afirma que:

> "Dado que el don artístico y la capacidad de trabajo están íntimamente ligados a la sublimación, debemos confesar que la esencia de la función artística nos sigue siendo, también, psicoanalíticamente inaccesible."[122]

¿Qué es entonces la sublimación, si no el nudo donde se encuentran lo antiguo y lo nuevo, y así donde se da la presencia de lo espiritual en lo vital; y lo que el psicoanálisis, precisamente por ser sólo una lectura arqueológica, no logra comprender?

Nuevamente respecto del Edipo de Sófocles, dice Ricoeur:

> "A este respecto, el símbolo creado por Sófocles es particularmente notable y penetrante; lo sorprendente, en efecto, es que el drama de la verdad se anude sobre el misterio del nacimiento; por contrapartida, la situación edípica se revela inmediatamente rica en todas las armonías 'espirituales' que despliega el proceso de la verdad: curiosidad, resistencia, orgullo, angustia, sabiduría. Entre la cuestión del padre y la cuestión de la verdad se anuda una secreta alianza que reside en la sobredeterminación del símbolo

---

[121] Un *recuerdo infantil de Leonardo de Vinci,* (V), pág. 1609 [X, 141], citado por Ricoeur en F, pág. 174. La traducción de *la* versión española no es aquí fiel. El texto que aquí se propone está tomado de la versión de Ricoeur. El texto alemán dice: "Möglich, dass Leonardo in diesen Gestalten das Unglück seines Liebeslebens verleugnet und künstlerisch überwunden hat...".

[122] *Ibid.,* (V), pág. 1619 [X, 157]. Nuevamente se toma aquí la versión de Ricoeur, en F, pág. 173. El texto alemán dice: "Da die künstlerische Begabung und Leistungsfähigkeit mit der Sublimierung innig zusammenhängt, müssen wir zugestehen, dass auch das Wesen der künstlerischen Leistung uns psychoanalytisch unzugänglich ist".

mismo. El padre es mucho más que el padre; y la cuestión del padre es mucho más que una interrogación sobre mi padre; el padre, después de todo, nunca es *visto* en su paternidad, sino solamente conjeturado; todo el poder de cuestionar se halla envuelto en los fantasmas de esta conjetura. La simbólica del engendramiento incluye todas las cuestiones relativas a generación, génesis, origen, surgimiento. Pero si el drama edípico, el del niño, ya es en potencia tragedia de la verdad, es necesario decir, en sentido inverso, que la tragedia de la verdad de Sófocles no se halla superpuesta al drama del origen; para hablar como Freud, no tiene otra 'materia' que el sueño. La tragedia de segundo nivel pertenece a la tragedia primera, como lo testimonia el desenlace ambiguo y sobredeterminado también. Es el crimen edípico lo que culmina en el castigo, y es la cólera de la no-verdad lo que colma este castigo en forma de mutilación. Lo que es castigo en la tragedia del sexo es el camino de la noche de los sentidos que pone fin a la tragedia de la verdad. Y si se remonta desde el fin hacia el comienzo, es la resistencia surgida de la situación edípica y de la disolución del complejo infantil lo que confiere su energía a la cólera del rey dirigida contra el vidente".[123]

Así, también en el análisis de la obra de arte se pueden advertir las –confesadas– insuficiencias de la explicación psicoanalítica arqueológica. Y esas insuficiencias tienen que ver con el no reconocimiento pleno de la presencia –presentida– de lo espiritual. La arqueología de Freud hace así una vez más lugar a una teleología implícita.

δ.- *La obra de arte como instauración del pasado y creación*

Este es el lugar adecuado para una visión de conjunto acerca del tratamiento de la cuestión del arte en la perspectiva de Freud, según la exposición de Ricoeur. La intención es exponer, con Ricoeur, la teoría completa de Freud sobre el arte, hasta el lugar en que la misma desemboca en al análisis hecho en el punto anterior.

Freud se ha ocupado de la cuestión del arte en distintos textos: *El chiste y su relación con lo inconsciente* (1905), *El delirio y los sueños en la "Gradiva" de Jensen* (1907), *El poeta y la fantasía* (1908), *Un recuerdo infantil de Leonardo de Vinci* (1910), *El "Moisés" de Miguel Angel* (1914).

---

[123] F, págs. 498-499.

Ricoeur afirma que "la interpretación psicoanalítica del arte es fragmentaria porque es simplemente analógica".[124] Ahora bien, tal analogía se refiere precisamente a los sueños, las neurosis, los actos fallidos: en todos los casos se trata de la satisfacción sustitutiva de un deseo.

Pero, justamente, la analogía hace lugar a una diferencia; y eso es lo que se debe ahora delinear, según los textos de Freud.

El punto de partida puede encontrarse en *El poeta y la fantasía*. La creación literaria tiene que ver con el juego del niño y con el sueño; pero al mismo tiempo se diferencia de ambas figuras.

> "El poeta se asemeja al niño que juega: 'se crea un mundo imaginario que toma muy en serio, es decir lo dota de grandes cargas de afecto *(Affektbeträge)*, distinguiéndolo al mismo tiempo de la realidad *(Wirklichkeit)*'".[125]

Pero la diferencia con el juego se halla en la fantasía peculiar de la creación literaria:

> "...la fantasía, en su función de sustituto del juego, es el sueño diurno, el sueño despierto".[126]

Y en razón de ser *como* el sueño, en la creación literaria se trata de la satisfacción de deseos pulsionales no satisfechos.

> "Los deseos no satisfechos son las fuerzas pulsionales de los fantasmas *(Phantasien)*; todo fantasma es el cumplimiento de un deseo, la rectificación de la realidad que no satisface".[127]

Pero, nuevamente, es la semejanza con otro aspecto del juego lo que diferencia al crear literario del sueño: Ricoeur anota que en *Más allá del principio del placer* Freud mostrará cómo el juego sirve al *dominio* de la ausencia del objeto del deseo; y tal dominio, en el niño, es ya algo distinto del hacer presente alucinatoriamente tal objeto.

---

[124] F, pág. 166. Sobre la cuestión del arte, véase también "El arte y la sistemática freudiana", en CI, págs. 195-207; cfr. también "La psychanalyse et le mouvement de la culture contemporaine", en CI, págs. 137-142.

[125] *El poeta y la fantasía* –"El poeta y los sueños diurnos" titula la versión española–, (IV), pág. 1343 [X, 172] Se hace aquí y en todos los textos que se citen a continuación la traducción directa del alemán. Citado por Ricoeur en F, pág. 167.

[126] F, pág. 167.

[127] *El poeta y la fantasía*, (IV), págs. 1344-1345 [X, 173-174]; citado por Ricoeur en F, pág. 167.

Por otra parte, el carácter de *sueño despierto* propio de la fantasía de la creación literaria, aporta lo suyo:

> "...el fantasma se presenta con una 'marca temporal' (*Zeitmarke*) que la pura representación inconsciente –que según hemos dicho se halla fuera del tiempo– no comporta; la fantasía, a diferencia del puro fantasma inconsciente, tiene el poder de integrar uno a otro el presente de la impresión actual, el pasado de la infancia, y el futuro de la realización del proyecto".[128]

Freud explica que la fantasía literaria toma su punto de partida en una impresión actual, ligada a un deseo presente, desde allí se liga con un deseo del pasado, por lo general infantil, cumplido en su momento, y, conforme a tal modelo, esboza un futuro en el que el deseo actual se cumple. "El deseo usa de una ocasión del presente, para, conforme al modelo del pasado, esbozarse una imagen del futuro".[129] Así, a los ojos críticos, la fantasía literaria lleva en sí las huellas del presente y del futuro y la huella del pasado, por lo general infantil, ya que éste es el modelo insustituible conforme al cual se proyecta el cumplimiento del deseo.

La creación literaria es *fantasía y sueño despierto*. En cuanto fantasía se asemeja al juego, que fabula pero se distingue de la realidad; pero se diferencia del juego en cuanto, como *sueño* es la satisfacción de un deseo insatisfecho. Pero se diferencia del sueño, en cuanto, por lo que tiene de juego, no es la presentificación alucinatoria del objeto del deseo, sino un cierto dominio del mismo. Y se diferencia de la mera presentificación de algo inconsciente, en cuanto lleva en sí los signos del tiempo.

En la creación literaria el artista proyecta la realización de un deseo presente, conforme al modelo de una realización del pasado. Y esto último necesariamente, pues toda realización de deseos, con todas sus diferencias en lo representativo y en lo afectivo, no es más que una variación de los deseos originarios infantiles y sus cumplimientos.

Ricoeur se detiene en seguida en la parte final del ensayo de Freud. Allí se introduce la cuestión del placer estético propiamente dicho. La obra de arte, en la economía total, se halla al servicio de la realización de deseos y así se coordina en general al estudio de los sueños y de las neurosis. Pero la obra de arte aporta además un placer específico, propio de ella.

---

[128] F, págs. 167-168.
[129] *El poeta y la fantasía*, (IV), pág. 1345 [X, 175].

En primer lugar, anota Freud que, normalmente, todo hombre mayor, a diferencia del artista, oculta las fantasías en las que proyecta la realización de sus deseos, pues tiene razones para avergonzarse de ellas,[130] ya que sabe que de él se espera que no juegue ni fantasee; y a ello ha de agregarse que algunas fantasías, en razón de sus temas, han de ser necesariamente ocultadas.

Por otra parte, aún cuando tal adulto nos comunicara sus fantasías, nuestra reacción sería de rechazo, o a lo sumo de frialdad. En cambio, cuando el escritor comunica sus fantasías a través de su obra, "sentimos un alto placer, que probablemente surge a la vez de muchas fuentes".[131] El artista logra así superar el rechazo normalmente anejo a toda comunicación de las propias fantasías, rechazo que se halla ligado a las barreras que se alzan entre cada yo y los demás.

Entonces, el sentido general de la obra de arte es procurarnos el placer profundo de gozar de nuestras fantasías –alcanzar en ellas el placer sustitutivo que la realidad niega–. La obra del artista logra en primer lugar superar las barreras del rechazo habitual de las fantasías, y así procura, finalmente, el placer profundo de gozar de tales fantasías. Por donde lo específico de la obra de arte consiste en la superación de aquellas barreras.

> "Cómo alcanza el poeta tal cosa, es su más propio secreto; en la técnica de la superación de aquel rechazo, que ciertamente tiene que ver con las barreras que se alzan entre cada yo singular y los demás, descansa la auténtica *Ars poetica*".[132]

Freud descubre dos medios propios de esa técnica:

> "El poeta suaviza el carácter del egoísta sueño diurno por medio de alteraciones y velamientos, y nos seduce por medio de una prima de placer (Lustgewinn) puramente formal, es decir estética".[133]

Así entonces, lo específico de la obra de arte consiste en el logro de la superación de las barreras por medio de la técnica de la disimulación y la seducción por la oferta de un placer formal; todo lo cual, finalmente, se ordena a la satisfacción sustitutiva de los deseos profundos contrariados por la realidad.

[130] Cfr. *Ibid.*, (IV), págs. 1344; 1348 [X, 173; 178-179].
[131] *Ibid.*, (IV), pág. 1348 [X, 179].
[132] *Ibid.*, (IV), pág. 1348 [X, 179].
[133] *Ibid.*, (IV), pág. 1348 [X, 179].

Y Freud se detiene en ese anticipo de placer (Lustgewinn), logro específico de la obra de arte, en ese placer previo que posibilita el placer ulterior más profundo:

> "Tal prima de placer (Lustgewinn) que nos es concedida para posibilitar con ella la liberación de un placer mayor que procede de fuentes psíquicas que se enraízan más profundamente, se denomina *prima de seducción (Verlockungsprämie)* o *placer preliminar (Vorlust)*".[134]

Dice Ricoeur:

> "Esta concepción global del placer estético como detonador de descargas profundas constituye la intuición más audaz de toda la estética psicoanalítica. Esta conexión entre técnica y hedonística puede servir de hilo conductor en las investigaciones más penetrantes de Freud y de su escuela. Satisface a la vez a la modestia y a la coherencia propias de una interpretación analítica. En lugar de plantear la inmensa cuestión de la creatividad, se explora el problema limitado de las relaciones entre el efecto de placer y la técnica de la obra. Esta cuestión razonable queda dentro de los límites de competencia de una economía del deseo".[135]

La cuestión del placer preliminar es estudiada por Freud en *El chiste y su relación con lo inconsciente*.[136] En el chiste, el efecto de placer tiene la particularidad de ser homologado por la risa, parte de tal placer. Pero se trata también de un placer previo, un placer "técnico", logrado por la técnica de los juegos de palabras, y que precede al placer más profundo que, por otra parte, anuncia ya su objeto en las palabras obscenas, agresivas o cínicas.

> "Es esta articulación del placer técnico sobre el placer instintivo lo que constituye el corazón de la estética freudiana y la religa a la economía de la pulsión y del placer".[137]

---

[134] *Ibid.*, (IV), pág. 1348 [X, 179]; citado por *Ricoeur* en F, pág. 168. Freud ya habla de "placer preliminar" *(Vorlust)* para referirse al que va logrando el individuo por las pulsiones sexuales parciales –la contemplación, la caricia, el beso, etc.– en el complejo de actos que se integran en el acto sexual adulto total que culmina en el placer sexual final *(cfr. Tres ensayos para una teoría sexual,* (IV), págs. 1216-1219 [V, 113-117]).

[135] F, pág. 168.

[136] *El chiste y su relación con lo inconsciente,* (III, pág. 1029) [IV, 9].

[137] F, pág. 169.

En *El "Moisés" de Miguel Angel*,[138] como es sabido, Freud lleva a cabo el análisis detalladísimo de todos los trazos de la figura de Moisés esculpida por Miguel Angel. A partir de la figura aparente se intenta –como en el psicoanálisis de los sueños o de las neurosis– establecer toda la constelación de figuras, disposiciones, estados de ánimo, pensamientos, etc. antecedentes, para desde todos ellos entender lo que se tiene ante los ojos. La interpretación parte de lo presente y busca, precisamente para entenderlo, todo el pasado que se halla allí como determinante y cristalizado en lo dado.

> "Lo que es admirable en *El "Moisés" de Miguel Angel* es que la interpretación de la obra de arte es llevada a cabo, a la manera de una interpretación de sueños, a partir del detalle; este método propiamente analítico permite superponer trabajo de sueño y trabajo de creación, interpretación del sueño e interpretación de la obra de arte".[139]
>
> "Lo que tenemos ante los ojos es el residuo de un movimiento que ha tenido lugar y que el analista se aplica a reconstituir, de la misma manera que reconstituye las representaciones opuestas que engendran las formaciones de compromiso del sueño, de la neurosis, del lapsus, del chiste".[140]

Pero lo importante -anota Ricoeur- es que Freud descubre en el *Moisés,* además del pasado allí cristalizado, un sentido que, apoyándose en ese pasado, en esa figura dada dice algo que no pertenece al pasado. En lo que inicialmente es visto como formación de compromiso –pasado oculto– Miguel Angel habría incorporado algo no pasado, a saber, ciertas intenciones referidas al papa Julio II –a cuya tumba estaba destinada la estatua de Moisés– y aún a sí mismo.

> "El artista sabía también de la vehemencia de sus propias aspiraciones y quizás como profundo y sutil observador sospechó el fracaso al que ambos estaban condenados. Y así puso a Moisés en el sepulcro del papa, no sin un reproche hacia el muerto y como una admonición para sí mismo, elevándose con tal crítica por encima de su propia naturaleza".[141]

Dice entonces Ricoeur:

---

[138] *El "Moisés" de Miguel Angel,* (V, pág. 1876) [X, 195].
[139] F, pág. 170.
[140] F, pág. 170.
[141] *El "Moisés" de Miguel Angel,* (V), pág. 1889 [X, 218].

> "Por este último rasgo, El *"Moisés" de Miguel Angel* sale ya de los límites
> de un simple psicoanálisis aplicado; no se limita a verificar el método
> analítico, apunta hacia un tipo de sobredeterminación que el *Leonardo* hará
> ver mejor, a pesar de o por medio de los errores a que parece dar lugar;
> esta sobredeterminación del símbolo erigido por el escultor deja entender
> que el análisis no clausura la explicación, sino que la abre sobre toda una
> densidad de sentido; el Miguel Angel dice ya más que lo que no dice; su
> sobredeterminación concierne a Moisés, al difunto papa, a Miguel Angel
> —y quizás al mismo Freud en su relación ambigua a Moisés— ...Se abre un
> comentario sin fin que, lejos de reducir el enigma, lo multiplica. ¿No es eso
> ya confesar que el psicoanálisis del arte es interminable por esencia?"[142]

Y Ricoeur llega al *Leonardo*. "¿Por qué lo he calificado al comienzo
como una ocasión y una fuente de error? Simplemente, porque este ensayo, amplio y brillante, parece dar muy bien lugar al mal psicoanálisis
del arte, el psicoanálisis biográfico".[143]

En efecto, en los cuadros de Leonardo, Freud descubre, enmascarado,
el pasado del gran artista:

> "Vemos entonces que su actividad artística comenzó con la representación
> de dos tipos de objetos que nos advierten acerca de dos tipos de objetos
> sexuales que hemos descubierto a partir del análisis de su fantasía del
> buitre. Si las hermosas cabezas de niños eran reproducciones de su propia
> persona infantil, las damas sonrientes no son otra cosa que reiteraciones
> de Catalina, su madre, y comenzamos a sospechar la posibilidad de que
> su madre haya poseído la misteriosa sonrisa, luego perdida para él, y que
> tanto lo cautivó al encontrarla nuevamente en la dama florentina".[144]
>
> "Pues si la sonrisa de la Gioconda hizo surgir en él el recuerdo de la
> madre, entendemos que ello lo haya impulsado de inmediato a crear una
> glorificación de la maternidad y a devolver a la madre la sonrisa que había
> encontrado en la noble dama".[145]

Y hablando en particular del cuadro de *Santa Ana, la Virgen y el Niño,*
dice Freud:

---

[142] F, pág. 171.

[143] F, pág. 171.

[144] *Un recuerdo infantil de Leonardo de Vinci,* (V), pág. 1605 [X, 135-136].

[145] *Ibid.,* (V), págs. 1605-1606 [X, 136]; citado por Ricoeur en F, pág. 171.

"En este cuadro se halla presente la síntesis de su historia infantil; las particularidades del mismo se explican a partir de las impresiones más personales de la vida de Leonardo".[146]

Ricoeur hace notar cómo estos análisis van más allá del estudio del fenómeno estético tal como Freud lo desarrolla en *El poeta y la fantasía* y en *El chiste y su relación con lo inconsciente,* para internarse en "la temática pulsional que la obra recubre y vela".[147]

Pero Ricoeur advierte que Freud –como él mismo lo indica– no estudia tanto la creatividad de Leonardo cuanto la inhibición de su actividad artística por su espíritu de investigación. Y precisamente a propósito de ello se pueden leer "las más notables observaciones de Freud acerca de las relaciones entre el conocimiento y el deseo".[148]

Se trata de determinar el origen y la naturaleza de ese espíritu de investigación. Es sabido que Freud pone como una de las pulsiones sexuales parciales la "investigación sexual infantil", cuya temática es inicialmente la cuestión del origen de los niños.[149] Luego de la represión sexual, "se siguen, para el ulterior destino de la pulsión a la investigación, tres distintas posibilidades, a partir de su temprana conexión con intereses sexuales".[150] Un primer destino es que tal pulsión corra la misma suerte que la sexualidad en general, es decir que sea impedida; y así quedará limitada la libre actividad de la inteligencia, impedimento reforzado luego por la religión: "es el tipo de la inhibición neurótica".[151] Un segundo tipo lo constituye la obsesión: aquí el desarrollo intelectual es suficientemente fuerte como para resistir a la represión y por ello, luego de su desaparición, esta investigación sexual infantil reprimida retorna desde el inconsciente como obsesión investigadora, aunque "disfrazada y coartada, pero suficientemente poderosa como para sexualizar el pensamiento mismo y acentuar las operaciones intelectuales con el placer y la angustia de los auténticos procesos sexuales. El investigar deviene aquí en actividad sexual, a menudo exclusiva, el sentimiento de la realización

---

[146] *Ibid.,* (V), pág. 1606 [X, 137]; citado por Ricoeur en F, págs. 171-172.

[147] F, pág. 172.

[148] F, pág. 172.

[149] Este tema es desarrollado por Freud en muchos lugares; cfr. entre otros, *Tres ensayos para una teoría sexual,* (IV), págs. 1207-1209 [V, 100-102]. En el *Leonardo,* el tema se halla desarrollado y aplicado en (V), págs. 1585-1588 [X, 104-108].

[150] *Un recuerdo infantil de Leonardo de Vinci,* (V), pág. 1587 [X, 106].

[151] *Ibid.,* (V), pág. 1587 [X, 106].

en pensamientos, de la claridad, se pone en el lugar de la satisfacción sexual; pero el carácter interminable de la investigación infantil se repite también en el hecho de que esta curiosidad no encuentra nunca fin y de que el buscado sentimiento de soluciones siempre se aleja".[152]

Así entonces, en el caso de la inhibición neurótica del pensamiento, su raíz se halla en la represión de la pulsión de la investigación sexual infantil; y el segundo caso –la obsesión por la investigación– es el retorno disfrazado de aquella pulsión original desde lo inconsciente, luego de su represión.

> "El tercer tipo, el más raro y el más perfecto, escapa, gracias a disposiciones particulares, tanto a la inhibición del pensamiento, como a la obsesión intelectual. La represión sexual tiene también lugar aquí, por cierto, pero no logra remitir a lo inconsciente una pulsión parcial del placer sexual; aquí la libido se sustrae al destino de la represión, en cuanto, desde un comienzo, se sublima en curiosidad intelectual y se torna en refuerzo de la poderosa pulsión de investigación. También aquí el investigar deviene en cierta medida una obsesión y un sustituto de la actividad sexual, pero como consecuencia de la total diferencia de los procesos psíquicos que se hallan en la base (sublimación en lugar de irrupción desde lo inconsciente), no se da el carácter de la neurosis, falta la sujección a los complejos originarios de la investigación sexual infantil, y la pulsión puede ocuparse libremente al servicio de los intereses intelectuales. Con todo, la represión sexual, que la había hecho tan fuerte por el aporte de libido sublimada, la marca aún, haciéndole evitar el tratamiento de temas sexuales".[153]

En este caso, todo comienza también con la represión de la pulsión parcial infantil de investigación sexual; pero aquí su energía propia, la libido, no es remitida a lo inconsciente –en donde quedaría confinada (primer tipo) o desde donde podría retornar enmascarada (segundo tipo)– sino que *desde el comienzo* es sublimada, esto es, es aplicada a animar la pulsión de investigación dirigida a otros objetos. Esto hace que, si bien también aquí se puede hablar de una cierta compulsión a la investigación y de una sustitución de la originaria actividad sexual propia de la pulsión parcial originaria, no se pueda hablar de neurosis –no se da el retorno enmascarado desde lo inconsciente–. Y en razón también

---

[152] *Ibid.,* (V), pág. 1587 [X, 106].
[153] *Ibid.,* (V), pág. 1587 [X, 106-107].

de tratarse de una actividad originada de la manera indicada, la pulsión a la investigación se halla libre de la relación –aún oculta– a la temática sexual; aunque su origen en la represión sexual se note en la elusión de las cuestiones sexuales.

Dice Ricoeur a propósito del texto de Freud:

> "Es claro que con ello no hacemos más que describir y clasificar y que más bien reforzamos el enigma denominándolo sublimación".[154]

En todo caso, es claro que el espíritu investigador es un *derivado* de los deseos sexuales.

Y así se habría desarrollado en Leonardo el espíritu investigador, que finalmente habría de imponerse e impedir su creatividad artística, a cuyo servicio se habría aplicado en sus comienzos. "El artista había tomado originariamente al investigador como ayuda a su servicio; luego el servidor devino más fuerte y sometió a su señor".[155]

Así entonces, ya la actividad artística desplegada por Leonardo desde su pubertad es resultado de una sublimación de sus pulsiones infantiles; pero tal actividad derivada es ulteriormente superada y aún impedida por la actividad del investigador, también resultado de una sublimación, según Freud anterior a la que dio origen al trabajo artístico.[156]

> "El desarrollo de su ser en la pubertad como artista es sobrepasado por el condicionado en la temprana infancia como investigador; la segunda sublimación de sus pulsiones eróticas retrocede ante la más originaria, preparada por la primera represión. Así llega a ser investigador, al comienzo al servicio de su arte, luego independientemente de él y luego abandonándolo".[157]

Pero junto con el encuentro con la dama florentina se reactivan las impresiones del pasado, y así vuelven a hacerse presentes en la pintura; con lo cual el artista logra superar las trabas que le imponía el investigador.

> "En la plenitud de su vida, a los cincuenta años, en una época en que en la mujer los caracteres sexuales ya han retrocedido, pero en la que en el hombre no pocas veces la libido arriesga aún un enérgico impulso, se

---

[154] F, pág. 173.

[155] *Un recuerdo infantil de Leonardo de Vinci*, (V), pág. 1585 [X, 104].

[156] Freud analiza este avance del investigador sobre el artista en *Un recuerdo infantil de Leonardo de Vinci*, (V), págs. 1577-1585 [X, 91-104].

[157] *Un recuerdo infantil de Leonardo de Vinci*, (V), pág. 1617 [X, 155].

produce en él una nueva transformación. Estratos aún más profundos de su contenido anímico vuelven a ser activos; pero esta ulterior regresión viene en beneficio de su arte, que se hallaba atrofiado. Encuentra a la mujer que despierta en él el recuerdo de la sonrisa feliz y dulce de la madre, y bajo el influjo de este despertar reencuentra el impulso que lo guiara en el comienzo de sus intentos artísticos, cuando pintaba las mujeres sonrientes. Pinta entonces la Mona Lisa, el cuadro de Santa Ana, la Virgen y el Niño y la serie de misteriosos cuadros caracterizados por la enigmática sonrisa. Con la ayuda de sus más antiguos impulsos eróticos, celebra el triunfo de superar una vez más la inhibición que pesaba sobre su arte".[158]

Ricoeur anota inmediatamente dos textos en los que Freud reconoce los límites del psicoanálisis frente al arte.

"Dado que el don artístico y la capacidad de trabajo están íntimamente ligados a la sublimación, debemos confesar que la esencia de la función artística nos sigue siendo, también, psicoanalíticamente inaccesible".[159]
"Si el psicoanálisis no nos aclara el hecho del arte de Leonardo (die Tatsache der Künstlerschaft Leonardos), nos hace sin embargo comprensibles las manifestaciones y las limitaciones del mismo".[160]

Las explicaciones indicadas de Freud acerca del arte y del espíritu de investigación de Leonardo constituyen, según Ricoeur, el marco limitado dentro del cual han de ubicarse las demás cuestiones tratadas en el ensayo que se está analizando. Esas otras cuestiones atienden a algunos otros elementos que, vistos como restos arqueológicos, ayudarían a comprender los caracteres del arte y del espíritu de investigación de Leonardo. Algunas de esas cuestiones son: los elementos que explican psicoanalíticamente –parcialmente– la homosexualidad; la teoría sexual infantil acerca del pene de la madre; los paralelos mitológicos sobre este tema.

Pero ya es el momento de preguntarse con Ricoeur qué tipo de comprensión de la obra de arte proporcionan los análisis de Freud.

En una primera aproximación, pareciera que el logro de la obra de arte no es más que hacer presente un doble de las imágenes del pasado, para que allí se cumpla –como en el sueño– el deseo antiguo infantil. En efecto, tras la sonrisa de Mona Lisa se ocultan la madre de Leonardo y

[158] *Ibid.*, (V), pág. 1617 [X, 155-156].
[159] *Ibid.*, (V) pág. 1619 [X, 157]; citado por Ricoeur en F, pág. 173.
[160] *Ibid.*, (V), pág. 1619 [X, 158]; citado por Ricoeur en F, pág. 173.

todas las caricias que ella prodigaba al niño fascinado por ella. De esta manera disimulada, sale a luz lo oculto inconsciente del artista.

Pero Ricoeur avanza en un análisis más sutil. Es necesario hacerse cargo del peso propio de la obra de arte como tal: ella no es sólo un eco inconsistente del pasado; pasado que sería lo único sólidamente dado. Precisamente la interpretación biográfica psicoanalítica pasa por alto la consistencia y, con ello, la especificidad de la obra misma, al dirigir la mirada sólo al pasado. Y es justamente tal consistencia y tal peculiaridad de la obra lo que Ricoeur hace notar paso a paso.

En primer lugar, es necesario advertir que, al revés de lo que parece sugerir el análisis biográfico, la obra de arte es propiamente lo consistente. En efecto, es preciso notar que el pasado, "la madre, el padre, las relaciones del niño con ellos, los conflictos, las primeras heridas del amor, todo ello ya no existe más que al modo de lo significado ausente".[161] Lo real es la obra de arte presente, que remite, significándolo, a aquel pasado. O más precisamente: en la realidad del color y de los trazos del cuadro es significado un pasado, como tal ya ausente; la realidad es realidad del significante; y el pasado no existe más que como "ausencia simbolizable". El pasado no existe sino como lo ausente, como lo no real sólo simbolizado, lo no real de lo real presente que es la obra. Lo importante es notar que el pasado mismo no se muestra como tal, esto es como lo ausente, sino en la presencia de lo presente que es lo real.[162]

> "...si el pincel del pintor recrea la sonrisa de la madre en la sonrisa de Mona Lisa, es necesario decir que la sonrisa no existe en ninguna otra parte más que en esta sonrisa, ella misma irreal, de la Gioconda, significada por la sola presencia del color y del dibujo. El 'recuerdo de infancia de Leonardo de Vinci' –para retomar el título mismo del ensayo– es por cierto aquello a lo que remite la sonrisa de la Gioconda, pero él mismo no existe por su parte más que como ausencia simbolizable, en lo hondo, bajo la sonrisa de Mona Lisa. Perdida como recuerdo, la sonrisa de la madre es un lugar vacío en la realidad...".[163]

---

[161] F, pág. 174.

[162] Nótese que este análisis es paralelo del que se hiciera sobre la realidad de lo inconsciente: lo inconsciente –lo pasado– sólo es real en la realidad de lo consciente (cfr. punto 1 de esta parte III).

[163] F, pág. 174.

En todo caso sí se debe afirmar que el pasado no se hace pasado y así irreal sino produciendo el significante –la obra– que lo perpetúa como ausencia significada.

Por eso afirma Ricoeur que

> "La obra de arte es una forma notable de lo que Freud mismo llamaba los 'derivados (rejetons) psíquicos' de las presentaciones pulsionales; hablando propiamente, son derivados *creados*; queremos decir con ello que el fantasma, que no era más que un significado dado como perdido (el análisis del recuerdo de infancia apunta precisamente hacia esta ausencia), es anunciado como obra existente en el tesoro de la cultura; la madre y sus besos existen por primera vez entre las obras ofrecidas a la contemplación de los hombres; el pincel de Leonardo no recrea el recuerdo de la madre, lo crea como obra de arte".[164]

Adviértanse los pasos de Ricoeur: primero hace notar la realidad propia, consistente de la obra de arte, realidad que precisamente con su presencia deja ser y aparecer al pasado como tal; luego advierte con Freud que, con todo, la obra de arte se debe en cierto modo al pasado; y finalmente afirma que ese retorno del pasado que es la obra de arte no es, por así decir, un residuo de ese pasado, sino una *creación*. Pero, precisamente, si es una creación constituye una novedad.

Justamente, sólo si la obra de arte es una novedad, Freud puede decir que "Leonardo ha negado y superado, por la fuerza del arte, la desdicha de su vida de amor"[165] en esas figuras que creó. "La obra de arte es así a la vez el síntoma y la cura".[166]

Pero es necesario precisar en qué consiste lo nuevo que trae la obra de arte como tal. La presente exposición ha de desembocar aquí en el análisis del arte hecho en el punto anterior: aquel estudio alcanzará así su sentido total si se lo entiende como continuación de lo que se explica en este punto.

Si se dejan de lado el reconocimiento que hace Freud de los límites del psicoanálisis del arte y el enigma que implica hablar de una negación y una superación del pasado de Leonardo por su arte, es indudable que, en general, la obra de arte es entendida por Freud, al modo del sueño y de la neurosis, como un retorno enmascarado del pasado.

[164] F, pág. 175.

[165] *Un recuerdo infantil de Leonardo de Vinci*, (V), pág. 1609 [X, 141].

[166] F, pág. 175.

Pero entonces pregunta Ricoeur:

"¿Hasta qué punto está justificado el psicoanálisis al someter al punto de vista unitario de una económica de la pulsión la obra de arte que es, como se dice, una creación durable –y, en el sentido fuerte de la palabra, memorable– de nuestros días, y el sueño que es, como se sabe, un producto fugitivo y estéril de nuestras noches? ¿Si la obra de arte dura y perdura no es porque ella enriquece con significaciones nuevas el patrimonio de valores de la cultura? ¿Y si tiene este poder, no es porque procede de un trabajo específico, de un trabajo de artesano, que incorpora un sentido a un material duro, comunica este sentido a un público y así engendra una nueva comprensión del hombre por sí mismo? El psicoanálisis no ignora esta diferencia de valor; y es precisamente lo que aborda oblicuamente por la sublimación. Pero la sublimación es tanto el título de un problema como el nombre de una solución".[167]

La obra de arte como tal, entonces, manifiesta un nuevo sentido en el contexto del encuentro interhumano. Pero tanto los análisis de *El "Moisés" de Miguel Angel* como los del *Leonardo* y los de *Edipo Rey* dejan entrever, como lo hizo notar Ricoeur, que tal nuevo sentido se incorpora, precisamente, sobre el material de lo antiguo, del pasado:

"...si estas obras son creaciones, lo son en la medida en que ellas no son simples proyecciones de los conflictos del artista, sino el esbozo de su solución; el sueño mira hacia atrás, hacia la infancia, hacia el pasado; la obra de arte se adelanta al artista mismo: es un símbolo prospectivo de la síntesis personal y del porvenir del hombre, más que un síntoma regresivo de sus conflictos no resueltos. Pero quizás esta oposición entre regresión y progreso no es verdadera más que en una primera aproximación; quizás será necesario sobrepasarla, a pesar de su fuerza aparente; la obra de arte nos pone precisamente en el camino de nuevos descubrimientos respecto de la función simbólica y de la misma sublimación. ¿El sentido verdadero de la sublimación no será el de promover significaciones nuevas movilizando energías antiguas inicialmente incorporadas en figuras arcaicas? ¿No es de este lado que Freud mismo nos invita a buscar, cuando distingue, en el *Leonardo,* la sublimación de la inhibición y de la obsesión, y cuando

---

[167] F, pág. 175.

opone, más fuertemente aún, en *Introducción al narcisismo*, la sublimación a la represión?".[168]

En el punto anterior, a propósito de la tragedia de *Edipo*, se ha visto cómo en tal símbolo literario se integran –superando la oposición– lo regresivo y lo prospectivo precisamente señalados en este texto de Ricoeur, y que allí aparecieron, respectivamente, como lo primordial o pulsional inconsciente –susceptible de una lectura arqueológica– y lo terminal o espiritual –susceptible de una lectura teleológica.

En la realidad presente de la obra de arte el pasado se simboliza –y así es pasado–; pero tal símbolo del pasado, sucedáneo así entonces en cierto modo del pasado, es en rigor una creación, y así es, sobre el tema del pasado, en el material duro de la cosa, la presencia de un nuevo sentido, obrado –y también simbolizado– por el artista,

> "...la explicación por la libido nos ha conducido, no a un terminus, sino a un umbral; no es una *cosa* real, ni siquiera psíquica, lo que la interpretación devela; el deseo al que remite es él mismo remisión a la serie de sus 'retoños' e indefinida simbolización de él mismo. Es este abundamiento simbólico lo que se presta a una investigación por otros métodos: fenomenológico, hegeliano, aún teológico; será necesario descubrir, en la estructura semántica del símbolo mismo, la razón de ser de estas otras aproximaciones y de su relación al psicoanálisis (...). De esta manera el psicoanálisis invita por sí mismo a pasar de una primera lectura, puramente reductora, a una segunda lectura de los fenómenos de cultura; la tarea de esta segunda lectura será menos desenmascarar lo reprimido y al represor, para *hacer ver* lo que hay detrás de las máscaras, que liberar el juego de referencias entre los signos: habiendo partido a la búsqueda de los significados ausentes del deseo –la sonrisa de la madre *perdida*– somos remitidos, por esta misma ausencia, a otra ausencia –a la sonrisa irreal de la Gioconda–. Sólo la obra de arte da una presencia a los fantasmas del artista; y la realidad que les es así conferida es la misma de la de la obra de arte en el seno de un mundo de cultura".[169]

La obra de arte, precisamente en su surgimiento como cosa sólida presente expuesta a la contemplación –en la que se objetiva el movimiento de la conciencia hacia el reconocimiento– es ya el acontecimiento real de

[168] F, pág. 176.
[169] F, pág. 177.

un nuevo sentido que se vehiculiza en la materia del pasado pulsional, al que hace así pasado y, como tal, algo negado –negado como presente real– y superado –superado como lo único, pues es ahora sólo materia de algo nuevo–. La obra de arte soporta así novedad y es, por ello, creación, progresión de sentido. A pesar de todo su intento de ver en la obra sólo el pasado, el mismo Freud puede decir que en ella "Leonardo ha negado y superado, por la fuerza del arte, la desdicha de su vida de amor". Esa no mera reproducción deformada del pasado, la presencia de lo nuevo en la obra de arte, fue reconocida por Freud, como se vio, también en la estatua de Moisés de Miguel Angel. Pero ese paso a lo nuevo, la creación artística, es lo que Freud confiesa no poder explicar psicoanalíticamente.

Desde la perspectiva alcanzada hasta aquí es posible integrar aún otra característica de la obra de arte anotada por Freud, a saber su semejanza con el juego. Ricoeur había anotado, con Freud, a propósito del juego del niño, que el mismo era un modo de dominio de la ausencia del objeto del deseo. Se refería Ricoeur a la cuestión del juego del *Fort-da*.[170] Freud advierte que en este juego, en el que el niño hace desaparecer y reaparecer un objeto, se trata en realidad de un ejercicio de dominio de la ausencia de la madre; y es un ejercicio no patológico, no obsesivo: "...la repetición lúdica no es una repetición compulsiva, obsesiva; jugar con la ausencia es ya dominarla y comportarse activamente respecto del objeto perdido en tanto que perdido".[171] Es, precisamente, un modo de *negar* y *superar* el fantasma del objeto perdido: en la creación artística, entonces, "jugando", se supera el pasado, haciéndolo pasado *en* la obra de arte que lo simboliza dejándolo *atrás* en el movimiento –que es la obra– de invención de un nuevo sentido. La obra de arte asume y domina el pasado –juega– haciéndolo en sí misma vehículo de un sentido nuevo anunciado.

> "Esta cuestión se conecta con la que planteábamos a propósito de las creaciones de Leonardo; el objeto arcaico perdido, decíamos con Freud mismo, es a la vez 'negado y superado' por la obra de arte que lo recrea o más bien lo crea por primera vez, al ofrecerlo a todos como un objeto a contemplar. La obra de arte es también un *Fort-da*, un desaparecer del objeto arcaico en tanto que fantasma y un reaparecer en tanto que objeto cultural".[172]

[170] Cfr. S. Freud, *Más allá del principio del placer*, (VII), págs. 2511-2513 [III, 224-227].
[171] F, pág. 308.
[172] F, pág. 308.

Si, según se vio al explicar el sentido de la arqueología de Freud, todo el orbe de lo representativo depende en última instancia de lo afectivo, del dinamismo del deseo, se puede afirmar que la serie indefinida de representaciones que se suceden desde lo inconsciente a la conciencia y, en ésta, hasta lo que son sus *creaciones* –en el sentido anotado de la creación de sentido de la obra de arte– es un efecto del dinamismo en última instancia sin fin del deseo. La sucesión de simbolizaciones –del pasado hacia el presente y hasta lo insólito creado–, el vaivén del pasado al presente, de éste al pasado y de todo siempre hacia el más allá es la semántica inacabable del deseo inacabable.

> "...el deseo, tal como lo describe el mismo Freud, revela una constitución propiamente insaciable; el drama edípico no sería posible si el niño no quisiera demasiado, no quisiera lo que no puede obtener (tener a la madre, o tener un niño de la madre); el 'falso infinito' que lo habita lo excluye de la satisfacción. Por otra parte, si el hombre pudiera ser satisfecho, se hallaría privado de algo más importante que el placer y que es la contrapartida de la insatisfacción, la simbolización. El deseo da que hablar en tanto que demanda insaciable. La semántica del deseo, de la que hablamos aquí sin cesar, es solidaria de este aplazamiento de la satisfacción, de esta mediatización sin fin del placer".[173]

ε.- *Realidad, arte y sabiduría*

Aún es posible hacer otras consideraciones sobre la significación del arte. Estas consideraciones son desarrolladas por Ricoeur en un amplio contexto, a saber el tema del sentido de la realidad según Freud, y se hallan incluidas bajo el título general de "Interrogations".[174]

En razón de tal contexto, lo que aquí se diga desbordará ampliamente la cuestión específica del arte y, en particular, el sentido de lo simbólico, que ha sido lo atendido hasta el punto anterior. Pero, por contrapartida, tal alejamiento respecto del tema del arte –precisamente para entender una especial función del arte– prolongará y precisará el tratamiento de algunas otras cuestiones vistas anteriormente, para darles su sentido más acabado.

---

[173] F, pág. 316.

[174] F, págs. 317-330: "¿Qué es la realidad?"

En apartados anteriores[175] se explicó que, según Freud, toda la maduración del psiquismo humano y de sus obras de cultura desemboca finalmente en la conformación con el principio de realidad, en su sentido más abarcador y radical. El saber del psicoanálisis –la ciencia– culmina en la visión de la primacía y consistencia de la única realidad de la vida total, y así en el develamiento del carácter ilusorio del narcisismo, tal como se afirma en la configuración de la cultura regida por la religión; desde allí, sin ilusiones, más allá de todo consuelo, se ha de aceptar la dura verdad de la desaparición personal total, esto es se ha de plegar el propio deseo a tal realidad, pero al mismo tiempo –como se dijo– a la realidad de la vida total, lo único *realmente* deseable. Y todo ello con la conciencia lúcida de las posiblidades de destrucción que siempre amenazan a la obra de la vida. Así entonces, un optimismo general, radical, matizado con las sombras de la certeza de la desaparición personal y de los peligros de la destrucción de lo que se va construyendo.

Ricoeur intenta precisar la articulación del saber de la verdad final total con el deseo, esto es, el modo preciso del plegamiento del deseo humano a la cruda verdad que impone la realidad de la vida. Se trata, finalmente, de observar el modo final de conformación del psiquismo humano al principio de la realidad total: ¿cómo puede plegarse el deseo humano a Eros, al amor que mantiene la vida total, más allá de la muerte personal?; ¿puede en realidad el deseo humano integrarse a Eros?, ¿y en qué condiciones, por qué camino?; ¿cómo se educa el amor humano, que, según se dice, ha de superar la adhesión narcisista a sí mismo?

En una primera aproximación al pensamiento de Freud, pareciera que es imposible toda comunicación entre la verdad final acerca de la dura realidad y el deseo humano: éste queda contradicho, frustrado, expulsado de tal sentido final. La realidad contradice nuestros deseos, y así éstos no pueden plegarse de ninguna manera a ella.

> "...a causa de la muerte-destino, la realidad se llama necesidad y lleva el nombre trágico de Ananké".[176] "La idea de la realidad que resulta de todas estas aproximaciones es lo menos romántico que pueda ser y parece sin comunicación con el término de Eros; el término mismo de Ananké –reubicado en este contexto– parece designar el rostro de la realidad cuando ha sido despojada de toda analogía con la figura del padre; si la ilusión

[175] Cfr. parte II, puntos 1 y 4.
[176] F, pág. 318.

> religiosa procede del complejo del padre, la 'demolición' del Edipo no se
> acaba sino en la representación de un orden de cosas privado de todo co-
> eficiente paternal, de un orden anónimo, impersonal. Ananké es entonces
> el símbolo de la desilusión. Es en este sentido que aparece por primera
> vez el término, según creo, en el *Leonardo,* antes aún de *Totem y Tabú.*
> Ananké es el nombre de la realidad sin nombre, para quien ha 'renunciado
> al padre'. Es también en verdad el azar, la ausencia de relaciones entre las
> leyes de la naturaleza y nuestros deseos o nuestras ilusiones".[177]

Sin embargo –anota Ricoeur– quizás todo ello no sea la última palabra
de Freud. El habla de "resignación", de "sumisión" a la Ananké. Ahora
bien, resignación y sumisión hablan propiamente de una cierta configuración afectiva; y aún, así, de una cierta "sabiduría de la vida". Más aún,
Ricoeur sugiere que el mismo nombre de Ananké designa no sólo la dura
realidad sino, más bien, tal dura realidad ya aceptada con resignación.

> "Se puede así encontrar en Freud el esbozo de un sentido spinozista de
> la realidad, ligado, como en el gran filósofo, a una ascesis del deseo limi-
> tado a la perspectiva del cuerpo y al conocimiento que de allí resulta; ¿la
> necesidad no es el conocimiento del segundo género, el conocimiento
> según la razón? Y si hay en Freud –cosa que discutiremos– el esbozo de
> una reconciliación, bajo la forma de la resignación ¿no es ello un eco del
> conocimiento del tercer género?"[178]

Así entonces, la resignación sería la reconciliación, el reencuentro del
deseo humano con la verdad que la realidad impone al logos humano;
sería el modo del plegamiento del deseo a la necesidad.

Ricoeur reconoce que esta cuestión se halla apenas desarrollada filosóficamente en Freud; y por ello casi se podría hablar también en Freud
de "un amor del destino en sentido nietzscheano."[179]

> "La resignación es fundamentalmente un trabajo sobre el deseo, un trabajo
> que incorpora la necesidad del morir. Es en el deseo mismo donde se ha
> de inscribir la realidad en tanto que anuncia mi muerte".[180]

---

[177] F, págs. 320-321.

[178] F, pág. 321.

[179] F, pág. 321.

[180] F, pág. 322.

Se trata, justamente, de ver cómo puede el deseo, en la figura de la resignación, incorporar a sí la certeza de la muerte propia de que habla la realidad.

Ahora bien, de suyo, el deseo humano rechaza la idea de la muerte. Desde el inconsciente –donde no hay contradicción– se alza la convicción de la inmortalidad, que hace que ocultemos de mil maneras –incluidas las ilusiones religiosas– la necesidad del morir. La realidad de la guerra, por su parte, pone ante los ojos nuevamente la realidad de la muerte y así hace que la vida recupere todo su valor.[181] A ocultar la certeza de la muerte colabora también el temor de la muerte, que Freud entiende como derivado de la conciencia de culpabilidad y en definitiva de la oposición entre el yo y el superyo –heredera a su vez, como se sabe, de la amenaza de castración–[182].

Si la muerte es rechazada por el deseo, se entiende que sea necesaria una educación del deseo para que él pueda incorporar a sí tan terrible certeza. Tal incorporación produciría la resignación. Pero nuevamente: ¿cómo se produce esa incorporación?; ¿cómo se llega a la resignación?; y aún ¿qué es esa resignación?; ¿cómo puede ser deseable la realidad que incluye la muerte propia?

Ricoeur inicia el camino hacia una cierta respuesta analizando el breve ensayo de Freud *El tema de la elección de un cofrecillo*,[183] donde se estudian dos escenas de obras de Shakespeare. En *El mercader de Venecia*, Basanio logra la mano de la bella e inteligente Porcia porque ha elegido, entre los tres cofres que se le ofrecen, el de plomo –los otros son de oro y plata– que contiene la imagen de la joven. En *El rey Lear* se trata de la partición que el soberano hace de su herencia entre las dos hijas mayores, que le han expresado elocuentemente su amor, y del repudio para su hija Cordelia que ha callado su amor. El silencioso amor de la joven y bella

---

[181] Cfr. F, pág. 322. Ricoeur se refiere al ensayo de Freud *Consideraciones de actualidad sobre la guerra y la muerte,* (VI, pág. 2101) [IX, 33].

[182] Cfr. F, págs. 322-323. Cfr. S. Freud, *Consideraciones de actualidad sobre la guerra y la muerte,* (VI), pág. 2115 [IX, 57]: "El temor a la muerte, bajo cuyo dominio nos hallamos más frecuentemente de lo que sabemos, es, en cambio, algo secundario y procede por lo general de la conciencia de culpa". Ricoeur remite además a *El yo y el ello,* (VII), págs. 2727-2728 [III, 324-325]. La cuestión superyo-conciencia de culpa-muerte-castración es tratada ampliamente por Freud en *Inhibición, síntoma y angustia,* (VIII, pág. 2833) [VI, 227].

[183] *El tema de la elección de un cofrecillo,* (V, pág. 1868) [X, 183].

Cordelia no recibe nada, la herencia queda en manos de sus hermanas y de ello se sigue la desgracia.

La interpretación psicoanalítica de estas escenas va descubriendo secretas correspondencias y claves. En primer lugar, según la simbología onírica, los tres cofres son en realidad tres mujeres. Por otra parte, la palidez del plomo es asimilable al silencio; y el silencio, la mudez son, en los sueños, habituales representaciones de la muerte. Finalmente, distintas leyendas y mitos, anota Freud, traen también este tema de las tres mujeres y de la mudez de la muerte, y de la elección que ha de recaer sobre la tercera mujer, la más bella. Y Freud concluye entonces que "si la tercera de las hermanas es la diosa de la muerte, sabemos ya también quiénes son sus hermanas. Son las hermanas del destino, las Moiras, Parcas o Nornas, la tercera de las cuales se llama Atropos, la Inexorable".[184]

Se puede observar, además, según lo dicho, que *El rey Lear* se halla más cerca de los mitos primitivos –hay menos encubrimiento de las figuras– que *El mercader de Venecia:* por ejemplo, lo que debió elegirse aparece en figura de mujer y no como cofre o caja.

Basanio elige entonces, para su bien, la muerte, la tercera de las mujeres –el plomo "silencioso"– que también debió haber elegido el rey Lear: precisamente, no haberla elegido trae la desgracia.

Y Ricoeur concluye con Freud:

> "Si la asimilación es correcta, la tercera significa que el hombre no realiza toda la seriedad de las leyes de la naturaleza sino cuando se siente forzado a subordinarse a ellas aceptando su propia muerte".[185]

Pero, conforme a las correspondencias descubiertas entre estas escenas y los mitos y leyendas –Paris elige a la más bella, Cenicienta es la más joven, Psyche es la más joven y la más bella, como lo es la tercera hija del rey Lear–, la elección, propiamente, no recae sobre la muerte sino sobre la mujer bella. Pero, explica Freud, se trata de una substitución. Esta substitución se halla favorecida por la confusión de los contrarios en el inconsciente y por la ancestral identidad de la vida y la muerte.

> "Aquí ha tenido lugar nuevamente una inversión por obra del deseo. La elección se halla en lugar de la necesidad, de la fatalidad. Así supera el hombre la muerte que ha reconocido en su pensamiento. No se puede

---

[184] *Ibid.,* (V), pág. 1871 [X, 188].

[185] F, pág. 323. Cfr. *El tema de la elección de un cofrecillo,* (V), pág. 1872 [X, 189-190].

imaginar un triunfo más grande del cumplimiento del deseo. Se elige allí donde en realidad se obedece a la coerción, y la que se elige no es la terrible, sino la más bella y la más deseable".[186]

El deseo, que no puede desear la muerte que la inteligencia presenta como inevitable, logra triunfar disfrazando tanto la muerte –como la más bella mujer– como su inevitabilidad –con el ropaje de una elección–.

Freud hace notar cómo en *El rey Lear* los ropajes no son suficientes para ocultar totalmente el verdadero sentido: "La libre elección entre las tres hermanas no es propiamente una libre elección, pues debe recaer necesariamente sobre la tercera, si, como en *Lear,* no ha de seguirse la desgracia".[187]

Pero si el deseo debe superar radicalmente sus propios encubrimientos –la más bella– para incorporar a sí la realidad, la verdad –lo terrible– en la figura de la resignación, queda en pie la cuestión: ¿cuál es el camino de la educación del deseo, que ha de culminar en tal resignación?

Aquí incorpora Freud un último tema: la relación de la mujer con la muerte. Lear es el que ha de morir, pero también es el que ama y desea ser amado, pues reclama de sus hijas testimonios de amor –las mujeres no podían aparecer en el drama sino como hijas, pues Lear es un hombre viejo, explica Freud–. Y la escena final, en la que Lear lleva el cadáver de Cordelia, debe ser interpretada de manera inversa: la diosa de la muerte, la necesidad de la muerte, lleva al propio Lear.

Así entonces, se descubre el verdadero sentido del drama: la muerte se lleva en sus brazos al héroe, esto es,

> "la eterna sabiduría, bajo las vestiduras del primitivo mito, aconseja al anciano que renuncie al amor, elija la muerte, se familiarice con la necesidad de morir".[188]

La sabiduría final consiste en dejarse acoger por la muerte, abandonando todo deseo, esto es, cualquier amor de esta vida. ¿Pero –nuevamente– cuál es el camino para tal renuncia y para tal entrega voluntaria, para tal plegamiento del deseo a la realidad –lo cual sería propiamente la resignación–?

---

[186] *El tema de la elección de un cofrecillo,* (V), págs. 1873-1874 [X, 191]; citado por Ricoeur en F, pág. 324.

[187] *El tema de la elección de un cofrecillo,* (V), pág. 1874 [X, 191]

[188] *Ibid.,* (V), págs. 1874-1875 [X, 193].

Dice Freud:

> "El poeta nos aproxima el antiguo motivo, en cuanto hace que la elección
> entre las tres hermanas sea llevada a cabo por un anciano y moribundo.
> La elaboración regresiva del mito, deformado por la obra de la trans-
> formación operada por el deseo, deja traslucir su antiguo sentido hasta
> el punto de posibilitarnos también una interpretación alegórica, quizás
> superficial, de las tres figuras de mujer del tema. Se podría decir que se
> representan aquí las tres inevitables relaciones del hombre con la mujer:
> la madre, la compañera y la destructora. O las tres formas que adopta
> para él la imagen de la madre en el curso de la vida: la madre misma, la
> amada, que elige según la imagen de aquélla, y finalmente la madre tierra
> que lo acoge nuevamente".[189]

Entonces, el plegamiento del deseo a la realidad que alberga la propia
muerte, el "familiarizarse con la necesidad de morir", en una palabra la
resignación no es posible sino pasando por la figura de la mujer y así por
la madre.

Si la tercera mujer es la muerte –dice Ricoeur– es también cierto que
la muerte es la tercera mujer.

> "¿Es decir que el hombre no puede 'elegir la muerte, familiarizarse con la
> necesidad de morir' sino por regresión a la figura de la madre?, ¿o se debe
> comprender que la figura de la mujer debe llegar a ser para el hombre
> figura de la muerte para que deje de ser fantasma y regresión?"[190]

¿La figura de la madre ayuda a aceptar la muerte y así es la madre la
educadora hacia la resignación?; ¿o la muerte que se impone con su figura
hace posible liberarse de la regresión narcisista a la madre? Responde
Ricoeur:

> "Las últimas palabras de Freud no permiten resolver la alternativa: 'Pero
> el anciano busca en vano el amor de la mujer, tal como lo recibió en un
> principio de su madre; sólo la tercera de las mujeres del destino, la silen-
> ciosa diosa de la muerte lo acogerá en sus brazos'".[191]

---

[189] *Ibid.*, (V), pág. 1875 [X, 193].

[190] F, pág. 324.

[191] F, pág. 324; la cita de Freud corresponde a *El tema de la elección de un cofrecillo*,
(V), pág. 1875 [X, 193].

Con *El porvenir de una ilusión,* piensa Ricoeur que se podría arriesgar lo siguiente: la aceptación de la muerte sólo es posible si se la ha visto cara a cara gracias al saber científico que aporta el psicoanálisis; y esta aceptación se salva de ser una regresión al seno materno precisamente gracias a que resulta del paso por aquel crudo saber científico, que ha desenmascarado todo narcisismo y ha mostrado la vida total como lo único real.

Pero entonces habría que pensar que la resignación es sólo la prolongación de la visión de la realidad con su promesa de muerte. ¿El deseo se plegaría entonces espontáneamente, torciendo su propio sentido, a lo terrible que muestra la inteligencia?

Dice Ricoeur:

> "Sin embargo, la respuesta, aún en una perspectiva freudiana, no agota enteramente el problema; la resignación a lo ineluctable no se reduce a un simple conocimiento de la necesidad, quiero decir a una extensión puramente intelectual de lo que hemos llamado antes prueba de la realidad en el nivel de la percepción; la resignación es una tarea afectiva, un trabajo correctivo aplicado al centro mismo de la libido, al corazón del narcisismo. Es por ello que la visión científica del mundo debe ser incorporada a la historia del deseo".[192]

Entonces sigue en pie la cuestión: ¿cómo educar, cómo formar el deseo según la visión científica del mundo?, ¿cómo alcanzar la resignación, la coincidencia del propio amor con Eros que sostiene la vida total y que allí, sin embargo, promete la muerte propia, según lo dice la palabra de Logos?

Aquí es donde Ricoeur cree encontrar una nueva función del arte, según la visión de Freud; nueva visión que le es posible merced a su naturaleza propia. Anteriormente se mostró que lo específico del arte consistía en primer lugar en procurar un placer preliminar, alcanzado con las técnicas de la elaboración estética; tal placer que se impone, tal seducción logra que quede atrás el rechazo que normalmente produce la comunicación de las propias fantasías personales; así tales fantasías salen a luz y entonces se alcanza en ellas, en segundo lugar, la satisfacción de los deseos que la realidad niega. Pero la obra de arte, según se vio, también recrea el pasado –y así lo simboliza– creando en su solidez un nuevo sentido –también simbolizado–.

---

[192] F, pág. 325.

Entonces, según todo lo dicho, se puede afirmar que el arte procura en su "realidad" una satisfacción sustituta a los deseos que la realidad contradice; de tal manera constituye una cierta solución frente a lo ineluctable de la realidad adversa. Si se tiene en cuenta, además, que el arte sabe de su diferencia con la realidad y que es un cierto dominio de la misma, se puede comprender que él no sea una neurosis y que ocupe una posición intermedia entre la ilusión de la religión y la realidad que la ciencia presenta.

> "¿No se podría devolver a esta función intermediaria la tarea de reconciliación y de compensación retirada a la religión? ¿no será el arte un aspecto de esta educación para la realidad de que hablaba el ensayo de 1911 sobre *Los dos principios del funcionamiento mental*?"[193] "La ilusión es el camino regresivo, es 'el retorno de lo reprimido'. El arte, al contrario, es la forma no obsesiva, no neurótica de la satisfacción substituida; el 'charme' de la creación estética no procede del recuerdo del parricidio. (…) Ninguna restauración ficticia viene aquí a hacernos regresar a la sumisión infantil. Más bien jugamos con las resistencias y con las pulsiones y obtenemos así una distensión general de todos los conflictos. Freud se halla aquí muy cerca de la tradición catártica de Platón y Aristóteles".[194]

¿Qué tiene que ver entonces el arte, con precisión, con el principio de realidad? Ricoeur remite, para responder, a las palabras de Freud en el parágrafo 6 de *Los dos principios del funcionamiento mental*. Allí afirma Freud que el artista crea una "nueva realidad", donde él y los demás hombres "realizan" sus deseos negados por la cruda realidad: así se cumple allí un apartamiento de la realidad, para volver, por la fantasía, a una nueva realidad, sin pasar por la transformación efectiva del mundo adverso dado. Dice Freud:

> "El *arte* trae, por un camino peculiar, una reconciliación de ambos principios. El artista es originariamente un hombre que se aparta de la realidad, porque no puede aceptar la renuncia que ella impone a la satisfacción pulsional, y hace desarrollarse sus deseos eróticos y ambiciosos en la vida de la fantasía. Pero encuentra el camino de retorno desde ese mundo de fantasía a la realidad en cuanto, gracias a especiales dotes, configura sus fantasías en una nueva especie de realidades, que son admitidas por los

[193] F, pág. 325.
[194] F, pág. 326.

hombres como valiosas semejanzas de la realidad. Llega a ser así, en cierta manera, realmente, el héroe, el rey, el creador, el amante que deseaba ser, sin emprender el duro rodeo de la efectiva transformación del mundo exterior. Y puede alcanzar esto porque los otros hombres también experimentan, como él, la mencionada insatisfacción con la renuncia forzada por la realidad; porque esta insatisfacción que resulta de la substitución del principio del placer por el principio de realidad es ella misma un fragmento de la realidad".[195]

Ricoeur hace notar que, entonces, la reconciliación del placer y la realidad que alcanza el arte se desarrolla, según lo visto, no en conformidad con la realidad efectiva, sino sobre el principio del placer. Por eso es que Freud, con toda su simpatía por el arte, no concede al mismo el ser el verdadero educador en orden a la realidad que incluye la propia muerte.

"Cuanto más distingue la seducción estética de la ilusión religiosa, tanto más deja ver que la estética –o, para ser más justo, la visión estética del mundo– queda a medio camino de la terrible educación para la necesidad que requiere la dureza de la vida, que hace conmovedor el conocimiento de la muerte, que contrarresta el incorregible narcisismo y que extravía nuestra sed de consuelo infantil".[196]

El arte no es entonces el educador buscado; y su carácter de solución insuficiente lo hace notar Freud, especialmente, según Ricoeur, en su trabajo sobre el chiste. Allí otorga Freud cierta importancia al humor, a la capacidad de crear placer a expensas de afectos penosos: "el humor es un medio de alcanzar placer a pesar de los afectos penosos".[197] Este sentimiento, cercano a lo cómico y al chiste –todo ello ubicado en la estética–, le hace decir al que es llevado al patíbulo el día lunes: "¡bien empieza esta semana!"

Distintas técnicas artísticas –*Ars poetica*– provocan distintos placeres preliminares estéticos: así, habría las técnicas y los placeres del cuento, de la novela, de la poesía, del chiste, del humor, etc. El especial placer estético que es el humor, más que una prima de placer que prepara para gozar de placeres más profundos por la realización en las fantasías de

---

[195] *Los dos principios del funcionamiento mental*, (V), pág. 1641 [III, 22-23].
[196] F, págs. 326-327.
[197] S. Freud, *El chiste y su relación con lo inconsciente*, (III), pág. 1162 [IV, 212].

deseos impedidos, como son los placeres estéticos en general, es un placer que evita sentimientos penosos.

> "Su condición se da cuando aparece una situación en la cual, conforme a nuestros hábitos, nos hallamos tentados a liberar afectos penosos, y cuando actúan sobre nosotros motivos para reprimir (unterdrücken) estos afectos in statu nascendi".[198]

Así, pareciera que el humor otorga cierto señorío sobre la desgracia; y así entonces, esta especial figura estética pareciera ser capaz de dar la auténtica resignación, la verdadera conciliación entre la cruda verdad de la desgracia constatada por la inteligencia y el afecto. Allí estaría la posibilidad de la incorporación de la visión objetiva, científica del mundo a la historia del deseo.

Pero Ricoeur llama la atención sobre una observación de Freud que se halla en el mismo ensayo:

> "Sólo se puede decir que, cuando un hombre logra triunfar sobre sus afectos dolorosos comparando la inmensidad de los intereses del mundo con su propia pequeñez, no vemos allí una obra del humor, sino del pensamiento filosófico; y no tenemos tampoco ningún placer en transportarnos al curso de sus pensamientos".[199]

Y el mismo Freud continúa este esbozo de crítica de la insuficiencia del humor en su nota sobre *El humor,* de 1927. Allí Freud religa el humor a los sentimientos sublimes, en cuanto, como ellos, es un intento de salvar narcisísticamente –y por ello ilusoriamente– al yo del desastre. Y finalmente entiende que el humor es un modo del consuelo que el superyo puede conceder al yo.

> "Por estos dos últimos rasgos –el repudio de las exigencias de la realidad y la imposición del principio del placer– se aproxima el humor a los procesos regresivos o reaccionarios que tanto nos ocupan en la psicopatología. Al rechazar la posibilidad del sufrimiento, el humor ocupa un lugar en la larga serie de los métodos que la vida psíquica humana ha desarrollado para sustraerse a la opresión del sufrimiento (...). ¿En qué consiste la actitud humorística por la que se rechaza el sufrimiento, se afirma la insuperabilidad del yo por el mundo real, se sustenta triunfalmente el principio

---

[198] *Ibid.,* (III), pág. 1162 [IV, 212].

[199] *Ibid.,* (III), pág. 1165 [IV, 216]; citado por Ricoeur en F, pág. 327.

del placer, y todo ello sin abandonar, como ocurre en los otros procesos de idéntico designio, el terreno de la salud psíquica?"[200] "...el *superyo,* al provocar la actitud humorística, propiamente rechaza la realidad y sirve a una ilusión (...). El humor quiere decirnos: '¡Mira, ése es el mundo que parecía tan peligroso! ¡Un juego de niños, bueno apenas para tomarlo en broma!' Si es realmente el *superyo* quien en el humor consuela tan cariñosamente al intimidado *yo,* ello nos advierte que aún tenemos mucho que aprender sobre la esencia del *superyo.* (...) Por fin, cuando el *superyo,* con el humor, trata de consolar al *yo* y de protegerlo del sufrimiento, no contradice con ello su origen de la instancia parental".[201]

Así entonces, tampoco con la figura estética del humor se logra la reconciliación; aunque se ha de admitir que sería lo más aproximado a ella. El deseo humano no logra, con el humor, vencer su narcisismo y plegarse a Eros, el amor que sostiene la vida total y que ha sido descubierto por el logos humano. El humor no es aún la seria resignación.

Dice Ricoeur:

"...es en este punto precisamente donde Freud opone una negación altiva; como si nos dijera: ¿aceptación de la vida y de la muerte?, sí, ¡pero no a tan bajo precio! Todo en Freud nos hace entender que la verdadera resignación, activa, personal a la necesidad es la gran obra de la vida y que no es ya de naturaleza estética".[202]

El arte se halla a mitad de camino.

"Con todo, si el arte no puede valer como sabiduría, conduce hacia ella a su manera: la resolución simbólica que ofrece a los conflictos, la transposición de los deseos y de los odios al plano del juego, del sueño despierto y de la poesía, confina con la resignación; antes de la sabiduría, esperando la sabiduría, el modo simbólico propio de la obra de arte nos da el soportar la dura vida, y, flotando entre la ilusión y la realidad, nos ayuda a amar el destino".[203]

Y así queda siempre en pie la cuestión planteada desde el comienzo. Logos, la ciencia nos hace ver a Eros como el principio de la vida total

[200] S. Freud, *El humor,* (VIII), pág. 2998 [IV, 279].

[201] *Ibid.,* (VIII), pág. 3000 [IV, 281-282].

[202] F, pág. 328.

[203] F, pág. 328. Sobre este lugar y esta función del arte cfr. también "La psychanalyse et le mouvement de la culture contemporaine", CI, págs. 155-159.

y nuestra desaparición total personal como una necesidad; pero nuestro deseo humano no puede querer esa totalidad, no puede asimilarse a Eros, precisamente porque incluye tal destrucción individual. No hay comunicación entre el saber y el deseo. No hay camino que unifique el saber con el deseo y haga coincidir a ambos con Eros, para engendrar así la resignación que Freud reclama. ¿Cómo doblegar el deseo del hombre para que, venciendo todo narcisismo, se vuelva resignación?

El puro saber, de suyo, no da como resultado la resignación buscada: el deseo se rebela ante él –ante la inevitable muerte que él presenta– aferrándose en la figura narcisista. No es posible amar con Eros, pues Eros trae la muerte propia.

Parecería entonces que definitivamente es imposible hacer coincidir en el hombre su saber –que le habla de Eros y de su muerte– y su deseo con Eros mismo. En definitiva, se debe advertir que es el saber mismo el que imposibilita esa coincidencia con Eros.

Pero Ricoeur cree encontrar algunas indicaciones hacia una solución en algunas alusiones de Freud.[204] ¿La imposibilidad de la coincidencia aludida no se deberá a que el saber mismo ha comenzado por independizarse de Eros? Y si ello es así, ¿la posibilidad de la coincidencia, de la resignación, no estará en la no separación de Logos y Eros?

Freud explica, siguiendo algunas afirmaciones de Leonardo en el *Tratado de la pintura,* que el artista habría pensado que "se debería amar de tal manera que se retuviera el afecto, se lo subordinara al trabajo de pensamiento, y recién se lo dejara desarrollarse libremente luego de haber pasado la prueba del pensamiento".[205] Conforme con esto, "sus afectos se hallaban ligados, sometidos a la pulsión de investigación".[206] Entonces, "él había cambiado la pasión en impulso al saber".[207] Por ello, en él se da ejemplarmente la secuencia: "Se investigó, en lugar de amar",[208] y "también

---

[204] Además de lo que sugieren algunos puntos del ensayo de Freud sobre Leonardo, que en seguida se explicarán, Ricoeur señala sugerencias en *El yo y el ello, El malestar en la cultura,* y las pone en relación con ideas que se hallan en *El porvenir de una ilusión* y en *Más allá del principio del placer:* cfr. F, págs. 328-330.

[205] *Un recuerdo infantil de Leonardo de Vinci,* (V), pág. 1583 [X, 101].

[206] *Ibid.,* (V), pág. 1584 [X, 101].

[207] *Ibid.,* (V), pág. 1584 [X, 101].

[208] *Ibid.,* (V) pág. 1584 [X, 102].

se investigó en lugar de actuar, de crear".[209] De tal manera, "el desarrollo de Leonardo se acerca al modo de pensar spinozista".[210]

Según esto, habría que pensar –anota Ricoeur– que su separación originaria respecto de Eros, del Eros presente en nuestros propios amores, haría que el puro saber así engendrado se vuelva incapaz luego de una integración del hombre con sus afectos a ese mismo Eros. El afecto humano dejado de lado por la tarea científica sería el que se abroquela en el narcisismo y se hace incapaz de unirse a Eros y de amar así aquello que la ciencia descubre, a saber, la vida total, más allá de la propia muerte.

En sentido inverso, cabría suponer que un saber que desde el comienzo se desplegara en el seno del afecto –y así de Eros–, sin desbordarlo, engendraría un hombre sabio, sabedor del todo de la vida y de sus leyes y al mismo tiempo amante de esa vida. Y ese hombre, además, amando esa vida –en Eros y con Eros–, sería capaz de amar la propia vida personal como una parte de la vida total; y así, no caería en el deseo de la propia muerte –el amor de la vida es el amor de la propia vida– y, por el contrario, aceptaría tal destrucción personal, también sabida, en una activa, personal y verdadera resignación, que no sería más que un profundo respeto por la naturaleza, fundado en el saber de sus leyes necesarias.

Ricoeur cita las últimas palabras de Freud en el ensayo sobre Leonardo:

> "Todos nosotros mostramos demasiado poco respeto por la naturaleza que, según las oscuras palabras de Leonardo, que anuncian las de Hamlet, 'está llena de infinitas razones que nunca llegaron a la experiencia' (*la natura è piena d'infinite ragioni che non furono mai in isperienza*). Cada uno de los hombres que somos nosotros corresponde a uno de los innumerables experimentos, en los cuales estas *ragioni* de la naturaleza pugnan hacia la experiencia".[211]

Ricoeur reconoce que, más allá de estas consideraciones a partir de sólo ciertos indicios, nada indica que Freud haya logrado armonizar su temática del saber científico de la ruda realidad –el principio de la realidad–, que lleva anejo necesariamente el rechazo del deseo humano a la muerte y así engendra la desilusión, con su temática del Eros que sostiene toda vida, y que entonces debería impregnar el mismo deseo humano

---

[209] *Ibid.*, (V), pág. 1584 [X, 102].

[210] *Ibid.*, (V), pág. 1584 IX, 102]; citado por Ricoeur en F, pág. 329.

[211] *Ibid.*, (V), pág. 1619 [X, 158-159]; citado por Ricoeur en F, pág. 329.

transformándolo en resignación. Esta impregnación de Eros es algo que en Freud no ha sido desarrollado.

Por eso, dice Ricoeur que en el freudismo

> "hay concurrencia del cientismo y del romanticismo. El humor filosófico de Freud consiste quizás en este delicado equilibrio –¿o sutil conflicto?– entre la lucidez sin ilusión y el amor de la vida. Quizás es en la resignación a la muerte donde este equilibrio encuentra su expresión más frágil; pues la muerte figura dos veces y con sentidos diferentes: por un lado, la lucidez sin ilusión me invita a aceptar mi muerte, es decir a reubicarla entre las necesidades de la naturaleza ciega; pero Eros, que quiere unir todas las cosas, me llama a luchar contra el instinto humano de agresión y de autodestrucción, por consiguiente a no amar nunca la muerte, sino a amar la vida, a pesar de mi muerte. Según parece, Freud no unificó nunca su antigua visión del mundo, expresada desde el comienzo en la alternancia del principio de placer y del principio de realidad, y la nueva visión del mundo expresada por la lucha de Eros y de Thánatos. Por ello él no es Spinoza, ni aún Nietzsche".[212]

Y Ricoeur deja la última palabra a Freud:

> "Y es de esperar que el otro de los dos 'poderes celestes' el eterno Eros, intentará un esfuerzo a fin de sostenerse en la lucha con su no menos inmortal adversario. ¿Pero quién podrá prever el éxito y la salida?".[213]

3.- Arqueología y teleología: el símbolo

Desde el comienzo mismo de este trabajo se mostró el carácter reflexivo y hermenéutico de la filosofía de Ricoeur, en cuanto en ella se trataba de proceder a un conocimiento de la "naturaleza" del yo –en orden a una ontología–, transitando hacia él desde los objetos, las obras de su "vida".[214]

Luego, en el paso por la arqueología y la teleología, en el proceso de concretización de la reflexión, se mostró que el yo podía, según las hermenéuticas, mostrarse como vida o como espíritu. En el paso siguiente,

---

[212] F, pág. 330.

[213] *El malestar en la cultura*, (VIII), pág. 3067 [X, 270]. La última frase fue añadida por Freud en 1931, cuando se hacía presente la amenaza de Hitler. Citado por Ricoeur en F, pág. 330.

[214] Véase lo dicho en la parte I, puntos 1.a y 2.

se advirtió cómo esas dos hermenéuticas podían integrarse para dar la visión del yo como integrado articuladamente por pulsiones vitales y por el espíritu. Y esa comprensión abarcadora del yo fue posible como tal desde la visión del yo en el marco del sentimiento. Desde allí se pudo ver que –en la economía, la política y el arte– las objetividades del yo se constituyen desde una materia del pasado y por la manifestación allí de un sentido nuevo. Correspondientemente, la intimidad del yo aparecía como la transfiguración, en cada caso, de un pasado pulsional en un nuevo modo y grado de intimidad personal. Por otra parte, se advirtió que las objetividades del yo eran asumidas no por sí mismas, sino, condensadamente, como lo que hablaba precisamente de la intimidad del yo.[215]

Ahora bien, en tal contexto general, los objetos del yo de la economía, la política y el arte son *símbolos*. Esto significa que ellos, en su densidad de objetos que hablan de una intimidad personal, hablan de otra cosa. En efecto, conforme con todo lo dicho, esos objetos remiten a un pasado de objetos y actos pulsionales, y allí son también, articuladamente, la presencia de una novedad –espíritu– de objeto e intimidad.

> "...lo que el psicoanálisis llama 'sobredeterminación' encuentra su sentido pleno en una dialéctica de la interpretación, cuyos polos opuestos están constituídos por la arqueología y la teleología".[216] "Las dos hermenéuticas, vueltas la una hacia el resurgimiento de significaciones arcaicas pertenecientes a la infancia de la humanidad y del individuo, la otra hacia la emergencia de figuras anticipadoras de nuestra aventura espiritual, no hacen más que desplegar en direcciones opuestas los esbozos de sentido contenidos en el lenguaje rico y pleno de enigmas que los hombres han inventado y recibido a la vez para decir su angustia y su esperanza. Habría que decir entonces que los mismos símbolos son portadores de dos vectores: por un lado, repiten nuestra infancia, en todos los sentidos, cronológico y no cronológico de esta infancia. Por otro lado, exploran nuestra vida adulta: *'O my prophetic soul!'*, dice Hamlet; pero estas dos funciones no son en absoluto exteriores la una a la otra; ellas constituyen la sobredeterminación de los símbolos auténticos; es sumergiéndose en nuestra infancia y haciéndola revivir en el modo onírico que ellos representan la proyección de nuestras propias posibilidades sobre el registro de lo imaginario. Estos

---

[215] Cfr. parte III, punto 2.
[216] F, pág. 476.

símbolos auténticos son verdaderamente regresivos-progresivos; por la reminiscencia la anticipación; por el arcaísmo la profecía".[217]

Así, esos objetos son el "mixto" concreto donde se puede leer la articulación de la vida –arqueología– y del espíritu –teleología–; en ellos se puede leer en concreto el tránsito que Freud denominara "sublimación". En ellos se muestra en concreto el drama de la intimidad del hombre, de ese "mixto" inquieto *(thumos)*, siempre en el riesgo de deslizarse hacia su pasado. Pero el sentido nuevo que aparece no es el mero disfraz del sentido del pasado –la sublimación de Freud (¡que tiene sus dificultades, según se vio!)– sino que en él el pasado se hace precisamente pasado en cuanto queda oculto en la medida en que el sentido nuevo lo transfigura, al hacerlo la materia en la que él se revela: el ocultamiento del pasado es la manifestación de lo nuevo; la manifestación de lo nuevo hace pasado el pasado: sublimación como ocultamiento y manifestación.

> "Es el símbolo el que, por su sobredeterminación, realiza la identidad concreta entre la progresión de las figuras del espíritu y la regresión hacia los signficantes-claves del inconsciente. La promoción de sentido no se lleva a cabo más que en el medio de las proyecciones del deseo, de los derivados del inconsciente, de las resurgencias del arcaísmo. Es con deseos impedidos, desviados, convertidos que alimentamos nuestros símbolos menos carnales. Es con imágenes salidas del deseo recortado que figuramos nuestros ideales. Así, el símbolo representa en una unidad concreta lo que la reflexión en su estadio antitético está condenada a disociar en interpretaciones opuestas; las hermenéuticas adversas separan y descomponen lo que la reflexión concreta recompone por retorno a la simple palabra oída y escuchada. Si mi análisis es exacto, la famosa función de sublimación no es un proceso suplementario, del que podría dar cuenta una economía del deseo. No es un mecanismo que se pueda poner sobre el mismo plano que los otros 'destinos' de pulsión, junto a la 'conversión', al 'retorno contra sí mismo', a la 'represión'. Se podría decir que la sublimación es la función simbólica misma, en tanto que coinciden en ella el develamiento y el ocultamiento".[218]

Piénsese en el análisis realizado de la tragedia de Edipo. La especial configuración de la obra de arte trae a la presencia, en una figura distin-

[217] F, pág. 478.
[218] F, pág. 479.

ta –la trama de acontecimientos de la obra– el pasado inconsciente del individuo y de la humanidad; así hace presente, ocultándolo, el pasado. Pero allí mismo –en la tragedia, que es *obra* de arte– alumbra un sentido nuevo: la cuestión de la verdad. Así, la obra, transformando y así ocultando el pasado tras los hechos narrados –y haciendo así pasado el pasado–[219] allí revela, ya no oculta, esto es, hace surgir algo nuevo, a saber la cuestión de la verdad.

Pero la transformación del pasado operada en la trama de la obra –el ocultamiento, para el psicoanálisis– no es algo a lo que ulteriormente se añade el nuevo sentido, la cuestión de la verdad, que se revela. Es precisamente este sentido nuevo el que ha operado aquella transfiguración del pasado; y ello para dar lugar a su propia aparición. Toda novedad opera así, a su servicio, una transfiguración: el surgimiento de lo nuevo se sirve del pasado transformándolo y así en cierto modo ocultándolo; pero así lo hace acceder a su más propio sentido, que entonces se halla –Hegel– fuera de él, hacia adelante de él, en un más adelante que lo hace ser, precisamente, pasado.

El símbolo oculta y revela. La revelación *es* ocultamiento, transfiguración; la transfiguración *es* revelación.

La obra en su contenido concreto –la trama de sus acontecimientos– se constituye por la convergencia de algo pasado y de algo nuevo. La obra es el compromiso, el "mixto concreto" objetivo en el que se pueden discernir una materia del pasado –arqueología– y un sentido nuevo que se hace presente en tal materia –teleología–. Tal hermenéutica concretamente dialéctica discierne ese mixto objetivo –así símbolo– como el "mixto" *de* un sujeto constituído precisamente por un estrato del pasado vital y por un estrato espiritual.

El todo de la obra de arte y del sujeto constituyen así una figura específica de la conciencia. Y esta figura de la conciencia no es, ni objetiva ni subjetivamente, una mera repetición enmascarada del pasado. El símbolo que es la obra oculta y revela objetivamente. Y aconteciendo así permite que se revele un sujeto hecho de vida y espíritu. En la obra se objetiva el devenir del drama de un sujeto constituido conflictivamente.

Pero es claro que para alcanzar el "mixto concreto" que es el símbolo como tal ha sido necesario pasar por las hermenéuticas opuestas y por su mutua crítica e integración. Sólo por tal mediación se ha podido alcanzar

---

[219] Cfr. en especial, parte III, punto 2.B.d. δ.

la posibilidad de escuchar la palabra complejamente articulada –la "so-bredeterminación"– de los símbolos. Sólo si se ha alcanzado tal lugar de escucha pueden hoy volver a hablar los símbolos a una filosofía reflexiva.

> "El símbolo, en este sentido, es el momento *concreto* de esta dialéctica, pero no es de ninguna manera el momento *inmediato*. Lo concreto es siempre el colmo de la mediación o la mediación colmada. El retorno a la simple escucha de los símbolos es la 'recompensa después del pensamiento'. Lo concreto del lenguaje que alcanzamos por una penosa aproximación es la segunda ingenuidad de la que nunca tenemos más que un conocimiento fronterizo, o más bien liminal".[220] "Es necesario dialectizar el símbolo, a fin de pensar según el símbolo; sólo entonces llega a ser posible inscribir la dialéctica en la interpretación misma y retornar a la palabra viva. Es esta última fase de la reapropiación lo que constituye el paso a la reflexión concreta. Retornando a la escucha del lenguaje, la reflexión pasa a lo pleno de la palabra simplemente escuchada. No quisiera que haya equívocos sobre el sentido de este último episodio: este retorno a lo inmediato no es un retorno al silencio, sino a la palabra, a lo pleno del lenguaje. Tampoco es siquiera un retorno a la palabra inicial, inmediata, al enigma espeso, sino a una palabra instruida por todo el proceso del sentido. Por ello, esta reflexión concreta no comporta ninguna concesión a lo irracional, a la efusión. La reflexión retorna a la palabra y sigue siendo aún reflexión, es decir inteligencia del sentido; la reflexión se hace hermenéutica; es la única manera en que ella puede devenir concreta y seguir siendo reflexión. La segunda ingenuidad no es la primera ingenuidad; es post-crítica y de ninguna manera pre-crítica; es una docta ingenuidad".[221]

Todos los estudios que se aplican al análisis de la arqueología y la te-leología y a su mutua crítica y mutuo acercamiento son la mediación por la que finalmente se alcanza –entonces postcríticamente– el nivel de una simple escucha que deja hablar a los símbolos mismos. Se está así –aná-logamente a lo que se decía en su momento, al comienzo, a propósito de los símbolos religiosos– en una segunda ingenuidad, que conscientemente interpreta, e interpreta dialécticamente.

Dice finalmente Ricoeur:

---

[220] F, pág. 477.
[221] F, págs. 477-478.

"Sólo la sobredeterminación de los símbolos permite llevar a cabo una verdadera dialéctica que haga justicia a la vez a una económica de la cultura y a una fenomenología del espíritu. Propondría entonces interpretar el fenómeno de cultura como el medio objetivo en el cual se sedimenta la gran empresa de sublimación, con su doble valencia de disfraz y de develamiento".[222]

Ricoeur pone de manifiesto nuevos aspectos de la función simbólica del hombre, a partir de la consideración de las ideas de Freud acerca del simbolismo.

Freud se ha referido a "la simbólica" en *La interpretación de los sueños* y en la lección X de sus *Vorlesungen zur Einführung in die Psychoanalyse*.[223] Freud hace notar que en el análisis de los sueños llevado a cabo siguiendo las asociaciones espontáneas del soñador se topa el analista con relaciones de sentido que se resisten a la interpretación que atiende a las particularidades del individuo. Junto al trabajo del sueño, realizado según el desplazamiento, la condensación, la dramatización y la elaboración secundaria, se descubren otras relaciones entre contenido manifiesto y contenido latente, que no son obra del soñador individual: él se sirve en rigor de tales relaciones, que se hallan ya realizadas, como una estructura de doble sentido estable, antes del sueño singular. Así, el sueño personal se hace lugar de realización de una estructura significativa supraindividual.

"...la simbolización no constituye problema desde el punto de vista de la interpretación del sueño, porque el sueño se sirve de una típica constituida en otra parte. El símbolo interviene en el sueño a la manera de una sigla estenográfica, provista, de una vez por todas, de una significación precisa. Es la razón por la cual su interpretación puede ser directa y no requiere ningún trabajo largo y penoso de desciframiento".[224]

Dice Freud:

"De esta manera se logran, para una serie de elementos del sueño, traducciones constantes, de manera totalmente semejante a como se las encuentra, en nuestros populares libros de sueños, para todas las cosas soñadas. No se ha de olvidar que en nuestra técnica de asociación nunca

---

[222] F, pág. 503.

[223] Cfr. IS, págs. 559-592 [290-334]; *Lecciones introductorias al psicoanálisis*; Lección X: *El simbolismo en el sueño*, (VI, pág. 2212) [I, 159].

[224] F, pág. 480.

> se encuentran traducciones constantes de los elementos del sueño. (...)
> Denominamos *simbólica* a semejante relación constante entre un elemento
> onírico y su traducción, y *símbolo* del pensamiento inconsciente del sueño
> al elemento onírico. (...) La interpretación basada en el conocimiento de
> los símbolos no es una técnica que pueda reemplazar a la técnica asocia-
> tiva o que se pueda comparar con ella. Es un complemento de ella y sólo
> proporciona resultados utilizables integradamente con ella".[225]

Ahora bien, los símbolos del sueño, según el sentido de todo sueño
–o al menos de los sueños que interesan, a saber los complicados de los
adultos–, sirven a la realización disfrazada de deseos reprimidos, y esto
significa, en definitiva, deseos de naturaleza sexual.

> "El lector que no tomara en consideración más que la *temática* de este
> simbolismo concluiría demasiado rápidamente que no hay nada de inte-
> resante en este capítulo. Desde el punto de vista de la temática, en efecto,
> no hay que decir más que esto: por una parte, los 'contenidos' descubiertos
> son monótonos –se trata siempre de lo mismo, de órganos genitales, de
> actos y relaciones sexuales– por otra parte, las 'representaciones' que los
> figuran son innumerables; se tendría la tentación de decir: sea lo que fuere,
> cualquier cosa, en el extremo, puede representar siempre lo mismo".[226]

Así entonces, el sueño se sirve –no hay aquí elaboración por parte del
sueño individual– de multitud de imágenes de todo tipo –en el contenido
manifiesto– que se hallan ligadas a contenidos –latentes en el sueño– de
naturaleza sexual. Como se acaba de indicar con Ricoeur, hay una clara
desproporción entre la enorme cantidad de símbolos y la pobreza de los
sentidos a los que los mismos remiten. Y así, no es extraño que, si bien en
algunos casos las semejanzas entre la representación simbólica y su sentido
son evidentes, haya muchos casos en que tal semejanza no es advertible.

Pero se plantea la cuestión, agudizada en especial por los casos señalados de falta de semejanza, de cómo conocemos la significación de esos
símbolos oníricos. Ricoeur cita a Freud:

> "Este conocimiento nos viene de fuentes muy diversas, de los cuentos
> y de los mitos, de los chistes y bromas, del folklore, es decir del estudio
> de las costumbres, usos, proverbios y cantos de diferentes pueblos, del
> lenguaje poético y del lenguaje común. Encontramos por todas partes el

[225] *El simbolismo en el sueño*, (VI), págs. 2212-2213 [I, 160-161].
[226] F, pág. 481.

> mismo simbolismo que comprendemos a menudo sin la menor dificultad; examinando estas fuentes unas tras otras, descubriremos tal paralelismo con el simbolismo de los sueños que nuestras interpretaciones saldrán de este examen con una certeza aumentada".[227]

Aquí anota Ricoeur una importante observación. Para Freud, el recurso a los mitos, leyendas, etc. tiene el valor de confirmar el sentido del simbolismo onírico: tanto allí como aquí se trata de significaciones de orden sexual. Pero Ricoeur hace notar que Freud no ha prestado suficiente atención a la mediación cultural. La relación simbólica de que se vale el soñador –sin conocerla como tal– es algo edificado por la cultura, y allí, por la palabra humana –mitos, leyendas, proverbios, cantos, etc.–. La relación simbólica presente en el sueño ha sido posibilitada por la mediación cultural de la palabra; en la simbólica onírica se halla presente la palabra en su obra.

> "El enigma del símbolo no es que el barco represente una mujer, sino que la mujer sea significada y que, aún para ser significada en el plano de la imagen, sea verbalizada. Es la mujer dicha la que deviene mujer onírica".[228]

Con todo, es cierto que Freud ha tenido en cuenta la función de la palabra en la constitución de la relación simbólica. Pero no se ha referido a ella como elemento de la tarea de la cultura como tal, sino sólo en cuanto desde ella ha podido explicar, por medio de especiales hipótesis, el sentido sexual de los símbolos.

Dos importantes cuestiones llaman la atención de Freud hacia el final de la lección X de su *Introducción al psicoanálisis*: en primer lugar se advierte que el ámbito de la simbólica es mucho más amplio que lo que se da en los sueños; en efecto, como ya se dijo, existen las leyendas, los dichos, los cuentos, los mitos, la fantasía poética, y precisamente muchos de los símbolos presentes en tales formaciones no aparecen en los sueños; y en segundo lugar, muchos de los símbolos que se dan en los sueños no aparecen en todos los otros sectores de la simbólica, sino sólo en algunos.

> "Ya hemos observado que de la misma simbólica se sirven mitos y leyendas, el pueblo en sus proverbios y cantos, el uso común del lenguaje y la fantasía poética. El campo de la simbólica es extraordinariamente amplio,

---

[227] *El simbolismo en el sueño*, (VI), pág. 2218 [I, 168]; citado por Ricoeur en F, págs. 481-482.

[228] F, pág. 482.

la simbólica onírica es sólo una parte del mismo; y no es adecuado abordar el problema total a partir del sueño. Muchos de los símbolos corrientes en otras partes no aparecen en el sueño o sólo aparecen esporádicamente; muchos de los símbolos oníricos no se hallan en todos los otros ámbitos, sino, como se ha visto, sólo aquí o allí".[229]

Por otra parte, se ha de observar "que la simbólica en los mencionados otros ámbitos de ninguna manera es sólo simbólica sexual, mientras que en el sueño los símbolos son utilizados para expresar casi exclusivamente objetos y relaciones sexuales".[230]

¿Cómo explicar entonces este desborde cuantitativo y cualitativo del simbolismo respecto de lo que nos presenta el sueño?

Aquí echa mano Freud de una hipótesis del lingüista H. Sperber. En su origen, la palabra habría servido para la comunicación y el llamado al compañero sexual; luego habría servido a la comunicación en las relaciones del trabajo en común, una vez que tal trabajo se habría constituido en equivalente y sustituto de la actividad sexual. Así, las palabras que originariamente significaban objetos y relaciones sexuales habrían pasado a significar *también* objetos y relaciones laborales. Luego, tales palabras se habrían desligado de su originaria significación sexual, para fijarse en la significación añadida. Este paso de una significación sexual a una significación ambigua y luego a una significación no sexual habría sido el camino seguido por todas las nuevas palabras que habrían sucedido a las primitivas.[231]

Así entonces, la palabra común sería el puente que aseguraría la relación entre lo sexual –significado originariamente– y lo no sexual.

> "La relación simbólica sería la supervivencia de la antigua identidad de las palabras; cosas que antiguamente han sido significadas de manera igual que lo genital pueden ahora en el sueño aparecer como símbolos de ello".[232]

Además, es necesario observar que las nuevas palabras surgidas luego de las originales para significar también lo sexual y ulteriormente lo relativo al trabajo, pero a una nueva especie de trabajo, quedarían, por su conexión con las palabras primeras –conexión que resulta de que ambas

---

[229] *El simbolismo en el sueño,* (VI), pág. 2223 [I, 174-175].
[230] *Ibid.,* (VI), pág. 2224 [I, 175].
[231] *Cfr. Ibid.,* (VI), pág. 2224 [I, 175-176].
[232] *Ibid.,* (VI), pág. 2224 [I, 176].

significan lo sexual– también conectadas, con su significado laboral, al significado laboral de aquellas primeras. Así sería posible que lo no sexual significado por una palabra ulterior apareciera conectado simbólicamente –por mediación de la significación sexual común de ambas– a lo no sexual de una palabra más primitiva. De esta manera se explicarían la gran amplitud y los aspectos no sexuales del ámbito de lo simbólico.

Con toda razón observa Ricoeur que esta hipótesis no analítica le permite a Freud conservar el lugar privilegiado de los sueños, que serían entonces los testigos sobrevivientes de aquel lenguaje primitivo. Pero con ello no se hace más que retrotraer el problema. La cuestión –que se planteó al comienzo de este punto– es precisamente cómo en el símbolo y en el lenguaje –lugar de cristalización de la "sublimación"– se opera justamente la aparición de algo nuevo, cómo lo sexual puede quedar "atrás", simbolizado en algo no sexual que aparece. Al suponer un lenguaje primitivo que reuniría lo sexual y lo no sexual simplemente se reitera el problema y sólo se lo proyecta en el pasado.

> "Pero esta hipótesis, supuesto que tenga el mínimo interés lingüístico, nos deja en mar abierto: toda la simbólica onírica se halla suspendida de un trabajo de lenguaje, cuyo enigma sólo es ocultado por la suposición de una identidad primitiva de las palabras que designarían lo sexual y lo no sexual. La hipótesis de estas raíces originariamente ambiguas no es más que un expediente por el cual se proyecta el problema, ya resuelto, en una 'lengua fundamental', donde lo semejante sería ya lo idéntico. A mi criterio, estas especulaciones cierran más caminos que los que abren. Al darse todo en el punto de partida, condenan a no encontrar nunca más que sobrevivencias".[233]

Si se deja ahora de lado la cuestión no resuelta por Freud del paso de lo sexual a lo no sexual en el símbolo –"sublimación"–, hay otro aspecto que se ha de tener en cuenta, a partir de las consideraciones psicoanalíticas hasta aquí expuestas.

Los símbolos que Freud descubre a partir del estudio de los sueños y que lo llevan a desarrollar las ideas que se acaban de analizar, constituyen en rigor una obra realizada: el soñador se sirve inconscientemente de

---

[233] F, págs. 483-484.

ellos sin empeñar allí ninguna elaboración propia. Pero, "¿el símbolo es solamente un vestigio?; ¿no es también aurora de sentido?"[234]

Ricoeur entiende que existen símbolos, como los descubiertos por Freud, en los que la tarea creadora ya no se halla a la obra; allí está el resultado de tal tarea y el mismo es simplemente aprovechado: en la simple utilización de tales símbolos no es posible ver el despliegue de lo que Freud ha llamado sublimación, o lo que propiamente habría que denominar la creación de sentido. Pero ello no autoriza a pensar que la función simbólica humana sólo se ha desplegado en el pasado, para dejar en el presente sólo sus sedimentaciones.

Hay sí tales símbolos creados y en uso en el pasado; pero también hay símbolos creados en el pasado y en el presente y en uso en el presente y a través de los cuales los hombres se relacionan entre sí: aquí –en la economía, la política, el arte, la religión– el sentido nuevo que vehiculiza el símbolo es actualmente vigente, vivido por todos los hombres de una comunidad y sirve a la cohesión de tal comunidad, a la que así en cierto modo sostiene; aquí la función simbólica humana se halla actualmente a la obra creando y/o sosteniendo –a su vez– con su comprensión el sentido simbolizado. Y finalmente hay que distinguir los que Ricoeur llama "símbolos prospectivos": en tales símbolos se da también actualmente la creación, pero a diferencia del estadio anterior, aquí la función simbólica se despliega más allá de lo vigente socialmente e innova así respecto de la mera funcionalidad social establecida y sostenida por todos.

> "Propondría distinguir varios niveles de creatividad de los símbolos (...). En el nivel más bajo encontramos la simbólica sedimentada: se encuentran allí restos de símbolos, estereotipados o dislocados, menos usuales que usados, que no tienen más que un pasado; es a este nivel que corresponde la simbólica del sueño; es también la de los cuentos y leyendas; ningún trabajo de simbolización se halla ya a la obra. En un segundo nivel encontramos los símbolos de función usual; son los símbolos en uso, útiles y utilizados, que tienen un pasado y un presente y que, en la sincronía de una sociedad dada, sirven de prenda al conjunto de los pactos sociales; en este nivel trabaja la antropología cultural. En un nivel superior vienen los símbolos prospectivos; son creaciones de sentido que, retomando los símbolos tradicionales, con su polisemia disponible, vehiculizan signi-

---

[234] F, pág. 485.

ficaciones nuevas. Esta creación de sentido refleja el fondo viviente, no sedimentado y no investido socialmente del simbolismo".[235]

La función simbólica humana no es sólo capacidad de lectura de símbolos ya realizados –y capacidad de habitar en y desde ellos–; también es capacidad de creación constante de nuevos sentidos sobre el material de lo dado –simbolización, sublimación, relectura de lo dado hacia y desde un nuevo sentido– según el dinamismo sin fin del espíritu. Así por ejemplo, *Edipo Rey* ha permitido "sorprender el nacimiento del símbolo, en el momento en que él mismo es interpretación de un fondo legendario anterior".[236]

4.- La religión

A.- Arqueología, teleología, escatología

Este es ahora el lugar en el que se debe intentar con Ricoeur una lectura articulada de los símbolos religiosos. Ya se indicó anteriormente que una "circulación" plena por las tres hermenéuticas –arqueológica, teleológica y escatológica– sólo es posible, precisamente, a propósito de los símbolos religiosos y supuesta la fe en los mismos. Y también se indicó que el paso a la afirmación de lo Totalmente otro no era posible, según Ricoeur, desde la sola filosofía.[237]

Desde el contexto de toda esta exposición, esto último significa que no hay tránsito demostrativo posible desde las figuras de la conciencia analizadas hasta aquí a lo Totalmente otro. Más precisamente: ni desde los objetos ni desde los sujetos hasta aquí analizados –y susceptibles de una hermenéutica arqueológica y teleológica– es posible *pasar* a lo Totalmente otro: desde las realidades de este mundo no hay paso racional demostrativo a lo que la religión llama lo Sagrado. Así, dice Ricoeur:

> "...nuestro método de pensamiento no nos permite resolver en el fondo la cuestión del simbolismo religioso; sólo nos permite tomar una visión fronteriza (...). Declaro categóricamente que no tengo medio alguno de probar la existencia de una problemática auténtica de la fe a partir de una

[235] F, pág. 486.
[236] F, pág. 486.
[237] Cfr. sobre esto, en la parte I, el punto 2.e.

fenomenología del espíritu, más o menos tomada de la fenomenología hegeliana; acepto aún que ello excede sin duda los recursos de una filosofía de la reflexión, que la dialéctica anterior ha agrandado inmensamente, sin hacerla sin embargo estallar, en razón de que ella sigue siendo, de punta a punta un método de inmanencia".[238]

Dice además Ricoeur que no intentará "la hábil maniobra que consistiría en extrapolar la cuestión del origen radical a partir de una arqueología del Cogito, o la cuestión del fin último a partir de una teleología".[239]

Como se verá, no se puede encontrar lo Sagrado como un objeto –que *explicaría* lo que de él depende, por ejemplo causalmente– tras los objetos analizables del mundo. En el contexto de esta exposición: lo Totalmente otro como tal no es un objeto que se halle, con necesidad, al alcance, tras el último objeto discernible por una arqueología o una teleología.

Lo Totalmente otro sólo se hace presente en la fe como respuesta personal a una interpelación, a una palabra que me es dirigida.

Ahora bien, si lo Totalmente otro es verdaderamente tal y sólo es accesible en la fe como un paso personal indeducible, parece imposible cualquier articulación de un discurso –de la naturaleza que fuere– de esa fe con los discursos humanos arqueológico y teleológico –que se ocupan de realidades "inmanentes"–. Lo que en la fe se dé al hombre será algo que nada tenga que ver con aquello de "este mundo" que, de manera distinta pero articuladamente, es legible desde nuestro inconsciente y desde nuestro espíritu.

Sin embargo, si lo Totalmente otro se dirige a mí, me interpela –como lo Totalmente otro de la *arché* y del *télos* que yo concibo– lo hace en mis palabras humanas; y esto significa en aquellos contenidos que, perteneciendo al mundo, de distintas maneras van estructurando jerárquicamente mi conciencia. Pero esto significa que sólo puede manifestarse, precisamente, en aquello mismo que, según se vio, es interpretable arqueológica y teleológicamente.

Dice Ricoeur:

"Haciéndose así 'inmanente' a la palabra humana, lo Totalmente otro se da a discernir en y por la dialéctica de la teleología y de la arqueología. El origen radical se da ahora a discernir en la cuestión de mi arqueología, aunque totalmente otro que ningún origen asignable por reflexión; el fin

[238] F, pág. 504.
[239] F, pág. 504.

último se da también a reconocer por la cuestión de mi teleología, aunque totalmente otro que ninguna anticipación de mí mismo de la que yo pueda disponer. Es como *horizonte* de mi arqueología y como *horizonte* de mi teleología que se anuncian creación y escatología. El horizonte es la metáfora de lo que se aproxima, sin devenir nunca objeto poseído. El alfa y la omega se aproximan a la reflexión como horizonte de mis raíces y como horizonte de mis miradas; es lo radical de lo radical, lo supremo de lo supremo. Aquí, una fenomenología de lo sagrado, en el sentido de Van der Leeuw y de Eliade, unida a una exégesis kerygmática, en el sentido de Karl Barth y de Bultmann (que no imagino aquí como opuestas) puede hacer el relevo de la reflexión y ofrecer a un pensamiento meditante nuevas expresiones simbólicas situadas en el punto de ruptura y de sutura entre lo Totalmente otro y nuestro discurso".[240]

Lo Totalmente otro ha de manifestarse, para la fe, en las mismas realidades de "este mundo" que son analizables desde el pasado arqueológico con Freud y desde el futuro teleológico con Hegel, pero precisamente como lo que no se cuenta entre esas realidades.

Lo Totalmente otro es entonces, como tal, lo que se halla en general más allá de todo objeto, y, en particular, más allá del objeto más arcaico u originario que cualquier arqueología pueda concebir y más allá del objeto más final o terminal que cualquier teleología –tal como ambas se vieron hasta aquí– pueda concebir. Este carácter no objetivo, no "sabible" y así no disponible de lo Totalmente otro se dice adecuadamente con la metáfora del horizonte.

Entonces, lo Totalmente otro aparece, en todo caso, como el horizonte de cualquier arqueología –de cualquier objeto arqueológico– y religiosamente se anuncia así como *creación*; y como el horizonte de cualquier teleología –de cualquier objeto teleológico– y religiosamente se anuncia así como *escatología*.

En esta perspectiva, lo Totalmente otro es, para la fe, Origen de todo origen y Fin de todo fin; o, como ya se dijo, "lo radical de lo radical y lo supremo de lo supremo".

Lo Totalmente otro sólo se puede presentar entonces no como un objeto final que prolonga y termina la cadena de objetos, sino como el *horizonte* último de mi arqueología y de mi teleología, y entonces sólo puede ser visto en una *ruptura*. Así por ejemplo, el eschaton que es lo Sagrado –tal

---

[240] F, pág. 505.

como tematiza lo Totalmente otro la fenomenología de la religión– no puede ser de ninguna manera el término último de una teleología que, como en Hegel, culmina en un saber absoluto que termina reabsorbiendo en sí toda trascendencia.

Lo Sagrado que se dona en la fe como fin último sólo se anuncia como promesa incontorneable. Y aquí juegan su papel privilegiado los símbolos del origen y del fin del mal. El mal como lugar de la crisis del hombre y lo Sagrado se muestra como lo irrecuperable para cualquier saber absoluto. La fe que se hace cargo de ello sabe de este no saber. Sea cual fuere el discurso que desde la fe se pudiera desencadenar, el mismo advertirá que siempre "hay más en los símbolos que en toda nuestra filosofía". El símbolo religioso da que pensar, pero un pensar sin final sabido. La metáfora del símbolo desencadena una paráfrasis sin fin. De ello testimonia el fracaso de toda teodicea.

Desde la fe y sólo desde la fe se hace posible entonces estrictamente una hermenéutica escatológica desde lo Totalmente otro. Pero aquí nuevamente es necesario cuidarse de no caer en un eclecticismo que simplemente yuxtapusiera esta escatología a la arqueología y a la teleología. Es necesario mostrar que la escatología debe pasar por las otras dos hermenéuticas; es preciso mostrar que la fe precisamente se salva como fe en la medida en que acepta el desafío que implica la desmitificación operada desde la arqueología y la teleología.

Precisamente: en la medida en que arqueología del inconsciente y teleología del espíritu agotan hasta el final todo lo objetivable de los objetos de la conciencia humana, sin dar a luz lo Sagrado –finalmente Dios es el padre añorado, o el objeto-sujeto del saber absoluto– puede aparecer lo Sagrado como lo que no es ni objeto ni el ego del ego cogito, sino horizonte no objetivable que se anuncia y se retira en todo lo objetivable y en todo objetivante; lo que no es objeto ni del principio ni del fin, sino "lo radical de lo radical y lo supremo de lo supremo".

Así, lo Sagrado no es una cuarta categoría de objetos junto a los objetos de la economía, de la política y del arte, sino lo que en tales objetos –por la mediación de la palabra metafórica– se anuncia y se retira como lo "indicado" por ellos, más allá de todo lo objetivable.

Si ya las producciones de la economía, de la política y del arte, según se vio, pueden ser entendidas como símbolos, en la medida en que desde su sentido primero remiten articuladamente a un inconsciente pulsional arqueológico del yo y a un sentido progresivo espiritual teleológico, objetivables en el psicoanálisis y en la fenomenología del espíritu, tales producciones pueden aún remitir a un otro sentido *no objetivable,* discernible en la fe, y son así símbolos en un sentido profundo, cuyas metáforas vivas son susceptibles solamente de una paráfrasis infinita.

Precisamente, si, como se anotó en su lugar, en el auténtico símbolo no es posible una aprehensión dominante de la analogía, desde afuera, sino que allí el hombre mismo es concernido en el movimiento –que no "sabe" adónde lo lleva– del sentido primero al segundo, ello se debe, justamente, a que el sentido terminal no es algo contorneable, objetivable: es algo que no es objeto.

Así, las necesarias desmitificaciones anotadas, seguidas hasta el final, liberan la posibilidad de lo Totalmente otro como lo no objetivable, abren así el espacio para el despliegue del auténtico símbolo y nos liberan a la vez del peligro de caer en la "ilusión trascendental" de un Dios disponible por el hombre.

El Dios que beneficiosamente destruyen Feuerbach, Marx, Nietzsche y Freud es precisamente el Dios del que el hombre dispone, creado por tal ilusión trascendental.

Así, el discernimiento escatológico se hace posible plenamente como tal y se beneficia de las destrucciones del Dios-objeto, y queda suspendido de lo Totalmente otro de la *fe:* ni el ente supremo de la *metafísica* ni el Dios de la *religión,* ambos objetos disponibles, tributarios de la "conversión diabólica" del horizonte en objeto.

No hay ya objetos sagrados, junto a los objetos económicos, políticos o artísticos –o si se quiere, en general, junto a los objetos de este mundo con los que tenemos algo que ver, o que tienen algo que ver con nosotros–, sino símbolos propiamente dichos de lo Sagrado.

> "Lo Sagrado puede ser el soporte significante de lo que llamamos la estructura de horizonte, propia de lo Totalmente otro que se aproxima, o la realidad idolátrica que ponemos aparte en nuestra cultura, engendrando así la alienación religiosa."[241]

Los objetos de la economía, la política y el arte son símbolos –y como tales sobredeterminados– en cuanto remiten y a objetos arcaicos del pa-

---

[241] F. pág 510. Véanse las consideraciones de Ricoeur acerca del Dios que excede toda objetivación, en su relación con la esperanza, en el contexto de la reflexión kantiana, en "La liberté selon l'espérance", en CI, págs. 403 y ss.

sado pulsional –materialmente– y a objetos nuevos del espíritu –según su sentido–. Pero esos mismos objetos de las tres esferas –referibles así simbólicamente hasta lo pulsional y lo espiritual– pueden aún remitir simbólicamente a lo no objetivable, lo Sagrado. De esta manera, lo Sagrado es siempre una región de sentido, que puede desplegarse simbólicamente desde los objetos de la economía, la política y el arte –además de hacerlo desde lo vital mismo, como en el caso del padre, según se verá–; allí, como ellos, arraiga materialmente en los objetos pulsionales arcaicos, pero, superándolos a ellos en su raíz pulsional y en su sentido espiritual propios, hace presente su sentido no en figura de objeto, sino como lo no objetivable.

Lo Sagrado no es una región de objetos; pero es una región de sentido. Pero por eso es una región de sentido sólo simbolizable en el sentido más propio: su sentido no es conceptualizable objetivamente; sus metáforas –hechas eventualmente con la "carne" de los objetos de la economía, de la política y del arte– son así verdaderas metáforas, no susceptibles de una traducción perfecta por vía de conceptos.

En cambio, por principio, los objetos a los que simbólicamente remiten los objetos-símbolos de la economía, la política y el arte –¿el arte sería el caso límite?– son, por ser objetos, abarcables objetivamente en conceptos por un saber correspondiente, como lo testimonian, precisamente, el psicoanálisis –que recoge los objetos del pasado– y el saber reflexivo del espíritu –que se hace cargo de las distintas figuras de la conciencia (fenomenología del espíritu)–.[242]

Pero es cierto que lo Sagrado-horizonte puede degradarse –y de hecho así sucede– hasta devenir objeto. Así, aparecerá superando, como un super-objeto, lo objetivable de la economía, la política y el arte. Lo Sagrado, por cierto, no se identificará entonces con los objetos de ninguna de las tres esferas, pero será un nuevo objeto al que tales objetos remitirán: un objeto sagrado significado simbólicamente; pero al fin objeto, y así últimamente algo decible en algún momento por el concepto.

Lo Sagrado sólo puede presentarse como horizonte de los objetos del mundo, que son así sus metáforas o signos; pero también puede caer hasta devenir objeto significado por objetos: estos objetos serán así símbolos destinados a desaparecer como tales, al igual que estará destinado a caer

---

[242] Véase lo que se decía en la parte I, punto 2.d, sobre el exceso de lo Sagrado para la comprensión.

bajo la mano demitificadora del hombre aquel objeto supremo –de esto último dan testimonio, precisamente, las hermenéuticas reductoras de Marx, Nietzsche y Freud–.

> "Equívoco inevitable sin duda: pues si lo Totalmente otro se aproxima, lo hace en los signos de lo sagrado; pero el símbolo no tarda en transformarse en ídolo; entonces el objeto cultural se divide en dos, una mitad deviene profana y la otra sagrada, en el interior mismo de la esfera humana (...). Por ello es siempre necesario que muera el ídolo a fin de que viva el símbolo".[243]

Y dice también Ricoeur:

> "...los símbolos de lo sagrado no aparecen sino mezclados con las figuras del espíritu como magnitudes culturales; pero, al mismo tiempo, estos símbolos designan el impacto en la cultura de una realidad que el movimiento de la cultura no contiene; ellos hablan de lo Totalmente otro, de lo Totalmente otro de toda historia; de esta manera ejercen una atracción y un llamado sobre toda la serie de figuras de la cultura. En este sentido he hablado de una profecía o de una escatología. Es solamente por su relación a la teleología inmanente de las figuras de la cultura que lo sagrado concierne a esta filosofía; lo sagrado es su escatología; es el horizonte que la reflexión no comprende, no engloba, pero saluda como lo que viene a ella sobre patas de paloma".[244]

En los pasos siguientes se verá particularizadamente cómo en especial la arqueología de Freud –leída por lo demás desde Hegel y la fe– deja precisamente la mirada disponible para lo Sagrado como horizonte, como posible, esto es para lo Sagrado como lo que acontece desde sí. De todos modos, lo Sagrado es *horizonte,* lo no disponible, aunque de diversa manera, tanto para el saber cuanto para la fe. En la cuarta parte se harán las precisiones necesarias sobre esta cuestión.

B.- El padre y Dios; Dios padre

Es necesario llevar a cabo más en particular, con Ricoeur, el movimiento de encuentro y diferenciación precisamente de la hermenéutica escatoló-

---

[243] F, pág. 510.

[244] F, pág. 508. En la última parte, como se dijo, se abordará la cuestión aquí aludida de la relación entre filosofía y fe.

gica y la hermenéutica freudiana, "a fin de *construir* sin complacencias el sí y el no que podemos pronunciar sobre el psicoanálisis de la religión".[245]

Se trata de mostrar que el Dios negado por Freud, el objeto no sagrado descubierto por él –el padre añorado– puede ser sin embargo superado, sobrepasado por un sentido sagrado que se anuncia como un no objeto de ese objeto, y que hace de ese objeto un símbolo, en las metáforas del lenguaje de la fe de los hombres.

Es sabido que el primer paso de Freud fue establecer la analogía entre religión y neurosis, desde el punto de vista clínico. Esta analogía fue establecida ya en *Actos obsesivos y prácticas religiosas* (1907) y constituye un leit motiv que se prolonga en toda su obra, hasta *Moisés y la religión monoteísta* (1939). Es cierto que esta analogía se convierte luego para Freud en identidad, gracias a los datos que aportan los estudios históricos y etnológicos de *Tótem y tabú* y de *Moisés y la religión monoteísta* precisamente.[246]

Pero por ahora conviene mantenerse en la perspectiva clínica, que es –afirma Ricoeur– la más seriamente fundada en el psicoanálisis.

La religión muestra todos los caracteres de una neurosis: acontecimiento traumático del pasado, represión, retorno de lo reprimido que se disfraza en representaciones y afectos actuales, hasta desencadenar conductas patológicas, organizadas en comportamientos obsesivos. Más en particular: se trata de la ambivalencia edípica reprimida, que retorna en la figura del padre protector ante las dificultades de la vida: sufrimientos producidos por la naturaleza, por el propio cuerpo y por los semejantes, y en definitiva por la perspectiva de la muerte.

Ahora bien, ¿qué significa esta analogía? Según Ricoeur sólo eso: una analogía. El sufrimiento suscita las mismas respuestas –al menos según la mera observación– en el neurótico y en el religioso: ceremonial neurótico y ceremonial religioso, llamado al consuelo y llamado a la providencia. Pero la observación clínica psicoanalítca no tiene por principio –desde su sólo marco arqueológico, que no reconoce progreso de sentidos– manera de discernir si en el hombre religioso no se juega en el ceremonial y en el recurso a la providencia un sentimiento diverso al del neurótico.

El sufrimiento del adulto y del hombre religioso no es el sufrimiento del niño; la búsqueda de ayuda del niño no es la del adulto. En principio

---

[245] F, pág. 511.

[246] Sobre estos textos, véase parte II, punto 3.

puede tratarse materialmente de las mismas amenazas y de un movimiento –genéricamente el mismo– de búsqueda de ayuda; pero los sentimientos presentes en el adulto y en el hombre religioso pueden estar configurados por un nuevo sentido. Lo arcaico ha de permanecer hyléticamente, pero en ello puede hallarse algo nuevo.

El hombre es capaz del arcaísmo neurótico y de la progresión de la fe. Y en todo caso es cierto que el creyente puede contemplar en el neurótico su propia caricatura y su propio peligro de regresión. Pero el paso de la niñez a la edad adulta es historia, esto es, una progresión de sentido. Todo ello es de clara comprensión si se recuerda y si se le pone en paralelismo lo dicho oportunamente acerca de la sobredeterminación ética de la amenaza a la integridad física y sobre las posibilidades de regresión en el orden de lo económico y de lo político.[247]

Pero Freud ha decidido que en la religión no hay historia.

> "Para Freud la religión es la monótona repetición de sus propios orígenes. Es un sempiterno pisotear sobre el suelo de su propio arcaísmo. El tema del 'retorno de lo reprimido' no significa otra cosa: la Eucaristía cristiana repite la comida totémica, como la muerte de Cristo repite la del profeta Moisés, la cual repite la muerte original del padre. Ahora bien, esta atención exclusiva a la repetición llega a ser en Freud un rechazo a tomar en consideración todo lo que pueda constituir una epigénesis del sentimento religioso, es decir, finalmente, una conversión del deseo y del temor. Este rechazo no me parece fundado por el psicoanálisis; expresa solamente la incredulidad del hombre Freud".[248]

Ricoeur hace notar inmediatamente que Freud impide sistemáticamente que la atención se dirija al surgimiento de un sentido nuevo capaz de vertebrar un sentimiento religioso específico, cada vez que el mismo se insinúa en su obra.

Así por ejemplo, en el caso de la posibilidad de una religión de la vida y del amor, cuando advierte que los hombres podrían haber divinizado originariamente la sexualidad misma; o la posibilidad de una religión de la conciliación fraternal, cuando advierte que el pacto entre los hermanos, luego del asesinato del padre primitivo, da lugar a la definitiva reconciliación con la imagen del padre que perdura; o cuando advierte que el

---

[247] Cfr. esta parte III, puntos 2.B.c. 2.B.d.β.
[248] F, pág. 513.

Dios del Moisés egipcio podría ser un Dios benevolente, fundamento de la fraternidad social.

Pero, en especial, Freud podría haber dado curso a una religión del amor, cuando en su última división de las pulsiones habla, en un lenguaje amplio y acercándose a la poesía y a la filosofía y a San Pablo (!), del amor como fuerza unitiva.

Pero Freud ha resuelto que la religión no sea más que la presencia deformada del asesinato del protopadre.

En particular, respecto de la posibilidad de una religión del amor, dice Ricoeur:

> "El no ha sospechado, en ningún momento, que esta mística de Eros podría tener que ver con una epigénesis del sentimento religioso, ni que Eros podría ser otro nombre del Dios joánico, y aún más atrás, el del Dios deuteronómico, y aún más atrás, el del Dios de Oseas, cuando el profeta celebra en sus cantos los esponsales en el desierto. ¿Y por qué 'nuestro dios Logos, que no ofrece el consuelo, cuya voz es débil pero que se hará escuchar poco a poco', no podría ser –a pesar del tono irónico que usa Freud en esta ocasión– otro nombre de Eros, en la unidad profunda de los símbolos de la Vida y de la Luz? Me parece que Freud excluye sin razón, quiero decir sin razón psicoanalítica, la posibilidad de que la fe sea una participación en la fuente de Eros, y que así tenga que ver no con el consuelo del niño en nosotros, sino con el poder de amar, que la fe apunte a hacer adulta esta potencia, frente al odio en nosotros y fuera de nosotros –frente a la muerte"–.[249]

Si existe un sentimento religioso como algo específico, él sólo será advertido junto con la especificidad de una objetividad correspondiente. Si, como se ha visto, el estudio psicoanalítico del sentimiento religioso –que luego será analizado en particular– no lleva necesariamente a negar su especificidad –contra lo expresado personalmente por Freud–, corresponde discernir ahora en el orden de la representación religiosa, su eventual puro arcaísmo o su específica novedad. De allí que sea necesario entonces pasar a la consideración de los elementos representativos de la religión.

Es sabido que para Freud el Dios de la religión y la religión misma como neurosis colectiva constituyen un retorno del pasado reprimido. El padre protector amado y odiado retorna deformado por la idealización,

---

[249] F, pág. 515.

en la figura del Dios protector y consolador. Así, Dios es el sucedáneo de representaciones y afectos pulsionales primitivos, arcaicos.

Pero para que el padre individual se eleve a la figura del padre, para que *mi* padre sea *el* padre se requiere la sedimentación en la conciencia individual de los hechos reales del origen de la humanidad, cuando el protopadre castrador fue asesinado por sus hijos. Así, el Edipo individual resuena con toda la carga del Edipo colectivo histórico primitivo. Todas las características de las representaciones de Dios son modificaciones –entre las que ha de contarse especialmente la proyección–, obra de la imaginación y de la razón, de aquellas figuras del pasado colectivo e individual; tal como acontece en la deformación onírica y neurótica.[250]

Todas las imaginaciones y racionalizaciones religiosas acerca de Dios descansan así en un hecho real primitivo. La "verdad" de la religión se alcanza en el recuerdo de aquel hecho: cuando la imaginación, guiada por el análisis, reproduce, recuerda aquel hecho, se ha alcanzado el suelo firme de los hechos y, con ello, la verdad de la religión, y se han desenmascarado todos los procesos psíquicos por los que ella se constituye, a partir de aquel hecho, como religión –tanto en su objeto fundamental como en sus actos–.

Ahora bien, indica Ricoeur, es interesante señalar que, para el Edipo individual, las cosas no suceden de la misma manera. Freud descubre el complejo de Edipo como suceso decisivo de la estructuración del psiquismo humano –y factor decisivo en el origen de posibles neurosis– cuando advierte que las "escenas de seducción" del niño por el adulto, que le relatan sus pacientes, no son el recuerdo de hechos realmente acontecidos, sino fantasmas creados por la imaginación del individuo, a partir de ciertos vestigios del pasado.

En el fondo-pasado, origen y verdad de la religión, un hecho; en el fondo-pasado, origen y verdad del individuo adulto, hechos ya interpretados, re-creados. Si se tiene en cuenta que Freud, en principio, intenta explicar la religión desde sus descubrimientos en el análisis del psiquismo individual –aunque es una tarea que, como se dijo en su lugar, una vez completada, se muestra como un círculo– "es extraño constatar que Freud haya conservado, para explicar la religión una concepción que él

---

[250] Sobre todo esto, cfr. parte II, puntos 2, 3 y 4. Recuérdese el "círculo" que Ricoeur denuncia en el proceder de Freud, al explicar los sucesos de los orígenes a partir de los datos del Edipo individual, y explicar luego ese Edipo a partir de los sucesos de aquellos orígenes.

ha debido abandonar sobre el plano de la neurosis".[251] La imaginación no meramente vestigial no es reconocida en el origen de la religión.

La religión comienza sí con la imaginación que por cierto no reproduce meramente, sino que construye deformando y ocultando, como el sueño y la neurosis. Si la verdad del adulto individual se halla en hechos ya interpretados –el Edipo individual– y, por tanto, en hechos re-creados, en hechos en los que ha germinado ya de algún modo un nuevo sentido, la verdad de la religión se halla en puros hechos. La religión se crea a sí misma con su imaginación que deforma y oculta, pero precisamente en esa medida se aparta de la verdad, de los hechos. El adulto que sueña o el neurótico también imaginando deforman y ocultan, pero deforman y ocultan no un mero hecho originario, sino un hecho ya interpretado.

Existe entonces para el individuo una imaginación que es no meramente vestigial sino además creadora; y ella, a diferencia de la eventual imaginación posterior, creadora en cuanto deformadora, funda al individuo, poniendo el pasado fundante –tras el cual no es posible retroceder–, sobre cuya verdad última se ha de edificar toda la historia personal: ella es fundamento y verdad. ¿Por qué una tal imaginación no ha de ser constitutiva de la religión como tal, de modo que la religión, como el individuo, sea hecho y creación de sentido? De tal modo, la religión sería, en su origen, hecho y creación –imaginación– de sentido; y de este modo, ni el puro hecho sería la verdad de la religión, ni esa imaginación religiosa sería la pura creadora de la religión como ilusión y no-verdad.

Para Freud, la imaginación que innova con los hechos, por sobre los hechos, en el complejo de Edipo individual, es fundadora y dadora de verdad última; pero toda imaginación religiosa es deformadora –sublimación que es, objetivamente, idealización-deformación regresiva (y proyección)– y en tal sentido aparta de la verdad que son los solos hechos. Y en todo caso, al final del psicoanálisis de la religión sale a luz una imaginación vestigial – que ya no es religión– que reproduce elementos de los hechos primitivos.

Frente a ello, sería posible pensar, desde el mismo Freud, en una imaginación creadora de sentido y verdad, para la misma religión. Una imaginación, así, también aquí, a la vez vestigial –recuerdo– e innovadora –prospección–.

[251] F, pág. 516.

La idea de un imaginario no meramente vestigial se encuentra en otros lugares de la obra de Freud. En el ensayo *Un recuerdo infantil de Leonardo da Vinci*,[252] afirma Freud: "cuando el pueblo adquiere la conciencia de sí" y experimenta "la necesidad de conocer sus orígenes y su desarrollo, la historia, que había comenzado a seguir y a consignar los sucesos del presente, lanza una mirada también hacia atrás, agrupa tradiciones y leyendas, interpreta los vestigios dejados por el pasado lejano en los hábitos y las costumbres y edifica así una historia del pasado prehistórico", "una historia tardía y tendenciosa de los tiempos primitivos de los pueblos". (Y es este proceder el que Freud ve como responsable de la escena del buitre en el recuerdo de Leonardo).

Pues bien, aquí aparece un imaginario no vestigial, *creador de sentido*, en el que, en el material de un suceso objetivo fáctico histórico, se hace presente algo nuevo, no "real". Un suceso histórico objetivo es "interpretado" y deviene lugar de alumbramiento de algo no histórico, en el sentido de lo fáctico dado, capaz de generar también un sentimiento nuevo.

Dice Ricoeur:

> "¿Un tal fantasma de 'escena primitiva' no puede proporcionar el primer estrato de sentido a una imaginación de los orígenes, de más en más desprendida de su función de repetición infantil y cuasi neurótica, y de más en más disponible para una investigación de las significaciones fundamentales del destino humano? (...)...entonces un fantasma puede ser portador de dos vectores opuestos: un vector regresivo que lo sujeta al pasado y un vector progresivo que hace de él un detector de sentido".[253]

La presencia de ese imaginario no meramente vestigial fue advertida también por Freud en la estatua de Moisés de Miguel Angel y en la tarea artística de Leonardo, en la que, justamente, según él, ese maestro ha podido negar y superar su pasado desdichado. Pero, en el mismo ensayo sobre Leonardo, Freud confiesa que es precisamente esa producción innovadora de sentido lo que psicoanalíticamente no le es comprensible.[254]

Y bien, ¿por qué el Dios de la fe no podría ser nuestro padre del pasado, así negado y superado, gracias a la imaginación "creadora" de sentido?

---

[252] *Un recuerdo infantil de Leonardo da Vinci*, (V), pág. 1589 [X, 110-111]; citado por Ricoeur en F, págs. 516-517.

[253] F, pág. 517.

[254] Cfr. en esta parte III, punto 2.B.d.δ.

Freud ha descubierto al padre en nuestra representación de Dios y ha aceptado veladamente –según se acaba de ver– la posibilidad de la existencia, en las imágenes de nuestro pasado, de una promoción de sentido nuevo. La obra completa de Freud nos ha quitado a Dios y nos ha dejado al padre, pero nos lo ha dejado en una figura aureolada de un espacio vacío para el ejercicio de la imaginación promotora de sentido; imaginación capaz entonces de desplegarse desde el pasado hacia figuras nuevas –teleología– o de ser desplegada en un movimiento sin fin de figuras siempre nuevas que, por tal, es finalmente la negación de toda figura contorneable –escatología–.

El descubrimiento, con Freud, del arcaísmo del *objeto* de la *religión,* hace que la *fe* pueda reconocer más claramente lo *nuevo y no-objeto,* lo Totalmente otro que la requiere y le da sentido. Pero es preciso reconocer que al menos la posibilidad de la negación y superación de lo objetivo dado fácticamente también ha sido entrevista por Freud.

Así, la fe y su escatología salen reconocidas en su mismidad y así fortalecidas de su paso por la crítica de la arqueología. Así, no se han yuxtapuesto simplemente arqueología y escatología.

La misma arqueología de Freud nos pone en las manos no ya sólo los objetos de nuestro pasado, sino además el dinamismo original que, asentándose en el pasado objetivo, ya lo ha superado dejándolo atrás; de tal manera que lo que se nos presenta es más bien un pasado como tal, esto es, realidad perdida,[255] sólo ocasión y material de figuras poéticas nuevas, "irreales"; pasado capaz de progresar sin fin en insólitas armonías cada vez más abarcadoras y radicales, tanteos que buscan nuestro origen y nuestro destino, y sobre los cuales puede desplegarse, avanzando *hacia* ellos, lo que siempre ocultamente los acompaña, el horizonte que los cobija y los atrae.

La *arqueología* de Freud descubre el objeto de nuestro pasado, pero Freud también descubre la creadora transfiguración de ese objeto por la imaginación; de tal manera que lo que hay no es ya el pasado, sino un pasado "interpretado", superado –*teleología*– en la nueva figura irreal. ¿Por qué no será posible que ese dinamismo novador se despliegue de figura en figura, hasta que sus figuras sean sobrepasadas y conservadas como figuras por una presencia no figurada que se da –*escatología*– en

---

[255] Cfr. el lugar señalado en la nota anterior: "La obra de arte como instauración del pasado y creación".

ese mismo dinamismo, como dinamismo de palabra, esto es, como dinamismo capaz de reunir –en la metáfora– lo cercano figurado y lo lejano sin figura, carne y espíritu, y también visión y sentimiento –en la fe–?

Dice Ricoeur:

> "...lo que hace la fuerza de un símbolo religioso es que es la recuperación de un fantasma de escena primitiva, convertido en instrumento de descubrimiento y de exploración de los orígenes. Por estas representaciones 'detectoras', el hombre *dice* la instauración de su humanidad".[256]

Es claro que la comprensión del papel privilegiado del símbolo del padre –cuyo sentido de *origen* puede aún ser ampliado hasta el de *fin* por la imaginación poética– requeriría aún un análisis: sólo puede ser entendido en el vasto contexto del despliegue total de esa imaginación poético-mítica.

> "Pero entonces la figura del padre es propiamente creada por el proceso que la arranca de la función de simple retorno de lo reprimido sobre la cual se eleva. Es esta creación de sentido lo que constituye la verdadera 'sobredeterminación' de los auténticos símbolos, y es esta sobredeterminación lo que, a su vez, funda la posibilidad de dos hermenéuticas, una que desenmascara el arcaísmo de su materia fantasmática, otra que descubre la intención nueva que la atraviesa. Es en el símbolo mismo donde reside la conciliación de las dos hermenéuticas. No es posible entonces detenerse en una antitética que distinguiría 'dos fuentes de la moral y de la religión'; pues la profecía de la conciencia no es exterior a su arqueología. Se podría aún decir que el símbolo logra, favorecido por su estructura sobredeterminada, invertir los signos temporales del fantasma original. El padre anterior significa el eschaton, el 'Dios que viene'; la generación significa la regeneración; el nacimiento designa analógicamente el nuevo nacimiento; la infancia misma –la infancia que está detrás de mí– significa la otra infancia, la 'segunda ingenuidad'. Devenir consciente es finalmente advertir delante de sí la propia infancia y detrás de sí la muerte: 'antes estábais muertos...'; 'si no os hacéis como niños...'. En este intercambio del nacimiento y de la muerte, la simbólica del Dios que viene ha retomado y justificado la figura del padre anterior. Pero si el símbolo es un fantasma negado y superado, no es nunca un fantasma abolido. Por ello, no es nunca seguro que tal símbolo de lo Sagrado no sea solamente 'retorno de lo reprimido'; o más

---

[256] F, pág. 518.

bien, es siempre seguro que cada símbolo de lo Sagrado es también y al mismo tiempo resurgimiento de un símbolo infantil y arcaico; las dos valencias del símbolo permanecen inseparables; es siempre sobre alguna huella de mito arcaico que se injertan las significaciones simbólicas más próximas a la especulación teológica y filosófica. Esta estrecha alianza del arcaísmo y de la profecía hace la riqueza del simbolismo religioso; y hace también su ambigüedad; el 'símbolo da que pensar', pero él es también el nacimiento del ídolo; es por ello que la crítica del ídolo sigue siendo la condición de la conquista del símbolo".[257]

En "La paternité, du fantasme au symbole",[258] Ricoeur estudia el proceso de simbolización del padre en la concepción judeocristiana de Dios. Allí tiene en cuenta Ricoeur en primer lugar, de manera sintética, el sentido del padre en la concepción freudiana de Dios; luego atiende a la promoción de sentido que significa la paternidad en Hegel, en especial en su *Filosofía del derecho*; y finalmente considera los datos que aporta la exégesis –no la teología– acerca de la denominación de Dios como padre en el Antiguo y en el Nuevo Testamento.

En lo que respecta a la Biblia, y en consonancia con lo que se acaba de ver a partir de las reflexiones acerca de Freud y el simbolismo, Ricoeur afirma que la paternidad de Dios es, en todo caso, sí el "retorno del padre", pero un retorno en el que el pasado es superado, transfigurado. En efecto, en la figura de Dios como padre en la Biblia, ha sido dejada de lado toda antropomorfización; así, toda idea de engendramiento es abandonada, y ello en parte gracias a y luego de la intervención de otros símbolos de Dios, totalmente desligados de referencias a lo parental. Pero en esta superación y rechazo de todo antropomorfismo juega un papel decisivo la manifestación del nombre de Dios –*yo soy*–, que excluye no sólo la paternidad sino aún, gracias al carácter no descriptivo del nombre, toda figura.

Así, si va apareciendo progresivamente el padre en el Antiguo y en el Nuevo Testamento, ello acontece, desde un comienzo, no como el retorno de la figura arcaica del pasado, sino como una simbolización en la que el sentido literal originario ha sido abandonado y superado en un movimiento del espíritu, lanzado hacia un sentido nuevo –que sin

[257] F, pág. 521. Recuérdese aquí, en paralelismo, lo dicho sobre las posibilidades de regresión en los ámbitos de lo económico y de lo político.
[258] CI, págs. 458-486.

embargo, no abandona nunca totalmente su punto de partida: algo de él permanece siempre–.

En la aparición progresiva del padre, atravesado por ese nuevo sentido –frente al engendramiento, la elección– Ricoeur distingue tres momentos: la designación de Dios como padre –en el contexto de la teología de las tradiciones históricas–; Dios mismo que se declara padre –en el contexto de la teología de las tradiciones proféticas, orientada escatológicamente–; y la invocación a Dios como padre –en la boca de Jesús y en el contexto del cumplimiento escatológico en el Reino–.

En cuanto a la figura del padre en el segundo momento, dice Ricoeur:

> "No solamente el padre ya no es el ancestro, sino que es indiscernible del esposo, como si las figuras del parentesco estallaran y se intercambiaran; cuando el profeta Oseas reinterpreta la alianza, ve a Dios mucho más como un esposo que como un padre. Todas las metáforas de la fidelidad y de la infidelidad, del mal como adulterio, son metáforas de naturaleza conyugal, como también lo son los sentimientos de celos, de cariño herido y el llamado al retorno. Jeremías dice: 'yo había pensado: tú me llamarás mi padre y no te separarás de mí. Pero como una mujer que traiciona a su amante, así me ha traicionado la casa de Israel' (*Jer.,* 3, 19-20). Por esta extraña contaminación mutua de dos figuras de parentesco, la corteza de literalidad de la imagen se rompe y el símbolo se libera. Un padre que es un esposo ya no es un genitor, ni tampoco un enemigo de sus hijos; el amor, la solicitud y la piedad se imponen sobre la dominación y la severidad. De este cambio en las relaciones de sentimientos testimonia el magnífico texto del tercer Isaías: 'pues tú eres nuestro padre' (*Is.,* 64, 16)".[259]

Con este texto de Isaías, dice Ricoeur, se está ya en el umbral de la invocación. La invocación es lo propio del tercero de los momentos señalados; y esa invocación se ubica como un movimiento de la esperanza tendida hacia el cumplimiento escatológico de todas las promesas, como una nueva intimidad de Dios y el hombre, que nuevamente puede ser dicha con la figura de la relación padre-hijo.

> "Reubicado en esta perspectiva de la predicación escatológica, el título de padre adquiere un relieve singular, al mismo tiempo que la filiación recibe una nueva significación, como se ve en las palabras de Jesús, con la expresión: mi padre. Leamos *Mateo,* 11, 27, que contiene el núcleo de

[259] CI, pág. 478.

la futura teología joánica. Una relación única de conocimiento mutuo, de reconocimiento, constituye en adelante la verdadera paternidad y la verdadera filiación. 'Todo me ha sido confiado por mi Padre y nadie conoce al Hijo sino el Padre, como nadie conoce al Padre sino el Hijo, y aquél a quien el Hijo se lo quiera revelar'. Sobre este fondo se puede comprender la oración de Jesús: *Abba,* que se podría traducir por padre querido (cher père). Aquí se acaba el movimiento que va de la designación a la invocación. Jesús, según toda probabilidad, se dirigió a Dios diciéndole: Abba. Esta invocación es absolutamente insólita y sin paralelo en toda la literatura de la oración judía. Jesús osa dirigirse a Dios como un hijo a su padre. La reserva que testimonia toda la Biblia se rompe en un punto preciso. La audacia es posible porque un tiempo nuevo ha comenzado. Lejos entonces de que la relación a Dios como padre sea fácil, a la manera de una recaída en el arcaísmo, es rara, difícil y audaz, porque es profética, vuelta hacia el cumplimiento más que hacia el origen. Ella mira no hacia atrás, hacia un ancestro, sino hacia adelante, en dirección a una nueva intimidad, sobre el modelo del conocimiento del hijo. En la exégesis de Pablo, es porque el Espíritu testimonia de nuestra filiación (*Rom.,* 8, 16) que podemos gritar *Abba,* Padre. Entonces, lejos de que la religión del padre sea la de una trascendencia lejana y hostil, hay paternidad porque hay filiación, y hay filiación porque hay comunidad de espíritu".[260]

Esa ausencia de arcaísmo en la religión del padre puede expresarse aún de otra manera. En su momento se explicó que, para Freud, el principio de realidad se impone definitivamente cuando el hombre acepta que esa realidad contradice sus deseos, esto es, cuando el hombre se resigna a la imposición de esa realidad total con la inclusión de su propia muerte. Pero esa aceptación final de la dura realidad es también, entonces, la renuncia a la ilusión de Dios, esto es, la renuncia al padre protector, vuelto todopoderoso e inmortal por el deseo. Así entonces, la aceptación final de la realidad es la aceptación de la propia muerte y la aceptación de la finitud y mortalidad del padre. La realidad es también la realidad del padre carnal como lo destinado a quedar en el pasado. Allí se supera la sujección al padre y a cualquier enmascaramiento del mismo.

Si se tiene en cuenta que para Freud la religión –y la cultura dependiente de ella– es una "neurosis pública", correspondiente a una edad inmadura de la humanidad, se puede decir que la señalada aceptación

---

[260] CI, págs. 479-480.

final de la realidad constituye, propiamente, la salida final "sana" del complejo de Edipo y todas sus secuelas.

Ahora bien, se puede afirmar que esa misma renuncia al padre se cumple en la simbolización religiosa: como se vio, allí el padre, el genitor propio ha sido ya perdido, olvidado como tal y superado, hacia –también aquí– una nueva "realidad". Sin embargo, como en todo verdadero símbolo –y como sucede con el sentido literal de toda metáfora–, algo del pasado, de lo arcaico queda: y eso es lo que permite seguir hablando de padre y, como se verá luego, también de consuelo. Padre y consuelo son abandonados e infinitamente superados –no enmascarados– en el símbolo: padre y consuelo quedan inabarcablemente transfigurados como origen y fin y como amor.

Ricoeur invita a considerar aún otra cuestión íntimamente conectada, en el Nuevo Testamento, con el símbolo del padre: con la nueva relación –simbólica– padre-hijo, adquiere también un nuevo sentido la muerte.

Pero conviene tomar las cosas desde más atrás. Se ha dicho que la salida "sana" final del complejo de Edipo consistía en la aceptación de la propia mortalidad y la del padre. Dejar atrás al padre carnal posibilita abrirse a la verdadera "realidad": la "dura realidad" de Freud, y la "nueva realidad" de la paternidad en la simbolización religiosa.

Ahora bien, entonces, en ambos casos, la aceptación de la mortalidad del padre posibilita la instauración de una nueva relación padre-hijo. Esta nueva relación es, en ambos casos, una relación de mutuo reconocimiento, que supera toda rivalidad.

> "En el Edipo exitoso, si se puede expresar así, el deseo es rectificado en su intención más profunda de omnipotencia y de inmortalidad; lo que es vencido es la economía del todo o nada. A este respecto, la prueba por excelencia es poder aceptar al padre como mortal, y finalmente aceptar la muerte del padre; precisamente su inmortalidad no era más que la proyección fantástica de la omnipotencia del deseo. Sobre esta aceptación de la mortalidad podrá articularse una representación de la paternidad distinta del engendramiento físico y menos adherente a la persona misma del padre. El engendramiento es de naturaleza, la paternidad es de designación. Es necesario que el lazo de la sangre se distienda, sea marcado por la muerte, para que la paternidad sea verdaderamente instituida; entonces el padre

es padre, porque es designado como y llamado padre. Reconocimiento mutuo, designación recíproca...».[261]

Pero esta nueva relación de mutuo reconocimiento, de designación recíproca –de adopción– tiene en el Nuevo Testamento, según Ricoeur, importantes consecuencias: es posible una nueva visión de la muerte del padre. La nueva, adulta relación, en Freud, abre en definitiva a la mudez de la muerte. En la simbolización de la fe cristiana, el mutuo reconocimiento, propio de la nueva relación, abre el espacio en ella para una muerte plena de sentido.

Aquí la atención ha de dirigirse al tema del "servidor sufriente" que, dice Ricoeur, no ha sido tenido en cuenta por Freud. "Hay en alguna parte una muerte del padre que no es ya asesinato y que corresponde a la conversión del fantasma en símbolo".[262]

La muerte del siervo sufriente del segundo Isaías es la muerte por el otro, por misericordia: "Un morir por...vendría a ocupar el lugar de un ser muerto por...".[263] Si se admite, con Freud, que Moisés y, sobre su figura, todos los profetas son reiteraciones de la imagen del padre y que, consecuentemente, el asesinato de Moisés y de los profetas es una reiteración del asesinato del padre, habrá que concluir que la muerte del siervo sufriente es reiteración de la muerte del padre. Por otra parte, como se sabe, Dios es el padre. Entonces, la muerte del siervo sufriente es la muerte del padre y de Dios.

Pero entonces, aquí hay una muerte del padre que es muerte por el otro, muerte por misericordia y no mero asesinato.

Si ahora, conforme a todo lo que antecede, se asume que el Dios padre de la Biblia no es simplemente el padre carnal, habrá que concluir que, junto con una nueva figura de la paternidad, en la Biblia sale a luz una nueva figura de la muerte del padre, o de la muerte de Dios.

Dice Ricoeur:

> "...al llegar a ser 'muerte por otro', la muerte del justo concluye la metamorfosis de la imagen paternal en el sentido de una figura de bondad y de misericordia. La muerte de Cristo se halla en el término de este desarrollo: la *Epístola a los filipenses*, en su himno litúrgico, la celebra como oblación: 'Él se anonadó a sí mismo..., obediente hasta la muerte...' *(Filip.*, 2, 6-11).

[261] CI, pág. 461.
[262] CI, pág. 481.
[263] CI, pág. 481.

Aquí termina el cambio de la muerte como asesinato en la muerte como ofrenda. Ahora bien, esta significación se halla en tal medida fuera del alcance del hombre natural que la historia de la teología abunda en interpretaciones puramente punitivas y penales del sacrificio de Cristo, que dan plenamente la razón a Freud: tan tenaz es el fantasma del asesinato del padre y del castigo del hijo. Por mi parte, creería que sólo es verdaderamente evangélica una cristología que tomara enteramente en serio la palabra del Cristo joánico: 'Nadie me quita la vida. Yo la entrego'".[264]

Pero se podría argumentar que, precisamente, quien muere como ofrenda en el Nuevo Testamento no es el Padre sino el Hijo. Dice entonces Ricoeur:

"¿No es entonces esta muerte del hijo lo que nos puede dar el último esquema de la paternidad, en la medida en que el hijo es también el padre? Como se sabe, este último desarrollo, sólo iniciado en la Escritura –en particular en el texto de Mateo que hemos citado anteriormente– corresponde más bien a la época de las grandes construcciones trinitarias y teológicas. Se halla en el límite de competencia de un método exegético como el que he practicado aquí. (...) Freud ha tenido razón al decir que Jesús 'tomando sobre sí la falta se hizo él mismo Dios junto al padre y así se puso en su lugar'; pero si Cristo es aquí el siervo sufriente, al tomar el lugar del padre, ¿no revela él una dimensión del padre a la que pertenecería originariamente la muerte por misericordia? En este sentido, se podría verdaderamente hablar de la muerte de Dios como muerte del padre".[265]

Especificidad del sentimiento religioso y especificidad de la imagen de Dios: ambas cosas pueden señalarse sin renunciar a las conquistas del psicoanálisis de la religión.

C.- El lenguaje

Anteriormente se indicó, con Ricoeur, que desde el psicoanálisis de Freud se hacía poco menos que imposible discernir un sentimiento religioso específico. Se advirtieron tanto las limitaciones del psicoanálisis como tal, cuanto las limitaciones del mismo Freud frente a la posibilidad

---

[264] CI, págs. 481-482.
[265] CI, pág. 482.

de un tal sentimiento. Y también se señalaron las brechas de semejantes barreras, a través de las cuales se podría entrever la novedad de un sentimiento religioso.

El paso siguiente fue mostrar la especificidad de la representación religiosa de Dios a partir del fantasma del padre. Ahora, con la especificidad de este contenido religioso será posible avanzar, con Ricoeur, hacia la determinación positiva de sentimientos religiosos específicos.

Pero antes es preciso detenerse a señalar algo que hasta aquí sólo fue mencionado de paso. El Dios de la fe, se dijo, sólo se hace posible cuando el padre queda en el pasado como lo superado, y a la vez permanece como la materia desde la que se despliegan sentidos nuevos, por obra de la imaginación mítico-poética que, como movimiento sin fin del espíritu, se dirige siempre más allá de sí misma y de sus obras en la esperanzada búsqueda de sentido.

Ahora bien, es necesario prestar atención a que tal simbólica distensión de las figuras dadas en la facticidad de la historia sólo es posible por la mediación de la palabra. Es en la palabra dicha por los hombres con movimiento metafórico donde se constituyen los símbolos como índices que se apoyan en lo dado y que se dirigen imaginativa y afectivamente siempre más allá, hacia un irreal inapresable que, paradójicamente, se muestra como lo que todo lo sostiene con su sentido.

Es la plasticidad de la palabra dicha en la impertinencia del discurso metafórico lo que en primer lugar posibilita el advenimiento de lo nuevo e inaferrable del símbolo religioso y, concomitantemente, la aparición de una nueva dimensión afectiva religiosa. Es en la plasticidad de la palabra donde hace su obra no repetitiva, creadora, la imaginación. La palabra se torna así, más que mero monótono momento sintáctico diferente de una estructura, significante que forma, en su decir, el advenimiento de un sentido nuevo, que aparece como dimensión "irreal", más rica que lo real,y capaz de contener un nuevo afecto, correspondientemente insólito.[266]

> "Es la palabra el elemento en el cual se desarrolla esta promoción de sentido del que hasta ahora no hemos reconocido más que la proyección de su sombra, la marca en la pulsión y el fantasma. Si es posible una epigénesis de la pulsión y del fantasma es porque la palabra es el instrumento de esta *hermeneia,* de esta 'interpretación' que el símbolo mismo ejerce

[266] Sobre palabra, símbolo y metáfora, véase lo dicho en la parte I, puntos 1.c y 1.d y 2.b. Véase también lo dicho en III, 3.

respecto del fantasma, aún antes de ser 'interpretado' por los exégetas. La dialéctica ascendente del afecto y del fantasma es así sostenida por una dialéctica ascendente del lenguaje en la simbólica; pero esta creación de sentido implica que lo imaginario de la función mítico-poética tiene más parentesco con la palabra en estado naciente que con la imagen, comprendida como simple reviviscencia de la percepción"[267]

Entonces, conforme con todo esto, habrá que concluir que la especificidad tanto de la representación religiosa, cuanto de los sentimientos respectivos sólo se pueden hacer patentes en un adecuado estudio del lenguaje religioso, tal como aparece en los textos de las diversas religiones.

Pero precisamente aquí aparecen nuevamente, según Ricoeur, las limitaciones del psicoanálisis de Freud.

"Desgraciadamente, la concepción freudiana del lenguaje es muy pobre; el sentido de las palabras es la reviviscencia de imágenes acústicas; así el lenguaje mismo es 'huella' de percepción; esta concepción vestigial del lenguaje no podía proporcionar la base para una epigénesis del sentido..."[268]

El lenguaje es así concebido como desprovisto de toda capacidad innovadora. Y según Ricoeur, aquí se halla la mayor debilidad de Freud en su visión de la religión. No haber advertido lo nuevo que el lenguaje como tal puede vehiculizar lleva a Freud a desatender la exégesis de los textos religiosos. "Ahora bien, no es posible hacer un psicoanálisis de la creencia sin pasar por la interpretación y la comprensión de las obras de cultura en las cuales el objeto de la creencia se anuncia".[269]

Y de ninguna manera, según Ricoeur, se puede considerar *Moisés y la religión monoteísta* como una exégesis seria del Antiguo Testamento. Si Freud fue respetuoso de una exégesis adecuada para el caso de *El "Moisés" de Miguel Angel,* con la debida atención a la figura allí presente y a su novedad, con la abstención de cualquier consideración psicológica del creador, no procedió del mismo modo ante los textos religiosos. Lo nuevo es respetado en cierto modo en la estatua de Miguel Ángel, pero no lo es en las escrituras sagradas.

"Las obras de la religión, los monumentos de la creencia no son tratados ni con la misma simpatía ni con el mismo rigor: el parentesco vago entre

[267] F, pág. 522

[268] F, pág. 522.

[269] F, pág. 522.

la temática religiosa y el prototipo paternal toma su lugar; Freud decide de una vez por todas que sólo son propiamente religiosas las representaciones que proceden manifiestamente de este prototipo: un ser poderoso que manda sobre la naturaleza como sobre un imperio, que anula la muerte y que repara las penas de aquí abajo; he allí todo lo que Dios puede ser si ha de ser Dios; la religión ingenua, popular, es la verdadera religión. La religión filosófica o la religión oceánica, en las cuales la personalidad de Dios llegaría a ser atenuada, traspuesta o abandonada son derivados o racionalizaciones secundarias que remiten al prototipo paternal."[270]

D.- La subjetividad religiosa: culpa y consuelo

El dinamismo de la imaginación mítico-poética, con el instrumento y en el medio de la palabra, abre el espacio para el advenimiento de un sentido y una afectividad nuevos, específicamente religiosos.

Corresponde ahora, entonces, hacer ver esa afectividad religiosa específica, que acompaña a lo representativo religioso también específico. Interesa mostrar, propiamente, que, así como hay un auténtico progreso en las representaciones de lo Sagrado, a partir de lo pulsional, también se da, paralelamente, un verdadero progreso, y por tanto novedad, en las configuraciones afectivas respectivas.

Ricoeur analiza los temas de la culpabilidad y de la consolación que son, para Freud, "los dos centros de la conciencia religiosa, ya que, alternativamente, pone la religión del lado de la interdicción y del lado de la consolación".[271]

Para Freud, "el sentimiento de culpabilidad no parece tener más historia más allá del complejo de Edipo y de su demolición. Queda como un procedimiento preventivo respecto de un castigo anticipado. En la literatura freudiana, el sentimiento de culpabilidad es tomado regularmente en este sentido arcaico".[272]

Frente a ello, en primer lugar hace notar Ricoeur, conforme a lo dicho anteriormente, la necesidad de pasar por un análisis de los textos religiosos relativos a la conciencia moral; y en segundo lugar, y desde la

[270] F, pág. 523.

[271] F, pág. 524. Cfr. parte II, punto 3, sobre todo el análisis de *Totem y tabú*. En CI, págs. 341-347 se puede encontrar una síntesis apretadísima del largo análisis de la culpa y el consuelo que aquí se va a emprender.

[272] F, pág. 524.

experiencia de tales textos, señalará la existencia de una verdadera historia, de un auténtico progreso y así de sucesivas novedades en la conciencia de falta moral.

a.- Las figuras de la conciencia moral

Ricoeur ha analizado detalladamente la cuestión de la falta moral en *La Symbolique du Mal,* en el nivel de lo que en su momento se llamó un "penser dans le symbole". Allí se trata, precisamente, de "repetir" la conciencia religiosa, en su confesión de la culpa. Ricoeur advierte que no es posible tener una originaria noticia de la culpa si el análisis se atiene a las especulaciones que sobre ella se han hecho, como es el caso con las construcciones gnósticas y antignósticas. Tampoco es adecuado atenerse, en primer lugar, a lo que los mitos dicen sobre tal tema. Es necesario proceder por debajo de las especulaciones y de los mitos, para alcanzar la experiencia originaria de la culpa; experiencia originaria que, en todo caso, alcanza, con los mitos y las especulaciones, una explicitación de segundo y tercer grado.

Ahora bien, por debajo de los mitos y de las especulaciones nos hallamos aún con el lenguaje. Porque, en rigor, no hay experiencia humana que sea tal si no aparece en la luz y la articulación formadoras propias del lenguaje.[273]

> "La aventura sería sin esperanza si, por debajo de la gnosis y del mito ya no hubiera lenguaje. Pero no es el caso: hay el lenguaje de la *confesión,* del cual el lenguaje del mito y de la especulación son reaprehensiones de segundo y de tercer grado."[274]

No se trata entonces, con tal proceder, de caer en la pura emoción ciega y muda.

> "...la confesión expresa, mueve hacia afuera la emoción, que sin ella se replegaría sobre sí misma, como una impresión del alma; el lenguaje es la luz de la emoción; por la confesión la conciencia de falta es llevada a la luz de la palabra; por la confesión, el hombre sigue siendo palabra hasta en la experiencia de su absurdo, de su sufrimiento, de su angustia."[275]

---

[273] Cfr. lo dicho en la parte I, punto 1.d.

[274] SM, pág. 14.

[275] SM, pág. 15.

Y es decisivo destacar que, en todos sus niveles, la confesión se constituye como tal en un lenguaje simbólico; un lenguaje entonces que, adherido, en su primer nivel de significación, a la imaginación de lo fáctico sensible, remite allí a una significación de otro nivel que es, precisamente, el nivel de sentido de lo ético. La conciencia ética de la falta acontece así, como suceso específico, en la generación y con el apoyo de una imaginación que gesta un lenguaje de doble significación. Es en una imaginación hecha lenguaje, que transita metafóricamente desde lo dado sensiblemente hacia un nuevo sentido no sensible, donde se da la novedad progresiva de la conciencia ética.

> "Todas las revoluciones del sentimiento y de la experiencia del mal pueden así ser jalonadas por revoluciones semánticas: yo he mostrado como se pasa así a la vivencia del pecado y de la culpabilidad por una serie de promociones simbólicas, jalonadas por las imágenes de la desviación, del camino tortuoso, de la errancia, de la rebelión, luego por la del peso, de la carga, de la culpa, en fin por la de la esclavitud que las engloba a todas."[276]

En el lenguaje simbólico de la confesión aparece entonces la novedad de la conciencia ética; y tal lenguaje se procura diversos símbolos, según la progresión de esa misma conciencia.

Cabe hacer aquí una precisión y una distinción. En los análisis hechos hasta aquí sobre las figuras de la conciencia –economía, política, arte, religión– se ha tratado, en general, de símbolos en los que se manifestaban las objetividades a las que, en esas figuras, se hallaba remitida la subjetividad. Pero ahora, a propósito del lenguaje de la conciencia de falta, se trata de símbolos que dicen, por el contrario, la configuración de la subjetividad, las vivencias subjetivas que corresponden a los distintos niveles de la conciencia ética. Se trata entonces de símbolos que pueden ser denominados, precisamente, símbolos del yo o símbolos reflexivos.[277]

Ricoeur discierne tres niveles en esa conciencia de falta esclarecida en el lenguaje simbólico de la confesión: la impureza (souillure) o mancha (tache), el pecado (péché) y la culpabilidad (culpabilité). Según los tres niveles se va avanzando hacia una cada vez más clara conciencia de la especificidad ética y de la responsabilidad personal.[278]

---

[276] F, págs. 22-23.
[277] Cfr. SM, pág. 18.
[278] Los análisis de Ricoeur constituyen toda la primera parte de SM (págs. 11-150).

Ya en el nivel de la *impureza,* con todas las adherencias de "materialidad" y exterioridad que ella implica y con toda la objetividad, es decir no responsabilidad personal que ella comporta y el terror que todo ello produce, la implícita conciencia de lo simbólico que la vertebra hace presente una "diferencia" de lo ético frente a lo meramente físico.

Dice Ricoeur:

> "En verdad, la impureza nunca ha sido literalmente una mancha; lo impuro nunca ha sido literalmente lo sucio, lo desaseado; también es cierto que lo impuro no accede al nivel abstracto de lo indigno: de ser así se desvanecería la magia del contacto y del contagio; la representación de la impureza se mantiene en el claroscuro de una infección cuasi física que apunta hacia una indignidad cuasi moral. Este equívoco no es expresado conceptualmente, sino vivido intencionalmente en la cualidad misma del temor semifísico, semiético, que adhiere a la representación de lo impuro. Pero si la estructura simbólica de la impureza no es reflexionada ni representada, es al menos 'actuada'".[279] "Que se trata de una expresión simbólica, es algo confirmado ampliamente por las expresiones y las conductas correspondientes de la purificación; ninguna de estas conductas se reduce a un simple lavaje físico; cada una remite a la otra sin agotar su sentido en un gesto material; quemar, escupir, ocultar, lavar, expulsar: otras tantas conductas que se equivalen o se sustituyen, designando cada vez otra cosa, a saber la restauración de la integridad, de la pureza."[280]

En el nivel del *pecado,* la conciencia de falta comporta varios elementos nuevos. Si con la impureza había sólo una insinuación de referencia a los dioses, el pecado hace ya referencia a la situación personal del hombre "frente a Dios"; Dios que, por iniciativa propia, ha establecido una alianza con él. En el seno de esta alianza, Dios se manifiesta como una medida que exige infinitamente al comportamiento del hombre; con todo, esa medida ilimitada no puede ser aproximada sino en el cumplimiento de mandatos concreta y finitamente enumerables –que tienen en cuenta los derechos del otro–, que así son camino y nunca la meta final de la conducta.

Una presentación sintética de los tres niveles mencionados de la conciencia ética puede leerse en CI, págs. 416-421.

[279] SM, pág. 40.

[280] F, pág. 22; cfr. SM, págs. 40-41. En este nivel Ricoeur estudia la decisiva importancia que, en relación con lo impuro, tiene todo lo relativo a la sexualidad (SM, págs. 33-35).

Pero es decisivo aquí que, como polo opuesto a la infinitud de Dios, aparece la infinitud del corazón del hombre, que tiende siempre a replegarse sobre sus propios apetitos. Ese fondo del hombre, opuesto a lo querido por el Dios que hace la alianza en la que el hombre se realiza, es la raíz mala de todos sus singulares actos malos. En el pecado –raíz y actos– el hombre no cumple con Dios; el pecado es así, propiamente, una lesión a aquella Alianza.

Y es importante destacar que ese Dios de la exigencia infinita puede aparecer, por ejemplo en Oseas, como un Dios que, en su pacto, se comporta no como un distante legislador, sino como cercano en el afecto: es el esposo que requiere reciprocidad y entrega a él y que, ante el abandono por parte del hombre, reacciona precisamente como un esposo frente al adulterio (un símbolo del pecado).

> "...los ejemplos enumerados –crueldad de los jefes guerreros, lujo de los grandes, tráfico de esclavos, dureza para con los pequeños– son los signos dispersos y convergentes de un mal central y único que el profeta llama 'iniquidad'; el profeta apunta así al corazón malvado de donde procede: las expresiones como 'vivir' y 'morir' designan esta raíz indivisa de la existencia que se halla en cuestión en la justicia y la iniquidad; el carácter ilimitado de la exigencia revela la profundidad del enraizamiento del mal humano; al mismo tiempo el profeta da al hombre que él interpela un frente a frente, un prójimo, con el cual nunca se ha terminado, contrariamente a la exigencia limitada de los códigos rituales. Así, la exigencia es ilimitada del lado de su origen trascendente, del lado de su raíz existencial, del lado del otro, de esos pequeños en los que se encarna el llamado del 'derecho y de la justicia'."[281]

Pero, en todo caso, el pecado aparece como una magnitud mala –raíz y actos– en el hombre, a partir de la interpelación –la "cólera de Dios"– que Dios hace por boca del profeta. Así, el pecado es manifestado por Dios, ante todo como "algo" en el hombre; y así, no sale a luz, al menos en primer lugar, la conciencia explícita de la iniciativa propia, personal, la responsabilidad. A partir de la interpelación de Dios, el hombre se descubre "en pecado", o descubre el pecado en él, como una realidad que lo afecta. Así, en cierto modo, el pecado se halla más allá de la conciencia de culpabilidad. Esto aproxima al pecado a la impureza y hace posible

---

[281] SM, págs. 59- 60.

que, en el régimen del pecado, se reasuma, transfigurada, la simbólica de la impureza.

Dice Ricoeur:

> "Pero el pecado no es solamente ruptura de relación; es también la experiencia de un poder que se apodera del hombre; bajo este título, el simbolismo del pecado reencuentra la intención mayor del de la impureza; el pecado también es un 'algo', una 'realidad'. Así, debemos dar cuenta a la vez de la promoción de un nuevo simbolismo y de la reasunción del antiguo bajo el control del nuevo."[282]

Pero es importante destacar que, precisamente en razón de que aparece sobre el trasfondo del Dios de la Alianza, que es el Dios que ama "personalmente" a Israel, al que ha "hecho" su pueblo, el pecado puede progresar sobre la conciencia de impureza: ya no será una lesión cuasi física, exterior; el pecado es vivido como una lesión interior, como una deficiencia en la integridad existencial.

El lenguaje simbólico del pecado habla de él en primer lugar como una negatividad: yerro (errar el blanco), camino tortuoso, rebelión, infidelidad, adulterio, rechazo a escuchar, dureza de oído, dureza de cerviz, extravío, soplo, idolatría, desierto, desolación... La negatividad del pecado aparece claramente frente a los símbolos opuestos del perdón: retorno, tranquilidad reconquistada, reposo, permanencia en el propio país...

Pero el pecado es como una realidad en el hombre y es radicalmente el mismo corazón del hombre, según se vio. Así, es una cierta realidad objetiva cuya medida reveladora no es la conciencia personal sino la mirada de Dios; y es, por principio, la *situación* real del hombre en la Alianza. Lo personal viene aquí acentuado de parte de Dios. Y porque el pecado no se reduce a su medida subjetiva, tampoco se reduce a su dimensión individual; el pecado es, desde el comienzo, personal y comunitario.

Cabe preguntarse, dice Ricoeur, si esta conciencia del pecado, en la cual el hombre queda bajo la mirada de Dios, no constituye una cierta objetivación y así alienación del hombre. Ello no es así porque, en primer lugar, hay en el hombre admiración ante tal mirada; y en segundo lugar, la relación que la mirada instituye queda incluida dentro de la Alianza fundante, de tal modo que hay allí respeto mutuo, relación en segunda persona, tal como lo testifica la invocación del mismo pecador.

---

[282] SM, págs. 72-73.

El yo se siente devenir segunda persona bajo tal mirada. No hay entonces degradación: más bien, la mirada absoluta hace aparecer la verdad de mi situación, y mueve así a la tarea de conocerme mejor. Y así queda justificado el examen de conciencia: mi propia mirada sobre mí mismo ha de acercarse a la mirada de Dios sobre mí mismo.

Entonces –e importa insistir en esto ahora– el pecado es una realidad objetiva en el hombre, y así es aún algo irreductible a la culpabilidad –y así se acerca a la impureza–; pero es sin embargo algo interior en el hombre. El hombre es portador en su raíz misma del pecado –en su corazón– como tendencia permanente hacia el mal; y está en él aún cuando él no lo sepa –es Dios quien lo revela–.

Así, el pecado aparece como un estado inseparable de la existencia del hombre y aparece desligado de su responsabilidad. Casi se lo llega a pensar como una obra de la cólera de la misma divinidad. Pero respecto de esto último afirma Ricoeur que "esta teología se halla sólo en estado de esbozo en la Biblia hebraica, mientras que ha constituido un mundo completo, el de la 'tragedia' griega".[283] En la Biblia, esta teología es mantenida a distancia por una teología de la santidad de Dios, por una parte, y por una teología de la misericordia, por otra. "Pero esta teología abortada pudo ser concebida porque prolonga una de las experiencias constitutivas de la conciencia de pecado, la experiencia de una *pasividad*, de una alteración, de una alienación, paradojalmente mezclada a la de una desviación voluntaria, es decir de una *actividad*, de una iniciativa mala".[284]

Si el pecado como realidad en el hombre se aproxima al sentido del simbolismo de la impureza, los correspondientes símbolos del perdón se aproximarán a los símbolos de la purificación. Este ciclo de símbolos se despliega en torno a la idea de *rescate*: rescate como precio, liberación, protección, cubrimiento, borrar, el Éxodo como rescate, salida, liberación, ascenso, etc.

El tercer nivel de la conciencia de falta lo constituye la *culpabilidad*. Se puede decir que el pecado es el momento ontológico de la falta, mientras que la culpabilidad designa el momento subjetivo de ella. La culpabilidad es la toma de conciencia, el para sí del hombre de ese en sí que es el pecado.

La conciencia de culpabilidad, en rigor, continúa, aclara y profundiza un momento de experiencia que ya se hallaba en la impureza como con-

[283] SM, pág. 89.
[284] SM, pág. 90.

ciencia de ser sujeto de castigo por la transgresión realizada, y en el pecado como sentimiento de "carga" que se sigue de la ruptura de la Alianza.

Si la conciencia de pecado "delante de Dios" como exigencia infinita suscitaba el contrapolo de la infinitud del hombre, ahora ese fondo sin fin del hombre, con la conciencia de ser el hombre mismo origen de lo malo, se vuelve el lugar donde Dios lanza la exigencia de una opción radical.

El surgimiento del sentimiento de culpabilidad significa el desplazamiento del "para quien" de la falta hacia el hombre. "En lugar de acentuar el 'delante de Dios', el 'contra ti, contra ti sólo', el sentimiento de culpabilidad acentúa el 'soy yo el que...'."[285] Ejemplo de ello son los salmos de penitencia; así por ejemplo lo que se dice en *Ps.*, 51, 5-6. "Es la 'conciencia' la que ahora deviene *medida* del mal en una experiencia de soledad total."[286] El mal es mal *no sólo* porque como tal no conforma a Dios, sino *además* porque *yo* lo he hecho y así lo advierto. "No es por azar que en muchas lenguas la misma palabra designa la conciencia moral y la toma de conciencia psicológica y reflexiva; la culpabilidad expresa por excelencia la promoción de la 'conciencia' como instancia suprema."[287]

En la medida en que se acentúa progresivamente el "yo", hasta el olvido del "delante de ti", la conciencia de falta deviene culpabilidad y deja de ser pecado.

Dice Ricoeur:

> "En la literatura religiosa que interrogamos aquí la substitución completa de la culpabilidad al pecado no se produce nunca; la confesión del salmista, evocada anteriormente, expresa aún el equilibrio de dos instancias y de dos medidas: la medida absoluta, figurada por la mirada de Dios que ve los pecados que son; la medida subjetiva, figurada por el tribunal de la conciencia que aprecia una culpabilidad que aparece; pero ha comenzado un proceso, al término del cual el 'realismo' del pecado, ilustrado por la confesión de los pecados olvidados o desconocidos, será enteramente reemplazado por el 'fenomenismo' de la culpabilidad, con su juego de ilusiones y de máscaras; este término no es alcanzado sino al precio de la liquidación del sentido religioso del pecado; entonces el hombre es

---

[285] SM, pág. 102.
[286] SM, pág. 102.
[287] SM, págs. 102-103.

> culpable tal como él se siente culpable; la culpabilidad en estado puro ha llegado a ser una modalidad del hombre-*medida*."[288]

Esta medida de la falta, a saber el sujeto como el para quien de la falta, es lo nuevo que hace que se constituya la culpabilidad, la conciencia de ser autor de la falta. Pero de allí se sigue una doble adquisición. La tensión entre el realismo del pecado –el pecado como algo interior, pero objetivo– y el fenomenismo de la culpabilidad –la conciencia de ser origen de la falta– da por resultado la individuación de la imputación. "La culpabilidad implica lo que se puede llamar un juicio de imputación personal del mal; esta individualización de la culpabilidad rompe con el 'nosotros' de la confesión de los pecados."[289]

"La segunda adquisición, contemporánea de la individualización de la falta, es la idea de que la culpabilidad tiene *grados*; mientras que el pecado es una situación cualitativa –es o no es–, la culpabilidad designa una magnitud intensiva, capaz de más y de menos."[290] Y si la culpabilidad tiene grados, existen dos figuras polares, extremas, que son el justo y el malvado.

El ascenso progresivo de la figura de la culpabilidad, con la posibilidad aneja de una escisión respecto del pecado, del "delante de Dios", en una palabra, respecto de la dimensión religiosa, es estudiado por Ricoeur en tres figuras: la individualización del delito en sentido penal, entre los griegos, la conciencia escrupulosa, y "el infierno de la condenación".

El sentido griego de la culpabilidad interesa en modo especial, en la medida en que el vocabulario griego de tal ámbito fue en parte utilizado para la traducción griega de la Biblia. E interesa, además, en cuanto frente a lo griego puede adquirir su relieve propio la conciencia bíblica de culpabilidad. Pero aquí será provechoso indicar directamente los rasgos principales de las figuras bíblicas.

La conciencia escrupulosa está representada por el fariseísmo. Los fariseos son "los representantes más puros de un *tipo* irreductible de experiencia moral, en el que todo hombre puede reconocer una de las posibilidades fundamentales de su propia humanidad".[291]

---

[288] SM, pág. 103.
[289] SM, pág. 103.
[290] SM, pág. 105.
[291] SM, pág. 119.

En primer lugar Ricoeur responde a los reproches que comúnmente se hacen a los fariseos. Su legalismo no es tal si se tiene en cuenta que para ellos la Ley no es una norma abstracta –ni la escrita, ni sus prolongaciones orales casuísticas– sino una instrucción personal del Señor. Es cierto que la moral farisea se constituye así como una heteronomía, pero en cuanto se trata de una heteronomía integralmente querida y consecuentemente asumida frente al Señor, no pueden los fariseos ser acusados de servilismo moral. Y tampoco pueden ser acusados los fariseos de matar el espíritu con la letra. Se ha de distinguir lo que fueron algunos fariseos y lo que el fariseísmo quiso ser. Este intentó precisamente lo contrario de un literalismo: trató de hacer viviente la Torá escrita por su interpretación aplicada a las circunstancias.

Ricoeur reconoce en el *escrúpulo* el núcleo de la experiencia farisea de culpabilidad. "Se puede caracterizar el escrúpulo como un régimen general de heteronomía consecuente y consentida. El judaísmo expresa esta heteronomía diciendo que la Torá es revelación y que la revelación es Torá."[292]

Decir que la Torá es revelación significa afirmar que ella, finalmente, más allá de toda historia, se identifica con la Sabiduría misma de Dios. Y precisamente la ley oral que explicita a la Torá –la exégesis o la casuística farisea– se halla al servicio de esa Sabiduría, para su cumplimiento, como su presente concreto.

Decir que la revelación es Torá significa entender que la relación Dios-hombre tiene que ver con una instrucción para el obrar. Aún siendo la Ley más que ley, su sentido es ético, a saber, dice la relación del hombre a Dios como una relación de obediencia a una instrucción.

De ello resulta, según Ricoeur:

> "La opción fundamental de la conciencia escrupulosa es así exactamente la inversa de la de una existencia arriesgada, en el sentido de la 'gloriosa libertad de los hijos de Dios' según San Pablo, o del 'ama y haz lo que quieras' de San Agustín. Pero su grandeza es ser heterónoma *hasta el fin*, obedecer a la instrucción divina en todas las cosas, a pesar de todo y en el detalle; en todas las cosas, es decir, no reservando ningún sector de la existencia; a pesar de todo, es decir, sin tener en cuenta las situaciones adversas, la interdicción del príncipe, el obstáculo de las costumbres y los hábitos extranjeros, en fin, la persecución; en el detalle, es decir,

---

[292] SM, pág. 123.

> considerando las pequeñas cosas tan importantes como las grandes. La conciencia escrupulosa, porque es heterónoma hasta el fin, es feliz; ella encuentra su bien en hacer integralmente lo que a sus ojos es la instrucción de Dios aquí y ahora; ella es dependiente pero no alienada; pues ella no está 'fuera de sí', sino 'en sí misma', pues su heteronomía es consecuente y consentida."[293]

Esta conciencia escrupulosa hace sus propios aportes a la conciencia de falta. A ella se debe la idea de *mérito* –que no aparece en el Antiguo Testamento– que "es, diríamos una afección de la buena voluntad; es el incremento de valor del hombre, que resulta del valor de sus actos".[294] A esta idea del mérito se añade la idea de *recompensa*, constantemente utilizada en el Antiguo y en el Nuevo Testamento. En el Antiguo Testamento la idea "oscila entre el éxito temporal, el goce íntimo de Dios aquí y ahora y la espera de un cumplimiento escatológico".[295] Aquí, lo propiamente fariseo es, según Ricoeur, la conexión de la recompensa con el mérito: "el mérito es un merecer algo; es mérito *de* la recompensa; por contrapartida, la recompensa es recompensa *del* mérito".[296]

Sobre tal fondo, la idea de culpabilidad es lo contrario del mérito; es, objetivamente, *transgresión*, y subjetivamente pérdida de un grado de valor: *perdición*.

Ahora bien, "lo que se halla subyacente a esta visión ética del mundo es la idea de una libertad enteramente responsable y siempre disponible para sí misma".[297] Esta libertad es concebida como optando entre las dos grandes inclinaciones del hombre: el impulso al mal y el impulso al bien. La misma inclinación al mal es algo puesto por Dios en el hombre; es una de las cosas que Dios "vio que eran buenas". Esta inclinación al mal no es entonces, en la visión farisea, un mal radical engendrado por el hombre y del cual no podría liberarse, sino una tentación permanente que hace poner en juego la libre elección; es "un obstáculo a transformar en trampolín; 'la inclinación mala' no hace del pecado algo irreparable".[298]

---

[293] SM, pág. 124.
[294] SM, pág. 125.
[295] SM, págs. 125-126.
[296] SM, pág. 126.
[297] SM, pág. 126.
[298] SM, pág. 127.

A partir de allí puede elaborar el fariseísmo, ya en un nivel conceptual, más allá del símbolo del retorno, la idea del *arrepentimiento*. Esta idea "significa que el 'retorno' de la libre elección a Dios se halla siempre a disposición del hombre".[299]

Dice además Ricoeur:

> "Este acento puesto sobre el arrepentimiento es conforme a la interpretación de 'la inclinación mala' como ocasión de pecado y no como mal radical. El universo ético del fariseísmo es ya el de Pelagio: nada de grandes contrastes, como en San Pablo, Agustín y Lutero, entre el mal radical y la liberación radical, sino un proceso lento y progresivo de salvación, donde el 'perdón' no quita lugar al 'arrepentimiento', la gracia a la buena voluntad."[300]

Reconocidos todos sus innegables aportes, Ricoeur enumera las limitaciones de esta conciencia escrupulosa.

Una primera limitación viene dada por la *juridización* de la religión que lleva a cabo el fariseísmo. Lo propio de la tarea de los fariseos es elaborar una tradición oral que mantenga viva la Torá, la Ley escrita, entendida esa tradición como un aspecto –circunstanciado, histórico– de esa eterna Torá. La tarea es así una obra de jurisprudencia que, como se dijo, mantiene viva la Torá. Pero así, la Torá queda a su vez suspendida de tal tarea definitoria. Y, a su vez, la tarea definitoria queda beneficiada con el carácter divino de la Torá. En síntesis, la *halachah* da vida a la Torá y la Torá diviniza a la *halachah* o Torá no escrita.

Lo decisivo es que de esta manera se impone la *halachah,* que es lo que llega al hombre concreto, y con ello impone "un tipo preciso y limitado de relación del hombre a lo divino, a saber la exactitud del juicio, el discernimiento, que son el alma de la casuística".[301] Resulta entonces de ello "que los sabios han divinizado el discernimiento casuístico y así lo han ubicado en el mismo rango que el llamado profético indiviso e ilimitado a la perfección y a la santidad"[302] –y ello aunque se admita la distinción entre *halachah* y *haggadach*–.[303]

---

[299] SM, pág. 127.
[300] SM, págs. 127-128.
[301] SM, pág. 128.
[302] SM, pág. 128.
[303] Cfr. SM, pág. 129.

Pero la cuestión importante, anota Ricoeur, es si ello agota la relación personal hombre-Dios: ¿esa relación se agota en una relación de voluntad que manda y voluntad que obedece?; ¿es eso toda la religión? Porque, precisamente, ese intento de pensar la relación hombre-Dios como una relación práctica de mandato y obediencia se extiende hasta absorber en sí todo lo demás, todos los otros afectos de esa relación. Justamente eso constituye una limitación propia de la conciencia escrupulosa.

Aquí se puede advertir en particular el peligro que, como posibilidad, se anotaba como propio de la conciencia de culpabilidad en general, a saber, el retroceso del "delante de Dios" frente a la medida subjetiva de la falta, y, con ello, la pérdida de la dimensión religiosa de la conciencia ética.

Ricoeur anota como otras limitaciones de la conciencia escrupulosa –que aquí no es necesario considerar en detalle– la *ritualización,* la fragmentación de la normatividad moral en la *enumeración* de mandatos y prohibiciones, el *separatismo* fariseo.

Con todo, los límites de la conciencia escrupulosa son vividos por el fariseo simplemente como la contrapartida de la grandeza de su propia figura de conciencia y como el camino señalado por la pedagogía de la santidad.

Ricoeur no deja de notar que, a partir de los límites señalados, la *hipocresía* constituye el fracaso posible de la conciencia escrupulosa, en su propio nivel. Aquí corresponden las acusaciones de Jesús que trae el Evangelio de Mateo, el más antifariseo de los sinópticos. No se puede comprender el fariseísmo desde la hipocresía; pero sí se puede entender el ataque evangélico al fariseísmo desde la génesis posible de la hipocresía a partir de la naturaleza del fariseísmo.

En cambio, *desde la nueva experiencia de Pablo,* sí es posible advertir una caducidad, un fracaso esencial y necesario de la conciencia escrupulosa. Así, el régimen de la Ley y el escrúpulo aparece como una figura que queda atrás, negada y superada, en el progreso de la conciencia ética.

La experiencia de Pablo ha quedado expresada en lo que él reconoce como "la maldición de la Ley" (*Gál.,* 3, 13) y en sus consideraciones de *Rom.,* 7, 1-13. La Ley no puede justificar, pues el hombre no puede cumplir con el número ilimitado de preceptos que ella impone (adviértase que la Ley farisea no puede cumplir con su propia intención sino en la medida en que crece indefinidamente al compás de las infinitas circunstancias). Por otra parte, la Ley misma es fuente de pecado en cuanto, con su manifestación de la falta, excita a la voluntad, pues le pone un límite al que naturalmente se resiste la libertad; desde allí se transgrede ese límite y así se comete el pecado. Entonces, se puede decir que el pecado se vale de la Ley, de suyo buena, para crecer.

Aparece así para Pablo una nueva cualidad del mal, un pecado más profundo, que consiste en la voluntad de salvarse observando la Ley (voluntad de propia justicia, gloriarse en la Ley). En rigor, allí queda el hombre sometido a los deseos que enfrentan a la Ley. En tal régimen, para Pablo, moralidad e inmoralidad son ambas "carne"; allí se da el temor, y lo que Pablo llama "tristeza del mundo". Todo ello es lo contrario de la libertad, es esclavitud.

La Ley entonces procura la muerte. Y la existencia entera puesta bajo la Ley constituye un "cuerpo de muerte". Esta muerte no es algo agregado jurídicamente, penalmente al pecado de la vida en la Ley, sino que es algo segregado por ese pecado.

¿En qué consiste esta muerte que es la muerte de los que, viviendo bajo la ley, creen vivir? Es la experiencia del sufrimiento producido por la división y la lucha. Tal división y lucha se dan entre lo que Pablo llama el espíritu y la carne. El espíritu es lo bueno que manda la Ley, la carne son los deseos –excitados por la misma Ley– que se oponen a la Ley. La escisión dolorosa se da entre el bien que la Ley manda –Espíritu– y quiero con mi razón y el mal –carne, deseos que la Ley excita– que no quiero y hago.

El mal que hago resulta de la impotencia mía para cumplir con lo bueno de la Ley. Esta impotencia es como la potencia del pecado que habita en mí; son los deseos, la carne –excitada por la misma Ley– que es opuesta a los deseos del espíritu, de lo bueno de la Ley. Así, no soy yo el que obra el mal, sino el pecado que habita en mí; pero so pena de mala fe, debo reconocer que el pecado es algo mío.

Ese dualismo no es una estructura ontológica originaria, sino que "es un régimen de existencia surgido de la voluntad de vivir bajo la Ley y de ser justificado por la Ley".[304] El dualismo, la escisión, la lucha, la "muerte" es algo que, lejos de ser suprimido por la Ley, es engendrado por ella. La Ley, así, no salva.

La aparición de la dimensión de la culpabilidad en la conciencia de falta ética, tal como se configura finalmente en el escrúpulo fariseo, ha dejado atrás el "delante de Dios", para promover la medida subjetiva de la falta; y con ello ha retrocedido, como ya se señalara, la dimensión religiosa de

[304] SM, pág. 132.

la falta. Es lo que oportunamente Ricoeur ha llamado la juridización de la religión. Pero es ello, precisamente, lo que ha dado por resultado esta "maldición de la Ley", esto es, la imposibilidad de suprimir la falta por la observancia de la Ley: la Ley ha instaurado un crecimiento permanente del pecado –excitación de la Ley, multiplicada al infinito por los infinitos preceptos– y, por otra parte, ella, de suyo, no puede suprimir el sufrimiento de la escisión y la lucha, la muerte: la Ley no salva.

El retroceso de la dimensión religiosa, del "delante de Dios", de la relación dialogal con Dios es, como se dijo, la contrapartida de este progreso de la conciencia de culpabilidad como ascenso de la medida subjetiva. Así, la "instancia acusadora" de la conciencia ética, para hablar el lenguaje de Freud, –que no deja de acusar–termina careciendo de rostro; "en el límite, ya no es más que una acusación sin acusador, un tribunal sin juez y un veredicto sin autor. Ser maldecido sin serlo por nadie, es el último grado de la maldición, como se ve en Kafka..."[305] Aquí ya no hay lugar para el perdón como un "arrepentirse de Dios". Allí el sujeto deviene "sí mismo tribunal de sí mismo":[306] es la alienación.

Ahora bien, ¿qué le queda al sujeto por hacer ante esta "acusación"? Queda el examen detallado de la pureza de las intenciones; a ello corresponde el falso infinito de las prescripciones –la enumeración de las faltas–. En el límite, ello genera la desconfianza, la sospecha y finalmente el desprecio de sí mismo y de la propia bajeza, que sustituyen la humilde confesión del pecador. Así, finalmente, la maldición sin rostro y el maldito se potencian mutuamente. Es lógico que se desemboque entonces en el *ritualismo,* heredero del régimen de impureza. El ritualismo procura una satisfacción finita y verificable; allí la conciencia se lanza a una técnica de elusión de la falta, para responder al fracaso de la disculpación. Pero ello lleva a una sobrecarga de prescripciones ético-rituales. Así, lo cultual se moraliza y lo moral se cultualiza, para diluirse finalmente en la letra.

De esta manera, la conciencia se torna indefinida y *separada,* cerrada en sí misma, sin salida. Es cerrada primero contra los pecadores, y luego es cerrada, circular como pecadora. De allí resulta una oscura complacencia en ser –en la alienación ya señalada– verduga de sí misma. Aquí habría que ubicar, precisamente, los análisis de Freud sobre el sadismo del superyo y el masoquismo del yo en la conciencia moral.

[305] SM, pág. 139.
[306] SM, pág. 139.

Sobre este estadio de la conciencia moral, afirma Ricoeur:

> "...el escrúpulo marca la entrada de la conciencia moral en su propia patología; el escrupuloso se encierra en un laberinto inextricable de mandatos; la obligación asume un carácter enumerativo y acumulativo que contrasta con la simplicidad y la sobriedad del mandato de amar a Dios y a los hombres; la conciencia escrupulosa no cesa de añadir nuevos mandatos; esta atomización de la ley entraña una juridización sin fin de la acción y una ritualización casi obsesiva de la vida cotidiana; el escrupuloso no termina nunca de satisfacer a todos y cada uno de los mandatos. Al mismo tiempo se pervierte la noción misma de obediencia; la obediencia al mandato, porque es mandado, deviene más importante que el amor al prójimo y que el mismo amor a Dios; esta exactitud en la observancia es lo que llamamos el legalismo. Con él entramos en el infierno de la culpabilidad, tal como lo ha descrito San Pablo..."[307]

Así, la conciencia escrupulosa resulta ser esclava; es una conciencia sin promesa; es "el infierno de la condenación". Es lo que Kierkegaard ha llamado el pecado de la desesperación, que es la desesperación de ser salvado. Es lo que, con la inspiración de San Pablo, se puede llamar el pecado del pecado: "ya no transgresión, sino voluntad desesperante y desesperanzada de encerrarse en el círculo de la prohibición y el deseo".[308]

Así, para San Pablo, el pecado profundo es, para quien sabe de la verdadera justificación, permanecer en la Ley, querer justificarse por las obras de la Ley. En tal sentido, se trata allí de un deseo de muerte –muerte en el sentido ya indicado también con Pablo–.

Pablo ha hecho así el análisis profundo de la conciencia escrupulosa, de la existencia bajo la Ley, y ha hecho aparecer como "maldición" todo lo que en la conciencia farisea sólo aparecía como una limitación necesaria y consentida de su régimen de heteronomía consecuente.

En la existencia bajo la Ley no hay justificación, y esto significa para Pablo que no hay posibilidad de salir del círculo de la prohibición que excita nuestros deseos y así nos mueve a caer en el pecado, para entonces acusarnos; círculo que se amplía indefinidamente, pues luego del reconocimiento del propio pecado surge una nueva prohibición que hará posible un nuevo pecado.

---

[307] CI, págs. 420-421.
[308] SM, pág. 140.

Además, en la existencia bajo la Ley no desaparece nunca –aún sin pecado personal– la tensión y la lucha entre los deseos de la carne y el espíritu. Y todo ello en el peculiar y connatural clima del anonimato, la despersonalización y la exterioridad obsesiva ritual.

La justificación proviene para Pablo desde el futuro hacia el presente, desde lo exterior a lo interior, desde lo trascendente a lo inmanente. Ser justo es ser justificado por Otro, que viene, y que nos es exterior y trascendente. La justificación se halla así en una dimensión escatológica.

Esa justicia que nos liberará del círculo de la prohibición y el pecado y de la lucha entre los deseos de la carne y las intenciones del espíritu y así del infierno cerrado de la condenación, es extranjera en cuanto al origen –y así es gracia, don– pero ya le es íntima al hombre en cuanto a su operación. Por su aspecto de don que proviene de afuera, tal justicia aparece como "forense", como un "ser declarado justo" por un juez; pero este aspecto queda a su vez como resumido y reconocido en toda su profunda eficacia cuando, según la experiencia de Pablo, resulta ser un devenir ya realmente justo.

Dice Ricoeur:

> "Sólo cuando la dimensión trascendente, forense, escatológica de la 'justificación' ha sido reconocida, puede ser comprendida la significación inmanente, subjetiva y presente de la justificación; para San Pablo, en efecto, el acontecimiento escatológico se halla de tal manera presente, de tal manera se da ya allí, que la justicia, extranjera al hombre en cuanto a su origen, le ha llegado a ser íntima en cuanto a su operación; la justicia 'futura' ya le es imputada al hombre que cree; y así el hombre 'declarado' justo 'es hecho' justo, realmente, vitalmente. Entonces no hay lugar para oponer el sentido forense y escatológico de la justicia a su sentido inmanente y presente: para Pablo el primero es la causa del segundo, pero el segundo es la plena manifestación del primero; la paradoja es que el colmo de la exterioridad sea el colmo de la interioridad, de esa interioridad que Pablo llama nueva creatura o aún libertad. La libertad, considerada desde el punto de vista de las cosas últimas, no es el poder de hesitar y de elegir entre contrarios; tampoco es el esfuerzo, la buena voluntad, la responsabilidad: para San Pablo, como para Hegel, es estar consigo mismo, en la totalidad, en la recapitulación de Cristo."[309]

---

[309] SM, pág. 142.

Ahora bien, es precisamente a partir de esta experiencia que aparece la "maldición de la Ley" que se ha visto con San Pablo. Es desde esta perspectiva que el pecado supremo consiste, como se vio, en la vana empresa de justificarse por las obras de la Ley. Y es desde aquí que se torna necesaria la ruptura con el Judaísmo. Es esta nueva perspectiva de la justificación por la fe –desde fuera del hombre– lo que hace ver a la Ley como maldición.

Y desde aquí, desde esta nueva experiencia, lo que es pecado según la Ley resulta ser un umbral ambiguo. La Ley aparece entonces como pedagoga hacia la fe; y llegada la fe ya no necesitamos pedagogo.

Pero el paso de la Ley a la fe en Cristo no es un simple crecimiento tranquilo de la infancia a la adultez. El paso se produce por una suerte de *inversión por exceso*. La Ley, queriendo suprimir el pecado, lo ha hecho crecer; la sobreabundancia del pecado ha hecho sobreabundar la gracia de la justificación; y esta gracia, como tal, no es algo a disposición del hombre. Desde la gracia se descubre aquella ley de la sobreabundancia y el camino tortuoso de la liberación. Y no se puede, desde tal experiencia, proceder a una "satánica" técnica de cultura del pecado para captar la gracia: sería el colmo de la empresa de autojustificación.

Dice Ricoeur:

> "La última palabra de una reflexión sobre la culpabilidad debe entonces ser ésta: la promoción de la culpabilidad marca la entrada del hombre en el círculo de la condenación; el sentido de esta condenación no aparece sino retrospectivamente para la conciencia 'justificada'; le es dado a esta conciencia el comprender su condenación pasada como pedagogía; pero, para la conciencia aún ubicada bajo la observancia de la ley, su propio sentido le es desconocido. [310]

Se han recorrido con Ricoeur las figuras de la conciencia de falta moral: la impureza, el pecado, la culpabilidad. No se trata, por cierto, de tres figuras yuxtapuestas: cada figura niega, supera, y en esa superación mantiene transfigurada a la anterior, en un proceso que es el crecimiento progresivo de la conciencia humana ética en la historia y en el individuo. Esta progresión que supera y conserva se puede advertir, por ejemplo, en la permanencia, en los estadios más avanzados, del simbolismo anterior –incluido el más arcaico–, "controlado" por un simbolismo nuevo.

---

[310] SM, pág. 144.

Ahora bien, según Ricoeur, la simbólica originaria, primaria del mal se elabora y se recapitula posteriormente en el concepto de "servum arbitrium".

> "Se podría llamar *servo arbitrio (serf-arbitre)*, el concepto hacia el cual tiende toda la secuencia de los símbolos primarios del mal (...). Este concepto (...) no puede ser (...) advertido sino como la Idea, el télos intencional de toda la simbólica del mal."[311]

Pero este concepto sólo se abre camino con la mediación de los símbolos de segundo grado que son los mitos; y los mitos –los cuatro tipos estudiados por Ricoeur– leídos en sus mutuas referencias inclusivas y exclusivas.[312]

Con todo, ya se puede al menos esbozar el contenido de tal concepto recapitulador. Este concepto recoge, por un lado, la adquisición fundamental de la conciencia de pecado, a saber la falta como una realidad en el hombre, ella misma continuación y superación del realismo de la impureza; y esa realidad en su condensación-raíz, que es la tendencia al mal, propia del hombre –lo que Kant llamará el mal radical–. Por otro lado, este concepto asume lo fundamental característico de la conciencia de culpabilidad, esto es, el mal como opción mala, el mal como acto malo que es tal a partir del ejercicio de la libertad del hombre.

El concepto de "servum arbitrium" intenta compendiar, en la dificultosa síntesis hacia la que apunta, la situación de la existencia humana: una libertad responsable, sin embargo oscurecida por la presencia de una tendencia al mal; una libertad humana, antecedida y condicionada en su ejercicio por un mal que ya está allí en el hombre, pero un mal que sin embargo no alcanza a impedirle su despliegue como libertad.

Pero como ya se adelantó, este concepto de "libertad esclava" viene precedido, en la conciencia de falta, por el símbolo secundario del mito.

Según Ricoeur, para comprender el sentido del mito adámico se ha de tener en cuenta que se trata precisamente de un mito.[313] En pos de la fenomenología de Van der Leeuw, Leenhardt y Eliade, Ricoeur explica que la conciencia mítica se define como una forma de vida sentida y vivida,

---

[311] SM, pág. 145.

[312] Aquí se ha de recordar lo dicho en la parte I, puntos 1.a y 1.d sobre los tipos de mitos estudiados por Ricoeur y la necesidad de una lectura articulada de los mismos.

[313] Sobre estas reflexiones acerca de la conciencia mítica, cfr. SM, págs. 157-162, y luego págs. 154-156. Cfr. también lo ya dicho en la parte I, punto 1.d.

como una conducta frente a las cosas que antes que en el mito se expresa por ejemplo en el rito. En todo caso, el mito sería la manifestación verbal de esa conciencia. Y lo propio de esa conciencia es la experiencia vivida de un acuerdo íntimo del hombre con la totalidad de lo que es; en tal conciencia se hallan acordados íntimamente lo sobrenatural, lo natural y lo humano.

Ahora bien, esa totalidad acordada no se halla dada. El hombre mítico la representa, actuándola en el rito o diciéndola en el mito; en el hombre mítico, tal totalidad es vivida como perdida y en el actuar y decir es significada, apuntada. Hay así una diferencia entre la experiencia actual dada y la realidad a la que se apunta. Pero esa realidad apuntada no puede ser apuntada sino desde la deficiente realidad dada, accesible a la limitada experiencia.

Así, de la deficiente realidad dada con que se ha de apuntar a la plenitud, nace el carácter simbólico del decir mítico. Y de la limitación de la experiencia de esa deficiente realidad dada nacen las diversas configuraciones simbólicas míticas.

¿Y por qué la forma de *relato* del mito, además de su carácter simbólico? Ello resulta de la vivencia misma de aquella plenitud total como una plenitud instaurada, perdida y restaurada peligrosamente. Porque aquella plenitud se halla afectada de dramaticidad, el mito adopta la forma discursiva de un relato.

Precisamente, el carácter de relato del mito es lo que da lugar a su falsa lectura como relato de hechos históricos primeros cronológicamente, que serían causa de hechos y situaciones posteriores. Pero el mito no es historia ni explicación. Entendido como historia y explicación causal, ha dado lugar a la falsa racionalidad de la gnosis. Entonces, el mito debe ser respetado en lo que le es propio, a saber, su función de apertura y descubrimiento de profundas experiencias humanas que sin él podrían ser pasadas por alto. Se trata entonces de *desmitologizar,* esto es, no permitir que se imponga la apariencia de historia y explicación del mito, para permitir que aflore su función de apertura y descubrimiento. Sí desmitologizar, pero no desmitizar.

Dice Ricoeur:

> "Es por ello que no hablamos nunca aquí de desmitización, sino en rigor de desmitologización, quedando bien entendido que lo que es perdido es el pseudo saber, el falso logos del mito, tal como se expresa por ejemplo en

la función etiológica del mito. Pero perder el mito como logos inmediato es reencontrarlo como mito."[314]

Precisamente los mitos acerca del origen y fin del mal ponen de manifiesto el núcleo agudo de ese drama. Acerca de estos mitos dice Ricoeur:

> "Al menos ellos nos dan un acceso directo a la estructura originariamente dramática del mundo de los mitos; se han de recordar los tres caracteres fundamentales que se han reconocido a los mitos del mal: la universalidad concreta conferida a la experiencia humana por medio de personajes ejemplares, la tensión de una historia ejemplar orientada desde un Comienzo hacia un Fin, finalmente la transición de una naturaleza esencial a una historia alienada; estas tres funciones de los mitos del mal son tres aspectos de una misma estructura dramática. Entonces, la forma de relato no es ni segunda ni accidental, sino primitiva y esencial."[315]

El mito adámico presenta la situación existencial actual del hombre. Se trata de esa situación existencial tal como aparece, según Ricoeur, a la conciencia penitencial hebrea, que ha pasado por la maduración de la impureza, del pecado y de la culpabilidad.

Se ha visto que esa conciencia penitencial de Israel así jalonada, aún en el punto crítico de la advertencia del mal del corazón del hombre –su tendencia casi "natural" a replegarse sobre sí mismo oponiéndose a Dios–, no llega, a pesar de esa experiencia, a hacer de Dios el autor de ese mal; se opone a ello, decía Ricoeur, una teología de la santidad y de la misericordia de Dios –contra el mundo de la tragedia griega–. Esa tensión entre la bondad de Dios y el mal que el hombre descubre se refleja en la estructura del mito adámico: el mal aparece en una creación ya acabada y buena; el mal no forma parte de la obra creadora de Dios.[316]

---

[314] SM, pág. 154. Recuérdese que este modo de tratar el mito ya fue tenido en cuenta en general y desarrollado en la parte I, punto 1.c. Allí se mostró cómo la desmitologización hacía posible al hombre postmoderno el acceso a una "segunda ingenuidad".

[315] SM, pág. 161.

[316] Véase lo ya dicho sobre el mito adámico en la parte I, punto 2.a. Ya se ha visto que Ricoeur rechaza la doctrina católica del pecado original. Ricoeur se refiere a los elementos que han contribuido a formar esa doctrina en SM, págs. 14, 84-85 y 90-91. Véase también "Le péché originel: étude de signification", en CI, pág. 265. Es imposible desarrollar aquí toda la riqueza de la exégesis ricoeuriana del relato del Génesis, tal como se despliega en SM, págs. 218-243; lo que aquí se expone se atiene a lo fundamental de lo contenido en esas páginas. Para el concepto de "visión ética del mundo" que se menciona más adelante, véase *L' homme faillible*, págs. 13-17.

Antes de avanzar se ha de tener en cuenta que, al analizar el mito adámico, Ricoeur advierte que el mismo es tomado como centro de referencia –en la apuesta por él fundada en su afinidad con la libertad que se reconoce responsable– y como lugar en donde –en la lucha por diferenciarse– la verdad acerca de la falta del hombre de los otros mitos también se hace presente.

Adán –el hombre– creado bueno y destinado a la felicidad obra el mal. El hombre, el hombre que cada hombre es es bueno como obra de Dios, pero obra el mal. Pero el relato dramático de la falta de Adán es un relato en el que se presentan distintas circunstancias y otros personajes además de Adán. En los sucesos en que aparecen conjuntamente Eva y la serpiente ve Ricoeur símbolos decisivos que constituyen el nudo de la cuestión.

Eva es la fragilidad moral humana. O mejor, es el modo ético de hacerse presente la finitud humana: la "facilidad" de la libertad humana para pervertir su propio límite y erigirse en un falso infinito, por afirmación indefinida de sí misma.

¿Pero qué significa la serpiente que aparece como estando ya allí y que es presentada como una creatura?

En primer lugar, la serpiente figura un aspecto importante de la experiencia de la tentación, propia de aquella libertad finita capaz de obrar el mal. Obrar el mal es elegirnos a nosotros mismos –al margen del nosotros mismos que pasa por lo querido por Dios para nosotros– a propósito de o deseando para nosotros como fin último algo "exterior". En el desarrollo de esta elección de nosotros mismos aparece como lo elegido eso exterior, y aparece precisamente como lo que "seduce" –seducción por otra parte innegable y que luego tendrá su lugar, como se verá– y queda así oculta la elección de nosotros mismos, la seducción de nosotros mismos por nosotros mismos.

La tentación es una figura con una faz a la vez exterior e interior; pero en el "flotar" entre lo interior y lo exterior la faz interior es la faz que no reconocemos, que nos ocultamos. Pero este ocultamiento de lo interior es ya mala fe. Y esta mala fe es lo que termina disculpándonos de la obra mala realizada y culpando al objeto exterior deseado. Pero en la tentación, como se dijo, se trata en profundidad de la seducción de nosotros mismos por nosotros mismos. Y es la mala fe la que atribuye al objeto exterior la seducción. Lo dice Eva: "la serpiente me sedujo". Así, la serpiente figura la proyección, la exteriorización, que hacemos de mala fe, de nuestra propia búsqueda de nosotros mismos.

Pero según Ricoeur, la serpiente no agota con ello su simbolismo. La serpiente indica aún otra "exterioridad". Si bien todo hombre –Adán– comienza el mal con su acción mala –cuya estructura dramática de tentación se señaló–; también –como la serpiente– el mal ya está allí, "fuera" de la acción mala individual del hombre. El mal de la acción mala de cada hombre es precedido por otro mal.

Ese mal es en primer lugar el mal que cada hombre descubre ya dado en la "tradición": el mal en las relaciones interhumanas; cada hombre comienza el mal, pero así lo continúa, y lo continúa comenzándolo. Y es también el mal advertido como una casi estructura cósmica; no se trata por cierto de que la legalidad de la naturaleza sea mala; pero en todo caso, el espectáculo de la crueldad de ciertos sucesos de esa naturaleza la muestran como indiferente respecto de la exigencia ética del hombre y engendran un sentimiento de cierta absurdidad universal, que hace que el hombre pueda dudar de su destino.

La serpiente simboliza así algo del hombre y algo del mundo; simboliza el mal en cada hombre y el mal fuera de cada hombre; y un triple caos: caos en cada hombre, caos entre los hombres, caos fuera del hombre como tal.

El simbolismo de la serpiente muestra entonces, según Ricoeur, que el mal como tal no se reduce sin más a la libertad del hombre como a su origen: hay aspectos del mal que no pueden ser atribuidos a la libertad responsable de cada hombre.

De esta manera, el relato del Génesis reúne los resultados del progreso de la conciencia de falta –impureza, pecado, culpabilidad–, y con ellos presenta la situación de la existencia humana, para integrar todo ello, como una suerte de exploración ontológica, en una teología de la bondad de Dios creador.

El mito adámico presenta y explora el espectáculo de la situación humana: un hombre –cada hombre– creado libre, bueno que, sin embargo, precisamente como tal, puede obrar el mal y de hecho lo obra, y así inicia personal e individualmente el mal, en el escenario de un universo y una historia humana donde ya se halla el mal.

Para la fe de Israel existe entonces una precedencia del mal respecto del hombre, que se halla testimoniada por la serpiente, precisamente en sus simbolizaciones más allá de la figura vista de la tentación. El tema de la serpiente se continuará luego en Israel con la figura de Satán. Pero el monoteísmo intransigente de Israel no cederá nunca a los distintos dualismos con que se confrontará. Satán será siempre una creatura en la creación originariamente buena de Dios y nunca otro dios.

Según Ricoeur, si se sigue hasta el final la intención del tema de la serpiente, en especial en su significación del mal anterior al individuo –mal entre los hombres y mal "cósmico"– se obtiene una visión según la cual resulta que el hombre, comenzando sí individualmente el mal, siendo autor del mal, no es con todo el origen radical del mal. Así, resultará finalmente que el hombre no es el malo absolutamente, es malo secundariamente; en su obrar malo el hombre *cede* a la seducción del mal ya existente y en particular –en la prolongación de la figura de la serpiente en Satán– cede a la seducción del Maligno. El hombre aparece así como responsable del mal por abandono –pero responsable–; su obrar malo es una suerte de imitación del obrar del Maligno y aún como una participación –por abandono responsable– en una fuente del mal más radical que su propia libertad. Se recupera así –y se transforma– la parte de verdad que se hallaba en la denuncia de la tentación como seducción de lo exterior.

Por esta prolongación de la figura de la serpiente en el Maligno que seduce se recupera la parte de verdad que había en la figura de la serpiente entendida como parte de nosotros mismos, como dramatización del proceso de la disculpa de nosotros mismos: el objeto "exterior" como lo que atrae, seduce. Este aspecto de pasividad es algo que pertenece a la experiencia del obrar malo; y aquí es condensado en la figura de Satán. El Maligno es entonces no sólo el responsable del mal que ya se halla fuera del hombre, sino además de la seducción que ejercen sobre nosotros las cosas exteriores cuando, eligiéndonos por cierto a nosotros mismos libremente –como se denunciaba en el primer sentido del símbolo de la serpiente–, lo hacemos precisamente por la mediación de la elección de las cosas "exteriores" que nos atraen.

Ricoeur anota que la sobriedad de la conciencia penitencial ha impedido que, en la especulación religiosa, se avanzara hasta consideraciones relativas a Satán desgajadas de su relación con la experiencia humana de la falta. Más allá de tal experiencia no hay verificación posible del Maligno. El Maligno es siempre la figura-límite que se recorta en el horizonte de la experiencia de la falta como experiencia de que continúo el mal comenzándolo a la vez e introduciéndolo así por mí mismo en el mundo. El mal ya allí del que no soy responsable es el otro aspecto del mal en el mundo del que soy sin embargo responsable. La noticia de Satán sólo se da en la experiencia de la responsabilidad del pecado personal.

El mito adámico pone entonces frente a la mirada la condición humana: el hombre individual como el que obra el mal desde su propia iniciativa y que, al mismo tiempo, obrando así, continúa el mal ya existente en el mundo como algo humano y no humano.

Y en todo caso, hay una dimensión no humana del mal, esto es fuera del hombre como tal, "cósmica", cuyo origen se hallaría en el Maligno.

Pero la reflexión religiosa sobre el mal debe aún integrar a lo que dice el mito adámico algo que la misma conciencia religiosa ha experimentado: la presencia del mal en el hombre no ya como acto sino como *inclinación*, el corazón malo del hombre –lo que Kant llamará el *mal radical*–. Se trata, como se viera en su lugar, del pecado como estado, como hábito. Y también como se anotara, esta conciencia de la tendencia al mal es a la vez conciencia de que ella no impide el ejercicio de la libertad, de que no suprime la opción personal en el obrar, esa opción que el estadio de la culpabilidad puso de manifiesto y que el mito adámico ha "relatado" como iniciativa personal.

Ahora bien, la integración de ambos aspectos del pecado –hábito y acto– haría que el hombre aparezca a la vez como libre y como esclavo. Y es precisamente lo que intentará expresar el difícil concepto posterior de "servum arbitrium" –cuyo sentido en general ya fuera adelantado, y que según Ricoeur recapitula toda la simbólica del mal–.

Pero si la libre iniciativa del hombre ha de ser mantenida, deberá entenderse que esa libertad esclava es precisamente tal por obra de sí misma: una libertad que se esclaviza a sí misma; una libertad que actuando libremente engendra su propio oscurecimiento, su "hábito malo", su propia servidumbre, sin suprimirse como libertad. Una libertad que dice a la vez disponibilidad e indisponibilidad de sí mismo.

Y aquí se hace necesaria una nueva advertencia sobre el mito adámico. El mito no relata una primera falta histórica. Así entonces, en la falta de Adán no se ha de ver la falta primera por la cual, precisamente, se engendraría el "mal radical" en todo hombre. El relato del Génesis no da noticia sobre el modo de origen de esa tendencia al mal que todo hombre puede advertir en sí mismo; el modo de ese origen sigue en el misterio

–como se vio, el mito adámico sólo muestra, en el contexto mayor de un mal anterior, la responsabilidad individual en el obrar mal–. Sólo se podrá decir que de tal esclavitud es responsable el hombre mismo, cada hombre: cómo, no se nos dice.

Precisamente –como se viera en la primera parte– desde la lectura histórica del mito adámico se constituye desde San Agustín la "doctrina del pecado original", que entiende la falta responsable de Adán como el origen de la tendencia al mal de la voluntad libre; tendencia al mal que entonces llegaría hasta nosotros por transmisión por generación –lo cual haría también a cada hombre, por la presencia en él de tal mal moral, imputable: en Adán todo hombre es pecador–.

Hay entonces en la final conceptualización de la conciencia de falta, luego de la mediación del mito adámico, la conciencia de una cierta alienación de la libertad, que sin embargo no puede ser imputada sino a esa libertad. Es el misterio de una libertad que se sabe plenamente tal y a la vez dependiente, afectada, oscurecida –servum arbitrium–: el misterio de una libertad que por ello se interpreta a sí misma como el origen de su propio oscurecimiento, de su propia negación.

Con el mito adámico y el concepto de servum arbitrium culmina según Ricoeur lo que se puede llamar la visión ética del mundo, esto es el esfuerzo de comprender conjuntamente, uno por otro, el mal y la libertad humana. Pero precisamente en esta culminación, esta visión ha alcanzado su propio límite: ha reconocido la presencia del mal más allá de la libertad humana. El hombre comienza el mal, pero con ello mismo continúa un mal que ya se halla siempre allí. Y ese mal ya allí ejerce sobre él, según los últimos desarrollos de la simbólica, una seducción: en el acto de poner el mal, la libertad se deja apresar por otro. Y Ricoeur señala que la misma filosofía ha advertido –ha "verificado"– tanto el misterioso oscurecimiento de la libertad por sí misma cuanto la seducción del hombre por un mal que lo antecede, como lo testimonia el *Ensayo sobre el mal radical* de Kant.[317]

Adán figura entonces la situación actual de la existencia humana pecadora. Frente a tal figura, la palabra profética gestará figuras de redención. Precisamente ya se anotó que los símbolos de que se trata son los del comienzo y del fin del mal; son ellos, se dijo, los que dan una orientación a la existencia humana, ubicándola en una historia con sentido.

---

[317] Vease lo que dice Ricoeur sobre lo filosófico y lo teológico del tema del pecado original en CI, pág. 301.

"Nos hemos internado en la selva de las significaciones suscitadas por el símbolo adámico. Ha llegado el momento de dar a este símbolo su movimiento: es un símbolo del comienzo y ha sido recogido por el escritor bíblico que llamamos el Yahvista con la conciencia viva de que es un símbolo *retrospectivo,* solidario de toda una experiencia histórica vuelta hacia el *porvenir.*"[318]

Se trata entonces, dice Ricoeur, de discernir algunos de los símbolos homogéneos, correspondientes a la figura de Adán como su réplica.[319] Si el mito adámico como símbolo es asumido y gestado en su especificidad a partir de la experiencia histórica de Israel como pecador, es en primer lugar desde figuras de esa historia que ascenderán los símbolos que replican a Adán: Abraham –figura de la pre-historia–, el Rey-ungido como Rey por venir, como hijo de David. Y las figuras se escatologizan abiertamente con los símbolos del Servidor sufriente de Yahvé y del Hijo del hombre como Juez y Rey por venir. Por su parte, la fe neotestamentaria verá en el Jesús histórico la realización concreta de esas figuras proféticas.

Ricoeur se detiene a señalar algunas especiales notas del "Hijo del hombre"; notas que se han de poner en relación con lo dicho anteriormente acerca de la justificación como don trascendente e íntimo a la vez para el hombre. El Hijo del hombre significa el retorno a la idea del anthropos, Adán; y así es su más clara réplica homogénea. Además, el Hijo del hombre es figura que viene de lo alto trayendo la justicia, pero al mismo tiempo es "figura de hombre": así queda figurada, precisamente, la justificación de origen trascendente, divino que, sin embargo, se hace íntima al hombre, haciéndolo una nueva creatura.

Una última cita de Ricoeur para esta temática particular:

"Es ahora problema del teólogo, no del filósofo comprender qué puedan significar estas dos afirmaciones del Nuevo Testamento: en primer lugar, Jesús se designó a sí mismo en tercera persona con este título de Hijo del hombre (*Mc.,* 13, 26-27 hace eco directamente a *Daniel,* 7, 13) y por consiguiente el tema del Hijo del hombre da el hilo conductor de la primera cristología, la de Jesús mismo; además Jesús integra por primera vez la idea del sufrimiento y de la muerte, que hasta allí pertenecían al tema del Siervo de Yahvé, a la figura del Hijo del hombre; así hace pasar la

---

[318] SM, pág. 243.

[319] Ricoeur analiza esos símbolos en SM, págs. 243-260. Aquí no es posible seguir detalladamente ese análisis.

teología de la gloria por la teología de la cruz y transforma profundamente la función del Juez (ligada a la figura del Hijo del hombre) al contacto del sufrimiento del 'siervo', hasta hacer de él a la vez el juez y el abogado defensor. Que Jesús sea el punto de convergencia de todas las figuras sin ser él mismo una figura, es un Acontecimiento que sobrepasa las posibilidades de nuestra fenomenología de las imágenes."[320]

b.- El temor al castigo

Se ha hecho un largo rodeo por *La Symbolique du Mal* para analizar, con Ricoeur, las figuras de la conciencia de falta. Ha llegado entonces el momento de encaminar lentamente todo el material recogido hacia un encuentro con Freud y su concepción de la conciencia de culpa. Para Freud, la conciencia de culpa y el deseo de consuelo son los dos momentos subjetivos constitutivos de la religión.

La *Schuldbewusstsein* es allí temor a la sanción moral por parte de la figura superyoica personalizada, proyectada, exteriorizada que llamamos Dios. Ese Dios, como se sabe, es la figura-disfraz del padre propio y del protopadre de la humanidad, que han agredido al niño, en su momento, con la amenaza de la castración por sus deseos incestuosos. Y correspondientemente, el temor a la sanción moral es la modificación "no substancial" del temor originario a aquel castigo físico.[321]

Por su lado, para Freud, el deseo de consuelo, como el otro constitutivo de la conciencia religiosa, se halla dirigido a una restauración definitiva de una integridad plena del yo por parte de Dios, en todas sus dimensiones, más allá de esta vida y sus dolores, dolores que culminan en la muerte, y es, como tal, la modificación también "no substancial" de la demanda de protección de integridad física que el niño dirige a su padre.

---

[320] SM, pág. 251.

[321] Sobre la conexión entre el temor a la castración y el temor (Angst) constitutivo de la conciencia moral, se ha de consultar en especial *Inhibición, síntoma y angustia,* (VIII, pág. 2833) [VI, 227]. Cuando se estudió la cuestión de la sublimación, se anotó que la referencia pulsional positivamente valorante a la instancia moral superyoica y al mismo yo –como mensura y mensurado– debía ser entendida, precisamente, como sublimación –de cualquier manera que ésta se entendiera–; pero allí no se tuvo en cuenta esta referencia pulsional que es el temor de la conciencia moral: ¿este temor también ha de ser considerado como una sublimación del temor por la integridad física?

Según todo ello es claro que para Freud la religión, en su intimidad más propia, es ética, es una estructura de valoración y comportamiento que resulta del intercambio entre una instancia normativa y una instancia mensurada, juzgada. En todo caso, su diferencia frente a una posible ética "pura" viene dada por el carácter "infinito" personal y "exterior" de la instancia normativa.[322] Finalmente, las demás funciones "sociales" de la religión fincan en esa naturaleza íntima ética.[323] Llegado el momento, tendrá que entrar en cuestión esta identificación entre ética y religión.

Corresponde entonces, en primer lugar, acercar los análisis de *La Symbolique du Mal* a la concepción freudiana de la conciencia de culpa, en orden a posibilitar un juicio crítico.

Antes de pasar a analizar las distintas figuras ya descritas de la conciencia de falta, es importante destacar que los precedentes análisis de todas esas figuras han mostrado suficientemente –ya desde el primer nivel, el de la impureza– que la conciencia ética, en su constitución en su lenguaje simbólico originario, representa en general una región de sentido irreductible al plano de la mera integridad física. La conciencia ética, ya desde sus primeros pasos, no es la mera modificación más o menos superficial de lo arcaico, esto es, de la conciencia relativa al mero bienestar físico. Y ello ha de entenderse en correspondencia general, precisamente, con la irreductibilidad de la figura objetiva de Dios a lo arcaico, tal como antes se explicara.

La conciencia ética se eleva, a partir de su primer símbolo, la impureza, desde lo arcaico de lo meramente físico; así, en la simbolización, en el lenguaje, niega y supera ese arcaísmo –con Freud, el temor a la lesión física–; pero desde allí mismo –como se vio, por ejemplo, para la economía y la política– está siempre expuesta a una regresión, a una recaída en su pasado y así a una traición a la adultez. Dice Ricoeur:

> "Todo lo que hemos dicho antes sobre la función del fantasma toma su sentido aquí; los mitos en los que se expresa este avance de la conciencia están ciertamente construidos sobre fantasmas de escena primitiva que corresponden a la angustia del superyo; es por ello que la culpabilidad es una trampa, una ocasión de retroceso, de pisoteo en lo premoral, de estancamiento en el arcaísmo; pero la intencionalidad mítica reside en la serie de las interpretaciones y de las reinterpretaciones por medio de lo cual

---

[322] Sobre esto, cfr. lo explicado en la parte II, punto 3.
[323] Cfr. sobre esto el mismo lugar de la nota anterior.

el mito rectifica su propio fondo arcaico. Así se constituyen los símbolos del mal que dan que pensar y sobre los cuales puedo formar la idea de voluntad mala o de servo arbitrio. Entre el 'sentimiento de culpabilidad' en sentido psicoanalítico, y el mal radical, en el sentido de Kant, se escalonan una serie de figuras donde cada una de ellas retoma la precedente para 'negarla' y 'superarla', como dice Freud de la obra de arte."[324]

Y aún otras precisiones, antes de pasar al estudio del temor al castigo.

El mal humano se cumple en el ámbito de cada una de las esferas de la realización humana –avoir, pouvoir, valoir–, en cada caso con caracteres particulares. Y en cada una de tales esferas es posible la señalada gradación progresiva de la conciencia de falta. Y así como, según se señaló, en cada esfera es posible el retroceso hacia lo hylético arcaico, así también es posible, en cada caso de mal, para cada "material" del mal, el retroceso de la conciencia de falta hacia su pasado arcaico.

Cada figura de la conciencia –economía, política, cultura propiamente dicha– es posible lugar de manifestación de lo religioso-moral y de su principio y así de realización moral mala. Pero entonces puede ser también lugar de realización de la conciencia moral en la serie progresiva de sus figuras.

Y la representación simbólica de Dios –cuyo origen pulsional, como se vio, puede ser el padre– ha de estar investida, en cada caso, con los elementos de la esfera correspondiente y del grado correspondiente de la conciencia de falta.

Dice Ricoeur:

> "Pero, de la misma manera que el deseo inviste estas esferas sucesivas y mezcla sus ramificaciones a las funciones no eróticas del yo, así también el arcaísmo afectivo de la culpabilidad se prolonga en todos los registros de la posesión alienada, del poder desmesurado, de la pretensión vanidosa de valer. Es por ello que la culpabilidad permanece ambigua y sospechosa. Siempre es necesario, para romper los falsos prestigios, dirigir sobre ella la doble clarificación de una interpretación demistificante que denuncie su arcaísmo y de una interpretación restauradora que haga ver el nacimiento del mal en el espíritu mismo."[325]

---

[324] F, pág. 525.

[325] F, pág. 525. Véase lo que dice Ricoeur en *Histoire et verité,* Ed. du Seuil, Paris, 1955, págs. 117-122.

Del mismo modo que las representaciones religiosas que acompañan, también los afectos –aquí la conciencia de falta– son susceptibles de una lectura arqueológica y de una lectura que en esa arqueología descubre un sentido irreductible a la materia del pasado pulsional. El sentimiento ético de culpabilidad nace propiamente cuando, sobre el análogon arcaico del temor al castigo físico como venganza, se lee y se siente el sentido del fracaso de la realización de sí mismo en toda la propia estatura personal, debido a la responsabilidad personal por la realización de lo injusto.

Lo que interesa entonces estudiar ahora en particular –suficientemente vista ya la irreductibilidad general de la conciencia moral a lo arcaico físico– es el carácter de temor al castigo que pudiera haber en la conciencia ética. Desde ya, y desde lo que se ha mostrado, se podrá afirmar que, de haber en la conciencia ética un temor al castigo –temor a la condena moral–, tal temor ha de ser, como esa conciencia en general, algo irreductible a lo meramente físico, esto es, al temor al castigo físico, al temor a la lesión de la propia integridad física.

Dice Ricoeur:

> "El temor de lo impuro, en efecto, ya no es miedo físico, como la impureza misma no es mancha. El temor de lo impuro es como un miedo; pero éste ya afronta una amenaza que, más allá de la del sufrimiento y de la muerte, advierte la disminución de la existencia, la pérdida del núcleo personal."[326]

En la figura de la *impureza,* el afecto constitutivo es ciertamente el temor, o como dice Ricoeur, "el terror ético". Ese temor es propiamente dirigido a las consecuencias de la transgresión de lo prohibido. La transgresión de lo prohibido, que infecta "como" una mancha y que en este régimen puede acontecer independientemente de la voluntad personal, como un suceso objetivo, desencadena, para esta conciencia, un castigo, una venganza que afectará a la integridad del impuro. Así, el temor a la venganza, al castigo, se traslada al acto prohibido mismo. Ciertamente, el acto malo, lo impuro, la "culpa" –con toda la objetividad, exterioridad e impersonalidad que ella aquí implica– es vivida como "temor al castigo" –que, como ya se dijo, será ya aquí más que físico–.

La segunda figura, el *pecado,* significa, como se vio en su lugar, una interiorización de la falta, una conciencia de la misma como deficiencia de la propia integridad existencial.

---

[326] SM, pág. 46.

El pecado –en cierta continuación con el realismo de la impureza– aparece como una realidad en el hombre y, sobre todo, como una realidad íntima radical: el "corazón" malo del hombre. Pero esa realidad –sin atención aún a la culpabilidad personal, a la culpa en sentido estricto– se manifiesta ante el Dios del amor de la Alianza que ha "hecho" a Israel, por la mirada de exigencia infinita de ese Dios, que lo denuncia por la boca del profeta y que lo ve, concretamente, en las injusticias cometidas con "los pequeños". Pero, a su vez, ese mal del pecado es concretamente denunciado por la "cólera de Dios" –la "tristeza del amor"–, esto es, aparece en su magnitud de mal sobre el trasfondo de sus consecuencias, del castigo: el terrorífico "día de Yahvé", que traerá destrucción para Israel. Así, sobre el telón de fondo de las consecuencias que son de temer aparece ante la conciencia el carácter de mal del pecado.

Pareciera que no hay aquí diferencias profundas –más allá de la más clara conciencia de la especificidad de lo ético frente a lo físico– respecto de la figura anterior: el temor al castigo genera la advertencia de la propia situación "mala", y ésta es entonces temida –conciencia de pecado–: la conciencia de lo "malo" de la propia situación es en rigor conciencia de lo malo de las consecuencias –castigo– que pueda generar.

Pero no es así. Y no es así por el trasfondo sobre el que se edifica toda esta situación. La amenaza de castigo –instrumento de la acusación de Dios– es la amenaza del Dios de la Alianza que ha "hecho" a Israel, y en esa amenaza se incluye el recuerdo de tal amor fundador. En tal recuerdo aparece entonces la propia integridad originaria, que depende de la intimidad personal de Dios, aparece la propia integridad existencial. Y así, el pecado y sus mismas consecuencias posibles –el castigo prometido– quedan revelados como quiebra de la integridad existencial, que es, en realidad, quiebra de la unión con Dios, ruptura de la intimidad de la Alianza, ruptura del vínculo de amor –que pasa, además, por la quiebra del vínculo de amor con "los más pequeños"–.

Desde aquí, la misma cólera del Dios acusador puede ser vivida como "tristeza del amor". De ella dice Ricoeur:

> "La tristeza del amor es más difícil de soportar que la cólera de un padre magnificado. Ya no es el temor de la punición –en lenguaje freudiano el temor de la castración– lo que la habita, sino el temor de no amar bastante, de no amar rectamente."[327]

[327] CI, pág. 346. Sobre el no extrinsecismo entre falta y "castigo" a que se alude a continuación, cfr. *Interprétation du mythe de la peine*, en CI, pág. 348.

Así, no hay un temor al castigo que se transfiere luego a una acción cuya cualidad intrínseca de mala no sería vivida –como el temor a lo prohibido en el régimen de impureza–, sino conciencia de la falta –noticia dolorosa, sentimiento– y de su prolongación en sus consecuencias –castigo– como deficiencia existencial; deficiencia existencial que es, propiamente, deficiencia de amor, ausencia del vínculo de intimidad con Dios –y con los demás–.

Existe entonces, también aquí, el castigo y el temor al castigo; pero éste ha perdido su carácter de algo extrínseco respecto de la falta. La falta misma ha asumido su propia magnitud existencial, su propio dolor, y los discierne prolongándose en sus consecuencias. El castigo aparece inicialmente desde afuera, haciendo ver la falta, pero una vez vista ésta y recordada su naturaleza, ella misma integra a sí el castigo como una prolongación suya, como parte suya; y tratándose el castigo de una destrucción física –las catástrofes históricas de Israel– podrá ser visto como la prolongación "externa" de la deficiencia existencial íntima. El temor al castigo es temor a la prolongación, en sus consecuencias, del propio dolor íntimo de la falta.

Entonces, el castigo acompaña a la conciencia de falta moral, pero ésta no se reduce al temor al castigo, de cualquier manera que éste sea concebido.

En la tercera figura, la conciencia de *culpabilidad,* las figuras anteriores se profundizan, interiorizan y radicalizan y de tal manera son integradas y superadas. Si en el paso anterior se trataba de la conciencia de un estado de ruptura del vínculo, ahora se trata de la conciencia de una iniciativa personal de rompimiento del vínculo de amor que, precisamente, cristaliza en aquel estado: es la culpa en sentido estricto.

Y aquí también, a esta conciencia de culpabilidad, acompaña la idea de castigo, o más precisamente de castigo o recompensa. Como se vio, obrar el bien constituye la cualidad del mérito, que merece recompensa; así como obrar el mal, la transgresión, conlleva la pérdida del propio valor, la perdición. Todo ello según el sentido ya purificado, en la etapa anterior, de la conciencia del pecado y del castigo.

En la conciencia de la fe de Pablo, la falta aparece como conciencia del estado de ruptura con Dios y nacido de la iniciativa personal de rompimiento, surgida a su vez de una ruptura básica que se observa en los deseos indomables del hombre –que pugnan con la Ley que expresa la voluntad de Dios–. Aquí reaparece así, en cierto modo, el pecado como estado permanente de ruptura del hombre respecto de Dios; y aparece dramáticamente, en cuanto la pura observancia de la Ley se manifiesta incapaz de desarraigar tal tendencia mala y así incapaz de impedir que, desde ella, proliferen los pecados singulares nacidos de la iniciativa –culpable– personal; más aún, lejos de tal capacidad de impedimento de la maldad de la raíz y de la maldad de los actos, la Ley excita al pecado.

El mito adámico y el posterior concepto de "servum arbitrium" resumen el progreso de la conciencia de falta. La conciencia de falta es conciencia de un estado radical de ruptura respecto de Dios y es conciencia de la iniciativa personal en rupturas singulares del vínculo con Dios. Más precisa y abarcadoramente: la conciencia de falta moral es conciencia dolorosa de la fractura de la propia integridad existencial, conciencia –sentimiento, noticia dolorosa– de la propia deficiencia existencial como estado –antecedente y consecuente– y como acto de iniciativa personal; conciencia de deficiencia que es indiscernible de la conciencia de ruptura –que la funda– de un vínculo de amor con el Absoluto, que a su vez es vivido como pasando necesariamente por la ruptura de un vínculo de justicia con los demás.

Según los análisis hechos, se puede afirmar que en el proceso de maduración de la conciencia moral hay una progresiva maduración del sentido del castigo y del temor al castigo. La conciencia de falta moral progresa del extrinsecismo cuasi físico de la impureza hasta la intimidad existencial y personal de la culpabilidad. Y allí el castigo asciende desde el extrinsecismo cuasi físico que se añade a una transgresión no vivida en sí misma moralmente, hasta la intimidad de una deficiencia existencial que es vivida como continuación de una deficiencia existencial responsable –y que eventualmente se prolonga en sucesos exteriores–. Y en concordancia con ello, el temor correspondiente asciende desde un temor a la lesión de la integridad física, hasta el temor al dolor íntimo de la deficiencia existencial en las consecuencias de la propia y responsable deficiencia existencial.

Todo ello hace ver qué lejos se está aquí de Freud. El análisis de Freud se acerca sí a la primera figura de la conciencia moral de falta. Pero aún allí hay diferencias frente a la lectura de Freud. En efecto, ya la misma impureza es un progreso frente a lo meramente físico y, así, tampoco su castigo es un castigo meramente físico; es un castigo ya moral –sanción– y no un mero enmascaramiento del castigo físico, como quiere Freud. Por otra parte, la culpabilidad como responsabilidad personal –la culpa de Freud– no corresponde a aquella primera figura de la conciencia moral sino que se halla en la maduración final de la conciencia, y allí recoge ya todos los elementos señalados de la maduración de la idea de castigo que, como se dijo, acompaña a la conciencia de falta; sin que ésta se reduzca al temor a él.

Con todas sus purificaciones, la idea de castigo está allí. Por ello, importa ahora detenerse en su análisis, siguiendo, con Ricoeur, otra línea de su historia.

c.- *Castigo y consuelo. Ética, religión y fe*

Ya a la altura del análisis de la impureza, Ricoeur señala la presencia de la "ley de la retribución":

> "El origen de este temor es el nexo primordial de la venganza con la impureza. Esta 'síntesis' es anterior a toda justificación; ella se halla presupuesta en toda punición concebida como expiación vindicativa; podrá transformarse, transponerse, espiritualizarse: siempre se precede a sí misma en todas sus mutaciones y sublimaciones; en principio, lo Impuro tiene venganza; esta venganza podrá reabsorberse en la idea del Orden y aún en la idea de la Salvación, pasando por la 'pasión' de un Justo sufriente; la intuición inicial de la conciencia de impureza permanece: el sufrimiento es el precio del orden violado, el sufrimiento debe 'satisfacer' a la venganza de la pureza."[328]

Pero al sentido de esta "ley de la retribución" pertenece además la idea de una medida de proporción entre el delito y su castigo. A la figura discernible y limitada del delito le ha de corresponder la figura discernible y limitada de un castigo: sufrimientos, fracasos, muerte.[329] Esta ley de la retribución, con sus correspondientes "espiritualizaciones", se halla a lo largo de toda la historia vista de la conciencia de falta moral.

Pero esta ley de la retribución queda profundamente afectada por la crisis de Job. ¿Qué significa esta crisis según Ricoeur?

---

[328] SM, pág. 36.
[329] Cfr. SM, pág. 47.

320

Job hace la experiencia del sufrimiento, pero no encuentra en él delito alguno al que, de acuerdo con la medida de la "ley", correspondan tales sufrimientos como su castigo.

En la experiencia de Job se verifican todos los elementos que la conciencia moral ha mostrado en su progreso, y al mismo tiempo esa conciencia hace allí su crisis.

En primer lugar es clara en Job la superación del nivel de la impureza y del correspondiente modo de vigencia, allí, de la ley de la retribución. Job padece en su vida fracasos inmediatamente discernibles en el nivel físico y no advierte en su persona una falta correspondiente. Ahora bien, si hay sufrimiento y no hay falta, lo malo físico no tiene que ver con lo ético, con la falta. Entonces, lo físico malo, lo malo en el orden del acontecer mundano queda desconectado de lo ético. Desde allí, lo ético –que en la experiencia de Job sería lo bueno, su justicia– aparece con figura propia frente a lo físico. Aquí se abre un camino para un posterior profundo progreso de la conciencia ética. En efecto, antes, en el régimen de la impureza, el temor a la falta se debía al temor al castigo físico, al sufrimiento, a la muerte. Ahora ya es posible no temer al sufrimiento y a la muerte físicos en la falta, pues ellos no aparecen ya conectados como castigos a la falta. Ya no se trata de no pecar para escapar al sufrimiento y a la muerte. Ahora será posible temer al pecado mismo como falla propia, y como falla que es sufrimiento y muerte espirituales y que en definitiva consistirán en no amar lo suficiente.

Dice Ricoeur:

> "...ha sido necesario nada menos que el cuestionamiento de esta primera racionalización y la crisis cuyos testimonios admirables fueron el Job babilónico y el Job hebraico, para disociar el mundo ético del pecado del mundo físico del sufrimiento. Esta disociación ha sido una de las más grandes fuentes de angustia de la conciencia humana; pues ha sido necesario que el sufrimiento deviniera absurdo y escandaloso para que el pecado por su lado accediera a su significación propiamente espiritual; a este precio terrible, el temor que allí había pudo devenir temor de no amar bastante y disociarse del temor de sufrir, de fracasar, en una palabra, el temor de la muerte espiritual pudo escindirse del miedo de la muerte física. Esta conquista fue una conquista costosa; el precio a pagar fue la pérdida de una primera racionalización, de una primera explicación del sufrimiento; fue necesario que el sufrimiento deviniera absurdo, deviniera mal de

escándalo, para que el mal de impureza deviniera él mismo mal de falta. La figura del justo sufriente, imagen fantástica y ejemplar del sufrimiento injusto, constituyó la piedra de tropiezo sobre la cual vinieron a romperse las racionalizaciones prematuras de la desgracia; hacer el mal y padecer el mal serán en adelante incoordinables en una explicación inmediata."[330]

Por otra parte, según Ricoeur, se da en Job la crisis de la conciencia de pecado. Ya se explicó anteriormente que la conciencia de pecado aparece por obra de la mirada absoluta de Dios. Dios es quien descubre el pecado en el hombre. Ello desencadena la sospecha del sujeto sobre sí mismo y abre así al pensamiento interrogativo, con la intención de adecuar la propia mirada examinadora a la mirada absoluta de Dios. Pero con Job se asiste a un decaimiento de la confianza en la justicia y la verdad de aquella mirada absoluta. Allí el creyente se siente devenir objeto y la mirada absoluta aparece como enemiga. Pero lo que ha hecho posible esto es la ruina de la ley de la retribución: ya no se ve correspondencia entre la justicia personal y el éxito en la vida, y de allí se pasa a dudar de la justicia de Dios.

Job advierte el fracaso de su vida y no advierte pecado en él; ya no se cumple la ley de la retribución; por tanto, a la ruina de la ley de la retribución sigue la ruina del Dios que la fundaba, y así la mirada de ese Dios tampoco comporta verdad y justicia.

> "Será necesario que decaiga esta fe en la verdad y la justicia de la Mirada para que el creyente se sienta devenir objeto; la conciencia fijada en objeto procede de la descomposición de la relación originaria de la Mirada absoluta al Sí mismo; el libro de Job es el testigo de esta crisis: Job experimenta la mirada absoluta como mirada enemiga que lo acosa y finalmente lo mata (...), la ruina de la antigua teoría de la retribución ha implicado una duda sobre esa mirada, que repentinamente se revela como la mirada del Dios oculto que libra al hombre al sufrimiento injusto; entonces la Mirada absoluta ya no es más aquella que suscita la toma de conciencia del yo por sí mismo, sino la del cazador que dispara la flecha."[331]

Sin embargo, como ya se advirtiera anteriormente, no se rompe la relación. La acusación contra Dios queda incluida en la invocación; con

---

[330] SM, págs. 37-38. Una apretada reflexión sobre la cuestión del mal y el sufrimiento puede hallarse en P. Ricoeur, *Le Mal. Un défi à la philosophie et à la théologie*, Labor et Fides, Centre protestant d'Etudes, Genève, 1986.

[331] SM, pág. 86.

lo cual permanece la verdad de la mirada de Dios; no se invocaría si no se esperara verdad y justicia de parte del invocado.

Y la situación se agrava profundamente, si se tiene en cuenta que en Job tiene ya su presencia la conciencia de culpabilidad, con su consecuencia de la individualización de la falta.

> "...este descubrimiento agravó, más que resolver, la crisis abierta en la doctrina de la retribución. Job dudará precisamente de que cada hombre muera por su propio crimen y un nuevo trágico nacerá de este descubrimiento."[332]

Y con todo ello, Job también tiene conciencia de la medida de la falta. Se es más o menos culpable, y ello permite una cierta precisión en la determinación de la falta y el castigo.

> "La sorprendente 'apología' de Job, en el capítulo 31, es la descripción de esta justicia relativa y finita, de esta justicia optimal que, a diferencia de la perfección total, puede ser aproximada y aún satisfecha y que determina por contrapartida grados de injusticia relativa sobre los cuales va a poder meditar la conciencia fina y escrupulosa del hombre 'piadoso'."[333]

En la experiencia de Job se trata del cuestionamiento del Dios que garantiza la ley justa de la retribución. El Dios legislador de esta ley aparece cuestionado en cuanto aparece el escándalo del sufrimiento injusto. La exigencia de justicia conforme a esa ley no puede aceptar el sufrimiento del que no ha pecado. El Dios que con su mirada acusaba de pecado resulta ahora acusado, conforme a su propia ley.

Ricoeur anota que precisamente esta visión de Dios y del acontecer del mundo configura una "visión ética del mundo", donde Dios mismo aparece como un "Dios ético". Ahora bien, frente a la acusación de Job surgen las explicaciones "éticas" de sus amigos: "la teodicea ha nacido".

Pero ningún recurso más o menos retórico a pecados olvidados, ancestrales, desconocidos o del pueblo puede explicar el sufrimiento de Job. La inocencia de Job —recuérdese que ya se ha alcanzado en Job la conciencia de la responsabilidad personal (culpabilidad) como elemento del pecado— impugna toda explicación ética.

Precisamente, de la crisis de Job surgirá una nueva conciencia, que supera la conciencia ética.

---

[332] SM, pág. 105.
[333] SM, pág. 106.

> "Para reconquistar la dimensión hiperética de Dios, era necesario que la justicia alegada de la ley de retribución fuera vuelta contra Dios y que Dios pareciera injustificable frente al esquema de justificación que había conducido todo el proceso de la 'etización'."[334]

Job alega ante Dios que no ha cometido falta alguna (cap. 31); y ello es parte de su reclamo a Dios mismo. Esto significa, como ya se dijera, que en ningún momento se corta la relación con Dios, que si se despliega como reclamo, no lo hace menos como invocación. Job recurre a Dios contra Dios; a un Dios que se halla más allá del Dios injusto al que reclama...

Finalmente, luego de su alegato de justicia personal, Job calla. Ricoeur anota que Job está allí cerca de la resignación muda. Pero la relación continúa y Dios habla a Job y, como antes Job había hecho con él, lo cuestiona, para terminar mostrándole su Poder sobre todo lo creado.

Así, la relación con Dios no termina en la negatividad de una resignación muda –luego se ahondará en este punto–. La palabra de Dios no da respuesta al problema del sufrimiento, en una especie de nueva y más sutil explicación ética. Dios muestra a Job, desde el fondo de la tempestad, todo lo creado y así, y especialmente con los símbolos brutales del Behemot y del Leviatán (el hipopótamo y el cocodrilo) le hace ver que todo está bajo el dominio de su poder creador, hasta lo más feroz y horrendo: "todo no es más que orden, medida y belleza; orden inescrutable, medida desmesurada, belleza terrible".[335]

Pero entonces se abre así un camino, según Ricoeur, entre el agnosticismo resignado y mudo y la claridad de una visión ética del mundo según el equilibrio discernible humanamente de la ley de la retribución. Es el camino de la fe trágica de Job, la *fe inverificable*.

¿De qué manera afecta esto personalmente a Job y su sufrimiento? El sufrimiento no es explicado de ninguna manera. Job es invitado a ponerse él mismo y su sufrimiento en el todo que se le ha revelado como bajo el poder de Dios. Así, es invitado a cambiar su perspectiva, de modo de situarse como incluido en ese todo y como recibiendo de él su sentido, pues la revelación que le ha hecho Dios de ese todo anuncia allí "un orden más allá del orden, una totalidad plena de sentido, en el interior de la cual el individuo debe reubicar su propia recriminación".[336] Y de este

---

[334] SM, pág.295.
[335] SM, pág. 298.
[336] SM, pág. 298.

modo, su propia inicial exigencia aparece como exigencia de sentido al margen del sentido del todo.

Y finalmente el Job inocente se arrepiente. "¿De qué puede arrepentirse si no de la reivindicación de recompensa que hacía impura su contestación? ¿No era aún la ley de la retribución la que lo movía a exigir una explicación a la medida de su existencia, una explicación privada, una explicación finita?"[337]

El pecado de que se debe arrepentir Job es el "pecado de finitud"; la pretensión de ser explicado él, de tener un sentido él, por sí, al margen del todo; y ello mismo se revela ahora como el corazón propio de la ley de la retribución: premios y castigos finitos, discernibles, que dan sentido a nuestros actos finitos.

Y porque Job se arrepiente y convierte su mirada hacia el todo, puede "ver" su vida de manera diferente.

> "Como en la tragedia, la teofanía final no le ha explicado nada, pero ha cambiado su mirada; él está presto a identificar su libertad a la necesidad enemiga; está presto a convertir libertad y necesidad en destino."[338]

Ha sido superada la visión ética del mundo, esto es el intento de entender, uno por el otro, el mal y la libertad humana; visión ética aquí desarrollada con la visión del mal como castigos concretos a faltas concretas de la libertad: hay el mal más allá del obrar humano, pero ese mal —incomprensible— se halla bajo el poder de Dios.

El sentido final se halla en el todo y en su Señor y frente a él sólo cabe, más allá de toda visión ética del mundo, más allá de toda religión ética o ética religiosa, una fe inverificable.

En el paso anterior se ha mostrado de qué manera se hace presente el castigo en todas las figuras de la conciencia moral de falta, y de qué manera ello no coincide, ya desde el comienzo, con la concepción freudiana del castigo. Con ello se ha podido ver también que la conciencia moral de falta no se reduce al temor al castigo, de cualquier manera que éste sea concebido. Y ahora se acaba de ver, en Job, la superación del mismo castigo, según un sentido que en seguida se precisará.

Pero también el consuelo debía ser analizado. Ya se ha visto que para Freud el otro pilar sostenedor y constitutivo de la religión, junto con la

---

[337] SM, págs. 298-299.
[338] SM, pág. 299.

conciencia de culpa, es el deseo de consuelo. Este, dirigido al protector que es Dios, no es más que la modificación "no substancial" –sublimación; disfraz– del deseo de protección infantil, dirigido como tal al padre protector. Ese deseo de consuelo apunta a la restauración final, desde el padre-Dios, de la propia integridad total –imagen-disfraz de la integridad física–, como premio de la bondad moral, como compensación final por los sufrimientos de esta vida –sufrimientos físicos provocados por la naturaleza y sufrimientos provocados por los otros hombres en la sociedad– y en especial por el sufrimiento y fracaso finales y totales que es la muerte. En este sentido, la religión es "nostalgia del padre".

Así, a la figura del Dios acusador y castigador que engendra la conciencia de culpa como temor al castigo, hace contrapeso la figura del Dios protector y consolador; todo ello en consonancia con la doble función de la instancia del padre.

Ahora bien, es claro que la ley de la retribución, cuya historia se ha seguido en las figuras de la conciencia ética, incluye, junto al estudiado momento del castigo, el momento del premio o recompensa o finalmente consuelo. Y así como se puede observar una progresiva purificación de la idea del castigo, se podría ver, paralelamente, una progresiva purificación y espiritualización de la idea de recompensa –partiendo, desde el comienzo, de una dimensión que es siempre más que física–.

Pero se ha visto en Job la superación de la ética o de la religión ética. En la fe de Job ya no caben un castigo o una recompensa como precios finitos de los finitos actos morales del hombre. La fe de Job asume la vida entera con su bien y con su mal y la hunde en el sentido final inverificable que se halla en las manos del Todopoderoso.

Ya no hay posibilidad de calcular actos finitos y castigos y recompensas finitos que les correspondan. La superación de la visión ética del mundo es la caducidad de todas las figuras que la pueblan. Ya no hay un Dios legislador de leyes finitas que aseguren una proporción adecuada entre los actos morales finitos y sus castigos y recompensas. Y así, ya no hay posibilidad de desear la recompensa final de un consuelo finito claramente discernible. Ya no hay un Dios delimitadamente acusador, castigador y consolador.

La fe es la superación del castigo y del consuelo, cualesquiera sean las figuras "espirituales" discernibles que éstos puedan asumir.

Es importante notar aquí, por ahora de paso, que la religión criticada por Freud es, precisamente, la religión ética, la religión del Dios acusador, castigador y consolador. Freud no ha tenido en cuenta la posibilidad de la fe, de una religión no ética, de una religión cuyo elemento consitutivo sea la fe. Freud no ha visto más que la religión ética del castigo y del consuelo; no ha visto la superación, en la fe, del castigo y del consuelo. Por eso para él el consuelo es una última palabra en la religión.

> "Pero entonces es necesario entrar en otra problemática, que el freudismo no parece haber concebido, a saber la del conflicto interno entre fe y religión: es la fe de Job y no la religión de sus amigos lo que merece ser confrontado al iconoclasma freudiano. ¿No se puede decir que esta fe lleva a cabo algo de la tarea que Freud asigna a quien se dispone a 'renunciar al padre' (*Leonardo...*)? Job, en efecto, no recibe ninguna explicación acerca de su sufrimiento; sólo se le muestra algo de la grandeza y del orden del todo, sin que el punto de vista finito de su deseo reciba directamente un sentido; su fe se halla más cercana al 'tercer género' de conocimiento según Spinoza que de toda religión de la Providencia. Así queda abierto un camino, el de la reconciliación no narcisista: yo renuncio a mi punto de vista; amo el todo; me preparo a decir: 'El amor intelectual del alma hacia Dios es una parte del amor infinito por el cual Dios se ama a Sí mismo' (*quo Deus se ipsum amat*)".[339]

En el ensayo titulado "Religion, athéisme, foi",[340] Ricoeur procura discernir, en ciertos pasos del pensamiento humano, algunos paralelos de aquella fe de Job que supera la dimensión de lo ético. Además, Ricoeur advierte allí el paralelismo del Dios de la religión ética con el Dios providencial de la ontoteología y fundamento de los valores. Y así, si el paso del Dios ético al Dios de la fe es un progreso, las filosofías que hacen morir al ente supremo de la metafísica –como es el caso del nihilismo de Nietzsche– pueden abrir el camino hacia el Dios de la fe. Y Freud, en el nivel propio de su crítica directa al Dios ético, también será un paso hacia una posible fe.[341]

Se trata entonces de ver aproximaciones, paralelos de la fe de Job, de esa fe que ha superado la acusación, el castigo y el consuelo.

---

[339] F, págs. 526-527.
[340] En CI, págs. 431-457.
[341] Sobre esto se hablará en el último apartado.

Ricoeur ve una aproximación a una superación de la relación de obediencia a una voluntad extraña, de la acusación y la condena en el acontecimiento de palabra. Bajo la inspiración de Heidegger, ve en la palabra del poeta o del pensador o aún en toda palabra que dice algo el lugar en donde se puede advertir el acontecimiento de una dependencia originaria del hombre que, lejos de lesionar la autonomía de su voluntad, la funda.

Si el hombre es hombre en la palabra y si la palabra es originariamente el escuchar del decir de lo que es, hay allí un acontecimiento originario de dependencia fundativa del hombre en el que se da una obediencia que nada tiene que ver con una voluntad extraña a la que habría que obedecer y que, por otra parte, sería origen de mandatos o de acusación y condena.

Nietzsche ha destruido beneficiosamente al Dios moral, resultado de la ontoteología y fundamento de los valores y las obligaciones. Pero después del nihilismo de Nietzsche queda abierta la posibilidad de la obediencia señalada.

> "Es por ello que pienso que nada está decidido, que todo queda abierto después de Nietzsche, que sólo un camino, me parece, se halla cerrado después de Nietzsche, el de una onto-teología que culmina en un dios moral, concebido como el principio y el fundamento de una ética de la interdicción y de la condena. Creo que en adelante somos incapaces de restaurar una forma de la vida moral que se presentara como una simple sumisión a mandatos, a una voluntad extraña o suprema, aún si esta voluntad fuera representada como voluntad divina. Debemos tener por un bien la crítica de la ética y de la religión llevada a cabo por la escuela de la sospecha..."[342]

En el acontecimiento de palabra como acontecimiento fundativo del hombre se da un oir originario que es un pertenecer originario del hombre a lo que es como ser que comprende. Y este oir y pertenecer originarios son una obediencia originaria. De esta manera se está en un lugar no "infectado" por el mandato, la prohibición o la condena. Y desde aquí es al menos posible advertir lo que podría ser una manifestación de Dios como palabra que no ordena ni condena sino que da vida.

> "Ciertamente, nada queda dicho en cuanto a la palabra como palabra de Dios; y es bueno que así sea; en este punto, el filósofo se halla lejos de estar en estado de designar una palabra que merecería verdaderamente

---

[342] CI, pág. 437.

el nombre de palabra de Dios; pero puede designar el modo de ser que hace existencialmente posible algo así como una palabra de Dios..."[343]

La experiencia del acontecimiento de palabra abre a la experiencia de una obediencia no ética y a la posiblidad de una obediencia a un Dios no ético, a un Dios de la fe.

> "El Dios que buscamos no será la fuente de obligación moral, el autor de mandatos, el que pone el sello del absoluto sobre la experiencia ética del hombre; por el contrario, este género de meditación me invita a no dejar que el kerygma se pierda en el laberinto de la obligación y del deber".[344]

Pero también se pueden discernir aproximaciones a la fe, en cuanto ella es superación del deseo de consuelo, esto es, en cuanto ella es afirmación de la primacía del todo y su sentido oculto, e integración del yo personal en él. Ahora no se trata sólo de obediencia como lúcido reconocimiento de la propia dependencia, en la palabra, respecto de lo que es; ahora no es sólo saberse donado, como hombre, desde el ser, en la palabra, sino el activo renunciamiento al punto de vista del sujeto, para reasumirse desde el todo.

Algo de ello se da, según Ricoeur, en la celebración de la "inocencia del devenir", "más allá del bien y del mal", en Nietzsche. Pero la superación del punto de vista del propio deseo se puede advertir sobre todo, nuevamente y en continuación con la obediencia originaria anotada, en la "escucha de la palabra", tal como se da en los poetas y los pensadores y en las experiencias de la *physis* y del *logos* de los presocráticos. Y no se ha de olvidar que, según se vio, este renunciamiento al punto de vista individual –narcisista– es también reclamado por Freud y reconocido como posible por la reintegración en la unidad del conocimiento y el afecto; así al menos lo sugieren, según Ricoeur, algunos lugares del *Leonardo*.

En esa activa asunción de sí mismo desde el todo del ser discierne Ricoeur dos pasos: la resignación y la consolación, que serían también dos momentos en el devenir de Job en la fe –ya se advirtió que la resignación no era lo último en la fe de Job–.

La resignación es el momento del silencio de Job, luego del alegato de su inocencia con la enumeración de las faltas que no ha cometido;

---

[343] CI, págs. 440-441.
[344] CI, pág. 441.

pero esa resignación no es lo último, sino que es superada –y así no es propiamente resignación–.

La superación de la resignación sobreviene con la palabra del Señor. Esa palabra establece una relación dialogal y así Job no es abandonado a sí mismo. Aunque esa palabra no aporte explicación alguna.

"El Señor habla, eso es lo esencial. El no habla de Job; El habla a Job; y eso basta. El acontecimiento de palabra como tal crea un lazo; la situación de diálogo es en sí misma un modo de consolación".[345]

También en los presocráticos, el hombre se sabe integrado al todo en cuanto en él, por el *logos,* por la palabra, la *physis* acontece reunida y en ella el mismo hombre.

> "'Ser y ser pensado son una sola y misma cosa'. Allí esta la posiblidad fundamental de la consolación; la unidad del ser y del logos hace posible para el hombre el pertenecer al todo en tanto que ser que habla. Porque mi palabra pertenece a la palabra, porque el hablar de mi lenguaje pertenece al decir del ser, yo ya no requiero que mi deseo sea reconciliado con el orden de la naturaleza; en esta especie de pertenencia reside el origen, no sólo de la obediencia más allá de todo temor, sino del consentimiento más allá del deseo".[346]

En la palabra como palabra del ser en el hombre acontece para el hombre su integración en un todo; no hay extrañamiento de lo que es y el hombre, sino apertenencia mutua, a partir del ser; allí el hombre, que es hombre desde la palabra, se puede reconocer como desde siempre y para siempre integrado al todo, aún cuando ese todo no le sea discernible en sus articulaciones singulares. En este reconocerse, en la palabra, integrado al todo, acontece el consentimiento al todo.

Y en Job, en cuanto se da la palabra del Señor que él entiende, se da su superación del mutismo de la resignación y acontece su sentirse ligado, allí, al todo. Esa palabra no explica las articulaciones de ese todo de modo que se aclare para Job su sufrimiento; pero esa palabra religa, reúne para siempre a Job con ese todo; por ella y en ella Job se sabe como perteneciendo al todo y a su Señor.

Si hay palabra hay mutua pertenencia; la experiencia profunda del oir una palabra que proviene del todo y su Señor es la experiencia de

---

[345] CI, pág. 451.
[346] CI, págs. 451-452.

saberse por principio acordado, integrado con el todo: si hay palabra y hay posibilidad de escucharla, el que habla y el que escucha se hallan por principio, desde siempre, vueltos el uno hacia el otro. Allí, quien presta atención a la palabra puede experimentarse como desde siempre referido, integrado con aquello y aquél de quien proviene la palabra. Tal escucha así experimentada es ya un fundamental consentimiento.

Este consentimiento en la palabra, que es a la vez un ver que no ve –las articulaciones del todo no se hacen presentes– y que es la fe inverificable de Job, es un consuelo. Un consuelo radicalmente distinto de los consuelos de la ética.

Tal consentimiento es ya la conversión de la mirada: el observador exterior al acontecer, que desde el centro que es él mismo reclama precisamente por el sin sentido de la brutalidad e injusticia de ese acontecer, se ve ahora en su individualidad misteriosamente integrado al todo y su Señor.

Para esta visión sigue estando allí la desgracia, pero ella, como visión, hace presente en la individualidad personal –"repite"– ese todo, con todo su bien y todo su mal, de tal manera que el individuo se revela como interior al todo, a ese todo que se halla en el poder del Señor. Tal es la fe de Job y su consuelo.

Ricoeur advierte que ese es el sentido de la "repetición" que Kierkegaard ve figurada en la restitución de todos los bienes de Job del final del libro –y que entonces no es la reposición final de la ley de la retribución, que precisamente es lo superado por la fe de Job–.

Desde la fe de Job, con Job, se avanza hasta el consuelo final, que supera todo consuelo ético (y Ricoeur reconoce que los pasos que siguen a la fe trágica de Job pueden no estar explícitamente en el libro de Job; sin embargo, según él, se pueden seguir esos pasos si se asumen los "impulsos" que se hallan en el libro).

> "Esta conversión es la verdadera 'repetición', no ya la repetición material que es aún una especie de recompensa y entonces una manera de retribución, sino la repetición totalmente interior que ya no es en absoluto la restitución de la felicidad anterior, sino la repetición de la desgracia presente".[347]

Ese consuelo en la palabra se puede decir en los términos de los presocráticos:

---

[347] SM, pág. 299; cfr. CI, págs. 454-455.

> "Si el hombre no es fundamentalmente puesto como hombre sino cuando
> es 'reunido' por el *logos* que por su parte 'reúne todas las cosas', se hace
> posible una consolación que no es otra cosa que la felicidad de pertenecer
> al *logos* y al ser como *logos*".[348]

Hasta aquí se han visto entonces las aproximaciones posibles a la fe que
supera la visión ética del mundo. Esa fe superadora del Dios legislador-
acusador y de todo castigo y consuelo, tal como aparece en Job puede
entrañar otros elementos, quizás no dichos explícitamente en el libro de
Job, pero que pueden aparecer en una ulterior reflexión.

La fe de Job es finalmente el consuelo no ético más allá de todo castigo
y de todo consuelo. Pero esta fe quizás esté ya abierta a algo más, que es
la esperanza. La experiencia de Job, se ha dicho, transcurre toda ella en
el ámbito de la invocación en la que él se dirige a Dios con sus reclamos.
Y la palabra final de Dios significa, como se dijo, la relación fundamental
por la que Job queda en relación con el todo y su Señor. Y en el final,
el arrepentimiento de Job de su pecado –el pecado más grave: el querer
sentido finito para la propia finitud (la ley de la retribución), al margen
de la obra total de la creación de Dios– es también una invocación y
mantiene precisamente la relación dialogal y sumerge a Job en el sentido
inescrutable para él del Todo, en la fe.

Dice Ricoeur:

> "...reubicado delante de Dios, el mal es remitido en el movimiento de la
> promesa; la invocación es ya el comienzo de la restauración de un vínculo,
> el comienzo de una recreación. La 'pasión del posible' ya se ha apoderado
> de la confesión del mal; el arrepentirse, esencialmente vuelto hacia lo por
> venir, ya se ha escindido del remordimiento que es una reminiscencia del
> pasado".[349]

Si esto vale para todo pecado, con mucha más razón vale para el grave
pecado de que se arrepiente Job y, precisamente, además, para un Job para
el que ha muerto el Dios ético y que se ha abierto a la fe. Por eso puede
decir Ricoeur:

> "Si ahora pregunto cuál es el discurso propiamente religioso sobre el mal,
> no dudo un instante y respondo: es el discurso de la *esperanza*".[350]

[348] CI, págs. 453-454.
[349] CI, pág. 428.
[350] CI, pág. 427

Así entonces, la fe de Job que se continúa en el verdadero consuelo es también al menos un comienzo de esperanza. Esa esperanza que se hará plena en la fe de Pablo, como esperanza de un "estar consigo mismo, en la totalidad, en la recapitulación de Cristo".[351]

Precisamente, hablando de la fe hoy posible, como heredera de la fe de Job, dice Ricoeur:

> "Sería una fe que avanzaría en las tinieblas, en una nueva 'noche del entendimiento' –para tomar el lenguaje de los místicos– ante un Dios que no tendría los atributos 'de la providencia', un Dios que no me protegería sino que me libraría a los peligros de una vida digna de ser llamada humana. ¿Este Dios no es el Crucificado, el Dios cuya sola debilidad, dice Bonhöffer, me puede ayudar?".[352]

Ahora bien, si en la fe de Job se halla ya la esperanza, hay allí ya de alguna manera el amor de lo posible, de lo nuevo e imprevisto por venir en la creación. Ese amor también lo discierne ya Ricoeur, en la continuación de su reflexión sobre el consuelo en la palabra, en la palabra del poeta. La palabra del poeta es creación en cuanto abre mundos de posibilidades en las que habitaría el hombre, más allá del cerrado mundo que se halla frente a él como objeto para su manipulación. En la palabra del poeta, que transfigura imprevista e insólitamente lo dado, se da el amor de lo posible, en el acto de su creación.

Dice Ricoeur:

> "Este modo de ser ya no es 'amor del destino', sino un amor por la creación (...). El amor de la creación es una forma de consolación que no depende de ninguna recompensa externa (...). El amor encuentra en sí mismo su recompensa, él es él mismo la consolación".[353]

Así entonces, en la fe de Job se pueden ver ya la esperanza y el amor de lo posible en la creación. Y se ha visto que la fe de Job como superación de la ética del mandato y la acusación y del castigo y el consuelo puede ser aproximada filosóficamente. Y también, como se acaba de ver, puede ser aproximada como amor de la creación, de lo posible. Y también, según Ricoeur, puede ser aproximada filosóficamente como esperanza.[354]

[351] SM, pág. 142.

[352] CI, pág. 450.

[353] CI, pág. 456.

[354] Este tema se halla desarrollado en los ensayos "La liberté selon l'espérance" (CI,

Ahora bien, Ricoeur discierne, precisamente más allá de la crítica de Freud a la religión ética, a la religión del Dios legislador y acusador, de los castigos y consuelos, una cierta apertura, en Freud mismo, a lo que podría ser una fe, como entrega confiada en el amor a lo posible. Dice Ricoeur:

> "No oculto que es la lectura de Freud lo que me ha ayudado a avanzar la crítica del narcisismo —que no he dejado de llamar el falso cogito, o el cogito abortado— hasta sus más extremas consecuencias respecto del deseo religioso de la consolación; es la lectura de Freud lo que me ha ayudado a llevar al corazón de la problemática de la fe la 'renuncia al padre'. En contrapartida, no oculto mi insatisfacción frente a la interpretación freudiana del principio de realidad. El cientismo de Freud le ha impedido ir hasta el final de un cierto camino entrevisto en el *Leonardo*, precisamente, aunque este libro sea el más duro que Freud haya escrito contra la religión".[355]

Para Freud —se lo ha visto reiteradas veces, pero en especial al hablar del arte como "precursor de la sabiduría"— la última verdad es la cruda realidad del todo de la vida que, con la muerte personal que entraña, contradice el deseo humano. Ananké y resignación son, según se vio en su lugar, las dos últimas palabras de Freud.

Pero pregunta Ricoeur: "¿la realidad es solamente la Ananké? ¿Es sólo la necesidad ofrecida a mi resignación? ¿No es también la posibilidad abierta a la potencia de amar?".[356]

Ricoeur recuerda entonces el texto en que Freud hace notar que Leonardo, rendido de admiración, se consagra a la investigación y olvida así actuar modificadoramente en el mundo:

> "Rendido de admiración, vuelto verdaderamente humilde, olvida demasiado fácilmente que él mismo es una parte de aquellas energías actuantes y que puede intentar, en la medida de sus fuerzas personales, modificar una pequeña parte del curso necesario del mundo, del mundo en el cual lo pequeño no es menos admirable y significativo que lo grande".[357]

---

pág. *393*) y "Culpabilité, éthique et religion" (CI, pág. 416). En el punto siguiente y en las "Conclusiones" se abordará la cuestión de la esperanza.

[355] F, pág. 528.

[356] F, pág. 528.

[357] *Un recuerdo infantil de Leonardo de Vinci,* (V), págs. 1584-1585 [X, 102]; citado por Ricoeur en F, pág. 528.

Así entonces, según el mismo Freud, también hay lugar, en el curso del mundo, para lo posible.

Y finalmente Ricoeur llama la atención sobre las últimas palabras del *Leonardo:*

> "Mostramos aún demasiado poco respeto por la naturaleza que, según las oscuras palabras de Leonardo, que anuncian las de Hamlet, 'está llena de infinitas razones (Ursachen) que nunca llegaron a la experiencia' *(La natura è piena d'infinite ragioni che non furono mai in isperienza).* Cada uno de nosotros, hombres, corresponde a uno de los innumerables experimentos, en los cuales estas *ragioni* de la naturaleza pugnan hacia la experiencia".[358]

E interpreta Ricoeur:

> "Discierno en estas líneas una invitación discreta a identificar la realidad a la naturaleza y la naturaleza a Eros. Estas 'energías actuantes', estas 'infinitas razones que nunca llegaron a la experiencia', estos 'innumerables experimentos' por los cuales aquéllas 'pugnan hacia la experiencia', no son en absoluto los hechos que se constatan, sino poderes, el poder diversificado de la naturaleza y de la vida".[359]

Ahora bien, la fuerza creadora de lo posible que sobrepuja la realidad y que, según la lectura de Ricoeur, habría entrevisto el mismo Freud, sólo puede ser aprehendida en el dinamismo metaforizante de la imaginación, que es capaz de entrever el carácter no definitivo de lo dado y, desde allí, lo insólitamente nuevo de la creación.

La realidad no es enteramente real sin la aureola de lo posible; pero el todo que es esa realidad y su aureola no es algo para el hombre sino en el movimiento imaginativo de la metáfora. Dice Ricoeur:

> "Pero no puedo aprehender este poder sino en una mítica de la creación. ¿No es esa la razón por la cual los destructores de imágenes, de ideales y de ídolos terminan por mitificar la realidad que oponen a la ilusión, llamándola uno Dionisos, inocencia del devenir, eterno retorno, el otro Ananké, Logos? ¿Esta remitización no es el signo de que la disciplina de la realidad no es nada sin la gracia de la imaginación?, ¿que la consideración de la necesidad no es nada sin la evocación de la posibilidad? Es por estas cuestiones que la hermenéutica freudiana puede articularse sobre

---

[358] *Ibid.*, (V), pág. 1619 [X, 158-159]; citado por Ricoeur en F, pág. 528.
[359] F, págs. 527-528; cfr. CI, págs. 448-449.

otra hermenéutica aplicada a la función mítico-poética, y para la cual los mitos no serían fábulas, es decir historias falsas, irreales, ilusorias, sino la exploración de manera simbólica de nuestra relación a los seres y al Ser. Lo que sostiene a esta función mítico-poética es otro poder del lenguaje, que ya no es la demanda del deseo, demanda de protección, demanda de providencia, sino la interpelación, donde yo no demando ya nada, sino en la que escucho. Es así que, hasta el final, intento construir el *sí* y el *no* que pronuncio sobre el psicoanálisis de la religión. La fe del creyente no podría salir intacta de esta confrontación, pero tampoco la concepción freudiana de la realidad. Al desgarramiento de una responde el desgarramiento de la otra. A la escisión que el *sí* a Freud introduce en el corazón de la fe de los creyentes, desgajando el símbolo del ídolo, responde la escisión que el *no* a Freud introduce en el corazón del principio freudiano de la realidad, desgajando, de la simple resignación a la Ananké, el amor de la Creación".[360]

Finalmente entonces, la consideración de la progresión y culminación de las figuras de la conciencia moral, a partir de la críticas de Freud a la conciencia de culpa y al deseo de consuelo como momentos subjetivos de la religión, ha conducido hasta la fe como figura de la conciencia, donde ha sido superada la "visión ética del mundo". Ya no hay legislador y acusador para la voluntad del hombre, ni castigo ni consuelo. La fe inverificable se hace cargo del bien y del mal moral y del sufrimiento y del mal en el mundo en la esperanza y el amor dirigidos al todo y su Creador.

De esta manera, desde la vertiente de la subjetividad, nuevamente se ha perdido al padre, así como antes se lo había visto como perdido, desde el punto de vista de las posibilidades del dinamismo de las representaciones objetivas.

Sin embargo, si el símbolo y la metáfora han de tener algún sentido, algo del padre ha de haber en la conciencia religiosa. Dios-padre es más que el padre propio y el proto-padre, y con un más cuyos límites son inaferrables –así, la metáfora del símbolo religioso jamás puede devenir alegoría–; pero algo del padre –algo que entonces no es sólo de mi padre, algo que puede darse fuera de él, sin medida, aunque en cierta continuidad– ha de haber en Dios.

Pero si hay algo del padre –aunque infinitamente realizado– hay también algo del consuelo –también infinitamente cumplido–. Por eso la fe de

---

[360] F, pág. 529.

Job no es la muerte de Job, la atención y la entrega a Dios no es pérdida de
sí mismo –aunque la salvaguarda de sí mismo no sea lo buscado en primer lugar por la fe–. Es, precisamente, ese consuelo no ético, no deseado
con deseos finitos, lo que se halla en la fe y que ya es esperanza y amor.

Dice Ricoeur:

> "Sobre este doble camino el hombre supera la figura del padre; pero qui-
> zás, perdiéndola como ídolo, la descubre como símbolo. El símbolo del
> padre es ese plus de sentido que es apuntado por el *seipsum* del teorema
> spinozista: el símbolo del padre no es ya en absoluto el de un padre que
> yo pueda tener; a este respecto el padre es no-padre; pero es la semejanza
> del padre conforme a la cual la renuncia al deseo no es ya muerte sino
> amor, también en el sentido del corolario del teorema spinozista: 'El amor
> de Dios hacia los hombres y el amor intelectual del alma hacia Dios son
> una sola y misma cosa'".[361]

Ricoeur no deja de advertir la diferencia entre el Dios personal de la fe,
que perdona y pone en lo salvo, y el Dios impersonal del saber de Spinoza.
Se puede suspender la ética desde el Dios de la fe de Job y desde el Dios
de Spinoza –Dios y la Deidad, para la oscilación propia del pensamiento
occidental– pero no se puede, según Ricoeur, *saber* la identidad de ambos.

También aquí, a propósito de Spinoza –a quien ya se había referido
antes Ricoeur–, se puede observar una aproximación filosófica a la fe;
aproximación que, sin embargo, precisamente como tal, queda en la
diferencia frente a la fe en el Dios personal.

> "Hemos alcanzado aquí un punto que parece insuperable; no es un punto
> de descanso, sino de tensión; pues aún no aparece cómo podrían coinci-
> dir la 'personalidad' del Dios que perdona y la 'impersonalidad' del *Deus
> sive natura*. Digo solamente que las dos maneras de suspender la ética,
> la de Kierkegaard y la de Spinoza, pueden ser la misma, tal como lo da a
> pensar el *Deus se ipsum amat* de Spinoza y como lo atestigua la dialéctica
> de 'Dios' y de la 'Deidad', subyacente a toda la teología occidental; pero
> yo no sé su identidad".[362]

[361] F pág. 527.
[362] F, pág. 527.

d.- Conciencia moral y culpa

El último paso que suscita la crítica freudiana a la religión ética es la consideración de la relación entre conciencia moral y culpa. Pero antes de avanzar en esta nueva temática particular, convendrá hacer presentes esquemáticamente los resultados de los análisis hechos hasta aquí con Ricoeur.

Todas las figuras de la conciencia de falta moral son irreductibles, en todos sus elementos, a la dimensión de lo físico. Si se atiende a todas esas figuras, es claro que la conciencia de culpabilidad no cubre todo el campo de la conciencia de falta moral.

Por otra parte, el castigo y su temor y el deseo de recompensa y consuelo se hallan en las distintas figuras de la conciencia de falta, diversamente interpretados. Sin embargo, el temor al castigo que se halla en las distintas figuras de la conciencia de falta no es el constitutivo de la conciencia de falta moral. La conciencia de falta es, en la recapitulación de sus figuras en la culpabilidad, la conciencia de la responsabilidad de la propia deficiencia existencial –que, en las figuras estudiadas, incluye la referencia a Dios–.

El temor al castigo y el deseo de consuelo no se hallan en la fe, que supera la ética. La fe tiene en sí misma su consuelo, en su amor y esperanza.

En el ensayo titulado "Démythiser l'accusation",[363] Ricoeur se ocupa de mostrar el carácter derivado, no originario de la acusación en el plano de la ética.

El punto de partida es la cuestión de la obligación, tal como aparece en Kant, y sometida a la crítica de Freud. La obligación como estructura formal constituye para Kant un a priori, una estructura primitiva e irreductible. Pero a los ojos del análisis no formal sino hermenéutico de Freud, el carácter de irreductible de la estructura de obligación aparece como una racionalización que oculta su verdadero origen contingente. En rigor, la obligación como a priori racionaliza y oculta su propio origen, que es la acusación del padre –el propio y el protopadre– dirigida al hijo con deseos incestuosos. Es ya sabido cómo ello deriva según Freud en la constitución del superyo –eventualmente Dios– como instancia legisladora

---

[363] En Cl, págs. 330-347; la lectura de este ensayo ha de ser completada con la de "La liberté selon l'espérance" (CI, págs. 393-415) y "Culpabilité, éthique et religion" (CI, págs. 416-430).

y acusadora. "La obligación, interpretada como acusación, deviene una función del deseo y del temor.[364]

> "Allí donde Kant dice: ley, Freud dice: padre. La diferencia entre formalismo y exégesis es aquí patente. Para la hermenéutica de la acusación, la ley formal es una racionalización segunda, finalmente un substituto abstracto donde se disimula el drama concreto, subrayado por algunos significantes clave de número limitado: nacimiento, padre, madre, falo, muerte..."[365]

Como se acaba de decir, el superyo como instancia de la acusación y la obligación resulta al final del complejo de Edipo y sus deseos. Pero se ha visto en su lugar que, finalmente, según el proceso de la melancolía, el superyo es la reinstalación, como pliegue interior del psiquismo, del objeto de nuestros deseos infantiles, por vía de la desexualización y la idealización. De esta manera, la instancia de la obligación resulta ser un momento en las peripecias del deseo; por donde el deseo aparece entonces como más radical que la acusación y la obligación, y así que la conciencia de culpa –y además, a propósito de la sublimación ética, se ha visto cómo ese deseo puede ser más que el deseo de la propia integridad física–.

Ahora bien, según Ricoeur, este carácter primero del deseo en la constitución de la ética, puede advertirse en Spinoza y en Kant. "La posiblidad de que la obligación no sea la estructura primera de la ética lo testifica una simple referencia al título de la *Etica* spinozista; *la Etica* es la apropiación de nuestro esfuerzo por existir, en su proceso entero, de la esclavitud a la felicidad".[366]

En cuanto a Kant, la prioridad indeducible del formalismo de la obligación, depende, según Ricoeur, de la transposición, al plano del obrar moral, de las exigencias que Kant advirtiera, en la *Crítica de la razón pura,* en la crítica del conocimiento.[367] De ello resulta una separación del deseo respecto del principio de la moralidad; este último pasa a ser el carácter formal obligatorio de la ley; es puro y a priori; y el deseo es principio sólo material y empírico y como tal volcado a la búsqueda de la propia felicidad, por lo cual debe ser rechazado como principio fundador de la ética.

Pero en la *Dialéctica* de la *Crítica de la razón práctica* y en *La religión dentro de los límites de la mera razón* las cosas pueden contemplarse de otra

[364] CI, págs. 332-333.
[365] CI, pág. 333.
[366] CI, pág. 335.
[367] Cfr. CI, págs. 335 y 443.

manera. Kant reconoce la apertura constitutiva de la voluntad al absoluto y al mismo tiempo la imposibilidad para ella de darse tal absoluto. De tal manera, el absoluto, o en lenguaje antiguo, el "soberano bien", sólo puede ser deseado y esperado.[368] Si se atiende al contenido representativo de la religión, el cumplimiento y acabamiento definitivo de la voluntad por obra de ese absoluto que otorgaría por añadidura la felicidad, viene dado por la presencia para ella del arquetipo de la humanidad agradable a Dios, que el creyente denomina Hijo de Dios. Este arquetipo es concebido por Kant como presente en la naturaleza humana, sin que se pueda saber cómo ha llegado a ella. El Cristo de Kant es ciertamente solidario, anota Ricoeur, de su formalismo abstracto y de su desconocimiento de la dimensión de la historicidad.[369]

Pero lo que importa aquí destacar es que en Kant mismo es posible descubrir el fundamento de la moral no ya en la formalidad de la obligación, sino en un deseo originario y fundante de la voluntad. Ese deseo originario y fundante no puede cumplirse como tal, pues en su despliegue concreto no puede representarse para la voluntad un absoluto real –es el resultado de la *Crítica de la razón pura*– ni ella puede desear sin desear su propia felicidad; con lo cual traiciona el carácter absoluto de su "soberano bien" –aquí tendrían su lugar las críticas freudianas a la religión como búsqueda de recompensas y consuelo–.

Así entonces, más allá del momento formalista de la *Crítica de la razón práctica,* si se sigue con Kant el primer fundamento del obrar moral, se encuentra la apertura de la voluntad hacia lo incondicionado, independientemente de toda consideración del yo individual –castigos, premios, consuelos–; incondicionado que es así sólo esperado. De esta manera, nuevamente, ahora con Kant, es posible encontrar –en la raíz de la ética– una aproximación a la fe que se halla más allá de toda ética, aquí especialmente en su dimensión de esperanza.[370]

Pero aquí lo decisivo consiste en anotar que con el mismo Kant se puede advertir que lo primero y fundante del obrar moral no lo consituye la obligación sino el requerimiento originario de lo absoluto. Y para Ricoeur mismo el deseo y su orientación básica hacia la totalidad ilimitada son el primer paso y el fundamento de la existencia humana

[368] Cfr. CI, págs. 338-341; 407-408; 428-429.

[369] Cfr. CI, págs. 340-341.

[370] Es el tema que desarrolla en especial "La liberté selon l'espérance"; allí anota Ricoeur diversas aproximaciones a la esperanza.

como existencia ética; en una ética más radical y fundante que la ética de mandatos, obligaciones y culpas. Se trata, según Ricoeur, de un deseo que nos funda, que a la vez es esfuerzo. Un esfuerzo que es la afirmación del ser propio, en tanto que implica, además, una existencia indefinida; y un deseo, en cuanto la afirmación del propio ser pasa necesariamente por la referencia a lo otro. No nos afirmamos a nosotros mismos sino obrando y así integrando de mil maneras lo otro en nuestra obra.

Así, lo otro es lo que es deseado, en cuanto es lo que falta a nuestro ser para, en el esfuerzo que pasa por la obra, afirmarse a sí mismo.

Así, la afirmación originaria, el esfuerzo por existir –que expresa el juicio tético "yo soy" de Fichte– se expande en las obras, donde entonces el yo queda perdido. Y de esta manera, la afirmación originaria que nos constituye, y que es esfuerzo y deseo, funda una ética, en cuanto es precisamente esa afirmación originaria de sí mismo como existencia ilimitada la meta a realizar y que, en el camino de su concreción a través de las obras, debe ser siempre reconocida y rescatada de su estar allí perdida.[371]

Así entonces, tanto en el mismo Freud como en el mismo Kant –y en el mismo Ricoeur, con Fichte, Nabert y Freud, como se recordará– se puede advertir que lo primero en la conciencia moral no es la acusación (Freud) o la obligación (Kant), sino el deseo. Si se adopta una perspectiva más abarcadora, se puede afirmar que la conciencia moral no se reduce a la falta –asumida en su culminación como culpabilidad– como su elemento constitutivo; la falta moral, y con ella la instancia normativa que dicta mandatos y prohibiciones singulares y que oficia así como reveladora de la culpa con su acusación, son momentos secundarios de la conciencia moral; ésta se define más bien por el telos de perfección al que apunta el deseo constitutivo de la voluntad.

Es sobre el trasfondo de la plenitud deseada que ciertas realizaciones singulares se tornan obligatorias y otras rechazables; y es desde estas obligaciones e interdicciones que el yo se contempla valorativamente a sí mismo, desdoblándose en una instancia normativa de la que emanan mandatos, prohibiciones y condenas, y un yo juzgado y eventualmente acusado. Entonces, el descubrimiento del fondo originario de la ética no hace desaparecer sus otros momentos y elementos como carentes de significación. Más bien, ellos adquieren ahora su auténtico sentido.

Dice Ricoeur, refiriéndose por ejemplo a la obligación de la ley:

---

[371] Cfr. CI, págs. 336 y 442. Recuérdese lo dicho sobre este tema en la parte I, punto l.a.

"...el 'yo soy' (se trata del juicio tético de Fichte que implica la orientación a una existencia ilimitada) es para sí mismo su propia exigencia: él ha de ser lo que es originariamente. El deber no es más que una peripecia de la exigencia y de la aspiración. Como dice Nabert: 'La posición de ser, la debe la conciencia a la relación que sostiene su deseo con una certeza primera, de la cual la ley no es sino la figura. El orden del deber contribuye a revelar al yo un deseo de ser cuya profundización se confunde con la ética misma' (*Eléments pour une éthique,* pág. 141)".[372]

Y para referirse además a los valores:

"¿Significa ello que el problema de la obligación no tiene significación ética? No lo pienso así; aún la interdicción tiene su lugar; pero no es el del origen, el del principio: es, a lo sumo, un criterio del carácter objetivo de nuestra voluntad buena. Lo mismo se podría decir del concepto de valor: él también tiene su lugar, pero no es el primero; la noción de valor sobreviene en un cierto estadio de la reflexión ética, cuando nos es necesario determinar el acuerdo de nuestro poder con la situación, las instituciones, la estructura de la vida económica, política y cultural; el valor aparece en el punto de entrecruzamiento de nuestro deseo indefinido de ser y las condiciones finitas de su actualización. Esta función del valor no nos autoriza a hipostasiar *el* Valor, y aún menos a adorar el ídolo del valor. Es suficiente con religar el proceso de la evaluación y del valor a la dialéctica de la acción y a las condiciones históricas de la experiencia ética del hombre".[373]

La profundización filosófica en la conciencia moral lleva así a un estrato de la conciencia en el que no tienen aún presencia los elementos característicos de la ética –ley, acusación, culpa, búsqueda de la propia felicidad, etc.–; y, sobre todo con Kant, se llega a las cercanías de la esperanza propia de aquella fe que, en la secuencia de las figuras históricas de la conciencia moral, ha superado la ética.

Así entonces, lo que es último en el orden de la manifestación histórica –la fe, el estadio no ético– es primero en el orden de la fundamentación; lo que es primero en el orden de la manifestación histórica –la ética:

---

[372] CI, pág. 336.

[373] CI, pág. 443. Sobre la temática de la constitución y aparición de los distintos elementos de la ética, véase P. Ricoeur, "Le problème du fondement de la morale", en *Sapienza*, Anno XXVIII, n.3, 1975, págs. 313-337.

legislador, acusador, culpa, castigo y consuelo– es derivado en el orden de la fundamentación.

Todo ello no significa sin más una anulación de la ética. Más bien se trata de que la ética se haga cargo de su fundamentación no ética y que viva desde ella y hacia ella.

Queda aún para el filósofo creyente la tarea de analizar de qué modo en el deseo infinito constitutivo del yo sea posible la presencia de Dios mismo, de manera que él quede luego complicado con ese deseo originario y con sus avatares éticos, de modo de dar lugar, según esto último, a la aparición de la religión ética de Israel; y de dar lugar, finalmente, a la fe de Job, como abierta en el amor a la esperanza.

E.- Recapitulación. Freud: religión, ateísmo y fe

Toda la reflexión de Ricoeur sobre la imagen de Dios a partir de la arqueología termina en la afirmación de que el fantasma del padre puede desplegarse –o ser desplegado– más allá de sí mismo –símbolo– hacia figuras siempre nuevas que lo incluyen hyléticamente transformándolo. Ahora bien, ese símbolo del padre es definitivamente desplegado y culmina en el Dios padre insondable amorosamente vuelto hacia el hombre en el seno de un mutuo reconocimiento, donde el hombre se cumple más allá de toda medida. En Israel y finalmente en el cristianismo hay un Dios padre que supera toda medida humana y llega a la "locura de la cruz".

Si el contenido objetivo de la conciencia religiosa *progresa* así simbólicamente, también hay, paralelamente, un progreso de la subjetividad religiosa. Y Ricoeur ha mostrado ese progreso en el sucederse de las figuras de la conciencia de falta: mancha, pecado, culpabilidad, Job –desde el inicio irreductibles a la dimensión de lo físico–; se discierne allí un ascenso desde la ética a la fe.

Si la conciencia de falta no se reduce al temor al castigo, la fe supera toda visión ética, en cuanto, abandonando toda medida de castigos y premios o consuelos finitos, supera así la religión, para entregarse al Todopoderoso ya en la esperanza y el amor –y en un consuelo más allá de todo consuelo–.

Así, en la fe, se supera la imagen del Dios ético –el legislador (mandatos, prohibiciones), el acusador, el que castiga y premia, el consolador– para abrirse al insondable Todopoderoso. Y ese Todopoderoso es para esa fe finalmente el Padre que, por la muerte de la cruz y su gracia, reconoce amorosamente al hombre para hacerlo libre en la recapitulación en Cristo (Pablo).

Ahora bien, a su manera, Freud ha visto (y verificado) las figuras objetivas y subjetivas anteriores a Job. En la crítica de Freud están, en la imagen de Dios, el fantasma del padre, el legislador, el acusador, el que castiga y premia, el consolador. Y en la subjetividad religiosa están, correspondientemente, el temor al castigo y el deseo de consuelo. Todo ello cae bajo la crítica de Freud.

Pero, luego de esa crítica, también se halla en Freud la posibilidad de otras figuras. En primer lugar, se han visto las dificultades, en el mismo Freud, para explicar con su "sublimación" la aparición de la conciencia moral: esas dificultades dan lugar a un posible reconocimiento de la especificidad, en general, de lo moral. Y además, como en Kant, se puede advertir en Freud una fundamentación de lo moral en el deseo, antes de todo mandato, norma o acusación.

Pero lo decisivo se halla en lo siguiente. Freud ha reconocido, en general, según se vio, la posibilidad de una imaginación no vestigial; pero ello significa admitir la posibilidad de un proceso de simbolización innovador y no meramente repetitivo –la superación del mero pasado fáctico fue también admitida en la estatua del Moisés de Miguel Angel, y en el mismo Leonardo, que habría "negado y superado" su pasado desdichado–. Desde allí se puede admitir la posibilidad de un Padre que sea más que el protector progenitor individual o protopadre de la humanidad. Esta era la manera de Freud de abrirse a un *"horizonte"*, esto es, para él, a algo que no puede alcanzar como un objeto de saber, pero cuya posibilidad –y por tanto acontecimiento desde sí– no puede negar.[374]

Por otra parte, se puede discernir en Freud –con Ricoeur– la posibilidad de un amor al todo, superador del narcisismo, que, en la restauración de su unidad con el conocimiento, se abre, más allá de todo deseo finito de consuelo, a la afirmación y la esperanza de lo posible. Todo ello se pudo ver en los análisis del *Leonardo*.

De todas estas maneras se "aproxima" Freud a la fe.

Para la fe realmente no existen ni el Dios legislador, acusador, ni los castigos, premios o consuelos: no existe la religión ética; todo ello es su pasado superado y transfigurado. Pero precisamente eso es lo que también niega la crítica de Freud a la religión. Y si en esa superación y transfigu-

---

[374] Cfr., en esta parte III, punto 4.A.

ración se abre para la fe, en su entrega esperanzada y amorosa, el Dios de la promesa, el Dios que puede más que lo dado –más que el mal y su misterio–, es necesario reconocer que tras la crítica de Freud hay en él, en los elementos positivos de su pensamiento recién señalados, como se dijo, una *"aproximación"* a esa fe.

En tal sentido, el ateísmo de Freud puede mediar entre la religión y la fe: hace morir la religión ética y abre a la posibilidad de la fe.[375]

Y con Freud y desde la fe, se ha de reconocer que siempre es posible la regresión hacia la religión ética, y aún hasta lo más arcaico. De ello testimonia la historia de Israel y de los cristianos. Siempre es posible que en el lenguaje que habla de Dios padre se oculte el fantasma infantil, y tras la confesión de la fe el temor al castigo y el deseo de consuelo, en cualquiera de sus formas, hasta las más arcaicas.

> "...la cuestión que Freud plantea no es la de Dios sino la del dios de los hombres y de su función económica en el balance de los renunciamientos pulsionales, de las satisfacciones substituídas y de las compensaciones por las cuales el hombre intenta soportar la vida".[376]

[375] Sobre este tema, véase en particular "Religion, athéisme, foi", en CI, pág. 431; allí es tenido en cuenta, además, Nietzsche.

[376] CI, págs. 131-132. *Quizá,* se podrían hacer las siguientes distinciones, a fin de abarcar las variaciones del concepto de *fe* en Ricoeur, que tienen que ver con lo expuesto a lo largo de este trabajo. *En general,* la fe es la adhesión a lo trascendente que se hace presente simbólicamente. Pero dentro de esta "fe" se pueden hacer diferenciaciones. En cuanto la fe se refiere *a manifestaciones* pre-lingüísticas de lo *Sagrado* –así lo "numinoso" con la espacio-temporalidad de sus hierofanías naturales y sus ritos–, corresponde hablar más propiamente de *religión;* para reservar el nombre de *fe* al reconocimiento de lo Trascendente en la *proclamación* en la *palabra* –con los fundamentales elementos de la revelación del nombre, de la eticidad y la historicidad allí presentes–, tal como se ve sobre todo en la Biblia. Pero a su vez esta fe bíblica, en cuanto queda atada a la ley ética de la retribución, merece el título de *religión;* y ello aun en las distintas figuras, progresivamente más "espirituales", que puede asumir, a saber: mancha, pecado, culpabilidad y sus elaboraciones míticas y "conceptuales" posteriores; en todos los casos se trata de un Dios finitamente discernible como legislador, acusador, castigador, dador de recompensas y consolador, al compás de las faltas y méritos humanos finitamente discernibles: religión ética o ética religiosa –la religión objetada por Freud–. Frente a ella se alza la *fe* que se entrega a lo inverificable *sin límite,* tal como se puede ver en Job y en la predicación de Jesús. Se puede ver que el criterio para ir pasando de la religión a la fe –y para ir así llamando religión a lo que en el paso anterior se denominaba fe– es la progresiva y final liberación de todo límite –y así de toda posible fijación y manipulación– del "objeto"(?) de la religión-fe. Estas distinciones –cuyas pertinencia y precisión requerirán un estudio más detenido– reconocen su primer criterio ordenador en lo indicado por Ricoeur en "Manifestation et proclamation", trabajo publicado originariamente

en *Archivio di Filosofía*, 44, 1974, y hoy además traducido al castellano en P. Ricoeur: *Fe y Filosofía. Problemas del lenguaje religioso*, Almagesto-Docencia (CINAE), Bs. As., 1990, pp. 73-98. Es importante notar que, en ese artículo, Ricoeur intenta mostrar que no es finalmente posible una *fe* en la *palabra proclamada* sin una *religión* de lo *Sagrado* que *se manifiesta;* se trata entonces de una religión y una fe que no dejan de distinguirse en el seno de un todo tensional, donde la fe supera la religión, pero manteniéndola en sí transfigurada según su nuevo régimen –y esto vale para lo dicho en ese artículo y para las distinciones aquí hechas–. Finalmente, cabría afirmar que la fe –o la religión, según el "lugar" del todo ascensional a que se haga referencia–, conforme con el grado de su conciencia crítica, podría distinguirse como: *pre-crítica* ("primera ingenuidad"); *implícita* (la fenomenología de la religión); *post-crítica* (círculo hermenéutico; "segunda ingenuidad" –"aproximada" o no por la filosofía–).

Cuarta parte

Conclusiones

Esta última parte de este trabajo se desarrollará en dos momentos. En el primer momento se intentará poner sintéticamente ante la mirada el pensamiento de Ricoeur, de modo que se puedan ver en su trabazón orgánica los elementos que se mostraron en los análisis de las partes primera y tercera. Esa trabazón orgánica puede ser vista en cuanto aquellos elementos son considerados desde la meta y el método que Ricoeur se propone para su pensamiento. Esa meta y ese método son señalados desde un comienzo al hablar Ricoeur de su "deseo de una ontología" y al caracterizar su camino de reflexión como un "pensar a partir de los símbolos".

Lo significado por esas dos expresiones da entonces el punto de vista desde donde es posible integrar los distintos pasos y conquistas del pensamiento de Ricoeur. Naturalmente, aquí interesará en especial ver el lugar preciso que corresponde al paso de Ricoeur por el psicoanálisis de Freud, y en particular en lo que allí concierne a la cuestión de la religión.

Tal primer momento, con su presentación armónica del pensamiento de Ricoeur, preparará adecuadamente el segundo momento de esta parte, en donde se intentará la valoración de ciertos puntos fundamentales de la filosofía de Ricoeur.

1.- El psicoanálisis de Freud en el "pensar a partir de los símbolos" y en "el deseo de una ontología" de P. Ricoeur

a.- "Pensar a partir de los símbolos"

Ya en la primera parte de este trabajo[1] se intentó precisar la ubicación de la filosofía de Ricoeur como "pensar a partir de los símbolos". Entonces se explicó que tal pensar era un ejercicio estrictamente filosófico del pensamiento y que, por su peculiar modo de habérselas en especial

---

[1] Cfr. parte I, punto 2.a.

con los símbolos religiosos, se diferenciaba del saber absoluto de estilo hegeliano, de toda traducción racional de una alegoría, de una gnosis y de toda teología.

La filosofía de Ricoeur parte de los símbolos; pero ya se explicó en su lugar que tales símbolos son para Ricoeur todas las obras de la cultura. Por ello, en su momento, se mostró el despliegue de la hermenéutica conflictiva de Ricoeur a partir de la economía, la política, el arte, la moral y la religión. Pero no caben dudas de que el lugar donde esta filosofía alcanza su cúspide y su máxima complejidad y profundidad es en la región de la conciencia religiosa. De allí que aquí, sin olvidar que los símbolos se expanden por toda la existencia, sea tenida en cuenta la filosofía de Ricoeur sólo en cuanto piensa a partir de los símbolos religiosos –por otra parte, símbolos en el sentido más pleno–. Lo que se pueda decir de la filosofía de Ricoeur como pensar a partir de los símbolos religiosos, se podrá decir de ella, en paralelismo estructural y respetando las diferencias de los contenidos, como pensar a partir de los símbolos de todos y cada uno de los ámbitos de realización de la existencia.

En aquella primera parte de este trabajo también se indicó que Ricoeur entiende su proceder filosófico como un *approche philosophique*.[2] Y decía Ricoeur:

> "Tomo aquí 'acercamiento' ('approche') en su sentido fuerte de aproximación. Entiendo por ello el trabajo incesante del discurso filosófico por ponerse en relación de proximidad con el discurso kerygmático y teológico. Este trabajo de pensamiento es un trabajo a partir de la escucha, y sin embargo en la autonomía del pensamiento responsable. Es una reforma incesante del pensar, pero en los límites de la simple razón; la 'conversión' del filósofo es una conversión en la filosofía y a la filosofía según sus exigencias internas. Si no hay más que un *logos*, el *logos* de Cristo no me pide otra cosa, en tanto que filósofo, que una más entera y más perfecta puesta en obra de la razón; no más que la razón; pero la razón entera. Repitamos esta palabra: la razón *entera*; pues es este problema de la integralidad del pensar lo que se revelará como el nudo de toda la problemática".[3]

Aquí Ricoeur precisa su filosofía como un pensar "a partir de la escucha"; con ello alude con otros términos a su "pensar a partir de los

---

[2] Cfr. CI, pág. 394.
[3] CI, pág. 394.

símbolos". Se trata, en principio, según ello, de una tarea racional que asume como materia sobre la que recae su ejercicio lo que los símbolos dicen al creyente, quien, como tal, discierne el sentido segundo de los mismos –como pensar "dans les symboles"–.

Pero se trata de una tarea plenamente racional. Y tal tarea *racional* se despliega *"a partir de* los símbolos": no es ya un discurso desde lo que los símbolos dicen y que se despliega en la figura, en la forma misma del pensar simbólico –"dans les symboles"–.

Tampoco es una tarea que, en los símbolos, esto es, en su ámbito, instalada en la materia de los mismos en tanto proporcionada por los mismos, despliegue allí una figura racional, dentro de la fe, sin agotar la riqueza de los símbolos, para terminar en un juicio dado en sede eclesial; en una palabra: no es teología.

La tarea filosófica que Ricoeur propone, si bien está atenta a lo que los símbolos dicen –en este sentido es un discurso "ligado"–, es, con todo, una tarea autónomamente racional –en este sentido es un discurso "libre"–. La filosofía puede atender a lo que la fe dice con sus símbolos, para detectar luego en el mundo de su propio discurso racional aquello que la fe dice en el kerygma: allí ha de discernir aquello que la fe anuncia, o, dado el caso, al menos, como se dirá, sus aproximaciones, sus analogías.

La filosofía ha de encontrar en el mundo de experiencia del hombre que ella puede elaborar racionalmente, y ha de expresar en su conceptualidad propia existencial, aquello que desde otro ámbito anuncia la fe; aquello mismo o, eventualmente, al menos lo que a aquello "se aproxima" de alguna manera.

La filosofía que propone Ricoeur no puede consistir en la aplicación de un método formalmente racional a una materia que no esté, como dato, de alguna manera, al alcance de la razón y su elaboración conceptual. Tal cosa sería, también, teología. Antes bien, ha de ser un método racional que se aplique a contenidos de experiencia susceptibles de elaboración conceptual, pero que no le son descubiertos a la razón –al menos en muchos casos– sino por los símbolos religiosos. Se trata de advertir en el campo de la experiencia humana –en diversas maneras– aquello que es aludido en los símbolos, para elaborarlo conceptualmente.

Se trata entonces de una filosofía plena y libre, que se deja advertir por la fe acerca de sus propios temas filosóficos: no todo lo que la filosofía es capaz de elaborar se le da de hecho en su camino; desde el hombre que cree pueden acercársele a la filosofía muchos temas estrictamente filosóficos, que ella, librada a sí misma, como "pura" filosofía, podría no advertir.

De hecho, la atenta escucha de lo que dicen los símbolos religiosos abre un campo de experiencia que, aún siendo un campo de experiencia auténticamente humana y elaborable racionalmente, podría de otra manera no brindarse al hombre; y aún, conforme a la visión profunda de Ricoeur, el símbolo hace posible detectar no sólo hondas zonas de la conciencia humana, sino que además, a una con ello, posibilita visiones de alcance ontológico general.

Dice Ricoeur:

> "Entonces se abre delante de mí el campo de la hermenéutica propiamente filosófica: no es ya una interpretación alegorizante que pretenda reencontrar una filosofía encubierta bajo la vestidura imaginativa del mito; es una filosofía a partir de los símbolos que intenta promover, formar el sentido, por una interpretación creadora. Al menos provisoriamente osaría llamar a esta tarea una 'deducción trascendental' del símbolo. La deducción trascendental, en sentido kantiano, consiste en justificar un concepto mostrando que hace posible la constitución de un dominio de objetividad. Ahora bien, si me sirvo de los símbolos de la desviación, de la errancia, de la cautividad, como un detector de realidad, si descifro al hombre a partir de los símbolos míticos del caos, de la mezcla y de la caída, en una palabra, si elaboro, bajo la guía de una mítica de la existencia mala, una empírica de la voluntad esclava, entonces puedo decir que, como contrapartida, habré 'deducido' –en el sentido trascendental de la palabra– el simbolismo del mal humano. En efecto, el símbolo, empleado como detector y descifrador de la realidad humana, habrá sido verificado por su poder de suscitar, de aclarar, de ordenar esta región de la experiencia humana, esta región de la confesión que no se habría tardado en reducir al error, a la costumbre, a la emoción, a la pasividad, en una palabra, a una u otra de las dimensiones de finitud que no tienen necesidad de los símbolos del mal para ser abiertas y descubiertas. Pero la expresión de deducción trascendental no es satisfactoria; orienta hacia la idea de que la justificación del símbolo por su poder revelador constituye un simple aumento de la *conciencia de sí*, una simple extensión de la circunscripción reflexiva, mientras que una filosofía instruida por los símbolos tiene por tarea una transformación cualitativa de la conciencia reflexiva. Todo símbolo, en efecto, es finalmente una hierofanía, una manifestación del lazo

del hombre a lo sagrado. Al tratar al símbolo como un simple revelador de la conciencia de sí, le amputamos su función ontológica; erramos (feignons) al creer que el 'conócete' es puramente reflexivo, cuando es en primer lugar un llamado por el cual cada uno es invitado a situarse mejor en el ser, en términos griegos, a 'ser sabio'".[4]

Por todo ello, Ricoeur denomina ese pensar "a partir de los símbolos" también como un pensar *según* los símbolos, o un pensar *siguiendo la indicación* de los símbolos.

Es obvio que este pensar que parte de los símbolos como "detectores de realidad" sólo es posible si se asume el símbolo como símbolo; esto es, si se superan las concepciones del símbolo como mera fantasía vacua, o como historia de hechos reales, o como mera alegoría perfectamente traducible a un lenguaje racional. Sólo se puede iniciar un pensar a partir de los símbolos si antes ha habido un pensar en los símbolos que, en una segunda ingenuidad, postmoderna, ha dejado a tales símbolos estar en sí mismos, para que hablen precisamente como símbolos. De esto ya se ha dicho lo suficiente en distintos lugares de este trabajo.[5]

La filosofía constituye entonces una suerte de discurso conceptual paralelo al discurso de la fe y se despliega como un "trabajo incesante para ponerse en relación de proximidad con el discurso kerygmático y teológico".

La filosofía que piensa a partir de los símbolos piensa filosóficamente lo filosóficamente pensable de lo que el pensador ha escuchado en la fe.

La fe se constituye entonces, para la filosofía, en una fuente de sugerencias temáticas inagotable. Pero no se trata simplemente sólo de una sugerencia por así decir externa y puntual de temas. Los mismos temas que la fe "transmite" a la filosofía, y que la filosofía aborda en sí mismos o eventualmente en aproximaciones o semejanzas, pueden llevar de hecho a la filosofía a una más plena conciencia de sí misma, por ejemplo, en lo que hace a sus propios temas, métodos y límites; y todo ello puede llevarla a una verdadera reformulación de sí misma como filosofía. Y no se trata simplemente tampoco de una "reforma" de la filosofía que consistiría en la sola advertencia de sus límites como tarea conceptual: no es el mero anoticiarse –ya señalado tantas veces– de que nunca el concepto filosófico logra agotar lo que se hace presente en el símbolo; se trata más

---

[4] SM, págs. 330-331.
[5] Cfr. I, 1.c y 1.d; III, 4.D.a; SM, págs. 153-162.

bien de que, más allá de esa advertencia, que de suyo podría dejar intacta a la filosofía como tal en su "cuerpo", la filosofía puede, conforme a las sugerencias de ciertos temas que le vienen desde la fe, llegar a modificarse a sí misma en su estructuración temática y en la conciencia de su propio sentido como saber; pero todo ello según sus propias exigencias –aunque desencadenadas de hecho desde "afuera"–.

Por ello habla Ricoeur, en el texto citado en primer lugar, de "una reforma incesante del pensar, pero en los límites de la simple razón"; y así, "la 'conversión' del filósofo es una conversión en la filosofía y a la filosofía según sus exigencias internas".

Y afirma además Ricoeur:

> "Este vecindazgo de un pensamiento kerygmático provoca, me parece, 'efectos de sentido' en el nivel del discurso filosófico mismo, que a menudo toman la figura de dislocación y de reestructuración de los sistemas".[6]

Ricoeur advierte la presencia de este pensar a partir de los símbolos, de esta proximidad de los discursos kerygmático y filosófico, transformadora para la filosofía como tal, con todas las peculiaridades que ello implica, por ejemplo, en las reflexiones que se pueden hacer con Kant acerca de los límites de la razón y del dinamismo de la voluntad.[7] Según Ricoeur, tales reflexiones abren sobre un posible que, como tal, es objeto de esperanza.

Dice Ricoeur, a propósito del tema de la esperanza:

> "El tema de la esperanza, precisamente, tiene una virtud *fisurante* respecto de los sistemas cerrados y un poder de *reorganización* del sentido; por ello mismo mueve a los intercambios y a las permutas que sugerí en su momento".[8]

Así entonces, con este tema de la esperanza, y con la filosofía kantiana –en rigor, el kantismo posthegeliano de Ricoeur– se tendría la ejemplificación de la filosofía que propone Ricoeur: una filosofía plenamente autónoma, que sin embargo se deja movilizar temáticamente por la fe –sin renunciar a la estricta racionalidad de su tarea– y que desde tal temática así asumida queda además afectada en la articulación y orden de sus temas y en la propia conciencia de sí misma.

[6] CI, pág. 403.

[7] Cfr. lo dicho sobre esta cuestión en III, 4.D.c y d, y "La liberté selon l'espérance", en CI, págs. 393-415.

[8] CI, pág. 403.

La esperanza, una vez "oída" por el filósofo en la palabra de la fe, lleva aquí a descubrir sus semejanzas –ya que no la esperanza misma de la fe– en la peculiar conciencia de los límites, propia de la filosofía kantiana posthegeliana de Ricoeur.

> "Veo entonces convergir hacia la idea de un kantismo post-hegeliano las reestructuraciones espontáneas de nuestra memoria filosófica y aquellas que proceden del 'choc en retour' del kerygma de la esperanza sobre la problemática filosófica y sobre las estructuras de su discurso. (...) Una filosofía de los límites, que es al mismo tiempo una exigencia práctica de totalización, he allí, según me parece, el equivalente (répondant) filosófico del kerygma de la esperanza, la aproximación filosófica más ceñida de la libertad según la esperanza".[9]

Al hablar de "las reestructuraciones espontáneas de nuestra memoria filosófica" se refiere Ricoeur a los resultados del encuentro Kant-Hegel:[10] se trata allí de reestructuraciones que la filosofía produce en sí misma desde sus propios desarrollos históricos. Las reestructuraciones mencionadas en segundo término son precisamente las que produce la filosofía en sí misma, sin alteración de su autonomía temática y metodológica, pero a partir de impulsos recibidos de hecho desde la fe.

La filosofía que propone Ricoeur es entonces un pensar autónomo que, anoticiado de lo que dice la fe, encuentra, en el ámbito que le es accesible como razón filosófica, los contenidos de que se ha anoticiado, para elaborarlos conceptualmente –así sucede, por ejemplo, con el tema del mito adámico, tal como ha sido elaborado por Kant en la problemática del mal radical, y con las figuras de la conciencia moral analizadas por Freud–; o reconoce, en su propia temática, al menos aproximaciones, semejanzas, sugerencias, aperturas hacia ello, sea que el tratamiento filosófico de estos

---

[9] CI, pág. 403.

[10] Sobre este encuentro, dice Ricoeur: "...cronológicamente, Hegel viene después de Kant; pero nosotros, lectores tardíos, vamos de uno a otro; en nosotros algo de Hegel ha vencido a algo de Kant; pero algo de Kant ha vencido a Hegel, porque somos tan radicalmente posthegelianos como postkantianos. Desde mi punto de vista, es este intercambio y esta permutación lo que estructura aún el discurso filosófico de hoy. Es por eso que la tarea consiste en pensarlos siempre mejor, pensándolos conjuntamente, uno contra otro, uno por el otro. Aún si comenzamos a pensar otra cosa, este 'pensar mejor Kant y Hegel' pertenece, de una u otra manera, a ese 'pensar de otra manera que Kant y Hegel'" (CI, pág. 403).

últimos temas anteceda al encuentro con la palabra de la fe, o bien sea desencadenado –siempre como tratamiento filosófico– por ese encuentro.

De esta manera, la filosofía puede ser entonces guiada y aún eventualmente "convertida" temática y estructuralmente –en el sentido indicado– por la fe, sin dejar de ser por ello filosofía. Por otra parte, ello es congruente con el sentido del kerygma mismo. Lo que la fe anuncia, aunque en lo que le es más propio sea algo indeducible, si es algo que el hombre puede aceptar, ha de tener que ver, ha de guardar una cierta continuidad –a pesar de su exceso– con el hombre y su mundo de experiencia y elaboración racional. El mismo mundo de la experiencia y la razón del hombre ha de poder "apuntar" de algún modo hacia el kerygma, sea porque en ese mundo se pueden discernir los mismos elementos que el kerygma anuncia, sea porque lo que el kerygma anuncia –y sería el caso de lo más propio del kerygma– puede ser advertido en ciertas "aproximaciones" en el mundo humano de experiencia y de ejercicio conceptual-sistemático de la razón como filosofía.

En la tercera parte se han visto las aproximaciones a la fe que reconoce Ricoeur.[11] Se trata de aproximaciones a la fe en cuanto superación de la religión ética fundada en el Dios legislador, acusador, que castiga, premia y consuela, y superación del temor al castigo y del deseo de consuelo; se trata de la fe como reconocimiento, en amor y esperanza, del Todopoderoso que promete, más allá de todo cálculo de deseos finitos de consuelos, la integridad del hombre.

Así, en Freud se halla: la posibilidad de una simbolización que abandona el pasado y se abre a lo nuevo, de una especificidad de lo moral y de una fundamentación de lo moral anterior a la norma, la posibilidad de un amor al todo y a lo posible; en Spinoza se encuentra el amor intelectual al todo como "amor intellectualis Dei", idéntico al amor de Dios a sí mismo; en Kant, se puede discernir una fundamentación de la moral en la tendencia al Absoluto, antes de toda norma apriorística, y una filosofía de la finitud según la estructura de la esperanza; siguiendo a Heidegger, se puede ver en el acontecimiento de palabra una obediencia originaria que, lejos de lesionar la autonomía de la voluntad, la funda; en la escucha de la palabra de que hablan pensadores y poetas y también los presocráticos, se puede advertir un modo de consentimiento al todo que supera todo deseo finito de consuelo; en la palabra de los poetas se puede reconocer un modo de

---

[11] Cfr. III, 4.D.c, y d. y 4.E.

amor a lo posible; en la "inocencia del devenir" de Nietzsche, "más allá del bien y del mal", también se puede ver un modo de consentimiento al todo y de superación del deseo finito de consuelo.

Dice Ricoeur, a propósito de las "aproximaciones" a la esperanza, a la misión de anuncio del sentido final de la historia por la gracia, y a la sobreabundancia de la gracia que se expresa en la resurrección:

> "La pasión por lo posible debe engranar sobre tendencias reales, el envío sobre una historia con sentido, la sobreabundancia sobre los signos de la resurrección en todas partes donde puedan ser descifrados. (...) No es posible entonces quedarse en la oposición no dialéctica de la promesa y del *logos* griego..."[12]

La pasión por lo posible, que es por su parte la aproximación humana a la esperanza cristiana que ve en todas partes realizaciones anticipadas de sí misma, debe a su vez hacer pie sobre el discernimiento de tendencias reales visibles en el mundo, que entonces serán aproximaciones de esas realizaciones anticipadas que discierne la esperanza. El discernimiento de la historia como un todo con sentido es la aproximación humana a la visión escatológica que funda la posibilidad de una misión de anuncio de salvación. Los bienes y las buenas obras humanas hacia los demás, que se manifiestan a pesar de todo el mal del mundo, son como anticipaciones, aproximaciones discernibles de la sobreabundancia de la gracia que se manifiesta en la resurrección.

Así, gracias a esta continuidad, el kerygma tiene como tal, aún en lo más "excesivo" de él para la experiencia y la razón humanas, una cierta inteligibilidad; esto es, el símbolo religioso es algo inteligible –aunque "excesivo"– porque dice algo que tiene que ver con experiencias fundamentales del hombre, porque así "apunta" hacia el hombre.

Y es precisamente esa inteligibilidad la que espontáneamente, ya en el mismo símbolo religioso –según se explicó en la primera parte de este trabajo–, tiende a desplegarse de algún modo como discurso racional.

Pero ahora, luego de este primer acercamiento, corresponde ver de qué manera, en el pensar filosófico de Ricoeur, tal como se lo ha visto en especial en su encuentro con Freud, se cumplen las características de esa filosofía que se desarrolla autónomamente a partir de los símbolos.

---

[12] CI, pág. 402.

La filosofía de Ricoeur, como se ha visto extensamente, se despliega como un pensar hermenéutico, y conflictivamente hermenéutico; esto es, se desarrolla circulando por las opuestas hermenéuticas que son la arqueología, la teleología y la escatología.

Ahora bien, en tal contexto, la arqueología y la teleología representan el papel del pensar racional, de la filosofía, y la escatología tiene el papel de la fe. Allí entonces, en la articulación de esas tres hermenéuticas, se podrá observar en concreto la filosofía de Ricoeur como "pensar a partir de los símbolos".

Arqueología y teleología despliegan sus propios discursos, cubriendo la temática del hombre y su mundo y, finalmente, según se vio, por sí mismas, en principio, no descubren lo Sagrado ni, consecuentemente, respetan, en definitiva, en su mismidad insobrepasable, las configuraciones subjetivas espirituales específicamente religiosas. Sin embargo, la noticia de lo Sagrado y lo religioso que trae la fe, en símbolos hechos con materia de "este mundo", mueve a la filosofía –arqueología y teleología– a ocuparse de tales cuestiones, y así esta filosofía descubre *en sí misma,* en su mundo de experiencia al alcance de su propio despliegue como saber racional autónomo, ciertos lugares en donde queda al menos abierta hacia aquello que la fe anuncia.

Concretamente, se ha visto cómo, por ejemplo, la arqueología de Freud, en cuanto atiende a lo que la fe proclama, puede ser movida –"convertida"– hacia despliegues de sí misma –según sus propias experiencias y método– en los que puede advertir señales, semejanzas y aproximaciones hacia lo Sagrado y la actitud religiosa específica respectiva.

En particular, se pudo ver cómo el padre añorado de Freud puede ser entendido *en el psicoanálisis mismo* como más que ese padre del pasado, esto es como afectado por el dinamismo de simbolización del deseo en la palabra, y así capaz de desplegarse como materia de un detector del sentido de la existencia y ser asumido como símbolo de lo Sagrado que se aproxima. Y también se mostró cómo los respectivos sentimientos infantiles de consuelo y temor al castigo, que Freud proclama como lo arcaico perenne y así no específico del sentimiento religioso, pueden admitir, *en el psicoanálisis mismo,* una progresión de sentido en la que pueden aparecer como integrados y superados en el amor al todo y en la orientación efectiva hacia lo posible por venir. Tales son los "efectos de sentido" que hace sentir la fe sobre el despliegue del psicoanálisis. Despliegue que, por otra parte, ha sido mediado, por cierto, por la lectura de Freud desde la hermenéutica del espíritu de Hegel.

Y se ha de recordar, además, que Freud no sólo se "aproxima", en el modo señalado, a los aspectos inverificables de la fe; también ha "verificado" a su manera ciertos contenidos de los símbolos religiosos accesibles a la experiencia humana: las figuras de la conciencia moral anteriores a la fe de Job –como Kant "verificara" a su manera los contenidos del mito adámico y del "servum arbitrium"–.

Y el mismo proceso se puede observar en lo que respecta, por separado, a la teleología del saber absoluto de Hegel. En primer lugar, la atención a lo que dicen los símbolos religiosos sobre el origen y el fin del mal, hace patente a tal filosofía su propio fracaso frente a tal temática, la convencen del fracaso de su solución –que deja intacto al mal real como tal–, y así la ponen ante la conciencia de sus propios límites.

Dice Ricoeur en un texto ya citado:

> "Estos símbolos, de hecho, se resisten a toda reducción a un conocimiento racional; el fracaso de todas las teodiceas, de todos los sistemas acerca del mal, testimonia el fracaso del saber absoluto en sentido hegeliano. Todos los símbolos dan que pensar, pero los símbolos del mal muestran de manera ejemplar que hay siempre más en los mitos y en los símbolos que en toda nuestra filosofía; y que una interpretación filosófica de los símbolos no devendrá nunca conocimiento absoluto. Brevemente, el problema del mal nos fuerza a volver de Hegel a Kant, quiero decir de una disolución del problema del mal en la dialéctica al reconocimiento de la posición del mal como algo inescrutable, irrecuperable por consecuencia en una especulación, en un saber total y absoluto".[13]

Aquí entonces, como ya se indicara, la fe no sólo muestra lo siempre más de lo que propone sino que, además, con tal tema del mal, pone a la filosofía frente a la propia experiencia de sus límites y la mueve a una reformulación –filosófica– de sí misma: abandono de la pretensión al saber total –Hegel– y la vuelta a un saber de los límites –Kant.

El mal, tal como es presentado por la fe, produce sus "efectos de sentido": hace que esta filosofía quiebre su propia circularidad como saber absoluto. Pero no se agotan allí las repercusiones de la fe sobre esta fi-

---

[13] F, págs. 506-507.

losofía, en cuanto se halla dispuesta a "escuchar" los símbolos –aquí los del mal– sin renunciar a su autonomía.

La simbólica religiosa del mal es también una simbólica de la reconciliación. La fe no habla sólo del mal como algo inescrutable; la fe también presenta lo Sagrado como reconciliación esperada frente a ese mal y, como ese mal mismo, como algo que excede a la filosofía con su irrupción histórica indeducible y con su novedad de sentido.

Así entonces, también la reconciliación, como lo Sagrado que se espera como lo que irrumpe salvando, es algo que excede a esta filosofía y la obliga a quebrar su sistema cerrado. También aquí se producen los llamados "efectos de sentido".

Esta filosofía, interpelada por la fe, puede anoticiarse de la realidad del mal como lo que la excede y así de sus propios límites; y así queda en aptitud para aceptar la posibilidad de ser también excedida por lo Sagrado como reconciliación –de que también le habla la fe–. Pero la aceptación de esa posibilidad es ya una cierta aproximación a la esperanza, aproximación que afecta al todo de esta filosofía.

A partir de aquí en especial, anota Ricoeur algo que ya se ha adelantado. Se advirtió en su lugar que la palabra de la fe es inteligible porque se dirige al hombre apuntando a algo que puede hallarse, en diversa medida, en su propia comprensión. Ahora bien, a su vez, si esa comprensión del hombre que la filosofía –desde su propia iniciativa o escuchados los símbolos– puede elaborar metódicamente es alcanzable por la palabra propia de la fe –la fe ahora en contenidos que no se hallan de suyo al alcance de la experiencia elaborable filosóficamente– es claro que tal comprensión es ya una comprensión –en semejanzas, aperturas, sugerencias: "aproximaciones"– que también, por su parte, "apunta" hacia la fe.

Así se constituye una región de sentido compartida por la fe y la filosofía –filosofía es aquí, como se dijo, arqueología y teleología–, un umbral en el que coinciden, sin confundirse, ambos discursos. Allí se da, para la filosofía, una comprensión que Ricoeur denomina "una inteligencia del umbral": algo de lo que la fe proclama ha de ser comprendido por la filosofía en su mundo; y como contrapartida, el propio discurso de la fe del creyente se ha de tornar más lúcido, consciente de sus propios excesos y a la vez con la clara noticia de su inserción en la realidad del mundo.

Ahora bien, ¿cuál es esa región de sentido compartida –para el caso, en la temática del mal y la reconciliación y la esperanza, en el encuentro entre filosofía y escatología (fe)– en la que se puede producir el "intercambio" de fe y filosofía? ¿Qué es lo menos que puede decir la fe de lo Sagrado como reconciliación y que sería a la vez lo más cercano a lo que la filosofía podría decir como aproximación autónoma y a la vez respetuosa de lo Otro sagrado? ¿Cuál es el lenguaje mínimo de una esperanza creyente, que a la vez sea el lenguaje más cercano al lenguaje máximo de una aproximación filosófica a la esperanza?

En este sentido, Ricoeur discierne tres fórmulas a la vez creyentes y filosóficas, acerca del mal y la reconciliación final. Son para la fe tres fórmulas mínimas para expresar la esperanza de lo Sagrado; y son tres fórmulas máximas en las que la filosofía queda abierta –*filosóficamente*– a la posibilidad de lo Otro, en el balbuceo de una esperanza.

"Yo propondría tres fórmulas que expresan esta conexión del mal como injustificable a lo Sagrado como reconciliación. Tres fórmulas en las que discierno por mi parte los lineamientos de una escatología a la vez simbólica y razonable, profética y con sentido, que una filosofía de la reflexión puede saludar en el horizonte de toda teleología de la conciencia, que ella puede saludar sin poder verdaderamente incluirla. Toda reconciliación, diría para empezar, es esperada 'a pesar de...', a pesar del mal. Este 'a pesar de...', este 'y sin embargo', este 'a pesar de todo', constituyen la primera categoría de la esperanza, la categoría de la desmentida (démenti). Pero de ello no hay pruebas, sino solamente signos; el lugar de la implantación de esta categoría es una historia, no una lógica, y una historia que es necesario descifrar sin cesar bajo el signo de una promesa, de una buena nueva, de un kerygma. Luego, este 'a pesar de...' es un 'gracias a...': con el mal, el principio de las cosas hace el bien. La desmentida final es al mismo tiempo pedagogía oculta: *etiam peccata*, dice San Agustín en exergo, me atrevo a decir, del *Soulier de satin*. 'Lo peor no es siempre seguro', replica Claudel, en forma de litote; y agrega, citando el proverbio portugués: 'Dios escribe derecho con líneas torcidas'. Pero no hay saber absoluto del 'a pesar de...', ni del 'gracias a...' Menos aún lo hay de la tercera categoría de esta historia con sentido: 'Allí donde abunda el pecado, sobreabunda la gracia', dice San Pablo; esta extraña ley de sobreabundancia, expresada en el: 'Con más razón', el Πολλῶι μαλλον (= pollói mallon) del apóstol, engloba y compromete (enrôle) el 'a pesar de...' y el 'gracias a...'; pero este 'con cuanta más razón' no es nunca convertible en saber; aquello que en la vieja teodicea no es más que el expediente del falso saber, deviene modestamente la inteligencia de la esperanza; 'a pesar de...', 'gracias a...', 'cuanto más...', he allí los símbolos racionales más altos que engendra la escatología por medio de esta inteligencia de umbral".[14]

En general entonces, una vez que la filosofía ha escuchado la palabra de la fe y ha asumido la tarea de pensar por sí misma –en su propio ámbito de experiencia y con su método– aquello que esa palabra anuncia, no puede ella quedar intacta.

Dos posibilidades se le abren. O bien lo que dice la fe es algo que ella misma puede discernir en su propio ámbito de competencia –el ejemplo de las figuras de la conciencia moral discernidas por Freud, o el "mal radical" de Kant–, o bien es algo que excede su competencia.

En el primer caso, la filosofía dirá finalmente en su lenguaje conceptual lo que la fe dice en su propio lenguaje; aunque –como ya se explicara– el lenguaje conceptual no agote nunca la riqueza de experiencia que se comunica en la fe: de allí la imposibilidad para tal filosofía de elaborar un sistema cerrado y ser una mera traducción de las "alegorías" de la fe. En este primer caso es donde se cumpliría más propiamente lo que Ricoeur ha llamado una "deducción trascendental del símbolo", o con otras palabras, una verificación del símbolo por la constatación de su poder de suscitar experiencias propiamente humanas.

El segundo caso es el de la escucha, por parte de la filosofía, de una palabra que aporta un contenido que no se halla de ninguna manera al alcance de su propio método. Pero esa palabra, si en algún nivel es comprendida, lo es porque de alguna manera alude a cosas que de algún modo tienen que ver con el hombre y sus propias experiencias, con sus elaboraciones de pensamiento. Así, esa palabra remite al hombre a sí mismo y a su mundo de experiencias. Y allí, en sí mismo y en aquellas experiencias a las que de alguna manera alude la palabra de la fe, el filósofo descubrirá sentidos que elaborará con su método y en su lenguaje, que presentarán una cierta continuidad, ciertas semejanzas, aperturas, *aproximaciones* hacia lo que la fe anuncia, por cierto como exceso y como Otro –o bien redescubrirá, como semejanzas y aproximaciones, sentidos que ya ha elaborado filosóficamente–. También aquí, aunque en distinta medida, cabría hablar de una "deducción trascendental del símbolo".

Por ejemplo, la apertura –"conversión"– de la arqueología freudiana –para volver a ella, aquí asumida como filosofía– hacia lo Sagrado y lo

---

[14] F, págs. 507-508.

específicamente religioso, su aproximación hacia lo que plenamente dice la fe, ha sido posibilitada sí –además de la mediación de Hegel– por la atención a la palabra de la fe; pero tal despliegue novedoso del psicoanálisis –novedoso para él, en cuanto atenido sólo a sí mismo–, si bien motivado de hecho "desde afuera", se ha cumplido íntegramente dentro del psicoanálisis mismo, según los objetos que le son accesibles y conforme con el método que le es propio.

El psicoanálisis así fecundado por la atención a la palabra de la fe deviene una filosofía que es un "pensar a partir de los símbolos".

Allí –y en el acontecer paralelo con la teleología de Hegel– se puede ver la realización de esa filosofía que, según Ricoeur, despliega su tarea como una constante aproximación a la fe y que, por la fe, se "convierte" constantemente *como filosofía,* se deja reorganizar temáticamente y como sistema, sin renunciar a su autonomía. Se puede decir que las verdades filosóficas así desplegadas eran originariamente virtualidades que no habrían pasado del estado de tales, de no haber mediado la provocación de la fe.

Si esta filosofía movida por la fe es plenamente filosofía, puede entonces ser entendida desde fuera de la fe; y allí, en las semejanzas, analogías, sugerencias y aperturas –aproximaciones– de tal pensar se podrá alcanzar lo que este pensar puede dar, a saber una cierta inteligencia de la fe, que, como ya se indicó, Ricoeur llama "inteligencia del umbral".[15]

Así, se puede decir que gracias a la circulación por las tres hermenéuticas, o mejor, gracias al contacto de la arqueología y la teleología con la escatología y su fe –contacto que abre a las dos primeras más allá de sí mismas *en sí mismas,* pues son ellas las que descubren virtualidades propias que les eran ocultas a ellas mismas–, los discursos de Freud y Hegel se transforman en la auténtica filosofía del creyente Ricoeur como una "inteligencia del umbral", como un trabajo incesante de aproximación al discurso de la fe. Y la fe del filósofo Ricoeur gana en precisión y distinción frente a la filosofía, a la vez que a través de ella se inserta en la realidad y el mundo del hombre, alcanzando su "segunda ingenuidad".

Es importante destacar que, como ya se viera,[16] según Ricoeur, el contenido religioso por excelencia, esto es lo Sagrado, y en especial en sentido cristiano, sólo puede ser alcanzado en la fe y la esperanza, como respuesta personal a su interpelación. Propiamente, nada de tal "objeto"

---

[15] Cfr. F, pág. 507.
[16] Cfr. I, 2.e. y III, 4.A.

puede ser "probado" por la filosofía. Frente a Dios, lo Sagrado, lo Totalmente Otro, el saber humano sólo puede desarrollar, como se acaba de ver, aproximaciones: las aproximaciones vistas de la arqueología de Freud y de la teleología de Hegel, y las demás aproximaciones anotadas anteriormente.[17]

Se puede intentar ahora una nueva formulación sintética. El mensaje de la fe dirigido al hombre, con toda su novedad y exceso, es inteligible para él; y ello significa que guarda cierta continuidad con lo de suyo inteligible para el hombre, a saber sí mismo y su mundo. Pero de esta manera, la comprensión espontánea del hombre y del mundo –cuya elaboración metódica expresa es la filosofía– ha de ser ya de alguna manera una cierta precomprensión de la fe: hay en el hombre y en su mundo cuestiones que desde la fe son propuestas pero que se hallan al alcance de la filosofía, y hay además lugares en donde pueden "tener su lugar" los contenidos de la fe que superan de por sí las posibilidades de la filosofía: aperturas, semejanzas, sugerencias, aproximaciones desde donde la fe estrictamente tal se pone al alcance del hombre a quien se dirige.

La palabra de la fe recibida y su espontánea comprensión y progresiva profundización en sí misma no puede no provocar simultáneamente un reconocimiento en el hombre, desde el hombre mismo, de su propia situación, para advertir allí ya sea aquello mismo que desde la fe se le anuncia, o bien semejanzas o aproximaciones hacia ello. Esta comprensión desde el hombre mismo, cuando se torna refleja y metódica, es lo que se llama

[17] Cfr. nota 11. En cuanto a la posibilidad de una demostración de la existencia de Dios, dice Ricoeur: "Excluyo de mi propósito el proyecto de una teología racional, que otros filósofos que respeto creen practicable. Si no intento reactualizar las pruebas de la existencia de Dios y si no indago en la relación de concordancia o de subalternación que podría existir entre verdades de dos órdenes es por razones que tienen que ver tanto con la interpretación que se ha dado anteriormente de la revelación bíblica cuanto con la idea que yo me hago de la filosofía" (P. Ricoeur, "Herméneutique de l'idée de Révélation", en *La Révélation*, Publications des Facultés universitaires Saint-Louis, Bruxelles, 1977, pág. 35). En el ensayo titulado "Nommer Dieu" (*Etudes théologiques et religieuses,* 52, 1977, págs. 489-508) alude Ricoeur a las limitaciones kantianas para todo discurso *filosófico* sobre Dios. En *Corrientes actuales de la investigación en las ciencias sociales* (Tecnos-UNESCO, Madrid, 1982), en el apartado titulado "Filosofía de la religión", Ricoeur pasa revista a las distintas posiciones actuales acerca de la posibilidad de un acceso filosófico a Dios. Ricoeur presenta una breve caracterización de su filosofía, mostrando su alcance ontológico, implicado en ella entendida como antropología, y delimitando su posición frente a la cuestión de Dios –donde rechaza el título de "fideísmo"– en el "Epílogo" de la obra *Fe y filosofía. Problemas del lenguaje religioso,* Edit. Almagesto-Docencia (CINAE), Buenos Aires, 1990.

filosofía. Esta filosofía es así "provocada" por la misma fe. Cuando esta filosofía preexiste a la fe, si es alcanzada por el dinamismo de la fe en la manera señalada, recibe de la fe "efectos de sentido" –conciencia plena de sí misma y sus posibilidades, acceso a nuevos temas y reorganización de la propia temática...– que hacen que resulte "convertida" en sí misma, por sí misma y a sí misma. Esta filosofía puede ser llamada un "pensar a partir de los símbolos".

Así, la filosofía resulta ser un discurso paralelo y de aproximación a la fe, un discurso racional autónomo en el que se puede saludar a la fe desde el umbral de su intelección. Dice Ricoeur:

> "Si Dios habla por los profetas, la filosofía no tiene que justificar su Palabra, sino desplegar el horizonte de significancia donde ella puede ser escuchada".[18]

b.- Superación del cogito idealista y ontología

En el comienzo mismo de este trabajo se indicaba que la intención última de Ricoeur era la elaboración de una ontología. Y hacia el final de la primera parte se anotaba que, en definitiva, de la circulación por las hermenéuticas arqueológica, teleológica y escatológica, resultaba, según las palabras de Ricoeur, una "ontología militante y quebrada".

Pues bien, parece adecuado ahora, al final del análisis de esa "circulación hermenéutica", mostrar con cierta detención cómo resultan de ella los elementos –al menos– de esa ontología. Así quedará cumplido, al menos en parte, el "deseo" de Ricoeur, y la "voie longue" que pasa por las obras y por las distintas hermenéuticas –singularmente por la de Freud– quedará justificada en cuanto hayan quedado claros sus frutos.

Ricoeur emprende el camino hacia una ontología luchando contra el inmanentismo de la conciencia idealista, tal como él entiende que se verifica especialmente en la filosofía de Husserl.[19] De ello testimonian distintas

---

[18] "Herméneutique de l'idée de Révélation", citado en nota anterior, pág. 36. Esta concepción del despliegue de la filosofía frente al hecho religioso podría entenderse en el sentido de lo que se llama el *método de correlación,* en cercanía de la concepción de Paul Tillich; al respecto, cfr. P. Ricoeur, *Corrientes actuales de la investigación en las ciencias sociales,* citado en la nota anterior, págs. 491-499.

[19] Esto se halla especialmente testimoniado en el ensayo "Phénoménologie et herméneutique: en venant de Husserl", en *Du texte à l'action. Essais d'herméneutique II,* Ed. du Seuil, Paris, 1986, pág. 39. De Ricoeur sobre Husserl se han de consultar: *Idées*

expresiones que ya se han señalado y que pertenecen a distintas obras de Ricoeur:[20] en todos los casos se trata de la pertenencia del cogito al ser.

Al comienzo de la tercera parte se vio cómo la total radicalidad del análisis arqueológico de Freud era indicado adecuadamente por Ricoeur al señalar que todas las manifestaciones del orden representativo del psiquismo debían ser entendidas como la "semántica del deseo". En efecto, la conciencia debía ser desenmascarada como "conciencia falsa", en cuanto ella era, en sus distintas manifestaciones representativas, un derivado de lo inconsciente; pero el mismo orbe representativo del inconsciente era a su vez la expresión del deseo con el que las pulsiones hacen su ingreso y mantienen su presencia en el dinamismo psíquico.

La conciencia tiene su verdad en lo inconsciente; pero más radical y decisivamente, lo representativo tiene su raíz en el deseo. El saber, la representación –los "objetos" representados, sabidos, y el sujeto representado y sabido referido a ellos– sean inmediatos –conciencia inmediata, necesariamente falsa– o mediatos –lo inconsciente devenido consciente por el análisis– no son lo último y radical del psiquismo. El saber y la conciencia –lo representativo–, sean los que fueren, se hallan siempre "después" del deseo. Todo lo que es sentido y palabra asciende como tal desde y por el deseo y así, sin confundirse con él, lo expresa.

Pero ello significa que el sujeto ya está allí "antes" de la conciencia, de la representación, del saber, de la palabra: el sujeto es y se halla enraizado en lo otro y referido indigentemente a ello "antes" de que represente y hable; *hay "sum"* antes de que haya conciencia, cogito.

Dice Ricoeur:

> "Esta marcha regresiva –bien digna del nombre de *análisis*– hacia lo presignificante y lo insignificante sería ella misma insignificante si no estuviera adosada a una problemática del sujeto; lo que ella designa es propiamente el *sum* del *Cogito*. De la misma manera que el 'desasimiento' de la conciencia en una tópica no se comprende sino por la posibilidad de una 'reasunción' en el devenir consciente, así una pura económica del deseo no se comprende sino como posibilidad de reconocer la posición

---

directrices pour une phénoménologie, Traduction de Ideen I avec introduction et notes de Paul Ricoeur, Gallimard, Paris, 1950; *Husserl: an analysis of his phenomenology,* Northwestern University Press, 1967; *A l'école de la phénoménologie,* Vrin, Paris, 1986.

[20] Cfr. en especial la primera parte de este trabajo.

del deseo en la serie de sus retoños, en el espesor y en la frontera del significante".[21]

Y Ricoeur hace notar que "el antecedente de la pulsión por relación a la representación y la irreductibilidad del afecto a la representación remiten a una problemática que, sin ser dominante, no es de ninguna manera insólita en el corazón mismo de nuestra tradición racionalista".[22] Y en tal sentido recuerda a Nietzsche, Schopenhauer, Leibniz, Spinoza.[23]

De allí, por otra parte, que, como ya se señalara en el lugar indicado de la tercera parte, Ricoeur entienda que es imposible sostener finalmente la estructuración lingüística del inconsciente.[24]

Pero para Ricoeur, lo decisivo que se sigue filosóficamente de lo señalado es, precisamente, la anterioridad e irreductibilidad del ser a la conciencia. Y ello significa, en general, que hay ser "antes" de la conciencia, que la conciencia es sólo un enclave en el reino del ser. En palabras de Ricoeur:

> "...la anterioridad, el arcaísmo del deseo, que justifican el hablar de una arqueología del sujeto, imponen subordinar la conciencia, la función simbólica, el lenguaje, a la posición previa del deseo. Como Aristóteles, como Spinoza y Leibniz, como Hegel, Freud pone el acto de existir en el eje del deseo. Antes de que el sujeto se ponga conscientemente y voluntariamente, ya estaba él puesto en el ser en el nivel pulsional. Esta anterioridad de la pulsión por relación a la toma de conciencia y a la volición significa la anterioridad del plano óntico por relación al plano reflexivo, *la prioridad del yo soy sobre el yo pienso*".[25] "De esta manera solamente pueden ser vencidas la ilusión y la pretensión del Cogito idealista, subjetivista, solipsista".[26]

Y aquí es donde Ricoeur advierte las coincidencias antropológicas y ontológicas entre el Freud que él lee y Jean Nabert –pensador éste que se halla a su vez en la línea de la filosofía de Fichte–. En efecto, en el sentido de Nabert, el yo es constitutivamente esfuerzo de permanencia en el ser –el "conatus" de Spinoza–; y este esfuerzo de permanencia es de

---

[21] F, pág. 439.

[22] F, pág. 439.

[23] Cfr. F, págs. 439-442; CI, págs. 24-25.

[24] Cfr. F, pág. 439; CI, pág. 168.

[25] CI, pág. 261.

[26] CI, pág. 262.

suyo un esfuerzo por una permanencia indefinida. Es este esfuerzo que nos constituye lo que se expresa en el juicio tético en el sentido de Fichte: "yo soy". Pero este esfuerzo que se dice a sí mismo en el "yo soy", esta afirmación de la existencia como indefinida es también conciencia de la diferencia frente a lo otro y de la propia carencia; y así, el esfuerzo por la existencia indefinida es a la vez deseo –"eros"– de lo otro: la existencia ilimitada ha de serlo como existencia recapituladora de la totalidad de lo que es.

El yo es así constitutivamente esfuerzo y deseo; esfuerzo y deseo que apuntan a una existencia indefinida en la plenitud del ser. "La *afirmación del ser en la carencia del ser,* tal es el esfuerzo en su estructura más originaria".[27]

Ahora bien, según Ricoeur, precisamente las obras o realizaciones del yo son sus objetivaciones; son entonces aquello en lo que se refractan de distintas maneras el esfuerzo y el deseo constitutivos del yo. Las obras del yo son los monumentos en los que va quedando realizado fragmentariamente el proyecto de totalización que constituye a ese yo. Así entonces, cuando en la reflexión concreta se procede a una recuperación-conocimiento del yo a partir de todas sus obras, se está procediendo a una reapropiación del esfuerzo y el deseo del yo que se han derramado en esas obras; y ello, por otra parte, hace de esta filosofía una tarea ética, en sentido amplio. Se trata del reconocimiento del yo mismo en lo que lo constituye más íntimamente, a saber su esfuerzo y su deseo de ser, pero precisamente en aquello en que tal esfuerzo y tal deseo en cierto modo se han cristalizado, objetivado, perdido.

---

[27] CI, pág. 336. Dice Ricoeur: "Este esfuerzo es un deseo, porque nunca es satisfecho; pero este deseo es un esfuerzo, porque es la posición afirmativa de un ser singular y no simplemente una carencia de ser. Esfuerzo y deseo son las dos caras de la posición de sí mismo en la primera verdad: *yo soy"* (F, pág. 53). Y además: "Es contra esta reducción de la reflexión a una simple crítica (del conocimiento: Kant) que digo, con Fichte y su sucesor francés Jean Nabert, que la reflexión es menos una justificación de la ciencia y del deber que una reapropiación de nuestro esfuerzo por existir; la epistemología es sólo una parte de esta tarea más vasta: tenemos que recuperar el acto de existir, la posición del sí mismo en todo el espesor de sus obras" (CI, págs. 323-324). Los elementos de esta consideración acerca del esfuerzo y del deseo del yo pueden encontrarse en F, págs. 50-54; CI, págs. 24-26, y sobre todo pág. 336. Sobre el aspecto ético de la filosofía, cfr. CI, págs. 321-325 (sobre todo pág. 324), y F, pág. 53. Sobre Jean Nabert, véase "L'acte et le signe selon Jean Nabert", en CI, pág. 211.

Así, es por todo ello que la filosofía como reflexión concreta debe pasar necesariamente por las obras culturales contingentes, como signos opacos del yo; y por ello ha de ser necesariamente hermenéutica.

Según Freud, desde el deseo y para el deseo acontece toda conciencia: desde el deseo y para el deseo se alza la conciencia inmediata –falsa– y desde el deseo y para el deseo acontecen las representaciones de lo inconsciente que devienen conscientes por el análisis.

Desde el deseo y para el deseo se alzan todo sentido y todo lenguaje originarios y todo sentido y lenguaje posteriores como enmascaramiento de lo originario, hasta las ilusiones de la religión.

El análisis de Freud ha descentrado la conciencia en cualquiera de sus sentidos, hasta hacerla preceder por el deseo.

Ahora bien, también Hegel, a su manera, comienza por descentrar la conciencia inmediata. En efecto, las figuras singulares de la conciencia dependen en cada caso, subjetiva y objetivamente, de las figuras distintas e irreductibles que les siguen y finalmente de la figura terminal que es el saber absoluto, donde el espíritu se revela como la identidad de toda objetividad y subjetividad.

Pero en Hegel leído desde Freud se puede advertir también –como se vio en su lugar– una precedencia insuperable del deseo y de la vida. Así como en Freud leído desde Hegel se puede ver también –en las dificultades de sus "sublimaciones"– un descentramiento "hacia adelante" de la conciencia de los objetos originarios, en cuanto se puede discernir una irreductibilidad de las realizaciones superiores a lo arcaico sexual.

Pero en todo caso ahora importa señalar con precisión la superación de la conciencia idealista que se puede alcanzar en la lectura ricoeuriana de Freud. Para ello es necesario tener presente, además de los elementos señalados más arriba que aporta la arqueología de Freud, las precisiones de Ricoeur acerca de la "intencionalidad e intimidad" de los sentimientos.

El deseo se ha mostrado como "anterior" a la representación. Así, desde un comienzo, queda desechada la posibilidad de un dominio representativo de lo objetivo, que pueda llegar a entenderse a sí mismo como "constituyente" de sus contenidos. Y la intencionalidad del deseo como sentimiento muestra la diferencia originaria, irreductible y no dominadora del yo frente a lo otro de él.

Este vencimiento del idealismo –cabe señalarlo– ha sido también operado por Ricoeur a través del análisis del lenguaje. El lenguaje tiene, según Ricoeur, una innegable orientación referencial –en diversa medida y con distinto sentido según los lenguajes– que hace imposible el mantenimiento de cualquier postura idealista, y más particularmente de cualquier solipsismo o subjetivismo.[28]

[28] Sobre el diálogo con el estructuralismo, véanse los ensayos contenidos en CI, págs. 31-97 bajo el título "Herméneutique et structuralisme", y también el ensayo "La question du sujet: le défi de la sémiologie", en CI, pág. 233. Sobre el carácter diversamente referencial del lenguaje, véanse los ensayos "La fonction herméneutique de la distanciation", "Herméneutique philosophique et herméneutique biblique", "Qu'est-ce qu'un texte?", "Expliquer et comprendre", "L'imagination dans le discours et dans l'action", contenidos en P. Ricoeur, *Du texte à l'action. Essais d'herméneutique II*, Editions du Seuil, Paris, 1986. También se puede consultar la rápida síntesis de las discusiones sobre lenguaje y referencia que hace Ricoeur, bajo el título "Lenguaje y ontología", en la obra ya citada *Corrientes actuales de la investigación en las ciencias sociales*, en págs. 167-176.
Por otra parte, Ricoeur ha pasado revista a casi todas las cuestiones y posiciones relacionadas con las implicaciones de todo tipo de la problemática del lenguaje en la segunda parte de la obra citada en último término, bajo el título "El lenguaje, la acción, el humanismo" (págs. 301-499). Sobre lenguaje y acción trata también la segunda parte de *Du texte à l'action* ("De l'herméneutique des textes à l'herméneutique de l'action"). En "La question du sujet: le défi de la sémiologie", Ricoeur hace notar la convergencia de los siguientes planteos. Freud entiende el nacimiento de la conciencia y del lenguaje a partir del deseo, con lo cual muestra la precedencia del ser del sujeto respecto de la conciencia. Heidegger, con el ser-en-el-mundo –en la Befindlichkeit, la comprensión y la interpretación– reconoce en el sujeto un enraizamiento originario en lo que es. El indudable carácter referencial del lenguaje muestra la pertenencia y posterioridad de la conciencia respecto de lo que es. Todo ello le hace decir a Ricoeur: "Lo que decíamos en su momento de la relación de la pulsión a la toma de conciencia es necesario decirlo ahora de la relación de la pulsión al lenguaje. El *yo soy* es más fundamental que el *yo hablo*. Es necesario entonces que la filosofía se ponga en camino hacia el *yo hablo* a partir de la posición del *yo soy*, que del seno mismo del lenguaje se ponga 'en camino hacia el lenguaje', como lo pide Heidegger. La tarea de una antropología filosófica es mostrar en qué estructuras ónticas adviene el lenguaje. Yo evocaba a Heidegger; sería necesario que una antropología filosófica intentara hoy, con los recursos de la lingüística, de la semiología y del psicoanálisis, rehacer el trayecto trazado por *Sein und Zeit*, ese trayecto que parte de la estructura del ser en el mundo, atraviesa el sentimiento de la situación, la proyección de las posibilidades concretas y la comprensión y avanza hacia el problema de la interpretación y del lenguaje. Así, la hermenéutica filosófica debe mostrar cómo la interpretación misma adviene al ser en el mundo. Hay primero el ser en el mundo, luego el comprender, luego el interpretar, luego el decir. El carácter circular de este itinerario no debe detenernos. Es cierto que es desde el seno del lenguaje que decimos todo ello; pero el lenguaje está hecho de tal manera que es capaz de designar el suelo de existencia del que procede, y de reconocerse a sí mismo como un modo del ser del que habla. Esta circularidad entre *yo hablo* y *yo soy* da respectivamente la iniciativa a la función simbólica y a su raíz pulsional y existencial. Pero este círculo no es un círculo vicioso; es el círculo realmente viviente de la expresión y del ser expresado. Si es así, la hermenéutica por la que debe pasar la filosofía reflexiva no debe confinarse en los

En la "valoración" de esta cuarta parte (punto c.) se volverá sobre las implicaciones no idealistas de la "semántica del deseo". Tal "realismo" es el primer importante elemento de la filosofía de Ricoeur: la conciencia pertenece al ser y no a la inversa. Como ya decía Ricoeur en *La Symbolique du Mal*: "el ser que se pone a sí mismo en el *Cogito* debe aún descubrir que el acto mismo por el cual él se arranca de la totalidad no cesa de participar del ser que lo interpela..."[29]

Aunque quede fuera de los límites del intento de recoger los frutos de la filosofía de Ricoeur en orden a una ontología, conviene señalar aquí, de paso, la cualificación especial que merece este paso por Freud, Hegel y el análisis del lenguaje. Si se tiene en cuenta que para Ricoeur el idealismo constituye la mayor dificultad filosófica para la aceptación de la Revelación,[30] se puede afirmar que la arqueología de Freud por sí misma y la teleología de Hegel en la conjunción señalada con aquella arqueología, y el análisis del lenguaje –cada proceder por sí y también los tres procederes a una–, en cuanto destruyen el *Cogito* idealista, se develan como un discurso filosófico paralelo al "realismo" de la fe –la significación de este realismo se verá en seguida– y así "verifican" en cierto modo un sentido de los símbolos de la fe.

La filosofía que propone Ricoeur es, en general, un pensar a partir de todos los símbolos que son la obra de la cultura; y un pensar que se despliega, en principio, según las hermenéuticas arqueológica y teleológica. Esa lectura combinada de ambas hermenéuticas ha dado un primer fruto en orden a una ontología: el descentramiento de la conciencia, el enraizamiento de la conciencia en el ser, la precedencia del ser sobre la conciencia, la superación del Cogito idealista.

---

efectos de sentido y de doble sentido: debe ser atrevidamente una hermenéutica del *yo soy*. De esta manera solamente pueden ser vencidas la ilusión y la pretensión del *Cogito* idealista, subjetivista, solipsista" (CI, págs. 261-262).

[29] SM, pág. 331.

[30] En el ensayo ya citado "Herméneutique de l'idée de Révélation", dice Ricoeur: "La idea de una conciencia que se pone a sí misma poniendo sus contenidos constituye sin duda la resistencia más cerrada a toda idea de revelación..." (p. 43); y más adelante: "...la pretensión de la conciencia de constituirse a sí misma es el obstáculo más formidable a la idea de revelación. A este respecto, el idealismo trascendental de un Husserl contiene en potencia las mismas consecuencias ateas que el idealismo de la conciencia de un Feuerbach. Si, en efecto, la conciencia se pone, ella debe ser el 'sujeto' y lo divino debe ser el 'predicado', y no puede ser más que por una alienación subsecuente de este poder autoproductor que Dios es proyectado como el 'sujeto' ficticio del cual lo humano deviene el 'predicado'" (pp. 46-47).

Al llegar a los símbolos religiosos, esta filosofía ha de escuchar lo que ellos dicen a la fe, a fin de que, provocada por ellos, detecte en su propio ámbito filosófico la realidad presentada por ellos, o al menos aproximaciones a la misma. Pero escuchar la palabra de la fe en la filosofía misma significa aquí que la realidad designada por la fe ha de ser leída en principio en las hermenéuticas arqueológica y teleológica. Esa lectura provocará entonces, como se dijo, el descubrimiento arqueológico-teleológico –filosófico– de realidades accesibles al discurso racional, o permitirá la *aproximación* a la realidad designada por la fe en semejanzas y sugerencias de ella.[31]

Los símbolos religiosos considerados por Ricoeur son los relativos al mal. Pues bien, la noticia del mal, esto es, su atención en la experiencia, realizada adecuadamente gracias a la advertencia que proviene de los símbolos respectivos –de los que testimonia la fe del creyente– se resiste a dejar reducir el mal moral, la culpa, aún prescindiendo de su dimensión religiosa, finalmente a mero temor a la pérdida de la integridad física –Freud– o a mero momento de finitud recuperable y superable en el saber absoluto –Hegel–: advierte en el mal algo excesivo para el saber –allí, así, "verifica" los símbolos–.

El atento anoticiarse de la realidad que indican los símbolos religiosos del mal –así, verdaderos "detectores de realidad"–, el dejarse guiar por lo señalado por los símbolos y mitos del mal, obliga a reconocer esa realidad como algo que excede las posibilidades de cualquier sistema racional. Así, la filosofía –aquí representada por el saber del psicoanálisis y por el saber absoluto– advertirá algo en la conciencia –la conciencia del mal moral– que resulta definitivamente opaco para ella, que no puede ser dominado definitivamente ni desde la arqueología ni desde la teleología. Ni la teleología de Hegel puede dar cuenta acabada de la realidad del mal, ni la arqueología de Freud –recuérdense las dificultades de la "sublimación" moral– puede explicar la especificidad del bien y del mal morales.

Se podría imaginar entonces una interpretación simultáneamente arqueológica y teleológica de las distintas figuras de la conciencia que, gracias a la escucha de lo que dicen los símbolos religiosos del mal, tendría a la vez clara noticia de ser una hermenéutica incompleta: quedaría firme que hay algo que definitivamente no es transparente al saber de la conciencia. Hay algo que no pudiendo devenir objeto sabido por la con-

---

[31] Cfr. lo dicho más arriba sobre esto.

ciencia, no puede entonces nunca ser concebido como un mero momento en el cual y por el cual la conciencia alcanza la plena lucidez y posesión de sí misma como lo único (Hegel). Hay algo que no es objeto del saber del psicoanálisis, en cuanto se muestra como irreductible a lo pulsional sexual o de autoconservación (Freud).

Arqueología y teleología, tal como aparecen en Freud y en Hegel no han de ser la última palabra en la interpretación de la conciencia.

Pero la atención a lo señalado por los símbolos tiene una ulterior consecuencia. Los mitos acerca del origen y del fin del mal relacionan la magnitud del mal moral con la dimensión de lo Sagrado. Así, se presenta un nuevo sentido que debe ser tenido en cuenta.

El saber racional –aquí Freud y Hegel– resulta así plenamente "alcanzado" por los "efectos de sentido" del discurso de la fe. Y en todo caso, lo propuesto por los símbolos a la razón resulta algo que excede los términos del saber racional: la falta moral y lo Sagrado son "excesos" para el saber.

Ello significa que los saberes de Freud y de Hegel, lejos de poder cerrarse sobre sí mismos, han de permanecer abiertos ante lo que los sobrepuja de diversa manera –y según Ricoeur, a partir de virtualidades ya presentes en tales "sistemas"–. Se está así ante un nuevo "saber", hecho de Freud, Hegel y de lo que, desde tales pensamientos, resulta de algún modo visible de lo que manifiesta la fe. En rigor, se trata de los saberes de Freud y Hegel, o simplemente de la filosofía, en cuanto "convertida" en sí misma y por sí misma, pero a partir de la escucha de la palabra de la fe; es la filosofía que ha sufrido los "efectos de sentido" de la fe.

Es necesario mostrar más claramente el perfil y las posibilidades de este nuevo saber. Con ello se profundizará aún en lo explicado en el primer paso de este punto; pero ello servirá, finalmente, para desgajar los elementos de la ontología de Ricoeur y para una clara comprensión de su sentido.

Se trata de un saber que se despliega a partir de los símbolos y "circulando" por las distintas hermenéuticas, en un proceso en el que arqueología, teleología y escatología se integran y se completan mutuamente –en un modo que habrá aún que precisar–. Se trata así, también y con todo rigor, de una hermenéutica filosófica de los símbolos religiosos. En esta hermenéutica, que debe ser pensada como una suerte de "verificación" de los símbolos religiosos –en diversa medida, según los símbolos–, Freud y Hegel descubren cada uno lo implícito en el otro y permiten su desarrollo *desde el otro;* y la fe descubre lo implícito de Freud y Hegel y permite su desarrollo *desde ellos;* y Freud y Hegel hacen ver la presencia de sus propios pensamientos en ciertas implicaciones de la fe.

Este pensar a partir de los símbolos, en la medida en que se deja mediar simultáneamente por lo que dicen los símbolos y por las filosofías existentes, engendra una filosofía que es continuación-conversión de esas filosofías preexistentes y una cierta inteligencia filosófica de la fe: el definitivo pensar a partir de los símbolos es la "conversión" filosófica de las filosofías preexistentes y, en palabras de Ricoeur, un "saber del umbral".

Ya se ha dicho que para este saber y para todo saber racional, el mal –aún según su manifestación inmediata, despojado de toda valencia religiosa– aparece como algo irrecuperable. No se puede alcanzar, en un discurso total arqueológico-teleológico, un punto desde el cual el mal quede "redimido". No hay un término lógico final y absoluto desde el que se pueda recuperar el mal que los símbolos testimonian y custodian en su especificidad y que la razón puede al menos advertir en el campo de experiencias que están a su alcance. Y por otra parte, lo Sagrado que los símbolos religiosos testimonian en el comienzo y en el fin del mal moral es un sentido propio de la figura religiosa de la conciencia, que en el saber filosófico arqueológico-teleológico sólo puede aparecer –luego de escuchados los símbolos– como un *posible,* que será precisamente lo Totalmente Otro.

El mal es un sentido que, presente por derecho propio y con valencias diversas en las conciencias religiosa y filosófica, las excede a ambas. Lo Sagrado, presente por derecho propio en la conciencia religiosa, excede a la misma en cuanto es para ella un acontecimiento imprevisible que le adviene y cuyo sentido la desborda; así, ella no posee lo Sagrado de ninguna manera. Y presente sólo como posible en la conciencia del saber racional arqueológico-teleológico, lo Sagrado excede entonces a la misma de manera total.

Para ambas conciencias, con la diferencia anotada, se puede hablar de lo Sagrado como *horizonte,* esto es como lo no sabible u objetivable, según ya se señalara con Ricoeur.[32]

Las hermenéuticas arqueológica y teleológica han aportado así lo suyo pero, además, han sido *abiertas,* aproximadas en sí mismas en definitiva a lo Sagrado –en su nivel y en su lenguaje y así con sus limitaciones–,

[32] Cfr. III, 4.A.

y con ello han incorporado a sí una *cierta* inteligencia escatológica –no es la plenitud de la interpretación del creyente– que las habilita como una cierta inteligencia del umbral de la fe: se constituyen –ellas con lo escatológico asumido en su modo– en el discurso filosófico paralelo o de aproximación a la fe que quiere Ricoeur.

En otras palabras: esta hermenéutica compleja y nueva, esta filosofía que integra lo arqueológico, lo teleológico y lo visible racionalmente de la fe, es una advertencia y aceptación de la posibilidad de lo específico de la conciencia religiosa; advierte, por ejemplo, que las representaciones religiosas si bien dependen de lo pulsional arcaico y lo espiritual, además dependen de un sentido en todo modo excedente que se manifiesta como tal de manera especial al creyente –y que también ella como filosofía puede al menos barruntar y así advertir también como excedente–.

Así, esta filosofía –como tal, compartible por el no creyente– puede advertir que, con el símbolo religioso, el sujeto se halla en el punto de entrecruzamiento y compromiso de un acontecimiento complejo de sentido que tiene tres polos de origen: lo pulsional arcaico, lo espiritual y lo Sagrado. Esta filosofía puede decir que el símbolo –el momento representativo de la conciencia religiosa– habla en definitiva de un sentido-acontecimiento radical –lo Sagrado– que ella también reconoce a su manera –como límite de su lenguaje conceptual– y que se hace presente de manera especial en la fe del creyente.

De tal manera, esta filosofía hace una interpretación del símbolo religioso que "circula" por tres hermenéuticas: la de lo pulsional arcaico, la de lo espiritual y la de lo Sagrado. La hermenéutica desde lo Sagrado es en rigor indicada y "saludada" por ella como lo congruente posible, pero que, finalmente, se ha de llevar a cabo, propiamente, desde la fe. Lo cual es tanto como reconocer la especificidad y mayor originariedad de la conciencia religiosa: a ella se le cede la hermenéutica concreta y definitiva del símbolo religioso. La hermenéutica filosófica desde lo Sagrado consiste en el reconocimiento del ejercicio *final* de esa hermenéutica por parte de la conciencia religiosa.

Lo cual no quiere decir que esta filosofía no pueda hacer –tal como se viene diciendo– su propia lectura filosófica de lo que los símbolos religiosos le han sugerido. Así, esta filosofía puede hablar filosóficamente de lo Sagrado –con los límites vistos–, de la culpa moral, de la esperanza, etc.; para dejar *finalmente* la palabra a la fe. Lo Sagrado y su realidad positiva quedan definitivamente fuera de las posibilidades de esta filosofía; el mal moral puede ser reconocido y analizado –no resuelto– por ella en cuanto se prescinda en él de lo religioso –aquí, los símbolos religiosos, como se dijo, le posibilitan de hecho una experiencia que de suyo se halla a su alcance–; pero tanto lo Sagrado como la dimensión religiosa del mal pueden ser saludados por esta filosofía en el horizonte de sus posibilidades.

Finalmente, la conciencia como tal queda pendiente de algo –lo Sagrado– que no puede recuperar para sí ni como conciencia de saber arqueológico-teleológico, ni como conciencia religiosa. La conciencia de saber queda imposibilitada de cerrarse sobre sí misma, en cuanto queda abierta a una realidad que no puede negar ni afirmar con sus propios recursos. Y si desde ese saber se pasa a la fe –cuya especificidad y mayor originariedad frente a la filosofía se ha reconocido desde ese mismo saber– es aún más claro que Aquello que es lo último es lo que, interpelando y prometiendo como acontecimiento indeducible, hace depender todo de sí y es así lo nunca abarcable, lo que sólo adviene en la fe y la esperanza creyentes.

El mal, advertido en su especificidad en la propia experiencia, pero gracias a la advertencia que hacen de él los símbolos religiosos, en primer lugar ofrece resistencia a las "reducciones" arqueológica y teleológica, y luego permite ver, especialmente en Freud, lugares del pensamiento abiertos al reconocimiento de esa especificidad. Desde tal experiencia del mal, arqueología y teleología quedan abiertas a la posibilidad de la interpretación religiosa escatológica.

Y con lo Sagrado –unido indisolublemente al mal moral en la conciencia religiosa– se da un paso más. Ahora es posible, en la admisión de la posibilidad de su realidad –también desde la arqueología y la teleología "abiertas" desde la fe en los símbolos del mal– admitir nuevamente una extensión del ser que exceda a la conciencia.

Así, finalmente, la conciencia ha quedado excedida por el ser desde su pasado y desde su futuro. Desde su pasado por el deseo que puede discernir y desde su futuro por lo Sagrado que puede admitir. Así, la conciencia deja de considerarse la constituyente del ser.

Pero es posible dar un paso más. En su momento se explicó, con Ricoeur, que lo Sagrado se presentaba para la fe como lo no objetivable; y así, en cuanto precisamente arqueología y teleología agotaban todo objeto sin que allí apareciera lo Sagrado, podían dar lugar –además de lo que hacen con sus "aproximaciones" positivas– para la manifestación de lo Totalmente Otro no objetivable, podían dar lugar a la fe, que en los "objetos" del mundo es llevada metafóricamente a discernir lo Sagrado: podían dar lugar al símbolo. Y si lo Sagrado es simbolizado como no objeto en y por los "objetos" del mundo –los "objetos" de la economía, la política, el arte–, no existe –se decía entonces– una categoría de objetos "sagrados". Más bien, es toda realidad del mundo lo que se muestra para la fe como sentido que remite a lo Sagrado; o mejor y más abarcadoramente: toda figura de la conciencia apunta hacia la figura de la fe y lo Sagrado. Dice Ricoeur:

> "Quizás podamos decir que estos símbolos (del mal y de lo Sagrado) son la profecía de la conciencia; ellos manifiestan la dependencia del yo (soi) de una raíz absoluta de existencia y de significaciones, de un *eschaton*, de un último hacia el cual apuntan las figuras del espíritu".[33]

Lo Sagrado, la realidad de sentido que excede definitivamente a la conciencia en la fe, en cuanto aparece como sentido final de todo sentido presente en la conciencia, hace que entonces ningún sentido –economía, política, arte, moral– pueda ser abarcado exhaustivamente como sentido por el saber –arqueología, teleología– de la conciencia. Se puede decir que lo Sagrado es "lo radical de lo radical y lo supremo de lo supremo" de que hablan arqueología y teleología. Así, las hermenéuticas arqueológica y teleológica aparecen finalmente como insuficientes aún en lo que respecta a las figuras de la conciencia que no son la religiosa –y ello es algo que, como se vio, pueden aceptar ambas hermenéuticas–.

Lo Sagrado como sentido final es "lo radical de lo radical y lo supremo de lo supremo". Pero el sentido de lo Sagrado es inseparable de su carácter de realidad que adviene a la conciencia; de allí que si se manifiesta como sentido de todo sentido, se manifiesta a la vez como realidad de toda realidad: en la seriedad de su advenimiento como realidad indeducible e indominable, el filósofo que oye los símbolos puede hacer la experiencia de lo que haya de significar la seriedad de una realidad del mundo en la que somos pero que se muestra desde sí misma como sí misma en sus sentidos.

[33] CI, pág. 328. Corresponde advertir que ya en "Méthode et tâche d'une phénoménologie de la volonté", de 1951 (incluido en *A l'école de la phénoménologie*, J. Vrin, París, 1987, págs. 59-86) Ricoeur hacía notar el papel del análisis de la culpa para la superación de la subjetividad constituyente.

Y un paso más. La visión del hombre como conciencia dependiente del ser que se dona desde sí en sus sentidos es algo que puede ser advertido, según Ricoeur, en las reflexiones del último Husserl y en el pensamiento de Heidegger.[34]

En efecto, el idealismo de Husserl es superado por el sentido de sus propias consideraciones acerca del *Lebenswelt* y por la imposibilidad, cada vez más manifiesta en sus investigaciones, de retroceder hasta una constitución radical; y Heidegger, por su parte, ha puesto en claro que el *In-der-Welt-sein,* instancia última e irretrotraíble, impide todo "dominio" idealista del ser.

Así entonces, la filosofía que "circula" por las tres hermenéuticas –en complementación y corrección mutuas– ha mostrado, por su camino propio, algo que, en general, ya era visible desde la fenomenología, a saber la inclusión del cogito en el ser. Pero no se trata, simplemente, de decir, por un camino nuevo –y habrá que reconocer que complicado–, lo que ya se puede decir desde Husserl y Heidegger. Esta filosofía hermenéutica ha corroborado sí la "appartenance" originaria, pero la ha hecho ver críticamente y no sólo constatando; y por otra parte ha mostrado que esa apertenencia es un acontecimiento diversificado, según todas las diversas figuras de la conciencia y que, en profundidad, es, a la vez, en cada figura, una dependencia según distintos polos de sentido de lo real –y esta es una segunda importante afirmación en orden a esbozar una ontología–. Esta filosofía muestra así la inclusión doblemente articulada del cogito en el ser –esto es, según distintos sentidos (en las distintas figuras), que se constituyen desde distintos polos– a través de una hermenéutica "conflictiva" de los "objetos" del yo.

El paso por el universo de los símbolos, en especial por los símbolos religiosos, es, si se prescinde de otras perspectivas, un camino privilegiado para alcanzar una ontología en la que el cogito se halla en el ser. Tal fue una consideración que precedió al despliegue de la hermenéutica y que luego fue corroborada por los resultados obtenidos. Pero ese paso por el universo de los símbolos, en una palabra la hermenéutica, si es

---

[34] Cfr. *Du texte à l'action*, págs. 26-29, y el ensayo citado en nota 19; cfr. también el ensayo "Existence et herméneutique", en CI, pág. 7. Véanse las importantes precisiones sobre "sentido y ser" y sobre el primer Husserl que hace Ricoeur en *Du texte à l'action*, págs. 56-57. Sobre Husserl y Heidegger, en el marco de esta problemática, véase también, en la ya citada obra *Corrientes actuales de la investigación en las ciencias sociales*, el apartado "Fenomenología y ontología" (pp. 176-186).

contemplada desde lo que significan –según se vio– Husserl, Heidegger, el Lebenswelt y el In-der-Welt-sein, puede ser considerada también como un capítulo específico y critico dentro de una ontología que, desde el comienzo y en general, ya puede descubrir la "appartenance" (Gadamer) del cogito al ser.[35]

Ricoeur ha multiplicado las vías de salida del cogito idealista: la aquí estudiada del paso por los signos, la señalada desde el último Husserl, Heidegger y Gadamer, la también mencionada del análisis del lenguaje frente al estructuralismo, la hermenéutica textual, la hermenéutica del testimonio....[36]

Por fin, quizás se puedan arriesgar las formulaciones que siguen para integrar los lineamientos básicos –al menos– de una ontología, a partir de lo que ofrecen las consideraciones de Ricoeur analizadas hasta aquí en este trabajo.

Se trata de una filosofía que ha discernido finalmente la precedencia del ser sobre la conciencia: el yo no se reduce a la conciencia y sus representaciones, y las mismas representaciones se hallan antecedidas por lo que es y que en ellas se hace presente a la conciencia.

Desde este trasfondo, esta filosofía puede entender que en el análisis de las distintas figuras en que se despliega la vida del yo, se le hace presente el múltiple sentido de lo que es. Analizar las distintas figuras de la existencia es descubrir el múltiple "sentido del ser". Así, la filosofía, recorriendo la experiencia humana en su integralidad, puede desarrollarse como una investigación ontológica. En principio, todos los ámbitos de realización humana son otros tantos lugares de manifestación del sentido del ser.

La existencia en sus múltiples figuras es el lugar donde la filosofía halla el sentido del ser; la existencia es el lugar hermenéutico de la ontología.

En la existencia en sus distintas realizaciones se despliegan inescindiblemente a una las distintas dimensiones del hombre y los distintos "objetos" que son. La filosofía de Ricoeur, con el análisis que propone de las distintas figuras de la existencia –a las analizadas habría que sumarle todas las posibles otras–, daría así los lugares y el hilo conductor para el posterior estudio ontológico en particular del ente que es el hombre y de

[35] Una indicación sobre la necesidad de la inclusión de la hermenéutica conflictiva que se desarrolla en el ensayo sobre Freud en la ontología de Heidegger se halla en el ya citado ensayo "Existence et herméneutique", en CI, pág. 7.

[36] Una cierta enumeración y coordinación de esas vías se puede hallar en el ensayo de Ricoeur ya citado "Herméneutique de l'idée de Révélation".

los entes que no son el hombre, y para su ulterior eventual ordenamiento "regional".

Pero estos pasos ontológicos de la filosofía de Ricoeur aportan aún otros elementos. Ya se puede afirmar que el ente que es el hombre se despliega en distintas dimensiones: lo primordial apegado a la vida –lo pulsional sexual y de autoconservación de la arqueología de Freud– y lo espiritual, a su vez en distintas configuraciones –descubierto con la teleología de Hegel–. Y se puede afirmar que los entes que no son el hombre también tienen diversos estratos de valor y sentido –descubiertos a una con las dimensiones del hombre–, desde lo vital hasta lo espiritual en sus diversas expresiones. Y además se puede ya decir que en cada realización de lo espiritual se verifica la presencia hylética de lo antecedente vital.

2.- Valoración

No se trata aquí de llevar a cabo una crítica del pensamiento de Ricoeur que, desde una determinada posición exterior a él, establezca lo que allí hay de "verdad y error". Se trata más bien de intentar los primeros pasos de un diálogo, tal como el mismo Ricoeur invita a cumplirlo. Tal diálogo significa entrar en el movimiento de acercamiento y distanciamiento con su meditación, desde la propia reflexión sobre la misma cosa y con el oído atento a su palabra. Este diálogo podrá desimplicar virtualidades de la propia posición y de la posición del mismo Ricoeur; así será un solidario acompañamiento en un camino común. En esa prolongación simultánea de ambas posiciones no faltarán, naturalmente, altos expectantes en la marcha, avances dificultosos y parciales separaciones. En fin, se trata de hacer con el todo del pensamiento de Ricoeur lo que en ese pensamiento se hace con posiciones como las de Hegel, Freud y la fe misma: se trata de entrar, con la propia posición, en los primeros pasos del fructífero "conflicto" del pensamiento.

a.- El proyecto filosófico

Varias líneas de tradición de pensamiento confluyen y se ensamblan en el proyecto de Ricoeur. Grecia, con su racionalidad y su intento de alcanzar una visión radical, abarcadora y unitaria de lo que es, da la primera característica del emprendimiento ricoeuriano, configurándolo como un intento ontológico. Pero este proyecto ontológico es llevado a cabo desde el punto de partida moderno: el sujeto constituye formalmente el lugar primero de análisis. Allí se puede ver la presencia de Descartes, Kant, Fichte y en general la corriente reflexiva de la filosofía moderna.

Este aspecto de la filosofía reflexiva moderna es superado en su estrechez y ampliado, empalmando con Dilthey y la fenomenología: el yo, primer analizado de la filosofía, no es tal sino desplegándose en su vida, en su existencia. Y así, la filosofía pasa a ser un análisis de la existencia y una reflexión concreta.

El análisis reflexivo de la existencia, esta interpretación ontológica, se desarrolla siguiendo la guía del análisis de los "objetos", las obras en que se desarrolla esa existencia. Y esta tarea de interpretación tiene ya, en diversos contextos y con distintas circunstanciales finalidades, una tradición: la exégesis bíblica, Schleiermacher, Dilthey... Marx, Nietzsche, Freud...

La tarea hermenéutica señalada, asumiendo además lo que tienen que decir la lingüística contemporánea, la fenomenología de la religión, la fenomenología del espíritu de Hegel y la fe[37] –con lo que la reflexión se hace definitivamente concreta–, lleva a Ricoeur a descubrir al Cogito como diversamente instaurado en el ser. De tal manera, el sujeto se descubre a sí mismo ubicado en el todo de lo que es, lejos de toda pretensión constituyente, como podría sugerirlo, por ejemplo, la fenomenología del Husserl idealista.

Se trata entonces de una filosofía que, intentando hacerse cargo del sentido del ser, parte "modernamente" de la vida del yo; de modo que tal intención ontológica se le plantea como un intento de "comprender mejor al hombre y el nexo entre el ser del hombre y el ser de todos los entes".[38]

En ese camino se le revela críticamente frente al idealismo –así se lo puede ver en lo que Ricoeur llama la "semántica del deseo" de Freud–, como parte fundamental de ese sentido del ser, la prioridad del mismo sobre la conciencia, o mejor, se le hace patente que "el *Cogito* se halla en el interior del ser y no a la inversa", advierte que "el ser que se pone a sí mismo en el *Cogito*" descubre "que el acto mismo por el cual él se arranca de la totalidad no cesa de participar del ser".[39]

---

[37] Los pasos fundamentales del desarrollo del concepto de hermenéutica de Ricoeur han sido analizados en: N. A. Corona, "El concepto de hermenéutica en P. Ricoeur. Notas sobre tres pasos de su desarrollo", incluido en P. Ricoeur, *Fe y filosofía. Problemas del lenguaje religioso,* Edit. Almagesto-Docencia (CINAE), Buenos Aires, 1990, (p. 7).

[38] SM, pág. 330.

[39] SM, pág. 331.

Con todo, tal prioridad, y desde el mismo punto de partida moderno, ya podía ser admitida directamente por esta filosofía en su mismo comienzo, tal como sucede con Heidegger y con el mismo Husserl en ciertos momentos de su pensamiento.

De cualquier manera, sea admitiendo desde el comienzo el sentido primero del ser como prioridad del mismo sobre la conciencia, sea reconociendo tal sentido críticamente, esta filosofía, en orden a alcanzar toda la riqueza del sentido del ser, se ha de desplegar como una hermenéutica múltiple y conflictiva de la existencia.

El todo de este proceder del pensamiento de Ricoeur puede ser visto unitariamente y en su especificidad, si se lo considera, por ejemplo, sobre el trasfondo de la filosofía de Heidegger; filosofía que también, desde Husserl y a su manera, puede ser considerada dentro de la tradición de la filosofía reflexiva.

La filosofía del Heidegger de *Sein und Zeit* puede ser entendida como una ontología de la comprensión. Se trata allí, finalmente, de ver, a través de todas las comprensiones invisceradas en el despliegue concreto de la existencia, el sentido del ser y sus estructuras fundamentales. En todas las realizaciones de la existencia acontece una manifestación de lo que es y con ello del sentido del ser –verdad como *alétheia*–; y precisamente la ontología ha de volver entonces sobre tales manifestaciones de lo que es, para leer allí explícitamente el sentido del ser. Así, la filosofía recoge, en una tarea de interpretación, un sentido ya dado implícitamente en la existencia.

Heidegger y Ricoeur coincidirían en hacer de la filosofía una tarea segunda de interpretación ontológica de todas las figuras de la existencia. Pero Ricoeur avanza de hecho, más allá de Heidegger, en cuanto intenta el paso por todas las figuras de la existencia, y sobre todo en cuanto asume, para la tarea hermenéutica, precisamente, las concretas –y opuestas– disciplinas hermenéuticas existentes. Frente al paso directo de Heidegger desde la comprensión de la existencia a la comprensión explícita del sentido del ser, la ontología de Ricoeur se deja mediar por los distintos ejercicios hermenéuticos dados.[40]

El paso por las distintas hermenéuticas –especialmente Freud y la escatología de la fe– da además a Ricoeur, como ya se dijo, la posibilidad de superar críticamente el idealismo de Husserl, frente a la llana asunción

---

[40] Véase sobre este tema "Existence et herméneutique", en CI, pág. 7.

del "realismo" de Heidegger –o aún del mismo Husserl, en algunos de sus escritos–; y también le permite –en particular gracias a Freud– corroborar la concepción de Nabert de la "naturaleza" del yo como "esfuerzo y deseo".

No se puede negar la legitimidad del punto de partida "moderno" de Ricoeur, si se tiene en cuenta que ya allí –con Husserl y Heidegger– ese punto de partida asume la apertura del sujeto a lo que es; y sobre todo si, además, en el camino ulterior, esa apertura a lo que es es corroborada críticamente.

Y también es legítima y congruente con lo anterior la comprensión de la filosofía misma como hermenéutica de la existencia. El hombre como existencia es lugar de acontecimiento originario de la verdad; y no hay una instancia anterior a este acontecimiento. Lo que es llega en el hombre, en el múltiple despliegue del mundo de su existencia, a la manifestación. La verdad, así, ya acontece en la densidad e imperceptibilidad de los actos de la vida cotidiana, en el encuentro con el otro, en el mito, en la religión, en el arte, en la poesía, en la ciencia, en la técnica. De todos los sentidos que allí alumbran se nutre la filosofía, promoviéndolos como sentidos, en cuanto ve en ellos concreciones del ser, y en ellos lee el sentido del ser.

Y asumiendo la perspectiva de Ricoeur, habrá que afirmar que la filosofía no sólo viene mediada por las figuras anteriores de la existencia señaladas, sino también por las eventuales distintas figuras críticas de sí misma que esa misma existencia ha ido gestando.

Hay filosofía allí donde hay visión abarcadora de la totalidad desde un único punto de vista. La filosofía lleva a la lucidez de su concepto el sentido inmanente a todas sus "alteridades". La filosofía misma proviene de la existencia y sus múltiples experiencias, como un perfilamiento final del sentido, en el que éste se respeta a sí mismo en su multiplicidad y en la riqueza intraducible conceptualmente de manera total de sus manifestaciones originarias. La filosofía se nutre de los alumbramientos del sentido anteriores a ella, para llevarlos, en su luz propia, a su lugar propio en el todo de la existencia. Así los justifica, los salva de su posible tentación totalitaria, y así ella misma, reconociéndose en su especificidad, reconoce su posterioridad, su deuda y sus limitaciones. Y esto último obliga a tal filosofía al retorno incesante a las formas originarias singulares de la existencia.

En esta línea de reflexión, dice Jean Lacroix:

> "La filosofía es la elevación de la existencia personal a la universalidad de la razón. Hegel decía que el ave de Minerva levanta vuelo a la caída de la noche. (...) La filosofía es reflexión, es decir pensamiento del pensamiento. (...) La filosofía no es creadora, ella implica un dato. Ella es la transformación, por el espíritu, del acontecimiento en experiencia, si se entiende por acontecimiento el dato bruto, la sensación, la situación histórica, los conocimientos múltiples adquiridos por el individuo y por la humanidad, todo lo que nos sucede interior y exteriormente, y por experiencia la misma cosa, pero reflexionada por el espíritu y deviniendo, por esta operación misma, contenido significante. O aún: ella es la tematización de lo irreflejo, y esta fórmula es idéntica a la precedente. La sistematización, la estructura, si se quiere, es el aspecto científico de la filosofía. Donde él falta, falta ella también".[41]

La filosofía misma es una manifestación del sentido y así una figura de la existencia. En esta específica gestión del sentido en el hombre se forma, en un propio lenguaje conceptual, un discurso ontológico, recuperador, universalmente mediador y segundo; allí los sentidos dados en la existencia y desde ella develan su propio trasfondo de ser y son así respetados en su especificidad y continuidad y en su riqueza inagotable.

La filosofía como hermenéutica del sentido uno del ser disperso a la vez en las múltiples manifestaciones de la existencia, ha sido descripta así por Jean Granier:

> "...la filosofía es una *interpretación*, llevada a cabo por el yo, y no un saber científico; además, ella es la tentativa de pensar *'lo integral'*, en *un discurso ordenado según la codificación del Ser*. Este integral es, concretamente, es decir una vez insertado en la experiencia existencial del yo, lo que llamamos 'el mundo'. *Lo integral, el Ser y el yo forman así el logos del mundo*, y la filosofía se hace cargo de este logos para hacer de él su destinación".[42]

La filosofía es el todo de manifestación deviniendo lúcido para sí: el todo del sentido de lo que es hecho presente a sí mismo. O también: la filosofía es la totalidad de la existencia en el lúcido e incesante hacerse cargo de sí misma.

---

[41] Jean Lacroix, *Le personnalisme comme anti-idéologie*, PUF, Vendôme, 1972, págs. 37-38.
[42] Jean Granier, *Le désir du moi*, PUF, Paris, 1983, pág. 18.

b.- Psicoanálisis de Freud, espíritu y religión

En un texto muy conocido, Freud menciona las tres ofensas que ha recibido el narcisismo del hombre: la ofensa cosmológica –Copérnico–, por la cual el hombre ha sido desplazado del centro del universo; la ofensa biológica –Darwin–, por la cual se le ha negado su diferencia con el animal; la ofensa psicológica –el psicoanálisis–, por la cual se le ha negado, con el descubrimiento del inconsciente, su presunto conocimiento y dominio de su acontecer anímico.[43]

Pero corresponde decir que en la ofensa inferida por Freud, y según su sentido último, se concentra el sentido propio de las otras ofensas. En efecto, al hacer de todos los cumplimientos humanos un enmascaramiento de las realizaciones vitales –al menos según lo que se lee inmediatamente en el psicoanálisis–, Freud ha negado detalladamente la diferencia espiritual humana; y con ello ha desplazado al hombre del centro del universo en sentido propio, y lo ha sumergido, con el animal, en el flujo de la vida.

Esta inclusión del hombre con todas sus realizaciones en el océano de la vida viene articulada, según el psicoanálisis, por las pulsiones, singularmente las sexuales, y más específicamente por el momento afectivo de las mismas que es el deseo.

Ahora bien, ya se ha visto cómo Ricoeur, leyendo a Freud desde Hegel y haciendo desde allí pie en ciertas dificultades que se pueden advertir en el pensamiento de Freud, continúa así el psicoanálisis desde sus mismos elementos, hasta discernir allí la presencia del espíritu.

Esa presencia del espíritu es descubierta, por otra parte, según un método que puede denominarse "tradicional". La especificidad irreductible de los distintos grados de realización del hombre –lo espiritual en general frente a lo vital, y los distintos niveles de lo espiritual entre sí– sólo se puede discernir por la advertencia de la irreductibilidad de los distintos objetos –o formalidades objetivas– de la conciencia. Desde la diversidad de objetos se puede luego avanzar, con la guía de éstos, hasta el análisis de la diversidad de las intimidades subjetivas. Así se tiene el conspecto articulado de las figuras de la conciencia humana: economía, política, arte, moral, religión.

Desde el a priori excluyente de una visión que se atiene a lo vital, se podrán en un principio ignorar aquellas diferencias y sus exigencias; pero

---

[43] S. Freud, *Una dificultad del psicoanálisis,* (VII), págs. 2434-2436 [*Gesammelte Werke,* S. Fischer Verlag, Frankfurt am Main, Band XII, págs. 7-12].

al precio de soportar las dificultades que se imponen, como se pone de manifiesto en el mismo discurso psicoanalítico. Recuérdense al respecto las dificultades a propósito de la sublimación moral, y las dificultades reconocidas por el mismo Freud en las sublimaciones de la política y del arte. Y a ello se ha de añadir el reconocimiento implícito en Freud, según Ricoeur, de aperturas positivas hacia ciertos aspectos "próximos" a la fe.

Pero Ricoeur, además, ha asumido positivamente los resultados del psicoanálisis. Todas las figuras espirituales de la conciencia, desde la economía hasta la fe, reconocen como su antecedente material, finalmente, la figura vital. Así por ejemplo, el símbolo religioso viene constituído materialmente desde el pasado, y por la incorporación a ese pasado de un sentido nuevo que, transfigurándolo, lo hace pasado y –en la palabra– metáfora inagotable. Y también, correspondientemente, los sentimientos religiosos, con su novedad, asientan sobre afectos del pasado, hasta infantiles y arcaicos, transfigurados y así "hechos pasado". Y con todo ello, alienta siempre allí la posibilidad de la regresión, de la "ilusión religiosa".

El espíritu se va constituyendo así según un dinamismo en el que el pasado, desde lo infantil, progresivamente y siempre de manera nueva es abandonado –se lo "hace pasado"–, es conservado –se lo transfigura– y es superado –allí aparece un sentido nuevo–.

Pero lo decisivo viene dado aquí por la concepción de ese dinamismo como una "semántica del deseo". Con esta expresión designaba Ricoeur en principio la concepción de la arqueología de Freud, según la cual todo el orbe de las representaciones de la conciencia, desde lo infantil hasta las sublimes representaciones de la religión, nacía del deseo y para el deseo; deseo que seguía siendo siempre, enmascarado a través de todas las esferas no vitales de la conciencia, el deseo sexual infantil, el deseo de las pulsiones sexuales. Y se vio cómo Ricoeur asumía esta concepción, en cuanto daba la posibilidad de saltar del cerco idealista, afincando al yo en una instancia anterior a la representación –cuestión sobre la que se volverá luego–.

Importa aquí ahora analizar de qué manera se puede asumir con Ricoeur la "semántica del deseo" como la estructura propia del dinamismo del espíritu, de ese espíritu cuya diferencia frente a lo vital se ha reconocido. ¿Qué significa afirmar que la estructura del dinamismo del espíritu se revela como una "semántica del deseo"? Lo que se dice a continuación, y que intenta responder a este interrogante, tiene su inspiración en la concepción de Ricoeur acerca del sentimiento.[44]

La representación, el conocimiento pone como cosa en sí, como objeto, aquello que el sentimiento vive originariamente como lo "conveniente", haciendo patente allí, a una, la propia intimidad –conocimiento que podrá desarrollarse hasta llegar a afectar la plena "objetividad" de un conocimiento despojado de toda tonalidad afectiva–. Si los afectos, los sentimientos hacen presentes originariamente los objetos cualitativamente como aquello a lo que el yo pertenece, el deseo es el testimonio de la presencia de lo aún no dado en lo dado, como un modo de mi realización. La representación objetiva aquello que el deseo, en lo dado, descubre como co-dado: aspectos no inmediatamente presentes en lo fácticamente dado. Así, el deseo es como el pionero que abre el rumbo al conocimiento. Pero el deseo es insaciable, como lo testimonia la conciencia. Es esa insaciabilidad lo que da la dimensión metafísica del deseo: más allá de lo co-dado está, en lo dado, para el deseo, la aureola de lo absolutamente nuevo. Y esta aureola indefinida de lo totalmente nuevo se hace, por el conocimiento, multitud de "objetos": surgen así los símbolos propiamente dichos, en la representación y el lenguaje, como el exceso metafórico –metáforas vivas– de lo dado. La representación es allí la imaginación creadora *del* deseo de lo totalmente otro.

En el testimonio de la insaciabilidad del deseo se muestra el hombre como un ser de indigencia: el hombre como carencia y deseo de ser (Nabert). Así entonces, es el deseo el que, luego de las satisfacciones de las primeras necesidades –donde estuvo presente como la luz de las tendencias– abre sucesivamente para el conocimiento sus distintos objetos –o formalidades objetivas–, sobre los objetos inmediatamente dados en la satisfacción; y en su indefinida progresión se "extiende" y se abisma hasta lo inaudito, en lo que el hombre imagina incesantemente su cumplimiento definitivo.

Las distintas figuras de la conciencia son, en sus objetos y en la intimidad personal, las sucesivas etapas o jalones del devenir del deseo humano, que, desde lo vital, se hace espiritual y metafísico. En cada una de las etapas de su devenir, el deseo va haciendo con su pasado una novedad, al ritmo de lo que se le abre como co-dado, y finalmente como posible

---

[44] Cfr. *L'homme faillible,* Cap. IV: "La fragilité affective", y lo dicho en este trabajo en III, 22.d.α.

último, en lo dado. De lo dado y de lo co-dado al deseo se hacen en la representación los símbolos de la economía, de la política y de la cultura propiamente dicha –en esta última esfera, en especial, los símbolos del arte–. De lo dado y de la novedad absoluta de lo último que allí aureolea se hacen los símbolos propiamente dichos de la religión –esto último es lo que se puede decir desde una fenomenología del deseo y la representación; que esa simbolización sea además provocada por la presencia de lo Sagrado es algo que sólo se puede decir desde la fe–.

En este devenir, el deseo, en cuanto da a la representación la posibilidad de ir integrando el pasado y lo nuevo en sus objetos-símbolos, se muestra como la verdadera raíz de los símbolos. Los símbolos, como su momento representativo subordinado, son entonces su incesante semántica. Y el deseo se muestra así como una verdadera función simbólica. Y son este devenir y esta función, no reconocidos en lo que de nuevo en ellos va apareciendo, lo que Freud denomina sublimación.

Por todo ello decía Ricoeur:

> "...el deseo, tal como lo describe el mismo Freud, revela una constitución propiamente insaciable; el drama edípico no sería posible si el niño no quisiera demasiado, no quisiera lo que no puede obtener (tener a la madre, o tener un niño de la madre); el 'falso infinito' que lo habita lo excluye de la satisfacción. Por otra parte, si el hombre pudiera ser satisfecho, se hallaría privado de algo más importante que el placer y que es la contrapartida de la insatisfacción, la simbolización. El deseo da que hablar en tanto que demanda insaciable. La semántica del deseo, de la que hablamos aquí sin cesar, es solidaria de este aplazamiento de la satisfacción, de esta mediatización sin fin del placer".[45]

Hablar así del deseo no significa desconocer otras modulaciones humanas de los sentimientos. Pero sí significa afirmar que el deseo –en todos sus grados– es en principio la tonalidad afectiva fundamental que baña y en la que prospera todo afecto humano.

Así, el mismo amor está transido de deseo... Pero es el misterio del corazón humano que el amor personal pueda superar hasta olvidar el deseo. Para el caso del amor de lo Totalmente Otro, lo Sagrado, la filosofía sólo puede explicarlo diciendo, con Spinoza, "el amor intelectual del alma hacia Dios es una parte del amor infinito por el cual Dios se ama

---

[45] F, pág. 316.

a sí mismo". Pero siempre se podrá preguntar ante tal filosofía: ¿es ese amor un amor personal?

Hay entonces una figura final del espíritu que no es el incesante y por ello doloroso revolverse narcisísticamente en la propia infinita carencia, sino el gozoso expandirse en la infinita amplitud de lo Otro: amor que es beatitud y libertad. Algo a lo que el mismo Freud se "aproximara" hacia el final de su *Leonardo*.

El espíritu es el acontecimiento de la constelación de todas las figuras que van jalonando el devenir innovador del deseo y la representación. Por lo que se dirá en el punto siguiente, pero ya por lo visto a lo largo de toda la exposición de este trabajo y por lo que se puede seguir de lo dicho en particular en el punto anterior, se podrá advertir que no se puede esperar de Ricoeur una conceptualización del espíritu humano en términos de acto, forma, substancia, potencias, hábitos... Todo ello supondría el contexto de una determinada ontología, que no es precisamente el "medio" en el que se desarrollan las reflexiones de Ricoeur. En conexión con ello, tampoco se puede esperar de Ricoeur una "demostración" de la inmortalidad del "alma espiritual" humana. Para una filosofía como la de Ricoeur –o, por ejemplo también como la de Heidegger– basta con entender el espíritu como un dinamismo específico frente a lo vital. Si con el espíritu humano acontece algo específicamente distinto frente a todo otro acontecer, también se puede pensar para el hombre un destino distinto.

Y un paso final, que acercará hacia los aspectos ontológicos del discurso de Ricoeur que se abordarán en el punto siguiente.

La prioridad del deseo –deseo que como sentimiento es intencionalidad e intimidad– permite romper el cerco idealista. En efecto, allí se hace patente que la "posición" del yo no pertenece al orden de la representación, en la que queda abarcado y así dominado todo otro, hasta aparecer como una "constitución" del sujeto. El yo existe, "antes" de la representación, como deseo; ya está puesto en el ser en la diferencia no dominadora como apertenencia desiderante a lo otro de él.

Y hay siempre "más" del lado del deseo que del lado de la representación: la anterioridad del deseo –deseo que, como sentimiento, es la reflexión vivida en el yo de la apertenencia a lo otro– hace de toda representación algo "tardío"; el deseo es potencia de representación y de lenguaje, y toda representación y todo lenguaje quedan siempre en la limitación y la pobreza frente a la "propuesta" incesante y siempre nueva del deseo; allí, en rigor, toda representación y todo lenguaje son siempre algo posterior y a la vez algo ya pasado y superado; así, hay siempre algo en el deseo que no termina nunca de pasar a la palabra. El deseo inspira a la palabra y va a la vez más allá de la palabra; así queda siempre en la diferencia frente a la palabra. En el deseo han sido ya siempre superados, por principio, todo idealismo, solipsismo y subjetivismo.

c.- El discurso ontológico

El elemento primero y decisivo de la ontología de Ricoeur que corresponde valorar positivamente es sin dudas la superación de todo idealismo, subjetivismo y solipsismo. Ello es lo que se pone en evidencia, como se vio, en la concepción –con Freud– de todo el orbe de la representación como una "semántica del deseo" –junto a lo cual debe tenerse en cuenta el carácter esencialmente referencial del lenguaje–.

También en el plano ontológico, ya se describió y se reconoció la legitimidad del proceder de esta filosofía y se indicó su sentido como discurso sobre el ser y su sentido.[46] Y en congruencia con ello –y también con lo señalado en el punto 2.b.– cabe reconocer la legitimidad y exactitud de su determinación de las distintas dimensiones del hombre y de los distintos sentidos de lo que es, como así también de la constitución de esas dimensiones y de estos sentidos.

A partir de los rasgos mínimos de ese discurso ontológico señalados en el final del punto 1 de estas "Conclusiones" y asumiendo lo dicho en las "valoraciones" hechas hasta aquí, y teniendo en cuenta el conjunto de los escritos de Ricoeur, se puede señalar ahora otro aspecto que parece pertenecer necesariamente a su emprendimiento filosófico, si se sigue su orientación general.

Ya se ha dicho que esta filosofía, en su investigación ontológica, y en orden al estudio singularizado de los entes –el hombre y los que no son el hombre– y a su eventual regionalización, ha de guiarse según las distintas esferas de la existencia, ya que ellas son el primer punto de apoyo y el necesario lugar de su análisis. Esta ontología ha de permanecer fiel a ese terreno firme que es su dato permanente y su seguro lugar de investigación, esto es –vale la pena reiterarlo– la existencia como acontecimiento de manifestación, como acontecimiento a una del hombre y de lo que es.

[46] Cfr. IV, 1.b. y 2.a.

Una consecuencia de esa fidelidad será, por ejemplo, la imposibilidad de una conceptualización de los distintos sentidos del ser según una alineación de distintas categorías de entes, considerados en una "mismidad objetiva", desvinculada de todo índice de realización humana. Aquí coincidiría esta ontología con los rasgos de la crítica fenomenológico-existenciaria a la "antike Ontologie" (Heidegger) y a la parcialidad de su pretendido "realismo objetivo".

En cuanto a la cuestión del conocimiento, desde la perspectiva de Heidegger, la discusión realismo-idealismo –y la concepción de la verdad como adecuación– nace a partir de la concepción del conocimiento según el modelo de la objetividad distanciante de la conceptualidad de la antigua ontología.[47] A ello se opone un realismo más originario que –y en orden a alcanzar el "sentido del ser"– se hace cargo de la integralidad de la experiencia en su originariedad. Ricoeur comparte aquella consideración sobre la discusión realismo-idealismo, pero –como ya se adelantara– en lugar de sólo retroceder simplemente al realismo de las experiencias originales no distanciantes humanas, admite y se interna también en una crítica del idealismo: en el idealismo de Husserl hace ver directamente su realismo básico ignorado,[48] y además supera el idealismo, solipsismo y subjetivismo con la arqueología de Freud y el análisis del lenguaje.

Por otra parte, como se sabe, para aquella crítica fenomenológico-existenciaria, la categorización tradicional del ser pretende aplicar a todo lo que es conceptos que han sido tomados del orden de la "naturaleza"; y ello no excluye, por cierto, la advertencia también crítica de que esa conceptualización –y aún la conceptualización "científica", hija de ese objetivismo para Heidegger– es, aún para lo "natural", al menos parcial. Y tal crítica alcanza su máximo rigor cuando advierte contra la aplicación de esa conceptualización "natural" al hombre.

Todo ello se puede hallar, en diversa medida, en contextos problemáticos diversos y con distintos resultados y proyecciones, por ejemplo, en *Sein und Zeit* y en el Husserl de *Die Krisis der europäischen Wissenschaften und die transzendentale Phänomenologie:* las expresiones "In-der-Welt-sein" y "Lebenswelt" son los títulos-marco en los que se pueden encerrar esas reflexiones.

En esta línea de pensamiento, afirma Merleau-Ponty:

[47] Cfr. M. Heidegger, *Sein und Zeit*, Max Niemeyer Verlag, Tübingen, 1967, parágr. 7.B, 33, 43, 44.

[48] Cfr. lo dicho al respecto en IV, 1.

> "Volver a las cosas mismas es volver a ese mundo previo al conocimiento del que habla siempre el conocimiento, y a cuyo respecto toda determinación científica es abstracta, significativa y dependiente, como lo es la geografía con respecto al paisaje en el que hemos aprendido antes lo que es un bosque, una pradera, un rio".[49]

En el contexto de esta problemática también tienen su lugar estas palabras de André Dartigues:

> "La reflexión fenomenológica, evidentemente, no pretende renunciar a la objetividad científica, sino reintegrar el mundo de la ciencia al mundo de la vida. Porque, si no encontramos la vida en el mundo de la ciencia, tal vez sea porque la ciencia no es más que un producto de la vida, y porque ésta se mantiene en el trasfondo de una práctica que ella sin embargo determina, práctica que no es suficiente para dar razón de sí misma".[50]

La objetividad científica –y la de las categorías de la "antike Ontologie"– no dice todo lo que las *cosas* son; las cosas son también lo que dicen en la "pre-objetividad" de la experiencia integral humana. Y la experiencia integral humana precientífica –que se forma en múltiples lenguajes "equívocos"–, con toda su carga afectiva, no es por ello una reverberación puramente subjetiva; ella dice las cosas mismas –diciendo a la vez al hombre mismo para sí mismo–. Y por otra parte, cabe observar que el mismo saber "objetivo" científico se halla en medio de una atmósfera afectiva en la que se le revelan sus "objetos": la oposición a "toda" afectividad se constituye también a partir de cierto afecto –un afecto no se suprime sino con otra "carga" afectiva– ...que quizás se proyecta como un deseo de dominio. Por donde se la mire, la ciencia es un proyecto humano, con toda la carga de lo humano.

Ahora bien, precisamente frente a lo dicho, para un pensamiento de las características del de Ricoeur será cuestión: a) el incesante recoger, en todas las experiencias humanas, los índices ontológicos; b) la elaboración de un discurso conceptual ontológico que, ocupándose en particular del hombre o de los demás entes, sea capaz de preservar en cada caso el momento de la mutua pertenencia originaria; c) la conceptualización adecuada de lo propiamente humano.

[49] M. Merleau-Ponty, *Phénomenologie de la Perception,* Gallimard, Paris, 1945, pág. III.
[50] André Dartigues, *La fenomenología,* Herder, Barcelona, 1975, pág. 91.

Por su necesidad de recorrer todas las innumerables experiencias humanas y por su necesidad de sumergirse siempre nuevamente en cada experiencia desde el concepto logrado, en razón de la permanente pobreza del concepto frente a esa experiencia, esta ontología ha de ser, con toda razón, una ontología "militante". Y en razón de que para esa siempre insuficiente lectura conceptual ha de librarse al riesgo de las distintas hermenéuticas –que en la misma existencia se han forjado–, en un trabajo de integración dialéctica que reconoce los derechos de cada interpretación, esta ontología ha de ser también justificadamente una ontología "quebrada".

Y cabe preguntarse entonces hasta dónde la categorización tradicional del ser es capaz de recoger adecuadamente la elaboración conceptual ontológica de toda esa riqueza de la existencia, respetando además sus elementos "objetivos" y "subjetivos" en su unidad de mutua pertenencia originaria.

La cuestión de la adecuada conceptualización de lo humano constituye un grave problema especial que aquí no puede ser abordado con el detenimiento que merece. Pero se puede sí participar, con un breve apunte, en la línea de pensamiento en la que se halla Ricoeur.

Cada hombre sabe, aunque más o menos confusamente, qué dice cuando dice conocer, decidir, querer, proyectar, amar, odiar, desear, consentir, necesidad, emoción, sentimiento, sufrimiento, esperanza... En este sentido se puede afirmar, según parece, que poseemos conceptos directos y positivos, ganados en la experiencia íntima del yo. Pero este primer paso positivo se degradaría ulteriormente por una doble vía –y aquí se halla el nudo del naturalismo criticado por las filosofías de la existencia–: la necesidad de precisión, claridad y última radicalidad para aquellos conceptos y el avance, para satisfacer aquella necesidad, hasta la reducción de los mismos a las categorías ontológicas tradicionales. Luego, alcanzadas esas categorías, las mismas deben doblarse con una negatividad, a fin de abandonar el lastre de su origen "natural".

Pero entonces, según parece, habría aquí una mezcla de conceptos expresivos de lo más propiamente humano y conceptos del orden de la naturaleza; y estos últimos, con su pretensión de dominio último, terminarían contaminando todo el organismo conceptual, introduciendo en él la impropiedad y la confusión.

Ahora bien, cabe preguntarse si, manteniéndose en el mismo plano de conceptos positivos de lo más propiamente humano, no es posible una elaboración en la que se alcance claridad, precisión –"otra" claridad y precisión– y aún una categorización –también "otra"– de todos ellos.

Precisamente, Ricoeur ha denunciado la contaminación de lo espiritual con lo natural; pero también la contaminación en sentido inverso. Así por ejemplo, a propósito del tratamiento de la cuestión de la libertad en el tomismo, afirma que allí esa filosofía "supone el contexto general de una cosmología, de una doctrina fundamental de la naturaleza, que extiende un sistema común de determinaciones a los sujetos y a las cosas, mezclando determinaciones de cosas, como la idea de naturaleza, y determinaciones de sujeto, como la idea de apetito. Una finalidad vagamente aureolada de significación humana es proyectada en las cosas y en contrapartida la finalidad natural absorbe las significaciones fundamentales de la conciencia".[51]

Con todo, Ricoeur admite que, en algunos lugares, el pensamiento de Santo Tomás habría discernido con propiedad las significaciones estrictamente humanas: "Brevemente, se puede decir que el tomismo tiende hacia el reconocimiento del poder de pensar pero sin reconocer a la vez su originalidad absoluta; ésta queda sumergida en una teoría general de las causas segundas que no corresponde a la medida del cogito; con todo, esta doctrina integra, sin reconocerlos, elementos de una eidética autónoma del sujeto".[52]

Por cierto, Ricoeur no deja de advertir que esa mezcla tomista de nociones de diverso origen tiene su inspiración en el proceder del mismo Aristóteles: en la filosofía aristotélica, en efecto, "ha nacido una física fantástica, cargada de nociones 'subjetivas' degradadas, que en contrapartida absorbe la conciencia en una suerte de naturaleza general".[53]

Frente a todo ello, Ricoeur afirma que "es necesario, por el contrario, comprender que el desarrollo científico reclama una purificación de las nociones naturales de toda noción alógena, mientras que la profundización de la subjetividad, desde Descartes, Kant y Kierkegaard, impone un reconocimiento de las nociones primitivas relativas a la conciencia".[54]

[51] P. Ricoeur, *Philosophie de la volonté, 1.-Le volontaire et l'involontaire*, Edit. Montaigne, Paris, 1948, pág. 180.

[52] *Ibid.*, pág. 183.

[53] *Ibid.*, pág. 185.

[54] *Ibid.*, pág. 185.

Ahora bien, además de reconocer la experiencia y la posibilidad de la conceptualización propia de la "interioridad", se ha de admitir que se impone también en el hombre la experiencia de su "exterioridad", de su corporeidad. Pero aquí también se trata de una experiencia original, que puede expresarse en una conceptualización propia.[55] Y aquí nuevamente es dudoso que los conceptos en general "naturales" de la ontología tradicional estén en condiciones de decir lo que se hace presente en esa experiencia. La fenomenología, por su parte, en la fidelidad a esa experiencia, ha intentado elaborar una conceptualización adecuada. Como se sabe, tal elaboración conceptual gira en torno a la noción de "cuerpo propio" o "cuerpo vivido": *Leib* como distinto de *Körper*.

Se puede aportar un apunte más a la discusión de la problemática del discurso sobre lo humano. Como se sabe, la crítica al carácter "naturalista" de los conceptos básicos de la ontología tradicional alcanza su máxima agudeza a propósito de la noción de substancia; noción que la filosofía de la existencia se opone en general a "aplicar" al hombre. No es posible aquí, por cierto, dilucidar semejante problemática, pero será interesante, como aporte en la discusión, tener al menos en cuenta las palabras de un pensador de tradición tomista. ¿Hay tal naturalismo de la noción de substancia? Dice J. De Finance:

> "Y en verdad, en lugar de definir el ser personal a partir de una noción de substancia o de subsistencia tomada de una reflexión sobre las cosas, es esta noción la que es necesario elaborar, elucidar, vivificar a partir de la conciencia de sí por la cual solamente el ser alcanza para nosotros su profundidad. El verdadero medio para purificar nuestra idea de substancia de los esquemas más o menos materialistas, ¿no es volver a esta experiencia que le da su sentido pleno: la de un ser que se experimenta sólidamente plantado en la existencia? ¿Qué se quiere decir al decir que hay substancias si no, en el fondo, que hay individuos, entes, que se afirman, se ponen, más o menos a su manera, como yo?".[56]

---

[55] Ésta problemática es abordada expresamente por Ricoeur en la "Introduction générale" de *Le volontaire et l'involontaire,* especialmente en el punto I; pero en rigor, precisamente como momento de lo involuntario, se despliega a lo largo de todo el libro.

[56] J. De Finance, *Connaissance de l'être. Traité d'ontologie,* Desclée de Brouwer, Paris-Bruges, 1966, págs. 271-272. El último libro de Ricoeur, aparecido cuando ya estaba terminada la redacción de este trabajo, aborda expresamente esta problemática: P. Ricoeur, *Soi-même comme un autre,* Editions du Seuil, Paris, 1990.

Parece entonces que se podría admitir que, lejos de ser entendida como proviniendo de la "naturaleza", la noción de substancia podría ser entendida como una noción primitiva relativa a lo propiamente humano. Estrictamente, aquí habría que pensar que tal noción de substancia expresa la experiencia masiva y unitaria del modo de darse de la interioridad-exterioridad humana. Y De Finance se aplica también a mostrar cómo la admisión de la noción de substancia no excluye, sino que por el contrario hace estrictamente posible el reconocimiento de lo dinámico, de la "apertura", de la "relación" (en todos los sentidos) –notas caras a la filosofía de la existencia– de lo humano. Y señala además cómo la apertura de la racionalidad y de la afectividad refuerza a la vez el carácter de substancia de la persona.[57]

Es claro que admitir el carácter "personal" originario de la noción de substancia, si se tiene en cuenta su alineación con las demás categorías aristotélicas de innegable sentido "natural", daría razón a Ricoeur cuando habla de la mezcla de conceptos relativos a la naturaleza y al sujeto en la conceptualización aristotélica y tomista.[58]

[57] Cfr. *Ibid.*, págs. 269-280; y sobre todo el apartado III ("La personne, point de convergence des catégories") del capítulo V (págs. 476-494).

[58] En la obra citada de De Finance se encuentran interesantes precisiones. Se dice, por ejemplo, que "en realidad parece que la determinación de las categorías es, en Aristóteles, bastante empírica" (p. 451). Y al arriesgar su propio juicio sobre el sistema aristotélico-escolástico de las categorías, afirma De Finance: "En nuestro criterio, esta clasificación es útil para un primer acercamiento e incluye elementos a conservar, pero no se le puede reconocer un valor absoluto y definitivo" (p. 457). Entre las págs. 457 y 464 se encuentran importantes observaciones que tocan directa o indirectamente a la cuestión que aquí interesa. Así por ejemplo, preparando lo que luego dirá sobre la persona (cfr. texto de nota 56), afirma De Finance: "Por otra parte, la división aristotélica, puramente horizontal, no tiene en cuenta los niveles de ser y ubica en la misma categoría de substancia realidades tan diferentes como la persona y la cosa material, desconociendo así (por otra parte, contra la orientación de la metafísica de Aristóteles) la originalidad del espíritu, cuyo valor intenta poner de manifiesto todo el esfuerzo del pensamiento moderno. Persona y cosa difieren en su manera de ser y constituyen entonces *categorías diferentes,* aunque esta diferencia no repercute sobre el plano lógico, por la simple razón de que *no concebimos lo espiritual sino a través de la analogía de lo no espiritual"* (p. 458). Y continúa: "En nuestro criterio, sería necesario completar la clasificación horizontal de Aristóteles, debidamente corregida, por una clasificación vertical, siguiendo los niveles ontológicos. El conjunto de las categorías se situaría así sobre un cuadro de doble entrada. Evidentemente, suponemos que hay, de un nivel a otro, analogía de estructuras. Pero esta analogía debe ser establecida *de otra manera que por el examen de las formas verbales,* que no puede ser más que un primer trabajo de despejamiento. El hecho de que no podamos *hablar* de las realidades espirituales sino con *medios de expresión* adaptados al mundo material (más exactamente, quizás, al mundo humano, sensitivo-espiritual), no nos autoriza a trasladar,

Indudablemente, el punto crítico más importante de la ontología de Ricoeur lo constituye la cuestión, ya "metafísica", de Dios. En primer lugar, y para ordenar una posible discusión, es necesario comenzar por coincidir con Ricoeur, y aún desde una perspectiva tradicional, en que el término Dios pertenece inicialmente al vocabulario de la fe y no al de la filosofía. En este sentido, las pruebas clásicas de la existencia de Dios son en general, en principio, pruebas de la existencia de una primera causa; pero pruebas que, habida cuenta de que en la concepción religiosa de Dios se halla contenida de alguna manera tal noción de primera causa, concluyen como pruebas de la existencia de Dios. Así, todo procede según la fundamental coincidencia parcial del "contenido" religioso "Dios" y el "contenido" filosófico "primera causa", tributario este último de una concepción del ser.

En tal contexto, la crítica de Ricoeur a las pruebas de la existencia de Dios resulta, rigurosamente, de su rechazo de la coincidencia aún parcial del discurso ontológico con el discurso acerca de Dios, y del rechazo de una extensión de aquel discurso hasta una primera causa. Respecto de lo primero, dice Ricoeur que "la analogía de ser y Dios es la tentación más sutil".[59] Respecto de lo segundo, el pensamiento de Ricoeur se ubica dentro de los límites de la crítica kantiana.

Según este último contexto, el discurso filosófico sobre los objetos de la experiencia, siguiendo su necesaria *"ilusión"*, es llevado a poner un objeto supremo, un ente supremo, como causa suprema de los entes, al que se identifica con el Dios de la *religión:* es la onto-teo-logía.[60] Pero

---

sin más, al mundo de los espíritus las estructuras del mundo de los cuerpos" (págs. 458-459). Los subrayados no se hallan en el texto; con ellos se intentan mostrar los lugares clave para la discusión; y son los lugares, precisamente, que llevan a De Finance, según parece, a las afirmaciones del texto de nota 56. Indudablemente, sería importante, en la línea de ese texto (que, recuérdese, intenta *partir* de lo humano), elaborar una adecuada definición de la substancia. Un acercamiento a ello podría ser la siguiente expresión, que entiende ser fiel al pensamiento de Santo Tomás: "Para él (Santo Tomás), la substancia no era otra cosa que la unidad transfenoménica última que funda, dentro del mismo existente, la serie de manifestaciones de ese existente; esta unidad no se encuentra detrás ni debajo de las manifestaciones, sino que las penetra, las funda y las envuelve y está, por consiguiente, como 'indicada' en ellas" (Albert Dondeyne, *Fe cristiana y pensamiento contemporáneo,* Edic. Guadarrama, Madrid, 1963, pág. 325).

[59] P. Ricoeur "Gott nennen", en Varios, *Gott nennen. Phänomenologische Zugänge,* Verlag Karl Alber, Freiburg-München, 1981, pág. 57 (este ensayo fue publicado originariamente en *Etudes théologiques et religieuses,* 52 [1977], págs. 489-508).

[60] En *La métaphore vive* (Ed. du Seuil, Paris, 1975, pág. 352), Ricoeur parece admitir,

si hay una "aproximación" a Dios –al Dios del que sólo puede hablar la *fe*– sólo puede serlo, según Ricoeur, la metáfora del *horizonte,* con la que lo Totalmente Otro se anuncia eventualmente en el saber humano –sea arqueológico o teleológico–:

> "Es como *horizonte* de mi arqueología y como *horizonte* de mi teleología que creación y escatología se anuncian. El horizonte es la metáfora de lo que se aproxima sin llegar a ser nunca objeto poseído".[61]

Y ya se ha visto cómo, precisamente, agotados sus objetos, arqueología y escatología quedan abiertas a la posibilidad de lo Totalmente Otro, y así entonces a un horizonte, esto es a algo que se anuncia sin poder ser poseído, a algo que *puede* hacerse presente desde sí.

Desde tal perspectiva puede decir Ricoeur que "parece realmente que tal horizonte, por una suerte de conversión diabólica, tiende sin cesar a convertirse en objeto".[62] Y se convierte en objeto cuando entendido como un ente supremo-causa suprema, puede demostrarse su existencia y así puede ser poseído.

> "Este proceso de objetivación es a la vez el nacimiento de la metafísica y de la religión; de la metafísica que hace de Dios un ente supremo, de la religión que trata lo sagrado como una nueva esfera de objetos, de instituciones, de poderes desde entonces inscriptos en el mundo de la inmanencia, del espíritu objetivo, al lado de los objetos, de las instituciones, de los poderes de la esfera económica, de la esfera política y de la esfera cultural. Diremos que ha nacido una cuarta esfera de objetos, en el interior de la esfera humana del espíritu. Hay en adelante *objetos* sagrados y no solamente *signos* de lo sagrado; objetos sagrados además del mundo de la cultura".[63]

Así entonces, resumiendo, dice Ricoeur:

---

siguiendo a Santo Tomás, una concepción analógica de la causalidad. Sin embargo, no penetra allí en todas las implicaciones posibles de tal concepción, sino que, por el contrario, entiende que esa interpretación de la causalidad ha caducado por obra de "los golpes conjugados de la física de Galileo y de la crítica de Hume", a lo que ha de seguir la crítica kantiana.

[61] F, pág. 505.

[62] F, pág. 509.

[63] F, pág. 509. Sobre la metáfora del horizonte, cfr. III, 4.A., y IV, 1.b.

"Excluyo de mi propósito el proyecto de una teología racional, que otros filósofos que respeto creen practicable. Si no intento reactualizar las pruebas de la existencia de Dios y si no indago en la relación de concordancia o de subalternación que podría existir entre verdades de dos órdenes es por razones que tienen que ver tanto con la interpretación (...) de la revelación bíblica cuanto con la idea que yo me hago de la filosofía".[64]

Un diálogo apropiado con Ricoeur debería entonces atender sobre todo a los elementos kantianos de su rechazo de una teología racional. Pero no es éste el lugar para emprender semejante tarea; como tampoco se pueden desarrollar aquí las posibles pruebas positivas de la existencia de Dios, una vez superadas esas barreras kantianas. Pero en su lugar se puede señalar un camino posible hacia un acceso filosófico a la existencia de algo de lo que la fe dice cuando nombra a Dios.

Parece que ese camino podría hallarse en la prolongación crítica de ciertas ideas que se encuentran en el pensamiento del llamado "Heidegger II" –respetando por otra parte el carácter existencial de la filosofía–. Se trata de una reflexión que se despliega como la meditación de un único acontecimiento: el acontecimiento a una de Ser, entes y pensamiento, en identidad y diferencia –en el sentido de Heidegger–.[65]

En tal contexto de pensamiento se mueve la filosofía de G. Siewerth,[66] en la que se inspira con libertad lo que sigue. Para este modo de pensar, el movimiento del espíritu desde los entes al Absoluto es el tránsito del Ser mismo como puro mediador; y ese tránsito del Ser es la raíz y el

---

[64] P. Ricoeur, "Herméneutique de l'idée de révélation", pág. 35 (ensayo y texto ya citados en nota 17). Véase también lo dicho y lo citado en III, 4.A.

[65] Cfr. sobre todo M. Heidegger, *Identität und Differenz*, Günther Neske, Pfullingen, 1957.

[66] De este autor y en particular sobre este tema, cfr. *Der Thomismus als Identitätssystem*, Verlag Gerhard Schulte-Bulmke, Frankfurt a. M., 1961 (zweite, vebesserte und vermehrte Auflage); *Die Abstraktion und das Sein nach der Lehre des Thomas von Aquin*, Otto Müller Verlag, Salzburg, 1958; *Das Sein als Gleichnis Gottes*, F. H. Kerle Verlag, Heidelberg, 1958; *Das Schicksal der Metaphysik, von Thomas zu Heidegger*, Johannes Verlag, Einsiedeln, 1959; "Martin Heidegger und die Frage nach Gott", ensayo contenido en la obra *Grundfragen der Philosophie im Horizont der Seinsdifferenz*, Verlag L. Schwann, Düsseldorf, 1963. Sobre este tema en Gustav Siewerth puede consultarse: Manuel Cabada Castro, *Sein und Gott bei Gustav Siewerth*, Patmos Verlag, Düsseldorf, 1971; N. A. Corona, "Ser y trascendencia según Gustav Siewerth", en *Stromata*, No. 1-2, Buenos Aires - San Miguel, 1981; "Ser, reunión y fundamento", en *Revista de la Sociedad Argentina de Filosofía*, año II, No. 2, Córdoba, 1984; "El ser en el 'sistema de identidad', según Gustav Siewerth", en *Stromata*, Nos. 1-2 y 3-4, 1984.

cumplimiento mismo del espíritu, pues él no es más que su reflejo. Así, no "usa" el espíritu el principio de causalidad para hacer *rendir cuentas ante él* a Dios y a los entes. En la formulación del principio de causalidad el espíritu expresa articuladamente su propia naturaleza. El espíritu es el lugar de reflexión del Ser como puro mediador entre los entes y el Absoluto; y la argumentación causal es la articulación racional de esa reflexión y de esa mediación, y así la oportunidad para el espíritu de reconocer explícitamente su entrañamiento en lo que lo abarca, lo funda y lo mueve como su más íntima intimidad: el espíritu es y se halla en un movimiento que lo constituye y lo trasciende.

El espíritu no "usa" el principio de causalidad –como un principio "neutro", aplicable a cualquier materia–; esa argumentación causal –donde por otra parte "nace" la noción de causa– es la explicitación articulada del movimiento de mediación constitutivo del espíritu, en la que el espíritu puede saberse a sí mismo como momento reflejo del tránsito hacia el Absoluto. El espíritu no "prueba" a Dios, sino que él se comprueba como desde siempre desde y hacia Dios, *por* los entes. La prueba de Dios es la comprobación para el espíritu de hallarse inmerso en y constituido por un movimiento sin fin de ser y sentido. El espíritu es la conciencia de un movimiento mediador y no una magnitud que se enfrenta a un orbe de entes para dominarlos cognoscitivamente según sus relaciones de dependencia, hasta un ente supremo.

En esta metafísica, el contenido presente al entendimiento en la idea filosófica del Absoluto como Ser –que causa– no constituye un concepto cerrado, acabado y dominable por ese entendimiento, sino que es, en la precisa expresión de Guardini, "la pérdida de un concepto en la línea de su sentido": no domina el entendimiento el sentido, sino que es él mismo embargado por el Sentido sin fin.

Según tal Sentido, el Absoluto no domina como un ente supremo "frente a" los entes. La causalidad absoluta del Absoluto –que también ha de ser pensada en la "pérdida" de su concepto– no pone a éste y a los entes que de él dependen en un frente a frente. La "relación" –también aquí el concepto "se pierde"– entre el Absoluto y los entes es una intimidad misteriosa en la que la real mismidad de lo que es es a la vez toda ella debida al Absoluto que la trasciende, y al que no puede "oponerse" pues, siendo él su origen absoluto, es su más íntima intimidad. *Radicalmente,* Absoluto y entes no han de ser concebidos fijamente desde la mutua exterioridad, sino como una exterioridad en el seno de un acto que la funda totalmente y así a la vez la abarca y suprime misteriosamente –"pérdida" del concepto– como exterioridad.

Desde la noticia de todo lo anterior, el hombre de fe puede reconocer la diferencia y las limitaciones del lenguaje filosófico acerca del Absoluto, frente a la riqueza de la experiencia de su fe en Dios, y así, allí, la parcial coincidencia entre tal Absoluto y su Dios. Y no habrá de pedir a la filosofía lo que ella no puede dar; y también podrá exigir a la filosofía que, reconociendo su propio lugar, no diga más que lo que puede decir; pero también podrá reclamarle que no se niegue en sus propias posibilidades, diciendo menos de lo que puede decir –y que puede contribuir para una cierta inteligencia de la fe–.

d.- ¿Una filosofía cristiana?

Ricoeur se reconoce expresamente como filósofo cristiano.[67] Pero más allá de su confesión personal, interesa analizar y valorar el modo peculiar de ser cristiana de su filosofía, a partir de todo lo estudiado en este trabajo.

La filosofía de Ricoeur, tal como se presenta desde su esencial conflictividad hermenéutica, se ha mostrado –en su admisión de una simbólica no vestigial– como capaz de reconocer la posibilidad de lo Totalmente Otro como lo Sagrado. También ha reconocido, en el plano de su propia experiencia y discursividad conceptual –siempre desde la dialéctica arqueología-teleología y en la escucha de la palabra de la fe–, las correspondientes semejanzas puramente humanas de ciertas figuras subjetivas de la existencia creyente. Todo ello constituye lo que se ha llamado las "aproximaciones filosóficas" a la fe.

Por otra parte, esta filosofía se ha mostrado también capaz de discernir en su propio plano ciertos contenidos de los que la fe habla desde su propia experiencia. Y en este sentido se ha hablado de los símbolos de la fe como "detectores de realidad", y del saber filosófico como de una "deducción trascendental" de esos símbolos o de una "verificación" existencial de los mismos.

---

[67] Así por ejemplo: "El filósofo, aún cristiano, tiene una tarea distinta; yo no opino que haya de poner entre paréntesis lo que ha oído y lo que cree; ¿pues cómo filosofar en un tal estado de abstracción respecto de lo esencial? Tampoco opino que deba subordinar su filosofía a la teología, en una relación de servicio. Entre la abstención y la capitulación existe la vía autónoma que he situado bajo el título de *aproximación filosófica*" (CI, pág. 394).

Según ambos sentidos,[68] la filosofía de Ricoeur entiende ser un discurso paralelo a la fe, ligado y a la vez libre respecto de ella.

En rigor, ambos tipos de conocimientos, absolutamente hablando, podrían darse en la filosofía antes de la escucha de la palabra de la fe; en cuyo caso, atendida la fe, el filósofo sólo procedería a identificar tales contenidos como dados también –en distintas maneras– en esa fe; pero también, tales contenidos podrían de hecho ser suscitados para la filosofía luego de oir la palabra creyente. En tal caso, y en particular en los temas sólo accesibles propiamente a la fe, la filosofía, alcanzada por los "efectos de sentido" de la fe, podría modificar su propia estructura, al incorporar a sí sus "aproximaciones"; pero ello estrictamente dentro de su propio proceder y en sus propios límites temáticos; por lo cual correspondería hablar de una "conversión" de la filosofía a sí misma en sí misma.

Una filosofía así concebida merece, sin dudas, el título de *cristiana* en el mejor de los sentidos.

Pero se podría objetar: ¿puede ser llamada cristiana una filosofía que precisamente no admite –como se vio– la posibilidad de una demostración de la existencia de Dios?

Esta dificultad exige hacer algunas distinciones. La filosofía cristiana tradicional, como teología natural, alcanza a demostrar como existente algo de lo que constituye lo Sagrado de la fe: en general, una primera causa del ente y, a continuación, ciertos "atributos" que se siguen de tal causa como "Ipsum Esse per se Subsistens". Pero entonces se trata, respecto del Dios de la fe –lo Sagrado como acontecimiento, con todos los "títulos" que se hallan en la Revelación bíblica y todo lo que ellos simbólicamente dicen e implican: Padre, Esposo, Pastor, Rey, Salvador...– de una continuidad y una discontinuidad. Precisamente, en razón de esta última, la fe misma exige, para la razón, un "salto".

Para Ricoeur, la filosofía -con su conflictividad hermenéutica, e integrada a ella la crítica kantiana a la metafísica– sólo puede reconocer la posibilidad de eso Sagrado. Así, se acentúa la discontinuidad, hasta casi desaparecer la continuidad; y entonces el "salto" de la fe aparece con todo su riesgo.

---

[68] Quizás ambos tipos de contenidos filosóficos se podrían simplemente poner abarcadoramente, indistintamente bajo cualquiera de los títulos: "aproximaciones filosóficas a la fe", "deducción trascendental de los símbolos", "verificación de los símbolos".

Ricoeur es muy claro respecto del rechazo de un discurso teológico a partir de una ontología –algo ya visto en el punto anterior– y así respecto de la discontinuidad señalada:

> "Oir el anuncio cristiano significa, para el filósofo, en primer lugar, renunciar a todo saber onto-teológico. Aún y sobre todo cuando se trata de la palabra 'Dios'. La amalgama de ser y Dios es a este respecto la tentación más sutil. Esta renuncia al saber sobre Dios la lleva a cabo la filosofía moderna en cierto modo con sus propios medios. Pienso sobre todo en Kant y en su concepción del todo de la filosofía como un saber de los límites..."[69]

Pero la acentuación de la discontinuidad de lo Sagrado no debe hacer olvidar que Ricoeur ha sabido discernir, precisamente en sus "aproximaciones" a la fe, ciertos momentos subjetivos de la misma que se anunciarían en algunas figuras humanas discernibles filosóficamente: el amor al todo, el amor a lo posible y la esperanza más allá de todo consuelo finito... (además de las "aproximaciones" de Freud se han de recordar las de Spinoza, Kant, Heidegger, Nietzsche, los poetas, los presocráticos...). Así, lo que en el modo indicado se ha restado en la vertiente objetiva, respecto de la "primera causa", en alguna medida ha sido compensado desde la vertiente subjetiva –salvando el salto de la fe–,[70] respecto del Dios de la Revelación.

Y frente a ello es preciso reconocer que ciertas presentaciones de la filosofía de la causa primera han caído a veces en indebidas acentuaciones de la continuidad, que hacen casi perder de vista la originalidad de la Revelación bíblica de Dios y el riesgo que implica el salto de la fe. Y también se ha de admitir que estas concepciones, demasiado preocupadas por el "espectáculo objetivo" de la primera causa –y cayendo a veces, precisamente así, en una objetivación dominadora– han olvidado discernir en la existencia humana las "aproximaciones" a la existencia creyente en el Dios de la Revelación bíblica. Y no es menos cierto que aún ciertos tratados teológico-dogmáticos han hecho uso y abuso de una presentación "objetiva" del Dios bíblico.

En este contexto tienen su sentido estas palabras de Y. Congar:

---

[69] "Gott nennen" pág. 57, (ensayo citado en nota 59).

[70] El "salto" de la fe ha sido analizado por Ricoeur, con precisión, en "L'herméneutique du témoignage", en *Archivio di Filosofia*, año XL, 1972, No. 1-2, págs. 35-61.

"Tal vez la mayor desgracia del catolicismo moderno es haberse convertido en teoría y catequesis sobre el *en sí* de Dios y de la religión, sin insistir al mismo tiempo sobre la dimensión de *para el hombre*. El hombre y el mundo sin Dios, con los que nos enfrentamos actualmente, han nacido en parte de una reacción contra ese Dios sin hombre y sin mundo. La respuesta a las dificultades que muchos de nuestros contemporáneos encuentran en el camino de la fe, y la respuesta al desafío del ateísmo, exige, entre otras cosas, que pongamos de manifiesto el impacto humano de las cosas de Dios. Esto no significa en modo alguno que reemplacemos la pura representación del en sí por un programa puramente humanista o un mensaje antropocéntrico, lo cual equivaldría a cometer el mismo error separatista de antes, aunque en sentido contrario. Esto significa que se hable de los misterios de Dios de forma que a una profunda percepción de lo que son en sí mismos se una la explicación viva de lo que son *para nosotros:* significa, pues, unir la antropología para Dios a la teología para el hombre. Este es el espíritu mismo de la Revelación, que es 'económica', y especialmente de su perfección en Jesucristo, ya que en él la Sabiduría de Dios se ha hecho hombre".[71]

Hoy precisamente, el Dios que la filosofía pueda discernir tendrá que aparecer también –so pena de no decir nada al hombre y hallarse así como un Dios "muerto"– como dirigido a las aproximaciones hacia él que se pueden advertir en la existencia humana.

Para Ricoeur, esto último no significa hacer un "existencialismo de la miseria":

"Pero hay otro camino que no tomaré: el de un existencialismo de la miseria, donde la filosofía aportaría las cuestiones y la religión las respuestas. (...) Ella (la apologética de la miseria) tiene, además, sus cartas de nobleza desde Pascal hasta Paul Tillich. Pero, por una parte, su carácter apologético es sospechoso en cuanto tal: si Dios habla por los profetas, la filosofía no tiene que justificar su Palabra, sino desplegar el horizonte de significancia donde ella puede ser escuchada. Este trabajo no tiene nada de apologético. Por otra parte, el recurso a la inquietud, a la carencia, no es menos sospechoso. Bonhöffer ya ha dicho todo lo malo que era necesario decir del Dios tapa-bocas, tanto en el plano de la explicación de las cosas

---

[71] Y. Congar, "Cristo en la economía salvífica y en nuestros tratados dogmáticos", en *Concilium*, No. 11, Enero 1966, págs. 24-25.

como en el de la comprensión del hombre. La filosofía de la miseria, aún si no es marxista, sigue siendo la miseria de la filosofía".[72]

Probablemente, esta "filosofía de la miseria", a pesar de lo dicho, tenga también algo que aportar, integrada con una filosofía de las "aproximaciones" positivas de la existencia a la fe, como, precisamente, la de Ricoeur.

Por todo lo expuesto, corresponde a la filosofía de Ricoeur, tal como se ha manifestado en este estudio en especial en su diálogo con Freud, con todo derecho, el título de *cristiana*.

Una última palabra de Ricoeur, de sentido programático:

> "El (el filósofo) no es un predicador; él puede escuchar la predicación, como sucede conmigo; pero en tanto que pensador profesional y responsable sigue siendo un debutante; su discurso permanece como un discurso preparatorio. Quizás no sea necesario rechazarlo. Este tiempo de confusión, donde la muerte de la religión oculta quizás lo que verdaderamente está en juego, es también el tiempo de preparaciones largas, lentas e indirectas".[73]

[72] "Herméneutique de l'idée de Révélation", pág. 36, (ensayo ya citado).
[73] CI, pág. 432.

Bibliografía

I. P. RICOEUR

A. OBRAS DE RICOEUR

1– El elenco completo de los escritos de Ricoeur hasta 1984, ordenados cronológicamente y en todas sus versiones en distintos idiomas, se halla en la obra
de Frans D. Vansina, *Paul Ricoeur. Bibliographie systématique de ses écrits et
des publications consacrées à sa pensée (1935-1984)*, Editions Peeters, Leuven,
Editions de l'Institut Supérieur de Philosophie, Louvain-la-neuve, 1985. A lo
allí consignado se han de agregar los siguientes libros de Ricoeur:

– *Temps et Récit. III.- Le temps raconté*, Editions du Seuil, Paris, 1985.

– *Du texte à l'action. Essais d'herméneutique, II*, Editions du Seuil, Paris, 1986.

–*A l'école de la phénomenologie*, Vrin, Paris, 1986.

– *Soi-même comme un autre*, Editions du Seuil, Paris, 1990.

–*Lectures 1. Autour du politique*, Editions du Seuil, Paris, 1991.

2 – Obras estudiadas particularmente en este trabajo

a.– *Finitude et culpabilité. I.- L'homme faillible*, Aubier, Editions Montaigne, Paris,
1960.

b.– *Finitude et culpabilité. II.- La Symbolique du Mal*, Aubier, Editions Montaigne,
Paris, 1960.

c.– *De l'interprétation. Essai sur Freud*, Editions du Seuil, Paris, 1965 (texto
principal).

d.– *Le conflit des interprétations. Essais d'herméneutique*, Editions du Seuil, Paris,
1969.

B. Sobre Ricoeur

1.– La obra de Vansina también consigna cronológicamente todos los estudios sobre la obra de Ricoeur en distintos idiomas.

2.– Escritos que abordan los temas de este trabajo.

a. Libros

–Philibert, M., *Paul Ricoeur ou la liberté selon l'espérance.*, Seghers, Paris, 1971.

–Nkeramihigo, Th., *L' homme et la transcendance. Essai de poétique dans la philosophie de Paul Ricoeur,* Lethielleux-Culture et verité, Paris-Namur, 1984.

–Ihde, D., *Hermeneutic Phenomenology. The philosophy of Paul Ricoeur,* Northwestern University Press, Evanston, 1971.

–Rasmussen, D. M., *Mythic-Symbolic Language and Philosophical Anthropology. A constructive interpretation of the Thought of Paul Ricoeur,* M. Nijhoff, The Hague, 1971.

–Lowe, W. J., *Mistery of the Unconscious. A Study in the Thought of Paul Ricoeur,* The Scarecrow Press, Inc. - The American Theological Library Association, Metuchen, 1977.

–Doran, R. M., *Subject and Psyche. Ricoeur, Jung and the search for Foundations,* University Press of America, Washington D.C., 1979.

–Reagan, Ch. E., *Studies in the Philosophy of Paul Ricoeur,* Ohio University Press, Athens Ohio, 1979.

–Van Leeuwen, Th. M., *The Surplus of Meaning. Ontology and Eschatology in the Philosophy of Paul Ricoeur,* Rodopi, Amsterdam, 1981.

–Van Den Hengel, J. H., *The home of Meaning. The Hermeneutics of the Subject of Paul Ricoeur,* University Press of America, Washington, 1982.

–Klemm, D. E., *The hermeneutical Theory of Paul Ricoeur. A constructive analysis,* Bucknell University Press-Associated University Press, Lewisburg-London-Toronto, 1983.

–Quervain, P. F., *Psychoanalyse und dialektische Theologie. Zum Freud Verständnis bei K. Barth, E. Thurneysen und P. Ricoeur,* Verlag Hans Huber, Bern-Stuttgart-Vien, 1978.

–Böhnke, M., *Konkrete Reflexion. Philosophische und theologische Hermeneutik. Ein Interpretationsversuch über Paul Ricoeur,* Verlag Peter Lang, Frankfurt am Main-Bern-New York, 1983.

–Welsen, P., *Philosophie und Psychoanalyse: zum Begriff der Hermeneutik in der Freud-Deutung Paul Ricoeurs,* Max Niemeyer Verlag, Tübingen, 1986.

–Guerrera Brezzi, Fr., *Filosofia e interpretazione. Saggio sull'ermeneutica restauratrice di Paul Ricoeur,* Il Mulino, Bologna, 1969.

–Jervolino D., *Il Cogito e l'ermeneutica. La questione del soggetto in Ricoeur,* Generoso Procaccini editore, Napoli, 1984.

b. Tesis

–Decléve H., *Le Kantisme selon quelques philosophes contemporains. P. Ricoeur, E. Weil, M. Scheler, E. Husserl, M. Heidegger. Avec appendices et tables (4 vol.).* Thèse de doctorat. Université Catholique de Louvain, Faculté de Philosophie et Lettres. Groupe A: Philosophie, 1966.

–Skulason, P., *Du Cercle et du Sujet. Problèmes de compréhension et de méthode dans la philosophie de Paul Ricoeur.* Thèse de doctorat. Université Catholique de Louvain, Institut Supérieur de Philosophie, 1973.

–Nvumbi, Ng.-Ts., *La personne humaine et l'inconscient freudien dans la philosophie de Paul Ricoeur.* Thèse de doctorat. Katholieke Universiteit Leuven. Hoger Instituut voor Wijsbegeerte, 1983.

–Rasmussen D. M., *A Correlation between Religious Language and an Understanding of Man. A constructive Interpretation of the Thought of Paul Ricoeur.* Ph. D. Dissertation. University of Chicago, 1969.

–Gerhart M., *The Question of Belief in Recent Criticism. A reexamination from the Perspective of Paul Ricoeur's Hermeneutical Theory.* Ph. D. Dissertation. University of Chicago. Divinity School, 1973.

–Melano Couch B., *Methodical Hermeneutics. The Theory of Interpretation according to Paul Ricoeur.* Thèse de doctorat en Sciences religieuses. Université de Strasbourg. Faculté de Théologie, 1975.

–Albano P. J., *Freedon, Truth and Hope. The Relationship of Philosophy and Religion in the Thought of Paul Ricoeur.* Ph. D. Dissertation, Claremont Graduate School, 1976.

–Leavitt, D. A., *Will and the unconscious. A Study in the Thought of Paul Ricoeur.* Ph. D. Dissertation. St. Mary's Seminary and University, 1976.

–Svensky, R. L., *Towards a Philosophy of Evil. The Role of the Myth of the Fall in the Thought of Paul Tillich and Paul Ricoeur.* Ph. D. Dissertation. Boston College, 1977.

–Kennedy, A. L., *Historical Consciousness and its Mediation of Transcendence in the Thought of Paul Ricoeur.* Ph. D. Dissertation. Boston University Graduate School, 1978.

–Klemm, D. E., *Religious Understanding, Theological Hermeneutics, and the Thought of Paul Ricoeur.* Ph. D. Dissertation. University of Iowa, 1980.

–Lenssen, M. C., *Myth and Philosophy. The Use of Myth in the Thought of Eliade, Schelling and Ricoeur.* Ph. D. Dissertation. Northwestern University (Illinois), 1980.

–Lock, J. D., *Psychoanalytic Hermeneutics. An Application of Paul Ricoeur's Philosophy to Freudian and Jungian Psychologies.* Ph. D. Dissertation. Emory University, 1981.

–Trevijano Etcheverria, P., *La dimensión horizontal y vertical de la esperanza en el pensamiento de Paul Ricoeur.* Tesis de doctorado. Universitas Pontificia Gregoriana, Academia Alfonsiana, 1969.

–Valentini, A., *La dimensione etica-religiosa come principio unitario del pensiero di Paul Ricoeur.* Tese de doctorato. Universitas Pontificia Gregoriana, Facultas Philosophiae, 1975.

–Tonini A., *L'impato filosofico della speranza. Il pensiero di Paul Ricoeur tra il 1947 e il 1957*, Tese de doctorato. Universita de Firenze, 1982.

c. Artículos

–Van Riet, G., "Mythe et vérité", *Revue philosophique de Louvain* 58 (1960), Février, 68-77.

–Tilliette, X., "Réflexion et symbole. L'enterprise philosophique de Paul Ricoeur", *Archives de philosophie*, Recherches et documentation 37 (1961), n° 3-4, Juillet-décembre, 574-588.

–Fessard, G., "Image, symbole et historicité", *Archivio de Filosofia* (Demitizzazione e immagine) 32 (1962), n° 1-2, 43-68.

–Apostel, L., "Symbolisme et anthropologie philosophique: vers une herméneutique cybernétique", *Cahiers internationaux de symbolisme,* 2 (1964), n° 5, 7-31.

–Vansina, D. Fr., "Esquisse, orientation et signification de l' enterprise philosophique de Paul Ricoeur (I-II)", *Revue de métaphysique et de morale,* 69 (1964), n° 2, 179-208; n° 3, juillet-septembre, 305-321.

–Blanchet Ch., "L' enterprise philosophique de Paul Ricoeur", *Cahiers de l'Institut de science économique appliquée* (Philosophie-Sciences sociales-Economie. Série M, 23) 1966, n° 172, avril, 179-190.

–Vidil, J. L., "Psychanalyse et foi chrétienne", *Réforme*, 1966, n° 1095, 12 mars. 11.

–Grelot, P., "Reflexions sur le probléme du péché originel (I-II)", *Nouvelle revue théologique,* 89 (1967), n° 4, avril, 337-375; n°5, mai, 449-484.

–Javet, P., "Imagination et réalié dans la philosophie de Paul Ricoeur", *Revue de theologie et de philosophie,* 17 (1967), n° 3, 145-158, 158-165.

–Van Esbroeck M., "La philosophie herméneutique de Paul Ricoeur", *Hermé-neutique, structuralisme et exégèse. Essai de logique kérygmatique* (L'athèisme interrogé). Desclée, Paris, 1968.

–Sales, M., "Un colloque sur le mythe de la peine", *Archives de Philosophie. Recherches et documentation* 32 (1969), n° 4, octobre-décembre, 664-675.

–Van Riet, G., "Paul Ricoeur", *Philosophie et religion* (Bibliothéque philosophi-que de Louvain, 23). Louvain-Paris, Publications universitaires de Louvain-Editions Béatrice-Nauwelaerts, 1970.

–Madec, G., "Notes sur l'intelligence augustinienne de la foi", *Revue des études augustiniennes* 17 (1971), n° 1-2, 119-142.

–Madison, G. Br., "Ricoeur et la non-philosophie", *Laval théologique et philoso-phique* 29 (1973), n° 3, octobre, 227-241.

–Chazaud, J., "La psychanalyse face aux phénoménologies. Quand Ricoeur interprète Freud", *Les contestations actuelles de la psychanalyse* (Nouvelle Recherche). (Toulouse), Privat, 1974.

–Okonda, O., "L'herméneutique chez Paul Ricoeur. Instances et méthodes", *Cahiers philosophiques africains* (Lubumbashi) 1974, n° 6, juillet-décembre, 33-61.

–Blocher, H., "L'herméneutique selon Paul Ricoeur", *Hokhma*. Revue de réflexion théologique, 1976, n° 3, 11-57.

–Depoortere, Ch., "Mal et Libération. Une étude de l'oeuvre de Paul Ricoeur", *Studia Moralia* (Pontificia Universitas Lateranensis) 14 (1976), 337-385.

–Bouchard, G., "Sémiologie, sémantique et herméneutique selon Paul Ricoeur", *Laval théologique et philosophique* 36 (1980), n° 3, octobre, 255-284.

–Sauret, M. J., "La foi comme limite de la psychanalyse. I. Paul Ricoeur: la psycha-nalyse au service de la foi", *Croire? Approche psychanalytique de la croyance* (Sciences de l'homme) (Toulouse), Privat, 1982.

–Neusch, M. et De Montremy, J. M., "La synthése Ricoeur. 'Auditeur de la parole', L'homme et son énigme", *La Croix*. Journal 1983, 26 mars, 16.

–Petit, J. L., "Herméneutique et semantique chez Paul Ricouer", *Archives de Philosophie*, T. 48, 1985, 575-590.

–Ihde, D., "Some parallels between Analysis and Phenomenology", *Philosophy and Phenomenological Research*, 27 (1966-1967), n° 4, June, 577-586.

–Ihde, D., "Rationality and Myth", *The Journal of thought* 2 (1967), n° 1, January, 10-18.

–Ihde, D., "From Phenomenology to Hermeneutic", *Journal of Existentialism* 8 (1967-1968), n° 30, Winter, 111-132.

–Flew, A., "Two views of Atheism", *Inquiry* (Norway) 12 (1969), n° 4, 469-473.

–Hackett, St. C., "Philosophical Objectivity and Existential involvement in the Methodology of Paul Ricoeur", *International Philosophical Quarterly* 9 (1969), n° 1, March, 11-39.

–Rasmussen, D. M., "Ricoeur: The Anthropological Necessity of a special language", *Continuum* 7 (1969), n° 1, Winter-Spring, 120-130.

–Stewart, D., "Paul Ricoeur's Phenomenology of Evil", *International Philosophical Quarterly* 9 (1969), n° 4, December, 572-589.

–Lavers, A., "Man, Meaning and Subject. A current Reappraisal", *The Journal of the British Society for Phenomenology* 1(1970), n° 3, October, 44-49.

–Bourgeois, P. L., "Hermeneutics of Symbols and Philosophical Reflection: Paul Ricoeur", *Philosophy Today* 15 (1971), n° 4/4, Winter, 231-241.

–Muto, S., "Reading the Symbolic Text: Some reflections on Interpretation", *Humanitas. Journal of the Institute of Man* 8 (1972), n° 2, May, 169-191.

–Doran, R. M., "Paul Ricoeur: Toward the restoration of Meaning", *Anglican Theological Review* (Illinois) 55 (1973), n° 4, October, 443-458.

–Beshai, J. A., " Is Psychology a Hermeneutic Science?", *Journal of Phenomenological Psychology* 5 (1975), n° 2, Spring, 425-439.

–Gerhart, M., "Paul Ricoeur's Hermeneutical Theory as Resource for Theological Reflection", *The Thomist,* 39 (1975), n° 3, July, 496-527.

–Wells, H., "Theology and Christian Philosophy: Their Relation in the thought of Paul Ricoeur", *Studies in Religion/Sciences Religieuses* (Toronto) 5 (1975), n° 1, 45-56.

–Cipollone, A. P., "Symbol in the Philosophy of Ricoeur", *The new Scholasticism* 52 (1978), n° 2, Spring, 149-167.

–Lacocque, A., "Job and the Symbolism of Evil", *Biblical Research* 24-25 (1979-1980), 7-19, 70-71.

–Walhout, C. P., "On Symbolic Meanings: Augustine and Ricoeur", *Renascence. Essays on values in Literature* 31 (1979), n° 2, 115-127.

–Bleicher, B., "Ricoeur's Phenomenological Hermeneutic. Ricoeur's Theory of Interpretation. Conclusions: Ricoeur and the Hermeneutic Disput", *Contemporary Hermeneutics. Hermeneutics as Method, Philosophy and Critique,* Routledge and Kegan Paul, London-Boston-Henley, 1980, 217-256.

–Piscitelli, E.J., "Paul Ricoeur's Philosophy of Religious Symbol: A Critique and Dialectical Transposition", *Ultimate Reality and Meaning: Interdisciplinary Studies in the Philosophy of Understanding* 3 (1980), n° 4, 275-313.

–Dornisch, L., "The book of Job and Ricoeur's Hermeneutics", *Semeia,* 1981, n° 19, 3-21.

–Winquist, Ch.E., "The Epistemology of Darkness: Preliminary Reflections", *Journal* of *the American Academy* of *Religion* 49 (1981), n° 1, March, 23-34.

–Koenig, Th. R., "Ricoeur's Interpretation of the Relation between Phenomenological Philosophy and Psychoanalysis", *Journal of Phenomenological Psychology* (Pittsburgh) 13 (1982), n° 2, Fall, 115-142.

–Waldenfels, B., "Philosophie und Nicht-Philosophie. Zur gegenwärtigen französischen Philosophie", *Philosophische Rundschau* 12 (1964), n° 1-2, 48-58.

–Kemp, P., "Phänomenologie und Hermeneutik in der Philosophie Paul Ricoeurs", *Zeitschrift für Theologie and Kirche* (Tübingen) 67 (1970), n° 3, September, 335-347.

–Mainberger, G., "Die Freiheit und das Böse. Diakronische und synkronische Lektüre der Werke von Paul Ricoeur", *Freiburger Zeitschrift für Philosophie und Theologie* 19 (1972), n° 2-3, 410-430.

–Gisel, P., "Paul Ricoeur. Eine Einführung in sein Denken", *Metapher. Zur Hermeneutik religiöser Sprache*, Kaiser Verlag, München, 1974.

–Honnefelder, L., "Zur Philosophie der Schuld", *Theologische Quartalschrift*, 155 (1975), n° 1, 31-48.

–Bollnow, O.Fr., "Paul Ricoeur und die Probleme der Hermeneutik. I-II", *Zeitschrift für philosophische Forschung* 30 (1976), n° 2, 167-189, n° 3, 389-412.

–Stock, K, "Philosophie in dieser Zwischenzeit", *Evangelische Theologie* 38 (1978), n° 1, 84-91.

–Schelling, W. A., "Zwischen Anthropologie, Hermeneutik und Psychoanalyse: über Paul Ricoeur", *Reformatio* 30 (1981), n° 3, 154-162.

–Jeron, M., "Hermeneutik und Energetik. Zur Interpretation der Psychoanalyse durch Paul Ricoeur", *Neue Perspektiven der Psychoanalyse*, Wolfgang Mertens, Stuttgart, Verlag W. Kholhammer, 1981.

–Waldenfels, B., "Paul Ricoeur: Umwege der Deutung", *Phänomenologie in Frankreich*, Suhrkamp Verlag, Frankfurt am Main, 1983.

–Santos, M., "La Repetición filosófica del Mito. Introducción al Pensamiento de Paul Ricoeur", *Stromata* 27 (1971), n° 3/4, Julio-Diciembre, 495-513.

–Pintor-Ramos, A., "Símbolo, Hermenéutica y Reflexión en Paul Ricoeur", *La Ciudad de Dios* 185 (1972), n° 3, Julio-Setiembre, 463-495.

–Ortega Ortiz, J.M., "Paul Ricoeur. Hermenéutica y Ontología", *Antropológica* 1973, n° 1, 137-149.

–Granda, D., "Símbolo y razón en el pensamiento de Paul Ricoeur", *Revista de la Universidad Católica* (Quito), 4 (1976), n° 13, 109-128.

–Maceiras Fafian, M., "La Antropología hermenéutica de Paul Ricoeur", *Antropologías del siglo XX*, Sígueme, Salamanca, 1976, 125-148.

–Maceiras Fafian, M., "Paul Ricoeur: Una Ontología Militante", *Pensamiento* 32 (1976), n° 126, Abril-Junio, 131-156.

–Pintor-Ramos, A., "Arqueología y Teleología del sujeto. Hitos de la Filosofía Reflexiva de Paul Ricoeur (I-II)", *La Ciudad de Dios* 190 (1977), n° 2, 223-277, 191 (1978), n° 2, 247-297.

–Blocher, H., "La Hermenéutica según Paul Ricoeur", *Boletín Teológico. Fraternidad Teológica Latinoamericana* (México) 1978, n° 1, 1-55.

–Ceriotto, C. L., "Aproximación a Paul Ricoeur: Hermenéutica-Latencia-Reflexión", *Philosophia* 1978, n° 40, 1-21.

–García Canclini, N., "Lingüística y Psicoanálisis en la Filosofía de Paul Ricoeur", *Escritos de Filosofía* 1 (1978), n° 1, 103-112.

–Noemi, J., "Exégesis y Dogma: A propósito del Pecado Original", *Teología y Vida* 19 (1978), n° 4, 299-304.

–Balboa Battle, D., "Hermenéutica y Psicoanálisis", *Logos,* n° 19, 1980, 99-114.

–Scannone, J. C., "Simbolismo Religioso y Pensamiento Filosófico según Paul Ricoeur", *Stromata* 36 (1980), n° 3/4, 215-226.

–Rubio Angulo, J., "Fenomenología y Hermenéutica", *Universitas Philosophica* n° 2, 1984, 47-64.

–Paci, E., "Psicanalisi e Fenomenología", *Aut Aut* 1966, n° 92, 7-20.

–Renzi, E., "Freud e Ricoeur", *Aut Aut* 1967, n° 98, 7-51.

–Laniso, A., "Linguaggio simbolico e filosofia dell'indagine di Paul Ricoeur", *Giornale di Metafisica* 23 (1968), n° 2-3, 208-218.

–Mondin, B., "La filosofia del Simbolismo Religioso di Paul Ricoeur", *Aquinas* 14 (1971), n° 1, 34-48.

–Andreoni, C., "Paul Ricoeur. I: La desmitificazione del Dio etico. II: Il Superamento del Dio etico", *Ethica* 11 (1972), n° 2, 127-149, n° 2, 173-198.

–Cristaldi, M., "La Testimonianza della Maschere. Note sulla critica ermeneutica di Paul Ricoeur", *Archivio di Filosofia* 42 (1972), n° 3, 67-85.

–Guerrera Brezzi, Fr., "Filosofia e Religione in Paul Ricoeur", *Sacra Doctrina* 17 (1972), 431-472.

–Dini, S., "Religione e Fede in Paul Ricoeur", *Testimonianze* 17 (1974), n° 170, 764-776.

–Petterlini, A., "La simbolica del Sacro in Paul Ricoeur", *Filosofia e Antropologia. Ricerche Metodologiche,* Fiorini, Verona, 1974, 99-149.

–Fornoville, Th., "L'uomo peccatore. II: Approccio filosofico della colpa. La visione di Paul Ricoeur", *Studia Moralia* 13 (1975), 213-239.

–Rossi, O., "Per un analisi dell'Ontologia de Paul Ricoeur", *Aquinas* 23 (1980), n° 2-3, 439-466.

–Rocci, G., "Simbolo e Inconscio in Paul Ricoeur", *Linguaggio e Stile,* Universitá degli studi di Catania, Catania (1981), 229-286.

–Renaud, M., "Fenomenología e Hermenéutica. O projecto filosófico de Paul Ricoeur", *Revista Portuguesa de Filosofía,* F. 4 (1985), 405-442.

d. Notas y recensiones de especial interés sobre *De l'interprétation. Essai sur Freud*

–De Waelhens, A., "La force du langage et le langage de la force", *Revue philoso-phique de Louvain* 63 (1965), 591-612.

–Robert, M., "Remarques sur l'exégèse de Freud", *Les Temps Modernes* 21 (1965), 664-681.

–Schérer, R., "L'homme du soupçon et l'homme de foi", *Critique* 21 (1965), n° 223, 1052-1067.

–Bertherat, Y., "Sur une lecture de Freud", *Esprit* 43 (1966), n° 3, 466-479.

–Ellenberger, H., "Herméneutique et Psychanalyse. A propos du livre de M. Paul Ricoeur", *Dialogue,* 5 (1966), 256-266.

–Schlemmer, A., "Réflexion sur l'interprétation", *Les Cahiers de la Méthode na-turelle* 37 (1966), 1-11.

–Tort, M., "De l'interprétation ou la machine herméneutique", *Les Temps Mo-dernes* 21 (1966), n° 237, 1461-1493, n° 238, 1629-1652.

–Grolnick, S. A., "Book Review. 'Freud and Philosophy'", *The Psychoanalytic Quarterly* 41 (1972), n° 3, 436-443.

–Scott, Ch.E., "Ricoeur's Freud", *Anglican Theological Review* 57 (1975), n° 4, 467-479.

–Rütsche, J., "Freud in der Französischen Philosophie. Bericht und Kommentar zu P. Ricoeur", *Philosophisches Jahrbuch* 78 (1971), n° 2, 401-422.

–Marchant, P., "Sócrates o Sade: Una apuesta filosófica", *Diálogos* 8 (1972), n° 22, 107-137.

–Gajano, A., "Psicanalisi e Fenomenologia nel Saggio su Freud di P. Ricoeur", *Giornale Critico della Filosofia italiana* 49 (1970), n° 3, 406-432.

–Crispini, Fr., "Paul Ricoeur e la Semantica dell'uomo", *Logos* 1 (1972), n° 1, 41-72.

II S. Freud

A. Obras de Freud

1.– Ediciones utilizadas en este trabajo (cfr. parte II, nota 1)

–S. Freud, *Studienausgabe* (10 Bände plus unnumerierter Ergänzungsband), Fischer Taschenbuch Verlag, Frankfurt am Main, 1982.

–S. Freud, *Die Traumdeutung*, Fischer Taschenbuch Verlag, Frankfurt am Main, 1982.

(Ambas ediciones toman sus textos de las *Gesammelte Werke* que se citan a continuación.)

–S. Freud, *Gesammelte Werke*, (18 Bände), S. Fischer Verlag, Frankfurt am Main, 1960.

–S. Freud, *Konkordanz und Gesamtbibliographie*, (Zusammengestellt von Ingeborg Meyer-Palmedo), Fischer Taschenbuch Verlag, Frankfurt am Main, 1975.

–S. Freud, Obras Completas (9 volúmenes), Editorial Biblioteca Nueva, Madrid, 1972-1975.

2.– Textos especialmente tenidos en cuenta en este trabajo

–*La interpretación de los sueños* (edic. esp. T.II)

–*El chiste y su relación con el inconsciente* (edic. esp. T. III; edic. alem. T. IV)

–*Tres ensayos para una teoría sexual* (IV; V)

–*El delirio y los sueños en la "Gradiva" de W. Jensen* (IV; X)

–*Los actos obsesivos y las prácticas religiosas* (IV; VII)

–*El poeta y la fantasía* (IV; X)

–*El carácter y el erotismo anal* (IV; VII)

–*La moral sexual cultural y la nerviosidad moderna* (IV; IX)

–*Teorías sexuales infantiles* (IV; V)

–*Psicoanálisis (cinco conferencias)* (V; *Ges.Werke*, VIII)

–*Un recuerdo infantil de Leonardo de Vinci* (V; X)

–*Sobre un tipo especial de la elección de objeto en el hombre* (V; V)

–*Los dos principios del acontecer psíquico* (V; III)

–*Totem y tabú* (V; IX)

–*Algunas observaciones sobre el concepto de lo inconsciente en el psicoanálisis* (V; III)

–*El tema de la elección de un cofrecillo* (V; X)

–*El "Moisés" de Miguel Angel* (V; X)

–*Historia del movimiento psicoanalítico* (V; *Ges.Werke*, X)

–*Introducción al narcisismo* (VI; III)

–*Las pulsiones y sus destinos* (VI; III)

–*La represión* (VI; III)

–*Lo inconsciente* (VI; III)

–*Consideraciones de actualidad sobre la guerra y la muerte* (VI; IX)

–*Lo perecedero* (VI; X)

–*Duelo y melancolía* (VI; III)

–*Adición metapsicológica a la teoría de los sueños* (VI; III)

–*Sobre las transmutaciones de las pulsiones y especialmente del erotismo anal* (VI; VII)

–*Introducción al psicoanálisis* (VI y VII; I)

–*Una dificultad del psicoanálisis* (VII; *Ges.Werke*, XII)

–*Un recuerdo infantil de Goethe en "Poesía y verdad"* (VII; X)

–*Lo siniestro* (VII; IV)

–*Más allá del principio del placer* (VII; III)

–*Psicología de las masas y análisis del yo* (VII; IX)

–*Teoría de la libido* (VII; *Ges.Werke*, XIII)

–*El yo y el ello* (VII; III)

–*La organización genital infantil* (VII; V)

–*Neurosis y psicosis* (VII; III)

–*El problema económico del masoquismo* (VII; III)

–*El final del complejo de Edipo* (VII; V)

–*Autobiografía* (VII; *Ges.Werke*, XIV)

–*El block maravilloso* (VII; III)

–*La negación* (VIII; III)

–*Algunas consecuencias psíquicas de la diferencia sexual anatómica* (VIII; V)

–Inhibición, síntoma y angustia (VIII; VI)

–El porvenir de una ilusión (VIII; IX)

–El humor (VIII; IV)

–El malestar en la cultura (VIII; IX)

–Sobre la sexualidad femenina (VIII; V)

–Sobre la conquista del fuego (VIII; IX)

–El porqué de la guerra (VIII; IX)

–Moisés y la religión monoteísta (IX; IX)

–Compendio del psicoanálisis (IX; *Ges.Werke*, XVII)

B. Sobre psicoanálisis y religión

1– El hasta ahora más completo elenco de los escritos sobre psicoanálisis y religión se halla en la obra de Eckart Nase-Joachim Scharfenberg: *Psychoanalyse und Religion*, Wissenschaftliche Buchgesellschaft, Darmstadt, 1977, pp. 387-435.

2– Son de especial importancia:

–J. Scharfenberg, *Sigmund Freud und seine Religionskritik als Herausforderung für den christlichen Glauben*, Göttingen, 1968-1970.

–J. Scharfenberg, *Religion zwischen Wahn und Wirklichkeit. Gesammelte Beiträge zur Korrelation von Theologie und Psychoanalyse*, Hamburg, 1972.

–P. Homans (edit.), *The dialogue between theology and psychology*, Chicago, 1968.

–W. G. Cole, *Sexualität in Christentum und Psychoanalyse. Vergleich und Orientierung*, München, 1969.

–A. Plé, *Freud y la religión*, BAC, Madrid, 1969.

–A. de Waelhens, "La paternité et le complexe d'Oedipe en Psychanalyse", en Varios: *L'analyse du langage théologique. Le nom de Dieu*, Aubier, Editions Montaigne, Paris, 1969.

–P. Homans, *Theology after Freud. An interpretative inquiry*, New York, 1970.

–K. Birk, *Sigmund Freud und die Religion*, Münsterschwarzach, 1970.

–H. Zahrnt (edit.), *Jesus und Freud. Ein Symposion von Psychoanalytikern und Theologen*, München, 1972.

–E. Wiesenhütter, *Freud und seine Kritiker*, Darmstadt, 1974.

–A. Vergote, *Interprétation du langage religieux*, Editions du Seuil, Paris, 1974.

–A. Vergote, *Psicología religiosa*, Taurus, Madrid, 1975.

–J. M. Pohier, *En el nombre del padre,* Sígueme, Salamanca, 1976.

–E. Nase-J. Scharfenberg (edit.), *Psychoanalyse und Religion,* Darmstadt, 1977.

–W. A. Schelling, *Sprache, Bedeutung and Wunsch. Beiträge zur psychologischen Hermeneutik,* Duncker und Humboldt, Berlin, 1978.

–J. Choza, *Conciencia y afectividad (Aristóteles, Nietzsche, Freud),* EUNSA, Pamplona, 1978.

–H. Küng, *¿Existe Dios?* (Cap. III: "Dios, una ilusión infantil? Sigmund Freud"), Ediciones Cristiandad, Madrid, 1979.

–A. Vergote, "La psychanalyse devant la religion", en Varios: *Etudes d'anthropologie philosophique,* Vrin, Paris, Editions Peeters, Leuven, 1980.

–J. Granier, *Le désir du moi,* PUF, Paris, 1983.

–C. Domínguez Morano, *El psicoanálisis freudiano de la religión. Análisis textual y comentario crítico,* Edic. Paulinas, Madrid, 1991.

Impreso por TREINTADIEZ S. A. en 2021
Pringles 521 (C1183 AEI)
Ciudad Autónoma de Buenos Aires
Teléfonos: 4864-3297 / 4862-6794
editorial@treintadiez.com